U0499803

经济学实证论文写作讲义

方法与应用

主　编　谢慧明

副主编　蒋伟杰　靳来群

中国财经出版传媒集团

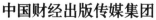

经济科学出版社

Economic Science Press

·北京·

图书在版编目（CIP）数据

经济学实证论文写作讲义：方法与应用／谢慧明主编；蒋伟杰，靳来群副主编．－－北京：经济科学出版社，2024.5（2025.7重印）

ISBN 978 - 7 - 5218 - 5791 - 7

Ⅰ. ①经⋯　Ⅱ. ①谢⋯ ②蒋⋯ ③靳⋯　Ⅲ. ①经济学－论文－写作　Ⅳ. ①F011 ②H152. 2

中国国家版本馆 CIP 数据核字（2024）第 070745 号

责任编辑：吴　敏
责任校对：杨　海
责任印制：张佳裕

经济学实证论文写作讲义：方法与应用
JINGJIXUE SHIZHENG LUNWEN XIEZUO JIANGYI：FANGFA YU YINGYONG
主　编　谢慧明
副主编　蒋伟杰　靳来群
经济科学出版社出版、发行　新华书店经销
社址：北京市海淀区阜成路甲 28 号　邮编：100142
总编部电话：010 - 88191217　发行部电话：010 - 88191522
网址：www. esp. com. cn
电子邮箱：esp@ esp. com. cn
天猫网店：经济科学出版社旗舰店
网址：http：//jjkxcbs. tmall. com
北京季蜂印刷有限公司印装
787 × 1092　16 开　22. 75 印张　470000 字
2024 年 5 月第 1 版　2025 年 7 月第 2 次印刷
ISBN 978 - 7 - 5218 - 5791 - 7　定价：78. 00 元
（图书出现印装问题，本社负责调换。电话：010 - 88191545）
（版权所有　侵权必究　打击盗版　举报热线：010 - 88191661
QQ：2242791300　营销中心电话：010 - 88191537
电子邮箱：dbts@ esp. com. cn）

推荐序

实证论文是对具有经济学一般意义的理论假说进行理论和经验证伪的论文。经济学是理论假说驱动的创新，理论假说是一种还未被证伪的思想或理论猜测，起初往往表现为可捕捉到的或我们身边被熟视无睹的经济现象，也称"故事"。所谓"好故事"，就是可以凝练为具有重大思想启迪和现实价值且具有经济学普遍意义的理论假说。从这个意义上说，大学及经济学者的使命就是进行思想创新或生产思想产品，与其他商品一样，它也包括需求和供给两个方面。思想产品的需求面就是经济学者所处年代所面临的社会经济问题集：亚当·斯密所处的社会历史时代，资本主义市场经济兴起，他揭示了市场经济运行的奥秘，提出了经济人的假说，成为经济学的缔造者；马克思所处的时代，贫富差距和两极分化严重，工人运动四起，他揭示了资本主义经济危机的内在原因，创建了马克思主义经济学；凯恩斯所处的时代，资本主义经济出现大萧条和严重失业，他揭示了总需求不足及其原因，创建了宏观经济学。经济运行和发展的真实世界就像一幅拼图，已经拼起来的图案或认识了的世界对应着一套模型化证伪的理论，但真实世界是不断变化的，变化了的世界就是未来或未知世界，有些可以由已有经济理论进行解释和预测，有些就无法解释和预测。因此，大学及经济学者认识世界的理论创新任重而道远。

要找到"好故事"并凝练为具有经济学一般意义上的理论假说，除了天赋悟性外，关乎对真实世界的洞察能力，这就涉及生产经济思想的供给面，不仅要很好地掌握已有理论参照系，全面积累理论知识资本，还要很好地掌握数学、统计学等理论和实证技术。由于每个人或经济学者的时间精力是有限的，"问题"偏好是有差异的，经济学者需要把自己积累的知识资本、证伪技术等研究资源一样配置到能获取最大学术预期声誉和学术成就的课题上。这里就引出了经济学者的分工问题。分工有利于提高效率和创新，生产经济学思想产品与其他一般产品一样，采用迂回生产方式更有效率。我们可以观察到，在经济学者之间已经出现了学院经济学者和政府、公司经济学者之间的分工。学院经济学者生产思想产品或理论，对应的成果产出是专著和论文；政府、公司经济学者生产对策，其对应的产出是咨询报告或对策建议，他们运用学院经济学者生产的理论原理（即中间产品）来迂回生产对策建议，即最终产品。如果没有学院经济学者生产出好的理论或进行理论创新，就如制造业中的装备制造业一样，政府、公司经济学者就难以生产出好的对策建议，更别说以此来改造世界了。

　　谢慧明教授长期从事水资源、水环境与水生态经济，污染物定价及协同减排，陆海统筹与可持续发展等方面的研究，是生态经济学领域具有一定建树的青年学者，其主编的《经济学实证论文写作讲义：方法与应用》回答了"什么是论文""什么是好论文""什么是结果""什么是结论"等基本问题，也基于同学们在毕业设计中常用的经验研究方法回答了"如何写好论文"这一关键问题。这些都是大家在找到"好故事"以后需要深入学习的"好逻辑"。值此新作出版之际，特作序推荐！

金祥荣

2023 年 12 月于杭州

CONTENTS ▶目录

> 第 1 讲　导　论 <

经济学实证论文写作的要求越来越高，专家学者往往从论文的故事性、研究的技术性和写作的规范性等角度提出更高要求。本讲从论文的内涵外延出发，在深入剖析论文基本要素的基础上给出好论文的标准范例，进而明确好论文的内在要求，包括需要一个好问题、一种好方法、一类好数据和一手好排版等。

第一节　论文的内涵与外延

关于论文写作的著作尽管在市场上不多，但也有几本非常具有影响力，譬如李连江的《不发表 就出局》（2016）、刘军强的《写作是门手艺》（2020）、刘西川的《实证论文写作八讲》（2020）等。其中，李连江的书针对的是发表论文，以"学术期刊的审稿标准"开篇；刘西川的书针对的是实证论文，框架体例参考的也是发表的论文，遵循"摘要—引言—文献综述—研究设计—实证分析—结语"的逻辑。他们关注论文本身，但没有直接回答"什么是论文？"这一基本问题。刘军强的书针对的是论文的写作，偏重于写作过程的一些思辨和对话，但给出了作文和论文的区别。刘军强（2020）认为，论文要有创见，通常几千上万字；论文需要明确观点并予以论证；论文题目要学生自己寻找，不确定性会带来焦虑；论文是开卷作业，学生需要"上穷碧落下黄泉，动手动脚找东西"；论文没有标准答案，讲求标新立异，自圆其说。①

根据国家标准《科学学术报告、学位论文和学术论文的编写格式》（GB/T 7713 – 1987），科学技术报告是描述一项科学技术研究的成果或进展或一项技术研制试验和评价的结果；或是论述某项科学技术问题的现状和发展的文件。与科学技术报告不同，该国家标准指出学位论文是作者从事科学研究取得创造性的结果或有了新的见解，并以此为内容撰写而成、作为提出申请授予相应的学位时供评审使用的学术论文。学位论文包括学士论文、硕士论文和博士论文。根据国家标准 GB/T 7713 – 1987 的定义，学术论文是某一学术课题在实验性、理论性或观测性上具有新的科学研究成

---

① 刘军强．写作是门手艺［M］．桂林：广西师范大学出版社，2020．

果或创新见解和知识的科学记录；或是将某种已知原理应用于实际中取得新进展的科学总结，用以在学术会议上宣读、交流或讨论；或在学术刊物上发表；或作其他用途的书面文件。由此可见，学术论文可以是科学研究成果、会议论文、期刊论文或其他。

根据国家标准《学术论文编写规则》（GB/T 7713.2 – 2022）（部分代替国家标准 GB/T 7713 – 1987），学术论文是指对某个学科领域中的学术问题进行研究后，记录科学研究的过程、方法及结果，用于进行学术交流、讨论或出版发表，或用作其他用途的书面材料。同时，在不引起混淆的情况下，国家标准 GB/T 7713.2 – 2022 中的"学术论文"简称为"论文"。

第二节　论文的基本要素

根据国家标准 GB/T 7713.2 – 2022，论文一般包括以下三个组成部分：

● 前置部分：包括题名、作者信息、摘要、关键词、其他项目。为了便于交流和利用，题名应简明，一般不宜超过 25 字。对论文有实际贡献的作者应列为作者，包括参与选定研究课题和制订研究方案、直接参加全部或主要部分研究工作并作出相应贡献，以及参加论文撰写并能对内容负责的个人或单位。摘要的内容通常包括研究的目的、方法、结果和结论。

● 正文部分：通常包括引言、主体、结论和参考文献等。引言的编写宜做到切合主题，言简意赅、突出重点、创新点，客观评介前人的研究。主体一般由具有逻辑关系的多章或多个部分构成，如理论分析、材料与方法、结果和讨论等，取决于特定学科的研究范式。结论是对研究结果和论点的提炼与概括，不是摘要或主体部分中各章或部分的简单重复，宜做到客观、准确、精练、完整。论文中应引用与研究主题密切相关的参考文献，切忌漏引、假引、错引、转引、滥引。

● 附录部分：对正文部分的有关内容进行补充说明。论文一般不设附录；但那些编入正文部分会影响编排的条理性和逻辑性、有碍论文结构的紧凑性、对突出主题有较大价值的材料等可作为附录编排于论文的末尾。

论文中还会涉及图、表和公式等，国家标准 GB/T 7713.2 – 2022 给出了一些规定。本书可视化部分会详细阐述图表的生成过程，图表的美观程度会影响论文质量的高低，公式编辑器（Mathtype）等软件则有助于帮助同学们较好地处理公式编辑问题，其中包含的格式化公式功能等对论文排版都很友好。

当然，论文的框架也并非千篇一律，很多时候可以有些灵动或者说特色。例如，以"经济学"为主题在中国知网上搜索，最高被引的学位论文是浙江大学陈宏辉的博士论文《企业的利益相关者理论与实证研究》（2003），被引次数达 835 次（截至 2023 年 7 月，下同）。这篇学位论文共七章，包括前置、正文和附录三部分，包含章和节两个层级的框架。

首先，前置部分包括以下一些信息：

论文题目：企业的利益相关者理论与实证研究

作者姓名：陈宏辉

指导教师：贾生华教授

专　　业：企业管理

摘　　要：略

其次，正文部分包括七个章节和参考文献。第 1 章提出研究问题，在明确一些基本概念的基础上介绍研究方法、技术路线、研究思路和内容安排等。第 2 章是文献综述，对主流企业理论和利益相关者理论进行对比评价。第 3 章聚焦核心关键词"利益相关者"，再次对利益相关者进行界定和分类。如果说论文的核心概念并非原创或已有相当的研究基础，那么一些概念可以在第一章就界定完毕。很显然，作者认为"利益相关者"这个概念与众不同，需要单独进行重新界定和分类，尤其是分类，作者认为可以创新，需要着重加以实证研究。第 4~6 章是核心，分别解决利益相关者的利益要求及其实现、利益协调与平衡治理。第 7 章是结论和展望。正文目录如下：

最后，作者在附录部分展示了调查问卷、调查提纲以及对申请学位有较大价值的材料——攻读博士学位期间的研究工作和成果，此外还包括致谢。附录目录如下：

与学位论文不同，学术论文（或"期刊论文"或"会议论文"）的框架就相对简单。以《经济研究》刊登的论文为例，张军等的《中国省际物质资本存量估算：1952—2000》（2004）[①]、林毅夫和李永军的《中小金融机构发展与中小企业融资》（2001）[②]、干春晖等的《中国产业结构变迁对经济增长和波动的影响》（2011）[③] 均

---

① 张军，吴桂英，张吉鹏. 中国省际物质资本存量估算：1952—2000 [J]. 经济研究，2004 (10).

② 林毅夫，李永军. 中小金融机构发展与中小企业融资 [J]. 经济研究，2001 (1).

③ 干春晖，郑若谷，余典范. 中国产业结构变迁对经济增长和波动的影响 [J]. 经济研究，2011 (5).

为高被引论文，被引次数均超过 6000 次。

首先，张军等的这篇论文的正文包括七个部分，分别为：

一、引言

二、当年投资 I 的选取

三、投资品价格指数的构造

四、经济折旧率 δ 的确定

五、对基年物质资本存量 K 的确定

六、缺失数据的处理

七、估计结果及其比较

张军等根据永续盘存法估计了中国 30 个省（区、市）1952～2000 年各年末的物质资本存量，为解释经济增长和中国奇迹提供了基础数据的估算方法。

其次，林毅夫和李永军的这篇论文的正文包括五个部分，分别为一、二、三、四、五，没有明确的标题，但给出了一个非常重要的命题，即"大力发展和完善中小金融机构是解决我国中小企业融资难问题的根本出路"。

最后，干春晖等的论文的正文包括六个部分，分别为：

一、引言

二、产业结构变迁的度量及其特征

三、模型、方法和数据

四、实证分析

五、稳健性讨论

六、结论及政策含义

干春晖等率先测度了产业结构合理化和高级化，深入探讨了产业结构变迁与经济增长和波动的关系。

由此可见，高被引的论文框架可以不拘一格，但随着经济学科的不断发展，《经济研究》上的行文体例逐渐变得相对一致，一般包括以下几个内容：

一是引言。趋势是越写越长，是对方向性和观点性之争的文献综述，旨在明确研究问题、研究贡献、研究思路、研究框架等。

二是文献综述。围绕研究问题进行文献综述，可以是对关键变量的文献综述，对核心方法的文献综述，对研究视角的文献综述等。

三是理论模型。通过定义方程、行为方程和均衡方程等，运用数学模型揭示内在机理，如陈斌开和赵扶扬（2023）的论文，第三部分的标题为"模型设置"[①]；也可以基于框图模型提出一系列理论假说，如赖烽辉和李善民（2023）的论文，第三部

---

① 陈斌开，赵扶扬. 外需冲击、经济再平衡与全国统一大市场构建——基于动态量化空间均衡的研究 [J]. 经济研究，2023（6）.

分的标题为"制度背景、理论模型与研究假设"①。

四是仿真模拟。基于参数校准与估计利用数值仿真与模拟方法对模型进行求解，从长期均衡和短期脉冲响应等视角对经济效应进行分析解读。例如，陈斌开和赵扶扬（2023）的论文仿真模拟包括两部分：第五部分经济"再平衡"特征事实的理论解释，第六部分国内市场提质扩容与"高质量再平衡"。

五是实证研究。通过选择样本、定义变量、给出模型进行实证设计。在此基础上，通过描述性统计、基准回归结果分析、调节或中介机制分析、因果推断分析等检验第三部分给出的理论假说。此外，还需要进行稳健性检验，包括各类异质性分析。例如，赖烽辉和李善民（2023）的论文实证研究包括五部分：第四部分实证设计、第五部分实证结果与分析、第六部分民营企业异质性分析、第七部分进一步研究、第八部分稳健性检验。

六是结论与政策启示。例如，赖烽辉和李善民（2023）的论文的最后一部分（第九部分）为结论与政策启示。陈斌开和赵扶扬（2023）的论文的最后一部分（第七部分）为结论性评述。

第三节　好论文的标准范例

论文好不好涉及价值判断，但也有一定的标准。很多论文的评选获奖结果也被广泛报道，如全国优秀博士学位论文、孙冶芳经济科学奖、黄达—蒙代尔经济学奖、张培刚发展经济学优秀成果奖等。全国优秀博士学位论文评选是在教育部和国务院学位委员会的直接领导下，由教育部学位管理与研究生教育司组织开展的一项工作，旨在加强高层次创造性人才的培养工作，鼓励创新精神，提高我国研究生教育特别是博士生教育的质量。虽然该评选自1999年开始，至2013年以后不再开展，但其评价标准对于评判一篇论文是不是好论文依然具有一定的参考价值。

根据《全国优秀博士学位论文评选办法》，全国优秀博士学位论文入选名单经过推荐、初选和复评后产生。该办法第六条规定：

全国优秀博士学位论文的评选标准为：

1. 选题为本学科前沿，有重要理论意义或现实意义；

2. 在理论或方法上有创新，取得突破性成果，达到国际同类学科先进水平，具有较好的社会效益或应用前景；

3. 材料翔实，推理严密，文字表达准确。

① 赖烽辉，李善民，共同股东网络与国有企业创新知识溢出——基于国有企业考核制度变迁的实证研究[J]. 经济研究，2023（6）.

对于这一评选标准的解读则由推荐、初选和复评等环节的专家集体把握。1999～2013 年，全国优秀博士学位论文（经济学）结果如表 1-1 所示，共计 33 篇，其中理论经济学 16 篇，应用经济学 17 篇，涉及金融学、财政学、产业经济学、计量经济学等具体领域。梳理每年的百篇全国优秀博士学位论文可以发现，经济学学位论文最多的一年是 2005 年，共四篇。

表 1-1　　　　　　　　　　全国优秀博士学位论文（经济学）

年份	一级学科名称	作者姓名	指导教师姓名	论文题目	学位授予单位名称
1999	应用经济学	王广谦	黄 达	经济发展中金融的贡献与效率	中国人民大学
2000	理论经济学	纪玉山	张维达	信息网络化的经济学分析	吉林大学
	应用经济学	裴长洪	王林生	利用外资与产业竞争力	对外经济贸易大学
2001	理论经济学	刘元春	林 岗	论动态宏观视野下的交易费用分析框架	中国人民大学
		盛 斌	熊性美	中国对外贸易政策的政治经济分析	南开大学
2002	理论经济学	范从来	洪银兴	通货紧缩时期货币政策研究	南京大学
	应用经济学	田晓霞	李庆云	中国资本外逃的经济分析	北京大学
2003	理论经济学	王检贵	黄泰岩	劳动与资本双重过剩下的经济发展	中国人民大学
	应用经济学	董克用	赵履宽	经济体制转轨时期薪酬问题研究	中国人民大学
2004	理论经济学	杨其静	杨瑞龙	企业家的企业理论	中国人民大学
		陆 铭	袁志刚	工资、就业的议价对经济效率的影响	复旦大学
	应用经济学	王 聪	黄德鸿	我国证券市场交易成本制度研究——关于中国证券市场的 SCP 分析框架	暨南大学
2005	理论经济学	曹利群	周立群	转轨时期中国农业经济组织的演进	南开大学
		王 曦	舒 元	中国转型经济总需求分析：微观基础与总量运行	中山大学
	应用经济学	卜永祥	秦宛顺	人民币汇率的决定及汇率变动的宏观效应	北京大学
		刘晓越	刘起运	中国年度宏观经济计量模型与模拟分析研究	中国人民大学
2006	理论经济学	梁 琦	刘厚俊	产业集聚论	南京大学
2008	理论经济学	聂辉华	杨瑞龙	声誉、人力资本和企业理论：一个不完全契约理论分析框架	中国人民大学
	应用经济学	贾俊雪	郭庆旺	中国经济周期波动特征及原因研究	中国人民大学

年份	一级学科名称	作者姓名	指导教师姓名	论文题目	学位授予单位名称
2009	理论经济学	付文林	沈坤荣	财政分权、财政竞争的经济绩效研究	南京大学
	应用经济学	梁云芳	高铁梅	我国经济转轨时期房地产增长周期波动——特征、成因和结构变化的计量分析	东北财经大学
		杨子晖	陈浪南	政策工具的挤出效应与挤入效应研究	中山大学
2010	理论经济学	巫强	刘志彪	进口引致型出口：中国出口成长的实现机制研究	南京大学
	应用经济学	王义中	金雪军	论人民币汇率波动、失衡与升值	浙江大学
		欧阳志刚	王少平	阈值协整及其对我的应用研究	华中科技大学
2011	理论经济学	徐奇渊	刘力臻	人民币国际化进程中的汇率变化研究	东北师范大学
	应用经济学	解垩	樊丽明	城乡卫生医疗服务均等化研究	山东大学
2012	理论经济学	黄志刚	易纲	资本流动视角下外部不平衡的原因和治理研究	北京大学
		陈叶烽	汪丁丁	社会偏好的检验：一个超越经济人的实验研究	浙江大学
	应用经济学	隋建利	刘金全	动态随机一般均衡模型的研究与应用	吉林大学
		杨继生	王少平	综列单位根和综列协整检验及其对我国的应用研究	华中科技大学
2013	应用经济学	郑若谷	干春晖	国际外包承接与中国产业结构升级和转型	上海财经大学
		徐舒	甘犁	中国劳动者收入不平等的演化——技术进步与高校扩招政策的影响	西南财经大学

与学位论文不同，期刊论文形成了一套完整的关于"好论文"的筛选程序。李连江在《不发表 就出局》（2016）中所定义的"好"应该是发表，而其背后是"学好"。

真想学，就会努力学好，不会满足于差不多。有记者问季美林先生，学那些早已作古的文字，如梵文、吐火罗文，有什么用？季先生淡然地说："世间的学问，学好了，都有用；学不好，都没用。"什么时候算学好？季先生没说，我觉得车老师（车铭洲，编者注）的话隐含了答案，那就是人少。无论学什么，同等水平的人少了，就是学好了。[①]

---

① 李连江. 不发表 就出局［M］. 北京：中国政法大学出版社，2016.

然而，即便在所有发表的论文中，也有一系列更"好"的标准，如前面所提及的被引次数。国际上有一个评价标准，即同一年同一个基本科学指标数据库（ESI）中发表的所有论文按被引次数由高到低进行排序，排在前 1% 的论文即为高被引论文。在大多数情况下，"高被引"更多的是体现相关研究的热度，就单篇论著而言，"高被引"时常无法与"高影响力"或"高质量"直接画等号，片面追求"高被引"可能催生各种不合理引用现象。[①]

由此可见，"好"的标准千人千面。站在经典之上，站在规则之上，站在"好"文之上的"好"的研究或许是学生阶段可以做且可以做好的一项工作。学生们应该学会区别"好"与"不好"，应该明白"什么是好的"，即便心中的规则可能是模糊的。

就经典经济学论文而言，有《美国经济评论百年经典论文》20 篇。[②]

● 入选的标准

富有智知上的创造性，对经济学家的事项和研究产生了重大而深远的影响。

● 选择的程序

首先，根据 JSTOR（Journal Storage）系统的论文引用和查询数量作为参考指标，初选出一批具备评选资格的论文；

其次，考虑到着重指标可能存在的缺陷，如发表时间很早的论文被引用的次数较少等因素，评委会对若干著名经济学家的相关文章给予重点关注；

最后，评委会的每位评委根据自己对论文质量和重要性的判断标准，从备选论文中再进行遴选，最终选出了这 20 篇论文。

● 论文的目录

1. 生产理论（查尔斯·柯布、保罗·道格拉斯）

2. 几近理想的需求系统模型（安格斯·迪顿、约翰·缪尔鲍尔）

3. 不确定性与医疗保健的福利经济学（肯尼斯·阿罗）

4. 生产、信息成本与经济组织（阿尔曼·艾尔钦、哈罗德·德姆塞茨）

5. 委托代理经济理论：委托人问题（斯蒂芬·A. 罗斯）

6. 寻租社会的政治经济学（安妮·奥斯本·克鲁格）

7. 论信息有效市场的不可能性（桑福德·格罗斯曼、约瑟夫·斯蒂格利茨）

8. 垄断竞争和最优的产品多样性（阿维纳什·迪克斯特、约瑟夫·斯蒂格利茨）

9. 新古典增长模型中的国家债务（彼得·戴蒙德）

10. 最优税制与公共生产 Ⅰ：生产效率；最优税制与公共生产 Ⅱ：税收制度（彼

---

① 赵星，许可. 重视引文"黑暗面"让学术空间充满阳光［N］. 中国科学报，2021 - 12 - 09.

② 美国经济学会. 美国经济评论百年经典论文［M］. 阳春学，于飞，等译. 北京：社会科学文献出版社，2018.

得·戴蒙德、詹姆斯·莫里斯）

11. 规模经济、产品差异化及贸易模式（保罗·克鲁格曼）

12. 货币政策的作用（米尔顿·弗里德曼）

13. 最优货币区理论（罗伯特·蒙代尔）

14. 产出—通胀权衡的若干国际证据（罗伯特·卢卡斯）

15. 移民、失业与经济发展——一个两部门模型（约翰·哈里斯、迈克尔·托达罗）

16. 经济增长与收入不平等（西蒙·库兹涅茨）

17. 知识在社会中的运用（哈耶克）

18. 资本成本、公司金融与投资理论（弗兰克·莫迪利安尼、莫顿·H. 米勒）

19. 资本理论和投资行为（戴尔·乔根森）

20. 后续股息变化能否解释股票价格的大幅波动？（罗伯特·希勒）

在国内，《经济研究》自创刊以来也有不少"好"的论文，根据引用次数，曾统计过最具影响力的文章。这些文章的研究领域涵盖上市公司相关研究（4篇）、企业理论和企业合约（2篇）、宏观经济指标测算（1篇）、中小企业融资问题（1篇）等，论文题目列示如下：

1. 中国省际物质资本存量估算：1952—2000（张军、吴桂英、张吉鹏）

2. 中小金融机构发展与中小企业融资（林毅夫、李永军）

3. 高级管理层激励与上市公司经营绩效（魏刚）

4. 市场里的企业：一个人力资本与非人力资本的特别合约（周其仁）

5. 所有制、治理结构及委托—代理关系——兼评崔之元和周其仁的一些观点（张维迎）

6. 上市公司的股权结构与绩效（孙永祥、黄祖辉）

7. 我国上市公司并购绩效的实证研究（冯根福、吴林江）

8. 中国上市公司治理结构的实证研究（白重恩、刘俏、陆洲、宋敏、张俊喜）

总之，经典的论文、最具影响力的论文都可以被认为是"好"的论文。被引次数和学者评价是评价"好"论文的两大标准。从理论到实践，"把论文写在祖国大地上"的实践标准也越来越受到重视。2016年5月30日，习近平总书记在全国科技创新大会、两院院士大会、中国科协、第九次全国代表大会上指出，"科学研究既要追求知识和真理，也要服务于经济社会发展和广大人民群众。广大科技工作者要把论文写在祖国的大地上，把科技成果应用在实现现代化的伟大事业中。"①

一篇"好"的调研报告是"把论文写在祖国的大地上"的生动实践；一篇"好"的调研报告也由"前置—正文—附录"三部分组成；一篇"好"的调研报告也可以

① 全国科技创新大会 两院院士大会 中国科协第九次全国代表大会在京召开 ［EB/OL］. （2016 – 50 – 30）［2023 – 12 – 14］. https：//www.gov.cn/2016 – 05/30/content_5078085.htm#1.

经济学实证论文写作讲义：方法与应用

10

有新经验、新知识、新方法、新创造。费孝通的《江村经济》（2020）就是中国社会学实地调查研究的里程碑，打破了西方世界对中国的固有认知。[1] 该篇调查报告的框架如下：

- 前置部分

序

中译本前沿

致谢

- 正文部分

第一章　前沿

第二章　调查区域

第三章　家

第四章　财产与继承

第五章　亲属关系的拓展

第六章　户与村

第七章　生活

第八章　职业分化

第九章　劳作日程

第十章　农业

第十一章　土地的占有

第十二章　蚕丝业

第十三章　养羊与贩卖

第十四章　贸易

第十五章　资金

第十六章　中国的土地问题

- 附录部分

附录一　关于中国亲属称谓的一点说明

附录二　三访江村

译者说明

该调查报告全面展示了 1936 年江苏省吴江县震泽区开弦弓乡第 8～11 保的经济社会生活全貌。虽然是社会学的佳作，但其中有很多经济学的调查研究内容：

该村每年平均产米 18000 蒲式耳（第十章第二节）。仅一半多一点的粮食为人们自己所消费（第七章第五节）。村里极少有完全不干农活的人家。占总数约 76% 的人

---

① 费孝通. 江村经济 ［M］. 北京：作家出版社，2020.

家以农业为主要职业（第八章第一节）。一年中，用于种稻的时间约占 6 个月（第九章第三节）。人们靠种稻挣得一半以上的收入（第十二章第二节）。

……

1925 年，周村长把村西的湖中捕鱼的权利租给了湖南省来的人。这是由于那时村庄需要钱来修理河上自卫的栅栏。签订合同以后，周向村民宣布，今后不得有人去该湖捕鱼。村民遵守了这个协定。我在村里的时候，发生了一起争端。那些湖南人抓获了一条捕虾的船，把渔民押送到城里警察署，控告他们偷窃。周抗议说，租给湖南人的不是那个湖，而是湖中捕鱼的权利，这个权利不包括捞虾的权利。最后，被抓的人获释。

……

有三种互助会，最流行的一种叫"摇会"，在这个会中，组织者召集 14 个会员，每人交纳 10 元。组织者总共得 140 元。摇会每年开两次会：第一次在 7 月或 8 月，那时蚕丝生产告一段落；第二次在 11 月或 12 月，水稻收割完毕。在每一次会上，组织者偿还摇会 10 元本钱和 3 元利息。这样，在第 14 次会结束时，他可以把债还清。

第四节　好论文的内在要求

一、需要一个好问题

爱因斯坦在《物理学的进化》一书中指出：提出一个问题往往比解决一个问题更重要。然而，什么是问题？通用的一个定义是"现状与标准或期望（目标）之间的差距"。这一定义包含三个关键词，即现状、目标和差距。因此，一个好问题应有清晰的现状、具体的目标和可评价的差距。在推进经济学研究过程中，好的问题往往产生于一些重大战略和重点领域。例如，2023 年，经管领域的重点选题需要落实和靠拢"四个面向"：一是面向世界科技前沿；二是面向经济主战场；三是面向国家重大需求；四是面向人民生命健康。

2023 年 5 月，《管理世界》发布重大选题征文启事，共有 10 个重大选题，分别是：（1）选题一：以效率变革、动力变革促进质量变革，加快形成可持续的高质量发展体制机制；（2）选题二：未来五年社会主义市场经济体制改革的难点和改进建议；（3）选题三：如何完善收入分配机制，扎实推进共同富裕；（4）选题四：我国人口变化对经济社会发展的影响；（5）选题五：以新安全格局保障新发展格局；（6）选题六：农业农村现代化的重点与难点；（7）选题七：关键核心技术攻关的路径与难点；（8）选题八：重大工程新型举国体制；（9）选题九：提升我国数字经济国际竞争力；（10）选题十：根治基层治理弊病。

这其中不乏经济学的重大选题。一些重点期刊也建议，"十四五"期间的重大选题可以从党的二十大报告中挖掘，主要有：（1）过去五年的工作和新时代十年的伟大变革；（2）开辟马克思主义中国化时代化新境界；（3）新时代新征程中国共产党的使命任务；（4）加快构建新发展格局，着力推动高质量发展；（5）实施科教兴国战略，强化现代化建设人才支撑；（6）发展全过程人民民主，保障人民当家作主；（7）坚持全面依法治国，推进法治中国建设；（8）推进文化自信自强，铸就社会主义文化新辉煌；（9）增进民生福祉，提高人民生活品质；（10）推动绿色发展，促进人与自然和谐共生；（11）推进国家安全体系和能力现代化，坚决维护国家安全和社会稳定；（12）实现建军一百年奋斗目标，开创国防和军队现代化新局面；（13）坚持和完善"一国两制"，推进祖国统一；（14）促进世界和平与发展，推动构建人类命运共同体；（15）坚定不移全面从严治党，深入推进新时代党的建设新的伟大工程。

如果是聚焦到经济学研究问题，党的二十大报告中的第四部分涵盖以下重大选题：（1）构建高水平社会主义市场经济体制；（2）建设现代化产业体系；（3）全面推进乡村振兴；（4）促进区域协调发展；（5）推进高水平对外开放。

这些选题依然是方向性的，进一步聚焦需要基于广泛的文献阅读，明确更精准的研究问题，包括现实问题和科学问题两类。以全国电力短缺为例，电力短缺是一个现实问题，然而在这一现实问题背后的科学问题有哪些？吕政（2021）指出，这个问题背后需要研究的重点是：

第一，我国电力供求的现状和发展趋势是什么？第二，现阶段电力短缺的原因是电力需求显著增长吗？是电力供给能力建设不足吗？是一次能源价格上涨导致火力发电企业不得不减少发电出力以降低亏损吗？是地方政府为了落实减碳任务导致火力发电机组行政性关停吗？是由于持续降雨及洪水导致山西和陕西等地区煤炭开采大量减产吗？是世界经济复苏以及能源大宗产品价格上涨的传导引起的吗？第三，我国新能源发展的速度和规模都位居世界前列，新能源替代传统化石能源的作用、前景和机制是什么？第四，产业结构调整，降低高耗能工业的比重，提高低能耗、高附加值产业比重中对降低能源消耗强度的作用和途径是什么？第五，电力价格市场化改革的路径和机制是什么？第六，电价市场化对电力消费不同主体、不同地区的影响有哪些？如何平衡和协调他们相互之间的关系？这些问题不是仅靠理论假设、数学推导和计量模型能够回答的，而是需要以统计数据为基础，采用实证研究的方法，从生产力与生产关系的矛盾交叉及发展变化的结合上条分缕析，进行研究和探讨。[①]

此时，围绕电力供求、电力价格市场化改革和电力企业亏损等文献综述研究必不可少，政策性关停、能源大宗产品价格上涨、新能源发展、产业结构调整等影响因素

---

① 吕政．关于应用经济学论文写作方法的几点思考［J］．中国经济学人，2021（10）．

的考量也是文献综述研究的重要组成。一个好的问题离不开时代背景，离不开重大战略，离不开研究基础，文献综述工作将有助于提出一个好的问题。

二、需要一种好方法

现代经济学的研究方法是，首先，提供各种层次和方面的基本研究平台，建立"参照系"，从而给出度量均衡结果和决定制度安排优劣的度量标尺；其次，提供分析工具；再次，注意经济理论的适用范围，区分充分条件和必要条件的重要性，以及弄清数学与现代经济学的关系等。① 研究平台由一些基本的经济理论或原理组成，参照系指的是理想状态下的标准经济学模型，用以建立评估理论模型和理解现实。分析工具多是数学模型，也有的是由图解给出。由于提供研究平台，建立参照系和给出分析工具都需要数学，数理分析的方法在现代经济学中成为主要的研究方法。就数理分析方法的学习而言，有一系列著作可供学习参考：

- 本科生
(1)《微观经济学：现代观点》（哈尔·R. 范里安）
(2)《宏观经济学》（N. 格里高利·曼昆）
(3)《计量经济学导论》（杰弗里·伍德里奇）
(4)《数理经济学的基本方法》（蒋中一）

- 硕士生
(1)《高级微观经济学》（蒋殿春）
(2)《微观经济分析》（哈尔·R. 范里安）
(3)《动态最优化基础》（蒋中一）
(4)《RBC 之 ABC 动态宏观经济模型入门》（乔治·麦坎得利斯）
(5)《高级宏观经济学》（戴维·罗默）
(6)《高级计量经济学》（洪永淼）

- 博士生
(1)《微观经济理论》（安德鲁·马斯—克莱尔、迈克尔·D. 温斯顿、杰里·R. 格林）
(2)《递归宏观经济理论》（杨奎斯特·萨金特）
(3)《金融随机分析》（史蒂文·E. 施里夫）
(4)《经济学拓扑方法》（王则柯）
(5)《数理经济学》（高山晟）

---

① 田国强. 现代经济学的基本分析框架与研究方法［J］. 经济研究，2005（2）.

（6）《经济数学方法与模型》（安吉尔·德·拉·弗恩特）

（7）《竞争均衡：理论和应用》（布赖恩·埃里克森）

这些数理经济学大作梳理来自于网络。① 阶段的划分可以因人而异，但总归还是一个由浅入深的过程，如《数理经济学的基本方法》（蒋中一）就是《动态最优化基础》（蒋中一）的一个前置读物。与此同时，这些著作大部分都有中译版，但质量参差不齐，建议中英文相互辅助阅读。

数理分析方法的高大上让很多读者望而却步，因此就有了一些相对友好的、围绕某些特定的容易入手的经济学研究方法的著作，如张宁和杜克锐的《效率与生产率分析教程——理论、应用与编程》。② 该书各章提纲如下：

理论篇

第 1 章　效率与生产率的基本概念及测度方法

第 2 章　参数线性规划法

第 3 章　随机前沿分析法

第 4 章　计量经济学方法

第 5 章　数据包络分析法

第 6 章　二阶段半参数 DEA 方法

应用篇

第 7 章　参数线性规划法的程序应用

第 8 章　随机前沿分析法的程序应用

第 9 章　计量经济学方法的程序应用

第 10 章　数据包络分析法的程序应用

编程篇

第 11 章　Stata 编程的基础准备

第 12 章　DEA 模型编程的基本思路

第 13 章　DEA 程序编写的实战演练

第 14 章　基于 DEA 对偶问题的影子价格计算

第 15 章　Stata 编程的调试

又如王群伟主编的《经济学前沿研究方法》。③ 该书从理论基础和模型应用两个维度系统全面地介绍了投入产出分析、CGE 模型、DSGE 模型、Copula 函数、计量经济模型、多重实践尺度分析等，各章提纲如下：

第 1 章　投入产出分析：理论基础

---

① 例如，"数理经济学经典教材推荐：从入门到精通"，参见 https：//zhuanlan. zhihu. com/p/67085500。

② 张宁，杜克锐 . 效率与生产率分析教程——理论、应用与编程［M］. 济南：山东大学出版社，2022.

③ 王群伟 . 经济学前沿研究方法［M］. 北京：科学出版社，2023.

第 2 章　投入产出分析：模型应用

第 3 章　CGE 模型：理论基础

第 4 章　CGE 模型：模型应用

第 5 章　DSGE 模型：理论基础

第 6 章　DSGE 模型：模型应用

第 7 章　Copula 函数：理论基础

第 8 章　Copula 函数：模型应用

第 9 章　计量经济模型：理论基础

第 10 章　计量经济模型：模型应用

第 11 章　多重时间尺度分析：理论基础

第 12 章　多重时间尺度分析：模型应用

还有陈强的《高级计量经济学及 Stata 应用》（2010）、姜磊的《应用空间计量经济学》（2020）等。本讲义主要关注的一些计量经济学方法及其 Stata 实现，包括：

第 1 章　导论

第 2 章　文献综述

第 3 章　理论假说

第 4 章　数据及可视化

第 5 章　调查研究

第 6 章　文本挖掘

第 7 章　截面与时间序列

第 8 章　面板数据

第 9 章　因果推断

第 10 章　面板空间计量

第 11 章　生产率分析方法

其突出特色是在介绍具体的分析工具之前增加了如何撰写文献综述和如何提炼理论假说两章，这两章也是最能体现经济学作为社会科学本色的内容。具体而言，每一章都有学者围绕特定的方法进行了深入的探讨和研究，本讲义偏重的是方法和应用，与教会学生撰写好论文的初衷保持一致。

三、需要一类好数据

数据是重要的资源。在经济学研究中，尤其是对研究生阶段的论文撰写而言，数据视角或许是相对容易且可能有突破的方向。由于知识产权等原因，数据变得越来越稀缺，购买数据库成为很多高校、研究机构和团队的一笔不小支出。当然，也有很多开放的、公益的数据库供开发使用。根据网络梳理，博士毕业论文撰写过程中常用的微观数据库有 40 个之多，此处节选 10 个与经济学研究高度相关的数据库，如下所示：①

1. 联合国商品贸易统计数据库

全球最大、最权威的国际商品贸易数据库，每年超过 200 个国家和地区提供其官方年度商品贸易数据，收集超过 6000 种商品，数据回溯至 1962 年。

网站链接：http：//comtrade. un. org/

2. 中国私营企业调查

执行机构：中国社会科学院私营企业主群体研究中心

开放数据年份：1993、1995、1997、2000、2002、2004、2006、2008、2010、2012、2014

数据类型：截面数据

覆盖省份：针对中国 31 个省（区、市）203 万户私营企业和企业主

分析单位：私营企业和企业主

核心问题：针对私营企业和私营企业主的综合状况进行调查，内容详细，关注和研究我国私营企业发展

网站链接：http：//finance. sina. com. cn/nz/pr/

3. 世界银行中国企业调查数据

执行机构：世界银行

开放数据年份：2002、2003、2005、2012

数据类型：截面数据

覆盖范围：中国大陆

分析单位：企业

核心问题：主要关注一个国家的商业环境变化，以及公司效率和性能特征

网站链接：http：//www. enterprisesurveys. org/data

4. 中国小微企业调查数据（CMES）

执行机构：西南财经大学

开放数据年份：2015

数据类型：截面数据

分析单位：企业

覆盖区域：29 个省（区、市）

核心问题：小微企业和个体工商户经营

---

① 参见"科研工具｜博士毕业常用的 40 个微观数据库"，2021 - 09 - 05。

应用主题：劳动就业分析、公司研究、金融与投资分析

网站链接：http：//chfs. swufe. edu. cn/

5. 中国专利数据库

执行机构：国家知识产权局和中国专利信息中心

开放数据年份：1985 ~ 2015

数据类型：面板数据

覆盖省份：全国各种类型企业专利申请

分析单位：企业

核心问题：准确地反映中国最新的专利发明

网站链接：http：//new. ccerdata. cn/Home/Special#h3

http：//202. 107. 204. 54：8080/cnipr/main. do？method = gotoMain

6. 中国工业企业数据库

执行机构：国家统计局

开放数据年份：1998 ~ 2013

数据类型：面板数据

覆盖省份：中国大陆地区销售额达 500 万元以上的大中型制造企业

分析单位：企业

核心问题：全国最为详细、使用最为广泛的微观数据库，主要研究工业企业的相关问题

网站链接：http：//www. allmyinfo. com/data/zggyqysjk. asp

7. 海关数据

执行机构：中国海关

开放数据年份：1994 ~ 2014

调查方式：企业申报

数据类型：面板数据

抽样方式：企业主动上报汇总

覆盖省份：全国各种类型进出口企业汇报

分析单位：企业

核心问题：主要是海关履行进出口贸易统计职能中产生的各项进出口统计数据，专注企业进出口情况

网站链接：http：//new. ccerdata. cn/Home/Special

8. 中国家庭追踪调查（CFPS）

执行机构：北京大学中国社会科学调查中心

开放数据年份：2008、2009（测试调查），2010、2011、2012、2014（正式调查）

数据类型：面板数据

分析单位：个人、家庭

覆盖区域：25 个省（区、市）

核心问题：中国社会、经济、人口、教育和健康的变迁

网站链接：http：//www. isss. edu. cn/cfps/

9. 中国家庭金融调查数据（CHFS）

执行机构：西南财经大学

开放数据年份：2011、2013

数据类型：截面数据

分析单位：家庭

覆盖区域：25 个省（区、市）（2011），29 个省（区、市）（2013）

核心问题：家庭金融状况、收入支出、社会保障、商业保险等

网站链接：http：//chfs. swufe. edu. cn/

10. 中国家庭收入调查数据（CHIPS）

执行机构：北京师范大学中国收入分配研究院

开放数据年份：1988、1995、2002、2007、2013

数据类型：截面数据

分析单位：家庭

覆盖区域：19 个省（区、市）（1988、1995），22 个省（区、市）（2002、2007、2013）

核心问题：中国家庭收入水平

网站链接：http：//www. ciidbnu. org/chip/index. asp

除了一些公开的数据库，越来越多的学者开始自己构建数据库。他们一般通过问卷调查的方式来收集相关信息，处理相关数据，解释相关现象，解决相关问题。通过问卷调查获取第一手数据的方法将在第 5 讲另行讲述。

四、需要一手好排版

有好的问题、好的数据、好的方法，一篇好的论文就有了基本的基调，排版是锦上添花的工作。也不知道是分工的原因，还是认知的原因，学生们在排版上下的功夫远远不够。排版是一个熟能生巧的活儿，它直接决定着专家对论文的第一印象。

每个学校对毕业论文的格式要求都有相应的规定，每个期刊对投稿论文的格式要求也有相应的规定。譬如《管理世界》的格式要求包括八个部分：

（一）论文字数 10000 字以上，最终刊发的文章字数一般不超过 20000 字

（二）稿件第一页应提供以下信息

（三）标题编号格式

（四）图形格式

（五）表格格式

（六）数学公式

（七）尾注

（八）参考文献

《经济研究》也提供了稿件体例要求的范本。这两本期刊的格式要求可详见其官网的投稿须知。

思考与练习

1. 选择一篇您认为的"好"论文。基于对这篇文章的深入解读，明确论文的基本要素，给出您认为"好"的原因。

2. 选择一个您感兴趣的数据库，下载部分样本数据，熟悉数据库，对该数据库中的变量进行分析并与您感兴趣的研究问题相结合，明确研究思路。

3. 参照《经济研究》或《管理世界》的投稿须知，对一篇课程论文进行排版练习。

>第 2 讲 文 献 综 述<

撰写文献综述是发现和确定学术问题的重要步骤。好的文献综述不仅是对相关研究系统的分析评价与趋势预测，还可以为新课题、新研究的确立提供强有力的支持和论证。对于初学者而言，撰写文献综述存在极大的挑战。本讲将围绕撰写文献综述的基本步骤，重点介绍文献检索和筛选的基本方法，以及如何有效地阅读文献并做好阅读笔记，如何通过文献矩阵以及结构图把握文献间的逻辑关联。最后，本讲将介绍文献综述的主要内容和结构安排。

第一节 文献综述概述

一、文献综述的基本要求

（一）文献综述的定义

文献综述又称研究综述，是指在全面分析、掌握某一学术问题（或研究领域）相关文献的基础上，对该学术问题（或研究领域）在一定时期内的已有研究成果、存在的问题进行分析、归纳、整理和评述而形成的论文。文献综述要求对研究现状进行客观的叙述和评论，以便预测发展、研究的趋势或寻求新的研究突破点。①

从字面意义上讲，文献综述分为"综"和"述"两个部分。其中，"综"要求全面整理归纳、综合分析已有的相关文献，并以更精炼的语句有条理、有逻辑地呈现已有的研究成果。"综"的目的在于全面了解关于某一主题的研究。"述"即评述，是在对已有文献"综"的基础上，对文献进行专门的、全面的、深入的和系统的论述，论证已有研究的缺陷以及未来研究的方向。在一篇文献综述中，"综"和"述"缺一不可。

---

① 王琪.撰写文献综述的意义、步骤与常见问题［J］.学位与研究生教育，2010（11）.

（二）文献综述的目的

牛顿有句名言，"如果我能看得更远一点的话，是因为我站在巨人的肩膀上"。学术研究是"站在巨人肩膀上"的一项创新活动。不了解"巨人"的"肩膀"在哪里，也就无所谓创新与突破。一方面，文献综述的目的是通过全面梳理已有的相关研究，搞清楚"巨人的肩膀"在哪里，明确我们确实是站在"巨人的肩膀"上，而非"脚面"上；另一方面，只有站在"巨人的肩膀上"，才更容易"跳一跳"，"摸得更高"，"看的更远"。因此，文献综述是进行学术研究的基础性、前提性工作。无论是在学术论文、项目申报书，还是在学位论文开题报告中，文献综述都是必要的组成部分。它不仅能够帮助研究者和读者全面了解研究领域的现有知识，评估前人研究的质量和可靠性，确定研究的理论基础和研究空白，还能为研究者的研究提供适当的理论框架和方法论。

总的来讲，文献综述的目的主要包括五个方面。一是了解研究现状和进展。文献综述有助于研究者了解某一领域或关于某一主题的研究现状，通过梳理相关文献，研究者可以了解该领域或某一主题的研究脉络、前沿进展。二是识别研究问题和知识短板。通过对相关研究的分析和总结，研究者可以找到尚未解决的问题以及已有研究对某一现象的解释所存在的缺陷，从而为未来的研究提供指导和启示。三是整理研究方法和理论框架。文献综述有助于了解特定领域内使用的研究方法和理论分析框架，比较不同研究方法的优缺点，以及哪些理论框架被广泛应用。四是综合研究结果和结论。文献综述可以总结该领域已有研究的主要发现和共识，进而为整个领域提供一个综合性的认识。五是指导未来研究。通过对已有研究的分析，研究者可以找到未来研究的方向和重点，避免重复已有的工作。

（三）文献综述的主要内容

1. 论文的引言部分

不少研究者往往以"研究背景和研究意义"替代引言。然而，论文引言是一篇结构完整的独立小文章，需要提出为什么要进行研究以及论证该研究的价值。[①] 就前者而言，要重点突出已有研究的缺陷，就后者而言，关键在于将研究者的研究与已有的相关研究进行比较，突出本研究的创新性与先进性。因此，在引言中也要有文献综述。

2. 文献综述部分

该部分的文献综述是一篇论文中文献综述的主体部分。其目的是全面梳理、归

---

① 刘西川. 经济学实证论文八讲 [M]. 北京：北京大学出版社，2020.

纳、对比已有的相关研究，提出已有研究存在的缺陷以及导致这一缺陷的可能原因。基于此，进一步论证本研究的改进是可行的。总的来讲，这部分的文献综述是对引言中文献综述的细化，引言中的文献综述是高度概括的，而该部分的文献综述则较为详细。

3. 概念界定与理论框架部分

在界定相关概念并建立研究的理论框架时，需要回顾和参考先前的研究成果。例如，在研究个体的行为决策中，不少研究者采用美国学者阿耶兹（Ajzen）提出的计划行为理论（TPB）分析框架，如查亚斯米塔等（Chayasmita et al.，2023）[①]。换言之，研究者在论证 A 对 B 的影响时，如何界定 A 与 B 的概念，以及阐述 A 对 B 的影响机制，均需要有理论依据，而这一依据来源于前人的文献。

4. 研究方法部分

研究方法属于研究设计的范畴。在采用计量经济学模型实证检验 A 对 B 的影响时，首先要搞清楚 A 和 B 如何测量。为了确保效度与信度，研究者可以借鉴已有的研究成果。此外，构建什么模型来检验 A 与 B 的关系，研究者同样可以借鉴已有的文献。更重要的是，一篇实证论文的创新主要体现在研究设计的新意，只有在了解已有研究在研究设计上的缺陷，才能在研究方法上进行改进，如朋文欢和黄祖辉（2017）[②]。

5. 结果讨论部分

在实证论文写作中，不少研究者认为实证结果部分仅仅是汇报模型的拟合结果。这当然是不够的，相较于文字，以表格的形式呈现结果更加清晰。实证结果需要讨论，重点关注模型拟合结果和已有的实证研究结果是否一致[③]。如果不一致，导致分歧的原因是什么？因此，在结果讨论部分，同样需要嵌入文献综述的内容。

二、文献综述的主要特征

1. 全面性与系统性

文献综述应聚焦某一领域或主题，广泛搜集和综合相关文献，对该领域和主题的重要研究进行全面而深入的总结。好的文献综述以系统的方式组织文献，例如，按照研究的主题、时间、理论框架、方法或观点进行分类。这样可以清晰地呈现不同文献

---

① Chayasmita D，Kanti M D，Masoud Y，et al. Can Gain Motivation Induce Indians to Adopt Electric Vehicles? Application of An Extended Theory of Planned Behavior to Map EV Adoption Intention ［J］. Energy Policy，2023，182.

② 朋文欢，黄祖辉. 契约安排、农户选择偏好及其实证——基于选择实验法的研究［J］. 浙江大学学报（人文社会科学版），2017（4）.

③ 例如，Li Zhang，Lunyu Xie，Xinye Zheng. Across A Few Prohibitive Miles：The Impact of the Anti-Poverty Relocation Program in China ［J］. Journal of Development Economics，2023（160）.

之间的联系和发展脉络，并帮助读者更好地理解该领域或主题的知识结构。

2. 分析性与评论性

文献综述不仅要对文献进行全面回顾和总结，还应对文献中的观点、研究设计和结果进行分析和评价。它要求识别出各个研究成果的异同点、优缺点，并对导致这些异同点、优缺点的原因给出合理解释。换言之，通过全面梳理已有的研究，搞清楚以下问题：该领域的哪些方面已经做了充分的研究？哪些方面还未被充分的检验？哪些方面尚未引起学界足够的重视？哪些方面还有待改进，以及改进的方向和重点在哪里？针对同一主题的研究，结论是否存在分歧点，以及导致观点或结论分歧的可能原因是什么。由此提出本研究的改进空间，以缩小分歧。

3. 准确性和可靠性

在文献综述中，所引用的文献和数据必须是真实且无误的。在进行文献综述时，研究者应该致力于寻找和使用可靠的文献来源，确保所引用的文献信息是准确的，包括题目、作者、发表时间等。同时，一个可靠的文献综述应该依赖高质量、可靠的文献，而不是基于个别或不够权威的观点。

三、文献综述的常见问题

1. 文献综述没有紧扣主题

有相当一部分论文并没有围绕本研究关注的主题查阅和筛选文献，而是针对某一领域的文献进行综述。这不仅会因为文献太多而导致文献综述漫无边界、冗长，更关键的是，还会使研究者无法清晰地界定已有研究的边界在哪里。因此，也很难论证清楚自己的研究是如何改进前人的研究，即自己的创新在哪里。例如，想评价一个男子长得很帅，最简单的办法是将这个男子与另外一个男子进行比较。但如果将这个男子和猴子进行比较，虽然从理论上讲是说得通的，因为人和猴子都是灵长类动物，但从常识上讲这一比较缺乏说服力。因此，要论证有力，突出自己研究的边际贡献，就要找准文献，围绕研究主题检索并比较与自己研究直接相关的文献。

文献综述没有紧扣研究主题，其一个最显著的特点是研究者在梳理已有的研究成果后，强调学界对某一主题的研究仍较薄弱，因此自己研究的贡献在于"填补空白"。而且，研究者还会罗列出一系列本研究拟解决的问题。

2. 简单罗列堆砌文献

很多研究者在文献综述写作过程中存在简单罗列文献的问题，综述部分仅仅简单地列示出 A 说、B 说、C 说、D 说等。文献综述变成研究者的读书心得清单和资料汇编，变成相关学术研究的简单堆砌。表面上看洋洋洒洒，而实际上作用有限，读者既看不到"问题的来龙去脉"，也看不到"证明的来龙去脉"。这种写作方法无法做到全面性，因为在一篇论文中不可能用有限的篇幅罗列出所有相关文献。另外，这种写作方式看不出关于某一主题的研究脉络以及逻辑关联，更谈不上通过比较已有的研究成果，论证自己研究的改进与贡献。

3. 文献综述缺乏权威性

部分研究者的文献综述只是简单地罗列出一些缺乏权威性和经典性的、算不上学术文献的所谓文献。这种文献综述不仅表明作者阅读的文献层次太低，其阅读远没有涉及学术前沿，同时也表明作者缺乏辨识文献质量的能力。从研究者引述文献材料的数量和质量，完全可以准确观测作者治学的阶段和高度。低水平的文献综述必然制约论文的写作水平。因此，评价一篇论文的质量，最直接的方法是查阅研究者引用的参考文献。通常，一篇论文的参考文献质量不佳，该论文的质量也不会好到哪去。

4. 文献综述只"综"不评或评述缺乏针对性

有些论文的文献综述仅仅局限于对已有文献的简单复制或一般性介绍，缺乏作者自己的观点和见解，缺乏对以往研究的优点、缺陷和贡献的批判性分析与评论，因此，自己研究的创新性很难说服人。特别是对有较多学术争议的研究主题时，或发现与自己的研究结论互相矛盾时，有些论文避重就轻，轻易放弃研究"批判"的权利。实际上，这些分歧或者观点冲突是很有价值的，正是研究的可能创新之处。

当然，也有一些研究在梳理已有研究后展开了评述，但评述缺乏针对性。比如，一味地指出已有研究的各种不足，但是之后的论述又解决不了这些问题；还有一些研究者在梳理完已有的研究成果后，评述部分并非针对这些与自己研究直接相关的文献，而是针对某一领域存在的共性问题展开，即"综"和"述"存在"两张皮"现象。

5. 缺乏逻辑结构和组织

在撰写文献综述时也会存在综述的内容和结构安排缺乏合理的逻辑，导致文献综述杂乱无章、不连贯，使读者很难理解综述的重点和论证过程。导致这一现象的原因是多方面的，例如，缺乏清晰的写作目标，即文献综述究竟是在文中起到什么作用，换言之，文献综述是要有结论的；文献选择和整理不当，在文献阅读和整理时没有及时做笔记、打表格等；缺乏论述框架，不能将诸多文献的内容有机地组织在一起；写作思路不清晰等。

第二节　文献检索与甄别

一、文献检索的渠道

检索和收集文献是撰写文献综述和学术研究的重要一环。在检索和收集文献时，可以利用以下几个主要的渠道。

1. 图书馆

图书馆是最常见的文献来源之一，研究者可以通过在图书馆检索系统中查找图书、期刊、论文等文献资源，借阅或阅览相关资料。

2. 学术数据库

学术数据库是收录各类学术文献的在线数据库，如 Web of Science（http：//www. webofscience. com）、Scopus（http：//www. scopus. com）、CNKI（https：//www. cnki. net/）等。研究人员可以通过检索关键词或作者姓名等方式查找相关文献。

3. 学术搜索引擎

除了学术数据库，学术搜索引擎也是一种快速获取学术文献的工具。例如，Google Scholar（https：//scholar. google. com/）、百度学术（https：//xueshu. baidu. com/）等。研究人员可以通过输入关键词、论文标题、作者姓名等方式检索相关文献。

4. 学术期刊官方网站

不少学术期刊提供免费或付费的电子版论文下载渠道，研究者可以直接访问期刊的官方网站查找或下载感兴趣的论文电子版。相较于学术搜索引擎和学术数据库，期刊官方网站的时效性更强。而且不少期刊官方网站还会提供论文的相关附件、数据文件或 Stata 代码等，如《世界经济》（www. jweonline. cn）、《中国工业经济》（http：//ciejournal. ajcass. org/）、《数量经济技术经济研究》（http：//www. jqte. net/sljjjsjjyj/ch/index. aspx）、*American Economic Review*（https：//www. aeaweb. org/journals/aer）、*Econometrica*（https：//onlinelibrary. wiley. com）等。

二、如何检索与研究主题相关的文献

1. 确定关键词和主题词

主题词和关键词是研究者最常用的检索方式，使用这种检索方式可以搜索到尽可能多的与研究者的研究领域或主题相关的文献。研究者需要准确定义与研究主题相关的关键词或主题词，同时挖掘隐含的主题概念，将表达同一概念的同义词一一列出，并确定主题词之间的逻辑关系。这些术语应准确描述研究的领域和问题。通过使用这些术语来构建检索策略。

2. 选择合适的学术数据库或搜索引擎

常用的学术数据库或搜索引擎包括 PubMed、Scopus、Web of Science、CNKI、Google Scholar、百度学术等。每个数据库都具有特定的文献覆盖范围和搜索功能，因此研究者可以根据需求选择适合的数据库或搜索引擎进行文献检索。

3. 合理利用索引词和主题词

许多学术数据库提供索引词和主题词以标识文献的主题。查看数据库的主题词表或使用数据库提供的专门功能来选择适当的索引词和主题词，可以提高检索相关文献的准确性。需要强调的是，无检索价值的词不能作为检索词，如"技术""应用""观察""影响""调查""研究"等。此外，尚未被普遍采用、未被公认的缩写词也不能作为检索词。

4. 利用引用链追踪和文献引用

一旦找到与研究主题相关的、最新的种子文献（尤其是综述类文献），可以通过检查这些文献的参考文献来了解其他相关文献。例如，在考察"易地扶贫搬迁的经济效应"时，通过主题词在谷歌学术上能检索到 2023 年发表于 *Journal of Development Economics* 的 "Across a few prohibitive mile：The impact of the Anti – Poverty Relocation Program in China"[1]，查阅该文献所引用的参考文献，可以逐一检索出一系列其他文献。此外，研究者还可以使用引文索引数据库，如 Web of Science 和 Google Scholar，通过查找引用这些核心文献的其他研究，进一步扩大相关文献的范围。

5. 寻求专家和同行意见

与领域内的专家和同行交流，向他们寻求推荐和建议，可以帮助研究者找到更多与研究相关的文献。专家和同行通常对最新的研究动态和重要的论文有更深入的了解，并能提供有价值的文献建议。

综合运用上述方法，可以确保检索到的文献与研究者的研究相关。同时，也需要根据文献的标题、摘要和关键词等信息，进一步审查和筛选检索到的文献，评估其与研究主题的关联度。

三、如何甄别文献的质量

1. 文献来源

评估论文的出版来源是评估其质量的重要指标。选择来自受认可的学术出版机构（期刊）发表的论文，有助于确保其质量和可靠性。以国内经济学期刊为例，《经济研究》《经济学季刊》《世界经济》《中国工业经济》《中国农村经济》等期刊的论文质量较高。建议初学者检索阅读的中文文献至少是来自一级期刊目录的文献。[2] 对于外文文献，可以根据中科院 SSCI 分区来初步判断一篇文献的质量，研究者可以在浏

---

[1] Li Zhang, Lunyu Xie, Xinye Zheng. Across A few Prohibitive Miles：The Impact of the Anti-Poverty Relocation Program in China［J］. Journal of Development Economics, 2023（160）.

[2] "浙江大学国内学术期刊分级目录指南·2020 版"，参见 http：//grs. zju. edu. cn/redir. php? catalog_id = 10053。

览器中嵌入 easyScholar 插件，其功能是显示各种刊物分区等级排名以及影响因子，使文献的选择变得更加高效。

2. 作者资质

有不少期刊（如非南大核心期刊）会向某一领域的"大牛"约稿。因此，若仅仅根据文献的来源来判别一篇论文的质量，可能会遗漏某些重要的文献。研究者除根据文献来源判断一篇论文的质量外，还可以结合文献作者的学术背景、学术头衔、研究机构和研究领域的专业知识等信息，提供关于作者在特定领域的专业性和可信度的线索。

3. 引用或参考的文献

高质量论文通常引用了其他重要和相关的研究，且参考文献列表包含了多个有学术影响力的文献。这表明作者对该领域的研究有深入了解，并能够将自己的工作与现有文献相联系。

4. 文献的被引次数

研究者同样可以根据文献的引用率和年均引用率来间接判断文献的质量。需要强调的是，引用率代表了文章的受认可程度，虽然无法通过论文的受认可程度来直接判断论文的质量，但作为一种间接的方式，论文引用率的大小也可以为研究者判断一篇文章的质量提供参考。

5. 文献的结构和方法

优质论文通常具有清晰的研究目的和问题陈述、详细的方法描述、合理的样本选择以及数据分析方法。此外，合理的研究设计、数据收集过程和结果解释也是论文质量评价的重要指标。

需要注意的是，初步评估一篇论文的质量只是一个起点。在进行文献综述时，要深入阅读和评估文献的内容，包括方法、结果、结论和讨论，以全面了解其质量和贡献。此外，与其他相关研究进行比较和对话也是评估论文质量的重要步骤。

第三节　文献阅读与整理

一、文献阅读方法

1. 文献泛读

泛读旨在迅速了解一篇文献的内容，适用于大量文献的筛选和快速了解文献的主要内容，以便决定是否继续深入阅读。通常，在拿到一篇文献后，建议快速浏览该文献的标题、作者、摘要以及关键词等信息，判断该文献是否与研究者的研究主题相关。同时，阅读文章的开头和结尾，抓住引言、结论、讨论等部分要点，了解该文献的研究目的、主要结果与结论。在泛读的过程中，做一些简单的笔记，以便后续筛选和回顾。

2. 文献精读

文献精读是深入阅读所筛选的文献，以便深入地理解和分析那些与研究者的研究主题高度相关且有重要贡献的文献。一是仔细阅读全文，包括论文的引言、方法、结果和讨论等部分，确保对研究的全貌有深入的了解；二是重点分析文献的研究设计部分，了解作者采用的样本、方法是否可靠，能否支持其结论；三是深入分析结果与讨论，判断作者的研究结论是否合理，并反复询问自己：作者提供的经验或证据是否能支撑其研究结论？如若不能，哪部分还有待改进？同时，研究者还要查看论文的参考文献，并检索阅读其中与研究主题相关的文献，以进一步扩展对相关研究领域或主题的了解。

结合对文献的筛选（文献质量、关联度）以及文献阅读方法（泛读、精读），可以将收集的文献进行分类，具体如表 2-1 所示。

表 2-1 文献分类

类别	高质量、关联度高	高质量、关联度低	低质量、关联度高	低质量、关联度低
阅读方法	逐字精读	选择性精读	泛读	果断不读
标题、关键词	√√	√√	√√	√
摘要	√√	√√	√	×
作者信息	√√	√√	√	×
引言	√√	√√	√	×
文献综述	√√	√	×	×
研究设计	√√	√	×	×
结果与讨论	√√	×	√	×
启示	√√	×	√	×
未来研究	√√	√	×	×

注：√√表示逐字精读，√表示泛读，×表示不读。

对于需要精读的文献，建议研究者先中文后英文，以便更深入地理解文献内容。

二、阅读文献时如何做笔记

"好记性不如烂笔头。"无论采用哪种阅读方法，在阅读文献时都应该做好笔记。需要强调的是，在文献阅读过程中，做笔记不仅仅是在文献上画画线，或高亮度标记某句话或某段话。文献阅读笔记至少记录以下三方面的内容：一是提取和记录作者、标题、期刊名称、发表年份、页码等引文信息，以便后续查阅；二是总结文章的主要研究问题、研究目的、主要结论、研究设计等；三是及时记录自己的阅读感受和思考。在读完足够多的文献，以及对笔记进行分类、汇总、分析、删减和组合以后，就可以得到文献综述的基本素材，并且能够列出相应的参考文献。

1. 泛读的笔记

在泛读文献时，做简要的笔记是必要的。尽管泛读是为了快速了解文献整体内容，但通过做笔记，研究者可以更好地记录文献的主要信息，以便回顾和筛选。

在泛读过程中，建议研究者用不同颜色的标记笔在文献中划线或做记号，标记出重要观点、数据或例证，从而快速定位关键信息。同时，在文献旁边简洁地写下概括性的关键词、短语或句子，包括作者的主要观点、研究方法、重要数据等。若在浏览中发现对文献的某些观点或结论有看法或疑问，也应在笔记中记录下来。简要评估文献对研究问题的重要性和可靠性，以便后续筛选。此外，可以借助文献管理工具（如 EndNote、知网研学等）来保存文献的基本信息和重要摘要。使用这些工具，可以添加标签或关键词，将文献分类，以便在需要找到特定主题的文献时能够快速定位。总体而言，通过这些简要笔记，研究者能够更加顺畅、简洁且系统地记录文献信息，有助于提高阅读效率并为后续深入精读和研究提供有用的参考依据。

2. 精读的笔记

在精读文献时，做笔记尤为重要。阅读笔记的目的是全面记录文献的内容和结构，厘清作者的主张和论证过程，并加入个人的思考和分析。通过做好阅读笔记，研究者可以更深入地理解文献，为自己的研究提供有力的支持和参考。

在精读过程中，确保逐段逐句地理解文献的内容和论述，避免遗漏关键信息。重点关注作者的主要观点、论证方式以及研究所采用的方法和实验数据。详细摘录文献的主要观点、论证过程、实证结果等重要信息，确保所做的笔记有清晰的结构，以便后续查找和引用。用标记笔或荧光笔标记关键句子和段落，方便后续回顾时快速找到重要信息。使用思维导图来记录文献的结构和逻辑，将关键观点和支持论据以图形化的方式展示。记录自己对文献内容的理解、评价、争议点和可能的拓展思路。如果在精读过程中遇到不理解的地方或有待进一步探究的问题，及时记录下来，便于后续深入研究和寻求解答。研究者同样可采用 EndNote、知网研学等文献管理工具，保存文献的详细摘录，添加笔记标签或关键词，将文献分类，以便在后续需要找到特定主题或内容的文献时能够快速定位。

三、文 献 矩 阵

在文献阅读时，所记的笔记散布于各篇文献中，这不利于文献间的比较。在完成文献阅读和笔记后，建议研究者以 Excel 表格的形式（文献矩阵）汇总所阅读的文献，以便比较和总结不同文献的观点、研究设计和主要结论等。[1]

对同一研究主题的文献而言，文献矩阵的关键在于确定矩阵的列标题。通常，表格的第一列为文献来源列，记录每篇文献的来源信息，如作者、出版年份、期刊或会议名称等。这有助于在需要引用或查找文献时快捷定位。对于其他列，要求尽量做到全面，具有可比性且凸显差异。研究者可以设置主要结果、样本特征、研究方法、识别策略等作为列标题。举例而言，对于同一主题的实证研究，若不同的学者得出了不同结论，那么建议研究者将主要结论作为第二列，其余列则可以是研究设计的元素（理论基础、样本、模型及识别策略等）。这样做的好处在于，能够清晰地展示导致不同研究存在分歧结论的原因，即是否是因为研究设计的差异导致研究结论的分歧。通过比较研究设计的差异，能够初步论证研究者的猜想，并提出改进的空间。换言之，如果将主要结论是否存在分歧作为结果变量（Y），那么理论基础、样本、模型以及识别策略（X）的差异导致了Y。

若所阅读的文献涉及某一领域的多个相关主题，则可以为文献矩阵中添加主题标签或关键词，以便对文献进行分类和排序，更好地了解不同主题之间的关联。

示例 2-1：黄祖辉，刘西川，程恩江. 中国农户的信贷需求：生产性抑或消费性——方法比较与实证分析［J］. 管理世界，2007（3）：73-80。

这篇文章给出了相关研究使用的数据、研究思路及研究结论等，如表2-2所示。

表2-2 国内有关农户对贷款用途需求的主要研究

研究	使用的数据	研究思路	研究结论
林毅夫（1989）	作者于1987年、1988年在吉林省公主岭市、江苏省泰县和句容县开展的农户调查	贷款用途	正式机构贷款主要用于生产，大多数非生产性项目的巨大开支主要依靠非正式部门提供贷款
徐笑波等（1994）	农业银行1990年对全国1万多个农户手持现金情况的抽样调查；农业银行1987~1990年在全国开展的农户调查	贷款用途	农户正规贷款只有约40%被用于生产，其生产性贷款中只有约50%真正被用于生产；民间借款的主要用途是生活消费
温铁军（2001）	作者对东部、中部、西部15个省24个市县41个村落的案例调查；农业部农村固定观察点	贷款用途	改革开放后，农户正规金融机构贷款大部分用于生产经营，到20世纪90年代中后期，生活性借款比重逐渐上升；民间借款的主要用途是生活需求
汪三贵等（2001）	作者1998年对6省6个国家级贫困县446户农户的调查	贷款用途	正规金融机构贷款更多地用于生产领域，而非正规贷款更多地用于消费领域；贫困农户更可能将贷款用于消费目的

---

[1] 知网研学文献管理工具提供文献矩阵功能。

研究	使用的数据	研究思路	研究结论
朱守银等（2003）	作者在安徽亳州和阜阳6个县的调查	贷款用途	以消费性信贷为主，其中盖房和婚丧嫁娶占绝大比例；同时，生产性贷款主要用于非农生产和高效农业
何广文、李莉莉（2005）	2003年在浙江省和宁夏回族自治区的农户调查	未来信贷目的	生产性贷款远远大于消费性贷款，农业生产性贷款仍然大于非农产业的贷款

主流观点认为农户对正规贷款的需求以生产用途为主，对非正规贷款的需求以消费性用途为主，但从表2-2可知，也有部分学者对此持相反观点。作者强调有关农户对正规信贷的需求以生产为主，对非正规信贷的需求以消费为主的结论是与研究者所采用的方法密切相关的。不少对农户信贷需求特征的认识主要来自对信贷合约中贷款用途的考察，如林毅夫（1989）[1]，也有部分研究是通过直接询问农户在给定的贷款合约条件下是否愿意借款以及借款的主要用途，如何广文、李莉莉（2005）[2]。然而，前者是假设信贷合约上的贷款用途就是真实的贷款用途，后者仅仅注意到了农户是否出现资金缺口，而对影响农户信贷需求的其他因素重视不够。通过对文献进行对比分析，作者提出了已有研究在识别农户信贷需求策略上的不足，并在此基础上提出了改进的识别思路。

四、制作文献结构图表

做文献矩阵的目的是将每篇文献的主要元素（研究结论、研究设计等）提炼出来，以便研究者进行文献间的比较。但是，通过做文献矩阵很难体现文献与文献间的逻辑关联。文献结构图则是结合研究者自己的思考，根据特定的标准将相同文献及其内容（或模块）归类并放到一块，直观地展示所综述的内容及其相互之间的关联。当所要综述的内容较多时，文献结构图尤为必要。

确定分类标准是制作文献结构图表的关键。通常可以根据文献涉及的研究主题、研究设计、主要结论等对不同学者的研究进行归类，让不同学者的研究"各得其所"。需要强调的是，确定的分类标准要能够使分类尽量做到穷尽，即在可以覆盖甚至穷尽的文献范围里进行分类，避免遗漏。而且分类要尽量做到完备，确保各类别相互排斥，不能你中有我、我中有你，即不能模棱两可。

如图2-1所示，研究者可根据研究主题对检索阅读的文献进行分类，随后可根

---

① 林毅夫. 再论制度、技术与中国农业发展 [M]. 北京：北京大学出版社，2000.

② 何广文，李莉莉. 正规金融机构小额信贷运行机制及其绩效评价 [M]. 北京：中国财政经济出版社，2005.

据每个研究主题的不同观点与结论进一步分类，将类似的文献归为一类。当然，研究者也可以根据研究方法、识别策略、理论基础等研究设计的元素，进一步归类需要引用的问题。

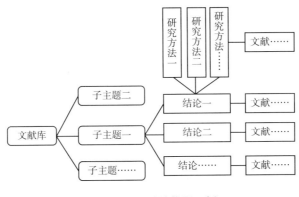

图2-1 文献结构图示例

第四节 文献综述的内容与结构

一、文献综述的内容

在完成文献阅读、做笔记、文献矩阵、制作文献结构图表等一系列工作后，研究者可以正式进入文献综述的撰写。实际上，文献综述撰写就是将文献矩阵和文献结构图表转化为文字。通常，建议研究者按照"总—分—总"的结构撰写，即按照总体导引—主体内容—综合评述的方式组织文献综述的内容。

1. 总体导引

总体导引即文献综述的引言部分。建议研究者用一段话引入所要综述的研究主题，并说明整个文献综述的结构安排，以及解释这种结构安排的缘由。

示例2-2：刘西川，陈立辉，杨奇明. 农户正规信贷需求与利率：基于Tobit Ⅲ模型的经验考察 [J]. 管理世界，2014（3）：75-91。

在这篇文章中，作者提到：

本部分将主要围绕农户正规信贷需求及其利率弹性实证研究展开文献回顾。考虑到国内外研究在关注重点、研究方法及模型选用方面存在较大差异，我们将分别从国外研究与国内研究两个方面展开。其中，国外研究部分侧重讨论计量模型及估计方法的应用，以及与本文密切相关的农户信贷需求利率敏感性问题：国内研究则侧重于对影响农户正规信贷需求的因素以及利率作用的考察。

从示例2-2可知，作者在文献综述部分的首段向读者展示了文献综述的研究范围和主要内容，即文章关注的焦点是什么。此外，这段话为读者提供了一个清晰的结构导向，使读者能够预期后续文献综述的结构和内容。

2. 主体内容

主体内容是文献综述的核心部分，它包括对已有文献的系统性整理、分析和总结。在主体内容中，往往可以按照研究主题、时间、研究方法、理论等进行分类，展开对文献的详细讨论。具体而言，将需要引用参考的文献按照特定的分类方法进行整理，确保有关联的文献被归为一类；随后，对每个类别的文献进行详细讨论和分析，总结研究的主要发现和结论；对不同类别的文献进行比较和综合，找出共性和差异，形成全面的认识。

3. 文献评述

评述部分是对综述的反思和总结，需要清晰明了地陈述综述的主要结论和发现。同时，对未来研究的展望要具有前瞻性和可行性，为读者提供有价值的思考和启示。一是要求对所引用的文献进行客观评价，指出其优劣和局限性；二是总结整个综述的主要结论和发现；三是提出对该领域未来研究的建议和展望。

二、主体内容的结构布局

对于文献综述的主体部分，建议根据文献结构图表，对已有的研究进行分类归纳。其中，常见的分类标准或方法包括以下几类：

1. 根据主题分类

按照主题分类是将文献按照研究主题、话题或问题进行分类呈现，然后逐个梳理总结每个研究主题的相关文献。根据主题分类主要适用于研究领域较为广泛且包含多个相关主题的情况。当一个研究领域涉及多个互相关联的主题时，分类呈现能够将不同主题的文献有机地组织在一起。这种分类方法可以使文献综述的组织结构更加清晰明了，读者可以清晰地了解不同主题下已有研究的发现和进展。示例2-3给出了一篇文献综述的结构，作者将2012~2014关于农民合作社的研究文献划分为国外文献和国内文献，并分主题讨论了国内外关于农民合作社的相关研究。

示例2-3：梁巧. 基于2012—2014年国内外合作社文献的梳理与思考 [J]. 农业经济问题，2015，36（11）：97-107，112.

该文献综述的内容划分为：

一、引言

二、合作社研究的国外文献

（一）合作社治理结构的讨论

2. 根据时间分类

随着研究对象自身的演进、研究需要的变化以及研究方法的改进，同一研究领域在不同时期的研究思路和重点会出现较大差异，按照研究阶段（时期）分类并综述文献，可以为研究者和读者勾勒出已有研究涉及的领域在不同发展阶段的轮廓，尤其是明确该研究领域的演化历程，突出不同时期的研究重点，并对该研究领域的进展和成果进行评估。

3. 根据研究结论分类

按照研究结论分类是一种将文献按照其研究结果或主要结论进行分组的文献综述组织方法。这种分类方法侧重于根据研究的发现或结论来组织文献，从而将具有相似结论或相反结论的研究放在一起进行比较和讨论。该种分类方法适用于那些在特定研究领域中有多种不同结论的情形。如果该领域内的研究者对某个问题得出了不同甚至相互矛盾的结论，按照研究结论分类能够帮助读者了解不同研究结论的分歧和一致性。诚如示例2-4，作者在界定"退休—消费之谜"这一概念后，总结了已有研究对这一现象的三种解释。

示例2-4：黄炜，任昶宇，周羿. 退休制度、劳动供给与收入消费动态［J］. 经济研究，2023，58（1）：141-157.

在这篇文章中，作者写道：

经济学文献广泛讨论的一个典型事实是"退休—消费之谜"。给定生命周期不同阶段的收入水平和消费需求不一样（Modigliani and Brumberg，1954），具有前瞻思维的理性人会通过储蓄或借贷来实现消费的跨期平滑，以最大化其终身效用（Hall，1978）。不少证据却表明，消费支出在退休前后并非如理论所预期的那样是平滑的，而是在退休后立刻出现断崖式下跌。这一现象被称为"退休—消费之谜"（Hamermesh，1984；Banks et al.，1998；Battistin et al.，2009）。经济学家们对此给出了不同解释：一种解释认为，"退休—消费之谜"表明人们在做跨期决策时并非是完全理性的，他们的行为会系统性地偏离最优水平（Bernheim et al.，2001）。另一种解释强调，由于一些意外的、不可抗的原因（例如，生病或单位裁员），一些人的退休时点比他们之前预期的来得更早（Smith，2006）。这都会使得退休时的养老财富低于最优水平，于是人们只能减少退休后的消费。Ameriks 等（2007）反驳了以上两种解释。他们基于问卷调查发现，大多数人在退休前就已预期到消费在退休后会下降。消费下降可能是人们拥有更多闲暇后的理性调整。例如，人们在退休后会更多地自己做饭，更少地在外就餐（Hurd and Robwedder，2003）。

4. 根据研究方法分类

根据研究方法分类是将文献按照研究所采用的方法或研究设计进行分组，随后逐个讨论每个类别的相关文献。按照研究方法分类适用于那些在特定研究领域中使用了多种研究方法的情况。如果该领域内的研究者使用不同的研究方法或设计来解决问题，按照研究方法分类能够帮助读者了解不同研究方法的应用和效果，以及进一步讨论不同研究方法对实证结果的影响是否有差异。

示例 2-5：刘西川，杨奇明，陈立辉. 农户信贷市场的正规部门与非正规部门：替代还是互补？[J]. 经济研究，2014，49（11）：145-158，188.

在这篇文章中，作者写道：

根据所使用的计量模型，已有研究可以分为以下四类：

1. 单方程模型。Yadav 等（1992）采用 Tobit 模型分别估计了正规部门、亲戚朋友和高利贷者三类贷款者的借款行为，但此类研究没有考虑到这三个部门可能存在相关性。

2. 多项 logit 模型。Pal（2002）采用多项 logit 模型研究了印度家庭的贷款部门选择行为。家庭借贷的部门选择方案有三个：只有非正规部门贷款、只有正规部门贷款、同时有正规和非正规两个部门的贷款。此类研究存在的问题是，多项 logit 模型的基本假定是因变量的不同选项（这里是指上述三个部门选择方案）之间不相关，但在这一分析情景中，作为因变量的借款渠道之间有可能是相互影响的。此外，采用多项 logit 模型处理此类问题的缺陷还在于，该模型中隐含假设影响利益主体选择方案的解释变量相同，但事实上影响不同借款渠道决策行为的因素是不同的。

3. 二元 probit 模型。Mohieldin 和 Wright（2000）采用二元 probit 模型联立考察了埃及正规信贷部门和非正规信贷部门之间的相互作用。这一模型避免了上述多项 logit 模型存在的缺陷，但使用此类模型存在的问题是，只能分析正规部门参与行为和非正规部门参与行为，却无法得知正规信贷需求、供给与非正规信贷需求、供给之间的相互关系。

4. 多元 probit 模型。Akoten 等（2006）采用多元 probit 模型联立考察了亲友借贷、合会、微型金融机构和银行四个贷款渠道之间的关系。估计结果表明，有两个误差项相关系数显著，一个是微型金融机构和合会两个方程的误差项，其系数为正；另一个是亲友和合会两个方程的误差项，其系数为负。与第三类模型相同，作者在模型设定中存在的问题仍然是只考虑到参与方程。

总的来说，上述四类模型在用于考察农户信贷市场正规部门和非正规部门之间关系时都存在一定的缺陷。第一类模型从一开始就假定两个部门是不相关的，如果研究者从估计结果中推断出二者存在竞争或互补关系的信息，那就是结果与前提假设自相矛盾。第二类模型存在的问题与第一类模型相同，因为多项 logit 模型假定不同的选择方案之间不相关。第三类和第四类模型存在的共同问题是，只考察了某个部门的参与行为。

5. 根据理论分类

按照理论分类是一种将文献按照其所应用的理论框架或理论观点进行分组的文献综述组织方法。这种分类方法侧重于根据研究所采用的理论基础来组织文献，从而将采用相似理论的研究放在一起进行比较和讨论。按照理论分类适用于那些在特定研究领域有多种不同理论框架或理论观点的情况。如果该领域内的研究者常常采用不同的理论来解释问题，按照理论分类能够帮助读者系统了解不同理论在该领域中的应用和效果。

总之，不管采用哪种结构或分类方法，一篇好的文献综述必须有明确的展开逻辑和思路，应该清晰地告诉读者为什么采用这种结构安排。当研究者确定文献综述的结构安排（其实质是分类）时，实际上已经在做某种程度的整合工作。甚至可以说，这些结构安排还可以被看作是"因"，准备评论或在综述基础上提出的一些新观点可以被看作是"果"，因果之间必须有严密的逻辑关系。无论采用哪种或哪些结构，在综述文章的第一段（节），应该介绍文献综述的主要内容、大致结构并事先初步交代作者的原创性观点，随后各段（节）可以按照第一段（节）所交代的思路来进行文献述评。此外，无论采用哪种分类方法，分类要尽量做到穷尽，即在可以覆盖甚至穷尽的文献范围里进行分类，避免遗漏。同时，分类要尽量做到完备，确保类别间相互排斥，不能你中有我、我中有你，即不能模棱两可。

思考与练习

1. 选择一个感兴趣的研究主题，确定检索词，完成文献资料检索，并根据文献的质量及其与研究主题的关联度，确定哪些文献需要精读。

2. 对于需要精读的文献，请完成文献阅读、做笔记、设计文献矩阵、制作文献结构图表等--系列工作。

3. 基于前述工作，设计文献综述的组织结构。

>第3讲　理论假说<

理论假说是一篇好论文的灵魂。根据牛津英语词典的定义，理论假说是为了解释已知事实而提出的假设或猜想，它是进一步研究的起点，通过对它的论证或反驳可以得出真正的理论。这一讲在给出理论假说概念与要点的基础上明确其内容结构和基本特征；之后，将理论假说划分为描述性假说、解释性假说和预测性假说三种类型，并阐述文献法、演绎法、经验法和归纳法等理论假说的提出方法以及不同方法的差异化提出过程；最后，从定量方法、定性方法、混合方法维度探讨理论假说的求证与检验。

第一节　理论假说的内涵与外延

一、理论假说的概念与要点

理论假说，也被称为研究假说或科学假说，是关于事物现象的因果性或规律性的一种假设性解释。它依据一定的科学原理和现有的事实，提出试探性方案以解决科学研究中的问题。简而言之，理论假说是在深入研究之前，根据以往经验并在初步探索的基础上，对研究对象和问题的基本状况进行描述、解释和推测的方式，可以视其为针对研究问题事先设定的答案。理论假说在应用经济学研究中扮演着重要角色，它提供对经济现象和行为背后原因与机制的理论性陈述，并通过内在逻辑关系提出经验性预测。[①] 它是研究者根据对经济系统运作规律的认知和经验总结得出的假设性观点。通过理论假说，学者们才能解释经济事件和现象的原因，并凭借其理论框架对未来经济行为做出预测。当然，科学研究是一个不断发展的过程。随着新的经济观察数据、实证研究和学术讨论的涌现，新的理论假说可能会被提出和改进。故理论假说在科学研究中担负着推动和指导的使命，以促使对现实世界有更深入的理解和认识。理解理论假说可以从以下三方面展开：

---

① 田国强. 现代经济学的基本分析框架与研究方法 [J]. 经济研究，2005 (1).

第一，理论假说可以是对过去经验的总结。已经得到验证的原则和定律可以被应用于尚未确定的研究工作中。假设研究者想要研究某个行业的最低工资政策对就业市场的影响，基于经济学理论和实践经验，他们可以提出以下假说：提高最低工资会导致雇主减少雇佣人数以降低劳动成本。

第二，理论假说并不唯一。假说的数量和质量取决于研究者的能力和想象力。当然，研究者必须进行判断以确定哪一个假说是最可能解释或解决问题的，哪一个假说是与事实最吻合的，哪一个假说是最能经得起逻辑检验的。在决定最可能的解释或解决问题的假说时，研究者需要综合考虑现有理论、经验研究结果以及实际情况。例如，在讨论社会福利项目对家庭收入的影响时，根据不同的认知和理论给出以下不同的假说，如示例 3 - 1 所示。

示例 3 - 1：

假说 1：社会福利项目会提高低收入家庭的生活质量，并促进社会平等。基于传统的福利经济学理论，适度的经济支持可以减少贫困和不平等。

假说 2：社会福利项目会导致低收入家庭趋向依赖福利，降低工作动力，并对经济产生负面影响。基于新古典经济学的理论，过度的福利可能会导致逆向激励和不利的市场效果。

假说 3：社会福利项目对低收入家庭的生活质量没有显著影响，因为其他因素（如教育水平、就业机会等）更为重要。这一结论可能是基于一些经验研究的发现。

第三，没有任何理论假说是绝对真实的。由于经济系统的复杂性，数据的不完全性以及其他潜在的影响因素，经济学家们无法得出绝对准确的结论。所有关于事实的研究都有概率性的推理成分。这种探索就是在寻找最可信的证据。

二、理论假说的内容结构

首先，理论假说必须明确说明所要解答的问题或解释的事实是什么。假说的提出是为了回答特定问题或解释特定现象。也就是说，理论假说是基于对问题或现象的观察以及研究和理论的思考而提出的推测或主张。明确的研究问题或现象可以帮助研究人员聚焦特定的领域或主题，并指导他们进行相关的理论构建和实证研究。例如，为了揭示税率与经济增长之间的关系，学者们可以尝试提出如下假说：降低税率会促进经济增长。

其次，理论假说必须用于解答尚未经过实证的问题。这意味着该假说还没有得到充分的实证支持，需要进一步的研究和验证。当某个领域或问题的知识有限或不完整时，研究人员可能会提出一种理论假说来解释这个问题或现象。此时，理论假说可能基于已有的理论框架、观察数据、文献综述或专家见解而提出。

再次，一个有效的理论假说应该能够广泛地解释其他相关的事实。这表明该假说要有解释力和实证能力，并且能够与已知的观察结果和数据相吻合。举个例子，当研究发现货币供应量增加会导致通货膨胀时，若实际观察到的情况与研究假设相反，即货币供应量的增加与通货膨胀无关或者负相关，那么该假设的结论可能是错误的。

最后，理论假说应该尽可能地预测未知的新事实。这展示了假说的启发力和创造性，并提供了对假说进行严格检验的机会。例如，当研究发现技术进步会导致部分职业的自动化，但同时也会创造新的就业机会，那么根据该假说，未来很有可能出现以下现象：大量新兴行业兴起；职业结构发生变化；技能需求发生变化。

由此可见，理论假说具有以下五个基本特征：

第一，科学性。理论假说应基于科学方法和可验证的事实，具有科学的根据和可重复的实证研究支持。

第二，推测性。理论假说是对现象或问题进行合理猜测或假设的结果，它可以为科学研究提供初步的解释框架。

第三，抽象性与逻辑性。理论假说通常以抽象概念或模型的形式呈现，具备逻辑严密性和内在的一致性。

第四，预见性。一个好的理论假说应具备预测未来事件或现象的能力，能够通过验证或实证研究的结果来验证其准确性。

第五，多样性。理论假说的多样性是指科学界对于同一现象可以有不同的理论假说，这种多样性可以促进科学研究的发展和进步。

三、理论假说不是研究问题

理论假说和问题之间存在着密切的关系。理论假说是经济学家用来解释经济现象和行为的框架，而问题则是研究者所要解决或回答的经济现象或行为中的困惑或疑问。[①] 经济学家在研究经济学问题时，往往会面临一系列经济问题，如资源配置、市场竞争、经济增长等。这些问题需要经济学家通过建立合理的理论假说来解释。通过理论假说，经济学家可以提出一些经济预测，解释现象的因果关系，或提供政策建议。

因此，理论假说和问题之间的关系可以看作是一个相互依存和相互影响的过程。经济问题促使经济学家提出理论假说来解释和回答这些问题，而理论假说又需要通过实证分析来验证并得到修正和完善。问题与假说在研究工作中都具有重要的价值。首先，它们能够指导研究工作的进行，假说中陈述的关系告诉研究者该进行何种工作以

---

① 韩乾．科学研究的方法［M］．成都：四川人民出版社，2020．

及如何展开。其次，由于问题与假说陈述了两个或两个以上变量之间的关系，因此它们使研究者能够推断问题与假说所隐含的变量之间的关系能否被验证。

需要注意的是，问题是无法被验证的，只有假说可以被验证。在做研究时，需要区分什么是研究问题，什么是研究假说。例如，"为什么某个国家的失业率持续上升"，这是一个广泛的、开放的研究问题，无法通过验证来得到确定的答案；而"国家的经济衰退会导致失业率的上升"，这是一个研究假说，学者们可以对这个假说进行研究和检验。

第二节　理论假说的类型与提出

一、理论假说的常见类型

根据性质和复杂程度，理论假说可以划分为描述性假说、解释性假说和预测性假说三种类型。

1. 描述性假说

描述性假说指的是一个关于某个事物或现象的外部联系和大致数量关系的推测，旨在提供关于对象的特征、性质或关系的描述，不涉及解释因果关系或进行预测。王林辉等在《人工智能技术、任务属性与职业可替代风险：来自微观层面的经验证据》（2022）一文中提出的四条假说可以归类为描述性假说，以阐述人工智能的一些特征、性质或关系，如示例 3 - 2 所示。

示例 3 - 2①：

假说 1：人工智能技术存在职业替代效应，且职业可替代风险受制于任务属性。其中，非程式化且对思维能力和社交能力要求高的任务，职业可替代风险相对低。

假说 2：职业技能宽度决定职业可替代风险，单一技能要求的职业往往比综合技能职业可替代风险大；而职业技能宽度越大、综合能力越强，职业被人工智能技术替代的风险越小。

假说 3：人工智能技术的职业可替代风险存在组群特征，职业因任务属性相似而形成职业组群，同一组群内职业可替代风险相近，而不同组群的职业可替代风险存在差异。

假说 4：人工智能技术对不同劳动者的职业替代存在选择偏好，性别、年龄和受教育年限在其中扮演着重要角色，年龄越大、受教育年限越短的劳动者可替代风险可

---

① 王林辉，胡晟明，董直庆. 人工智能技术、任务属性与职业可替代风险：来自微观层面的经验证据[J]. 管理世界，2022（7）.

能越高。

描述性假说在各个领域的研究中都起着重要作用。它们为研究人员提供了对事物或现象的初步了解，并为进一步的解释性研究和预测性研究奠定了基础。

2. 解释性假说

解释性假说是形式更为复杂的假说，旨在揭示事物内部联系，一般要求通过现象看本质，如揭示经济现象之间的因果关系或内在机制。与描述性假说不同，解释性假说的目标是确定导致某一现象发生的原因并建立起因果链条。它们试图提供对事物的深层解释，并阐明其背后的机制和关系。毛其淋和王玥清（2023）在《ESG 的就业效应研究：来自中国上市公司的证据》一文中提出的三个假说如示例 3–3 所示。其中，假说 1 是描述性假说，而假说 2 和假说 3 则揭示了劳动力需求和供给两个层面的作用机制，属于原因探讨。

示例 3–3[①]：

假说 1：ESG 优势有助于提高企业的就业水平。

假说 2：在劳动力需求层面，ESG 优势主要通过生产规模扩张效应和融资约束缓解效应促进企业就业水平的提升。

假说 3：在劳动力供给层面，ESG 优势主要通过劳动力吸引效应促进企业就业水平的提升。

与示例 3–3 不同，范子英等在《用地价格管制与企业研发创新：来自群聚识别的证据》（2022）一文中就提出了一条既包含描述性假说又包含解释性假说的假说，见示例 3–4 的假说 2，而假说 1 依然是描述性假说。

示例 3–4[②]：

假说 1：无政策冲击时用地成本位于 $[f^0, f^*]$ 的部分企业在《标准》实施后其用地成本迁移到最低价标准 f^* 右侧，表现为企业购地单价的分布在最低价标准左侧出现缺失，右侧出现群聚。

假说 2：制造业企业的用地成本与研发投入之间具有较高的替代弹性，体现为用地成本上升的冲击将显著降低受影响企业的研发投入。

解释性假说的验证较为复杂，因为它涉及对因果关系的推测和验证。通过建立和验证解释性假说，可以深入了解经济现象的本质和机制，从而为制定政策和决策提供更有意义的指导。

---

① 毛其淋，王玥清. ESG 的就业效应研究：来自中国上市公司的证据［J］. 经济研究，2023（7）.

② 范子英，程可为，冯晨. 用地价格管制与企业研发创新：来自群聚识别的证据［J］. 管理世界，2022（8）.

3. 预测性假说

预测性假说旨在对未来的经济现象进行预测。预测性假说基于历史数据和趋势，利用统计方法、经济模型或其他预测技术来推导未来的经济走向。它试图预测未来事件或变量的数值、趋势或模式，以便进行决策制定和计划安排。预测性假说在政府、企业和个人的决策制定中起着重要作用。通过预测未来经济趋势和变化，决策者可以做出更明智的决策，制定更合适的战略和计划。具体如示例 3 - 5 所示。

示例 3 - 5：

世界银行 2023 年 6 月 6 日发布《全球经济展望》报告，预计 2023 年全球经济将增长 2.1%，较 1 月预测上调 0.4 个百分点，但仍低于 2022 年的 3.1%；2023 年中国经济将增长 5.6%，较 1 月预测上调 1.3 个百分点。

预测性假说也面临一定的局限性。未来的经济情况受到多种复杂因素的影响，因此，预测并不总是百分之百准确，存在一定的不确定性。决策者需要意识到预测的局限性，并在决策过程中综合考虑不确定性因素。

二、理论假说的提出方法

理论假说的提出方法主要有以下几种：文献法、演绎法、经验法和归纳法。需要注意的是，这些方法常常相互交叉和结合使用。在研究过程中，研究者需要根据具体问题和研究目标选择合适的方法来提出研究假说。

（一）文献法

基于文献法提出理论假说时，通常是通过对已有文献资料的分析和总结，推断出相关问题的可能解决方案和研究假说。这种方法依赖于对已有研究成果和学术观点的了解，以及对相关问题的文献回顾，如示例 3 - 6 所示。

示例 3 - 6：

农业生产水平（因素 A）对农民收入（因素 B）有直接影响，并且农民收入（因素 B）对消费支出（因素 C）有直接影响。然而，目前还没有研究探讨农业生产水平与消费支出之间的关系（因素 A 和因素 C 之间的关系）。基于已有研究背景，研究者可以使用文献法来推断农业生产水平（因素 A）与消费支出（因素 C）之间的关系。通过归纳和总结，研究者可能发现一些理论观点，如农业生产水平的提高可能会带动农民收入增加，从而影响其消费行为。同时，研究者可以提出一个经济学相关的研究假说：农业生产水平的提高会促进农民的消费支出增加。

（二）演绎法

通常是从已有的经济理论出发，通过逻辑推理或数学建模，推导出具体的经济学结论或预测，如示例 3 – 7 所示。

示例 3 – 7：

在研究消费者对于两种商品的需求弹性时，学者们可以基于边际效用理论推导出一个假说：当商品价格上涨时，边际效用递减导致消费者对该商品的需求弹性增加，即消费者对价格变动更加敏感。这个研究假说是通过演绎法在边际效用理论的基础上得出的，并为进一步的经济学研究提供了方向。

（三）经验法

主要是基于已有的观察数据和经验案例，通过分析现实世界中的现象和关联关系，提出相关问题的可能解释和研究假说。这种方法依赖于实证数据和观察结果，如示例 3 – 8 所示。

示例 3 – 8：

在数据分析的过程中，研究者可能发现 FDI 和经济增长之间存在正相关关系，即 FDI 的增加伴随着经济增长的提高。基于这些观察结果，他们可能提出一个研究假说：外国直接投资对国内经济增长具有积极影响。

研究者可能观察到另一种现象：在实施最低工资政策后，部分行业或地区的就业水平出现下降。基于这些观察结果，他们可能提出一个研究假说：最低工资政策可能会对就业水平产生负面影响。

（四）归纳法

基于归纳法提出理论假说时，先是通过对具体案例或实际数据的观察，收集和分析相关信息。通过观察和分析，将大量的具体事例或实证数据概括总结为一般性规律、模式或原则。然后，提出一般性的理论假说，表达对现象或问题的解释、关系或影响等方面的推断，如示例 3 – 9 和示例 3 – 10 所示。

示例 3 – 9：

（1）在社交媒体平台上，消费者常常会看到商品广告和推荐内容。他们可能注意到这些广告，点击链接了解更多信息，或者直接通过社交媒体平台上的商店功能进行购买。

（2）社交媒体平台上的用户经常会在产品页面或贴文下方发表评论和提出观点。其他用户可能会阅读这些评论，将其纳入购买决策的考量因素。

（3）一些社交媒体平台上存在引导性推荐和赞助内容，这些内容通常基于用户前期的浏览历史、兴趣标签或特定品牌与社交媒体平台的合作关系。这样的推荐和赞助内容对消费者的购买决策起到一定的影响。

（4）社交媒体平台经常成为品牌和零售商提供促销、折扣和特别优惠活动的渠道。用户在社交媒体上获得这些信息，会对购买决策产生影响，促使他们更有可能购买相关产品或服务。

基于这一认识和社会现象，研究者可以归纳提出以下假说：消费者的社交媒体使用习惯与他们的购买决策存在一定的相关性，即社交媒体使用对消费者购买行为具有影响。

示例 3 - 10：

（1）风险资本的投入可以提供初创企业所需的资金支持，用于研发新产品、技术创新和市场拓展等。这种资金投入可以帮助企业更好地配置资源，提升研发实力，从而提高创新水平。

（2）风险资本通常与丰富的经验和专业知识相结合，投资者在投资过程中常常提供战略性和技术性的指导。初创企业通过接触这些投资者及其关系网络，可以获得宝贵的行业洞察、技术专业知识和市场机会，从而拓展创新的能力。

（3）风险资本投资者经常具有广泛的行业联系和资源，他们的投资也可能伴随着战略合作和市场拓展的机会。通过风险资本合作伙伴的协助，初创企业可以获得更大的市场影响力和资源支持，进一步推动创新能力的发展。

（4）风险资本投资的特点之一是对失败的容忍度相对较高，他们更加注重创业者的学习和能力发展。通过风险资本的投入和支持，初创企业可以更加大胆地进行快速实验和动态学习，无畏失败并不断优化创新模型，从而增强创新能力。

基于这一认识和社会现象，研究者可以归纳提出以下假说：风险资本的投入与初创企业的创新水平呈正相关关系，即风险资本的投入对初创企业的创新能力有促进作用。

三、理论假说的提出过程

根据不同的方法，理论假说的提出过程在数据收集、分析、归纳、推理和验证等方面有所不同，但都旨在提出可验证和合理的理论假说，并为后续的研究工作提供指导和基础。

1. 对于文献法，理论假说的提出过程的步骤

（1）文献回顾：进行广泛的文献回顾，收集与研究领域相关的已有文献；

（2）文献分析和综述：对已有文献进行分析和总结，了解研究领域的理论框架、已有发现和知识空缺；

（3）知识空缺的识别：通过文献分析，识别已有研究中的知识空缺和未解决问题；

（4）创新性假说的提出：基于对已有文献的分析，提出创新性的理论假说，填补知识空缺，推动研究领域的发展。

2. 对于演绎法，理论假说的提出过程的步骤

（1）确定理论框架：选择适当的理论框架，用于解释和理解研究领域中的现象和关系；

（2）确定前提和规则：识别理论中的前提和规则，作为演绎推理的起点和基础；

（3）推理和推导：基于识别的前提和规则，进行演绎推理和推导，推断出新的理论假说；

（4）理论假说的表述：明确陈述推理得出的理论假说，描述其与理论框架的关系并进行预测。

3. 对于经验法和归纳法，理论假说的提出过程的步骤

（1）观察和数据收集：通过实证观察、实验或调查等方式收集相关的数据和观察结果；

（2）数据分析和归纳：对收集到的数据进行分析和总结，识别出模式、趋势或规律；

（3）归纳推理：基于观察到的模式和趋势，进行归纳推理，提出初步的理论假说。

上述步骤表明，四种方法的提出过程有着显著的不同。经验法侧重于已有数据和实证研究结果，归纳法侧重于观察和数据，文献法则专注于研究文献的综述，而演绎法则基于现有理论和规则进行推理。除了这些不同点，这四种方法也存在着一些相同之处。首先，它们的目的都是相同的，即提出理论假说，为后续的研究工作提供方向和焦点。其次，它们都依赖于收集、分析和观察已有的数据、实验结果或研究文献。最后，它们都需要对数据和观察结果进行分析、梳理和总结，以识别模式、趋势和规律。

第三节　理论假说的求证与检验

一、定量方法

定量方法是理论假设求证与检验的重要方法之一。定量方法是一种旨在通过观察和分析现实世界的数据来验证理论假设并得出科学结论的研究方法。定量研究的关键特征包括基于观察和测量数据，注重量化方法，使用统计工具进行数据分析，着重验证理论假设，追求科学推断和普遍性结论等①。常用的定量分析方法有回归分析方法、假设检验方法、时间序列分析和实验研究方法等。此外，实际应用中还有更多的技术和工具，如方差分析、协方差分析、因子分析等。

（一）回归分析方法

回归分析是一种最常见的统计学方法，用于探究自变量与因变量之间的关系和预测因变量的数值。它通过建立一个数学模型来描述自变量与因变量之间的关系，并利用样本数据对模型的参数进行估计和推断②。常见的回归分析方法有以下几种。

1. 简单线性回归分析

简单线性回归分析是一种用于探究两个变量之间关系的统计方法。它假设两个变量之间存在线性关系，并通过找到最佳拟合直线来描述这种关系。

在简单线性回归中，有一个自变量（通常表示为 X）和一个因变量（通常表示为 Y）。回归分析旨在找到一条直线，以最佳地拟合观测数据点，并用来预测因变量的值。

简单线性回归分析可以帮助理解两个变量之间的关系，并进行预测。然而，需要注意的是，线性回归分析的结果仅仅描述了两个变量之间的关系，并不能证明因果关系。例如，在研究体重和身高之间的关系时，通过进行线性回归分析可能会得到一个身高和体重呈正相关关系的线性模型，即身高增加时体重也增加。但这并不意味着身高增加就是导致体重增加的唯一原因，可能存在其他因素，如饮食习惯、遗传等会影响身高和体重的变化。

2. 多元线性回归分析

多元线性回归分析是一种用于研究多个自变量与一个因变量之间关系的统计方法。与简单线性回归不同，多元线性回归考虑了多个自变量对因变量的影响。

在多元线性回归中，有一个因变量（通常表示为 Y）和多个自变量（通常表示为 X_1, X_2, …, X_n）。回归分析旨在找到一个最佳拟合模型，描述因变量与多个自变量之间的关系。

多元线性回归分析可以更全面地探究多个自变量对因变量的影响，并提供关于自变量对因变量相对重要性的信息。

需要注意的是，多元线性回归分析也只是描述了变量之间的关系，并不能证明因果关系。为了确定因果关系，需要进行更多实验证明。

3. 逻辑回归分析

逻辑回归分析是一种用于建立和预测二分类问题回归模型的统计方法。与线性回

---

① Stock, J H, Watson, M W. Introduction to Econometrics［M］. Boston：Addison Wesley, 2003.
② 谢宇. 回归分析［M］. 北京：社会科学文献出版社, 2013.

归不同，逻辑回归适用于因变量为离散的二元变量（例如，是/否，成功/失败等）的情况。

逻辑回归分析的目标是根据自变量（也称为预测变量）的值来预测因变量的分类。它利用逻辑函数（也称为 Sigmoid 函数）将线性组合的自变量转换为概率值，并根据设定的阈值对这些概率进行分类。

逻辑回归分析广泛应用于分类问题，如市场营销、医学研究、风险评估等领域。它提供了一种简单且有效的方法来处理二分类问题。

4. 非线性回归分析

非线性回归分析是一种用于研究自变量和因变量之间复杂非线性关系的统计方法。与线性回归不同，在非线性回归中，回归模型假设自变量和因变量之间存在非线性的函数关系。

非线性回归分析的目标是找到最佳拟合的曲线或函数来描述自变量和因变量之间的关系。这种分析方法被广泛应用于许多领域，如物理学、生物学、经济学等，其中变量之间的关系无法被简单的直线描述。

非线性回归分析的模型形式可以是多项式模型、指数模型、对数模型、幂函数模型等形式，取决于自变量和因变量之间的关系。

需要注意的是，非线性回归模型的建立和解释相对复杂，并且涉及模型选择和参数估计问题。在实践中，选择合适的非线性模型和参数估计通常需要具备相关领域知识和经验。

5. 分层回归分析

分层回归分析是一种在数据分层结构下进行回归分析的统计方法。在分层回归中，数据被分为多个层级或子群，然后在每个子群中分别进行回归分析。这种方法常用于处理具有嵌套结构或异质性的数据。分层回归分析的主要目的是在考虑分层结构时减小误差的方差，并提高回归模型的准确性。通过观察每个子群的数据特征和关系，分层回归可以更好地捕捉各个子群内部和整体之间的变化模式。

分层回归分析可被用于许多应用领域，如教育研究中的学校层级、医学研究中的多中心研究、经济学中的区域差异等。它可以更准确地解释和预测因变量的变化，并提供针对不同子群的个性化分析。

需要注意的是，在进行分层回归分析时，确保选择合适的分层标准和分层变量，并理解各个子群之间的异质性和关联性是非常重要的。例如，为了验证"消费者月均收入越高，他们的月均消费支出就越高"这一理论假说，回归分析步骤如示例 3 - 11 所示。

示例 3 - 11①：

1. 确定变量：因变量为月均收入，自变量为月均消费支出。

2. 数据采集与整理：收集消费者支出和收入数据。这可以通过调查问卷、历史统计数据或其他可靠数据源来完成。对数据进行整理和清洗，处理缺失值或异常值等数据问题。

3. 模型建立：基于收集的数据，建立回归模型来描述消费者支出与收入之间的关系。常见的模型形式为线性回归模型：月均消费支出 $= \beta_0 + \beta_1 \times$ 月均收入 $+ \varepsilon$，其中 β_0 和 β_1 是回归系数，ε 是随机误差项。

4. 模型估计与解释：使用回归分析方法估计回归系数。通常通过最小二乘法来估计模型中的参数，得到收入对消费者支出的影响程度。解释回归系数的意义和统计显著性。通过判断回归系数的正负以及是否显著，确定月均收入对月均消费支出的影响方向和程度。

5. 模型评估与诊断：评估回归模型的拟合优度，如调整 R^2、F 统计量等，以了解模型解释能力的好坏。进行模型诊断，检验模型的假设前提是否满足，如检验残差的正态性、异方差性等。

6. 结果解释与推断：解释回归模型的结果。例如，解读回归系数的意义，描述收入对消费者支出的影响程度和方向。进行推断性分析，如利用置信区间判断回归系数的显著性和稳定性。

（二）假设检验方法

假设检验方法是统计学中常用的一种推断方法，用于验证关于总体参数的断言或假设。它基于样本数据对总体特征进行推断，通过对比观察到的数据与预期的结果之间的差异来判断所提出的假设是否合理或是否存在统计显著性。

假设检验通常涉及两个假设：原假设（H0）和备择假设（H1）。原假设是一个默认或无效的假设，它表明所研究的参数或关系没有显著差异。备择假设则是对原假设的补充，表明存在显著差异。

整个假设检验过程包括以下步骤：

第一步，确定原假设（H0）和备择假设（H1）。H0 通常设定为无效、无差异或没有关联。H1 则表明存在差异、关联或效应。

第二步，选择适当的检验统计量。检验统计量是根据样本数据计算的一个数值，用于度量观察到的数据与原假设之间的差异。统计量的选择取决于研究问题的特性和所使用的检验方法。

---

① 谢宇. 回归分析 [M]. 北京：社会科学文献出版社，2013.

第三步，确定显著性水平。显著性水平（通常表示为 α）是在假设检验中事先设定的阈值。它用于确定拒绝原假设的标准，常见的显著性水平是 0.05 或 0.01。

第四步，计算检验统计量的值。使用样本数据计算检验统计量的具体数值。

第五步，判断和比较检验统计量的值。将计算得到的检验统计量与相应的临界值进行比较。临界值是在显著性水平和检验的自由度下确定的，用于判断差异是否达到显著水平。

第六步，得出结论。如果检验统计量的值落在拒绝域，即落在临界值范围之外，则拒绝原假设，接受备择假设。如果落在接受域，即落在临界值范围之内，则无法拒绝原假设，但并不意味着原假设为真，只是没有足够的证据拒绝。

假设检验方法的应用广泛，可以用于比较均值、方差、比例、关联性等不同类型的总体参数。通过使用适当的假设检验方法，研究人员能够进行有力的推断，为科学研究和决策提供统计依据。

常用的检验统计量有五个。

1. 单样本 t 检验

单样本 t 检验适用于比较一个样本均值与已知或理论值之间的差异是否显著。原假设（H0）通常假定样本均值与已知或理论值之间没有显著差异，备择假设（H1）则相反。进行单样本 t 检验通常需要样本数据的均值、标准差、样本容量以及显著性水平（通常为 0.05 或 0.01）等信息。Stata 中单一样本 t 检验的命令是 ttest，该命令的基本格式为：

```
ttest varname = = #[if][in][,level(#)]
```

2. 独立样本 t 检验

独立样本 t 检验适用于比较两个独立样本均值之间的差异是否显著。原假设（H0）通常假定两个样本的均值之间没有显著差异，备择假设（H1）则相反。独立样本 t 检验通常需要两个独立样本的均值、标准差以及样本容量，并选择显著性水平。Stata 中双样本 t 检验的命令也是 ttest，该命令的基本格式为：

```
ttest varname [if][in],by(groupvar)[options1]
```

或者，

```
ttest varname1 = = varname2 [if][in],unpaired[unequal welch level(#)]
```

3. 配对样本 t 检验

配对样本 t 检验适用于比较同一组个体在不同时间点或条件下的均值差异是否显著。原假设（H0）通常假定两个时间点或条件下的均值没有显著差异，备择假设（H1）则相反。配对样本 t 检验通常需要配对样本的相关变量，并选择显著性水平。此时，Stata 的命令还是 ttest，该命令的基本格式为：

```
ttest varname1 = = varname2 [if] [in] [,level(#)]
```

4. 方差分析（ANOVA）

方差分析适用于比较三个或更多个样本均值之间的差异是否显著。原假设（H0）通常假定所有样本之间的均值没有显著差异，备择假设（H1）则相反。方差分析通常需要每个样本的均值、方差和样本容量，并选择显著性水平。该分析在 Stata 中实现需要 tabulate 和 anova 的组合。

```
tabulate varname1 [varname2] [if] [in] [weight] [,options]
anova varname [termlist] [if] [in] [weight] [,options]
```

5. 卡方检验

卡方检验适用于比较观察频数和期望频数之间的差异是否显著。原假设（H0）通常假定观察频数和期望频数之间没有显著差异，备择假设（H1）则相反。卡方检验通常需要观察频数和期望频数的数据，并选择显著性水平。使用 tabulate 可以得到卡方检验值，如示例 3-12 所示。

示例 3-12：

```
sysuse auto,clear
br
tab rep78 foreign,chi2
```

（三）时间序列分析

时间序列分析是一种在经济学中非常常见的统计方法，用于分析时间序列数据的特征、模式和趋势，并通过建立模型对未来的数值进行预测。在经济学中，时间序列分析常用于研究经济变量随时间的变化、发展趋势和季节性变动等。

时间序列分析的主要步骤如下：

第一，数据收集与整理：收集所需的时间序列数据，并进行数据清洗和整理，确保数据的准确性和一致性。

第二，可视化与探索性分析：绘制时间序列图，观察数据的趋势、季节性和周期性等特征。通过计算一阶差分、自相关函数（ACF）和偏自相关函数（PACF）等统计指标，探索数据的相关性和自相关性。

第三，模型选择与拟合：根据数据的特点和模式，选择合适的时间序列模型，如自回归移动平均模型（ARMA）、自回归积分移动平均模型（ARIMA）等。对选定的模型进行参数估计，拟合数据。

第四，模型诊断与验证：对拟合的模型进行诊断，检查残差是否满足模型假设，如误差项的独立性、平稳性等。通过统计检验、信息准则和模型拟合程度评估模型的质量和有效性。

第五，预测与解释：利用已拟合的时间序列模型，对未来的数值进行预测。根据模型的参数和误差项，计算出对应的预测区间和置信区间。解释模型的结果，探讨时间序列数据背后的经济含义和内在机制。

时间序列分析可以帮助经济学家识别和理解经济现象中的趋势、季节性和周期性等特征，并提供基于历史数据的未来预测和政策决策依据。常用的时间序列模型包括 ARMA、ARIMA、季节性 ARIMA（SARIMA）、指数平滑法等。研究者可以根据具体问题，选择适合的模型和方法来进行时间序列的分析。

（四）实验研究方法

1. 实验室实验

实验室实验法是在控制环境下进行的，研究者可以操纵变量并观察其对经济行为的影响。实验室实验通常让受试者（通常是学生或志愿者）完成经济游戏或决策任务，并记录他们的行为和结果。这种方法的优点是可以精确控制变量，使研究者能够确定因果关系。然而，有些人认为实验室实验的环境可能与现实世界的经济环境存在差异，因此结果的外部有效性可能有限。在经济学领域，实验室实验法被广泛用于研究经济决策、市场行为和经济机制设计等问题。[①] 常见的经济学实验室实验方法包括：公共物品实验、市场实验、竞争实验、拍卖实验和行为经济学实验。

2. 野外实验

野外实验是在现实世界的场景下进行的。研究者可以通过介入或操纵某些变量来观察其对经济行为的影响，并与对照组进行比较。野外实验的优势在于能够获得更真实的经济行为数据，具有较高的外部有效性。[②] 然而，由于涉及现实的市场环境，研究者无法像实验室实验那样对所有变量进行精确控制，这可能导致其他因素的干扰。在经济学领域，尽管实验室实验是常见的研究方法，但野外实验也逐渐被应用于探索经济行为和市场机制在真实环境中的表现。以下是经济学领域可能进行的一些野外实验的例子：（1）野外市场实验。研究人员在现实的市场环境中进行实验，观察和记录真实的交易和参与者行为。（2）野外拍卖实验。研究人员可能会在现场设置拍卖，以观察和记录参与者在真实环境下的投标和竞价行为。（3）野外公共物品实验。通过在公共场所设置实验环境，研究人员可以观察和研究公共物品的供给、合作行为和资源管理等问题。（4）野外行为经济学实验。野外实验可以帮助研究人员更好地了解人们在现实环境中的决策行为。（5）野外政策实验。研究人员可以利用野外实验

---

① Bardsley, N. Experimental Economics and the Artificiality of Alteration [J]. Journal of Economic Methodology, 2005, 12 (2).

② Levitt, S, List, J. Field Experiments in Economics：The Past, the Present, and the Future [J]. European Economic Review, 2009, 53 (1).

来评估政策干预措施的效果。

3. 自然实验

自然实验是利用自然环境中已经发生的变化作为研究者的实验条件，观察这些变化对经济行为的影响。[①] 自然实验通常利用历史事件、政策改变或其他自然发生的事件作为实验条件。由于研究者不能主动干预实验条件，这种方法能够提供更接近真实世界情境的数据，具有较高的外部有效性。然而，由于研究者无法控制变量，因果关系的确定可能有一定的困难。经济学领域的一些常见自然实验包括：自然资源开发的影响、政策变化或改革的效果、自然灾害的影响和区域的经济发展或政策实验。

4. 社会实验

社会实验是研究社会经济行为和互动的实验，涉及多个参与者之间的互动和决策[②]。这种实验可以用来研究合作与竞争（人们在合作和竞争情境下的决策行为）、公共物品（公共物品供给与协作的问题）、信任与合作（信任和合作的形成与影响）、社会偏好与公平（人们的社会偏好和对公平的看法）等。社会实验可以在实验室或野外进行，常常使用游戏理论和博弈论的概念来分析参与者的决策行为。

二、定性方法

定性方法是另一种常用的研究方法，用于获取、分析和解释非数值化的数据和信息，以揭示事物的质性特征、观点、态度和行为。与定量方法不同，定性方法关注的是事物的质性方面，如意见、感受、观察和描述，而不是数值化的测量和统计。

（一）文字分析

文字分析是一种定性方法，旨在通过对文本、文件、口述材料等进行系统分析来验证或支持理论假说。文字分析可以提供对经济现象的深入理解，并探索其中的模式、趋势和关联。

以下是对文字分析的详细说明：

1. 文本选择

文字分析的第一步是选择适当的文本来源。这可以包括经济理论的关键文献、政策文件、企业报告、采访记录、历史文件、新闻报道等。选择的文本应当与所研究的经济理论或假说相关，并提供有关现实情况的信息。

---

① Rosenzweig, Mark, R, Kenneth I. Wolpin. Natural "Natural Experiments" in Economics ［J］. Journal of Economic Literature, 2000, 38（4）.

② Levitt, S, List, J. Field Experiments in Economics：The Past, the Present, and the Future ［J］. European Economic Review, 2009, 53（1）.

2. 文本收集

一旦确定了文本来源，就需要收集相关的文本材料。这可以通过文献调查、采访、网络搜索和档案研究等方式进行。收集到的文本应涵盖不同来源和观点，以获取全面的信息。

3. 文本标注

在文字分析中，标注文本是一个关键的步骤。标注是指对文本进行注释、分类和整理，以便更好地理解和分析其中的关键信息。这可以通过高亮关键词、划分段落、添加注释、创建标签等方式完成。

4. 主题识别

通过文字分析，可以识别出文本中的主题和重要概念。这可以通过寻找关键词、短语、术语以及重复的模式来实现。通过主题识别，可以揭示出文本中的一致性和变化，捕捉到经济现象中的核心问题。

5. 内容分析

文字分析的关键步骤之一是内容分析。这包括对文本内容的深入评估和解读，以发现其中的模式、趋势和关联。为了进行内容分析，研究者可以采用归纳法和演绎法，从具体情况中提炼出普遍原理或理论。

6. 引用与比较

文字分析可以通过引用和比较不同文本的观点和陈述来支持或验证理论假说。通过引用其他研究者、学者和专家的观点，可以增强文本分析的可靠性和信服力。

7. 解释与解读

文字分析的最终目标是解释和解读文本中的经济现象。这涉及将文本中的信息联系起来，以揭示出对经济理论或假说的支持或批判性观点。解释与解读需要具备一定的主观判断和批判性思维，以确保分析的准确性和可靠性。

通过文字分析，研究者可以从经济文本中获取深入洞察，揭示既定理论的适用性以及发现新的理论线索。然而，需要注意的是，文字分析具有一定的主观性，并且结果的解释可能因个人观点和研究者的背景和预设而有所不同。因此，在进行文字分析时，研究者应保持客观、谨慎和透明的态度，避免主观偏见的影响。

（二）案例研究

案例研究是一种通过对一个个体、组织或事件的详细研究来获取深入的理解和见解的研究方法。它通过收集、分析和解释丰富的数据来描述和解释特定情况下的现象、过程或者问题。

以下为一些常见的案例研究方法：

1. 企业案例研究

企业案例研究是对具体企业的深入研究，以了解其经营策略、市场竞争、组织结构、管理实践等。通过企业案例研究，可以揭示企业的成功和失败因素，探讨市场行为和商业决策的影响因素。

2. 行业案例研究

行业案例研究关注特定行业或市场的案例，探讨行业竞争、市场趋势、创新和政策影响等。这种案例研究可以帮助分析行业中的关键问题、行业发展的模式和趋势，为制定政策和战略提供参考。

3. 政策案例研究

政策案例研究涉及对特定政策或政策改革的深入研究，以了解其实施和影响。这种案例研究可以探讨不同政策措施对经济、社会和环境的影响，评估政策效果和可行性。

4. 区域案例研究

区域案例研究关注特定地区或国家的经济问题和发展，通过深入研究地区特定经济体制、产业结构、区域发展策略等，理解区域经济变化和发展模式。

5. 国际案例研究

国际案例研究以跨国公司、国际市场和全球经济问题为研究对象。这种案例研究可以研究国际化战略、国际贸易政策、外汇市场等方面的问题，深入了解全球经济互动和国际经济关系。

三、混合方法

除了定性分析方法和定量分析方法，在研究中还可以使用混合分析方法。混合分析方法结合了定性和定量分析的元素，以获得更全面和深入的研究结果。它通过整合和交互应用定性和定量数据的收集、分析和解释来增强研究的可信度和有效性。

在混合分析方法中，定性分析方法提供深入的理解和描述，如文本分析、主题分析和质性比较分析，可以用于揭示研究对象的观点、态度和行为背后的深层含义。而定量分析方法则强调数据的量化和统计分析，如统计检验、回归分析和因子分析，可以帮助研究者识别和验证模式、关联和差异。

混合分析方法可以在多个研究领域中应用，从社会科学到健康科学，从教育研究到市场调查。它适用于处理复杂的研究问题、多维度的数据和多层次的影响因素。

在经济学领域，混合方法可以应用于多个层面，例如：

（1）调查研究：在调查研究中，可以结合问卷调查（定量方法）和访谈或焦点小组讨论（定性方法），以了解受访者的观点和感受，进一步分析和解释调查结果。

（2）政策评估：混合方法可以在政策评估中应用，通过搜集定量数据（如统计数据）和定性数据（如案例研究或访谈），综合考虑政策实施的影响和背后的机制。

（3）数据解释：对于复杂的经济现象，混合方法可以帮助研究人员深入理解背后的机制和动因。通过结合定量数据的统计分析和定性数据的案例分析，可以提供更全面的解释和理解。

（4）理论发展：混合方法也可以应用于经济理论的发展之中。通过收集定量和定性数据，可以验证和细化经济理论的假设和预测，同时加强对现实世界中复杂现象的解释能力。

混合方法的具体设计和应用取决于研究问题和研究目标。研究者需要选择适当的数据收集方法、整合方法和分析方法，以确保混合方法的有效性和可靠性。

思考与练习

1. 选择一种理论假说类型，并解释该类型理论假说在实际研究中的应用。提供一个具体的案例，说明如何提出、评估和验证该理论假说。

2. 理论假说如何与研究问题紧密联系？你认为一个好的理论假说是如何为解决研究问题提供指导和框架的？理论假说的检验过程中，你认为最具挑战性的是什么？为什么？

3. 理论假说的求证与检验是否受到研究方法的限制？哪些因素可能影响对一个理论假说的认可程度？讨论并提出你的观点。

4. 选择一个你感兴趣的研究领域和相应的理论假说，并描述你将如何进行一项研究来检验这个假说。结合定量和定性方法，提出你的研究设计、数据收集和分析计划。

>第4讲 数据可视化<

高质量的经济学实证论文离不开数据可视化，它是结果呈现的最直观表达。本讲主要介绍分布图（箱线图、密度图、小提琴图），关系图（散点图、热图），对比图（折线图、柱状图、雷达图）等在学术论文中的应用、复制和拓展。每一幅图都从文献中来，在解读相应研究结果的基础上给出代码复制该图，最后基于图形组合等思路丰富可视化内容。

第一节 分 布 图

一、箱线图

箱线图也称为箱须图、箱形图、盒图，用于反映一组或多组连续性定量数据分布的中心位置和散布范围，因形状如箱子而得名。箱线图用一条线段的两端分别代表变量的最大值和最小值，中间一个箱子分别标明了第一个四分位数、中位数和第三个四分位数，因此一个箱线图是五个统计量的汇总，如图4-1所示。箱线图包含数学统计量，不仅能够分析不同类别数据各层次的水平差异，还能揭示数据的离散程度、异常值、分布差异等，常常用于比较不同的数据集。

（一）文献中的箱线图

譬如，Chen 等（2022）通过使用空间 Durbin 模型研究了中国清洁能源发展对二氧化碳排放的影响，使用的二氧化碳排放数据由作者人工计算。[1] Shan 等（2018）较早测度了二氧化碳排放量数据。[2] 图4-2基于箱线图，将两篇文章中的二氧化碳

---

[1] Yuli Shan, Dabo Guan, Heran Zheng, et al. China CO_2 Emission Accounts 1997–2015 [J]. Scientific Data 2018 (5).

[2] Yang Chen, Shuai Shao, Meiting Fan, et al. One Man's Loss is Another's Gain: Does Clean Energy Development Reduce CO_2 Emissions in China? Evidence Based on the Spatial Durbin Model [J]. Energy Economics, 2022 (107).

排放量数据进行了对比。

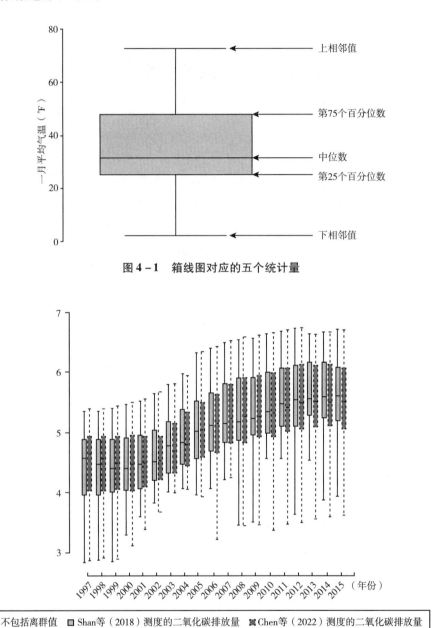

图 4 - 1　箱线图对应的五个统计量

不包括离群值　■ Shan等（2018）测度的二氧化碳排放量　■ Chen等（2022）测度的二氧化碳排放量

图 4 - 2　1997～2015 年中国二氧化碳排放量的对数统计分布

图 4 - 2 表明，1997～2015 年中国二氧化碳排放量总体呈现波动上升趋势；两种计算方式计算出来的二氧化碳排放量的最大值接近，但在 2006 年两种测算方式计算出来的二氧化碳排放量的最小值存在较大偏差。

（二）箱线图的复制

箱线图可分为横向箱线图和纵向箱线图。以 Stata 为例（在没有特殊说明的情况下，本讲义一般采用 Stata 代码），绘制横向箱线图的基本命令为 graph hbox，绘制纵向箱线图的基本命令为 graph box。

* 横向箱线图基本命令

```
graph hbox yvars [if] [in] [weight] [,options]
```

* 纵向箱线图基本命令

```
graph box yvars [if] [in] [weight] [,options]
```

其中，yvars 代表计划绘制箱线图的变量，if 是条件语句，in 是范围语句，weight 是权重语句，在 [, options] 中可以使用 over（variable name，sort(1)）表示按照第一个分组变量进行排序；nooutsides 表示不显示内部异常值；ytitle（" "）和 xtitle（" "）可以分别用来标注 Y 轴和 X 轴；title 用于图形总标题标注；subtitle（" "）用于图形副标题标注；note（" "）用于图形脚注。

* 导入数据

```
use box.dta,clear
```

* 设置主题色彩

```
set scheme s1color
```

* 变量取对数

```
g lnCE   =  ln(CE)
g lnCE2  =  ln(CE2)
```

* 绘制关于变量的箱线图，按照年份排序，标签角度为 90 度，不需要绘制异常值，以年份为标题，标题大尺寸，boxgap 用于改变箱子的宽度，intensity 用于改变颜色的深浅值。

```
graph box lnCE2 lnCE, over(year, label(angle(90))) nooutsides
b1title({stSerif:{bf:Year}},size(large)) boxgap(10) intensity(80)
```

此时，可以打开图形编辑器，双击浅蓝色背景，更换颜色为白色，也可以使用命令 set scheme white 设置主题色；分别双击"label [1]"和"label [2]"，在弹出的文本框中分别输入"Shan 等（2018）测度的二氧化碳排放量"和"Chen 等（2022）测度的二氧化碳排放量"来更改变量标签，也可以通过命令修改：

```
label variable lnCE2 " Shan 等（2018）测度的二氧化碳排放量"
label variable lnCE " Chen 等（2022）测度的二氧化碳排放量"
```

再双击"boxes［2］",统一更换颜色为"深橙色",也可以通过命令 color (orange) 实现;选择矩形箱属性"中位数" > "自定义线" >选择颜色"白色"完成中位线颜色更换;若使用 Stata 命令,则为 medline (lcolor (white));并可调整 legend key［1］、key［2］中 x 的尺寸。由于缺少 Shan 等 (2018) 的文章中 2016 年、2017 年的数据,论文删除了这两年的箱线图,至此完成了图 4 – 2 的复制。为优化图形布局,还可以选择更换轮廓样式,如虚线、点线、点线交错等。

(三) 箱线图的组合①

根据系统提供的数据绘制了地区一月平均气温箱线图和直方图的组合 (见图 4 – 3)。直方图中,Y 轴显示的不是频数,而是概率密度,由此可以直观地看到数据的分布形态;箱线图中则可以更加清晰地看到地区一月平均气温的最小值、第一个四分位数、中位数和第三个四分位数和最大值。

```
sysuse citytemp,clear
label variable tempjan "一月平均气温"
gr hbox tempjan,saving(box.gph,replace)
hist tempjan,saving(hist.gph,replace) ytitle("") color(orange)
gr combine hist.gph box.gph,col(1)xcommon
```

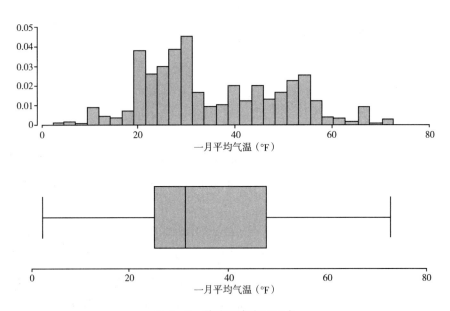

图 4 – 3　箱线图直方图组合

---

① 箱线图直方图组合代码来自"Stata 学习:如何绘制箱型图 boxplot?",参见 https://zhuanlan.zhihu.com/p/583725112。

二、密度图

密度图又称密度曲线图，用于显示数据在连续时间段内的分布状况。在横轴上绘制数据的取值范围，纵轴上绘制相对频率或概率密度。在统计学中，核密度图是一种通过估计概率密度函数来描述随机变量分布的方法，它可以用于显示数据集的密度分布情况。密度图的密度指的是在给定点上的概率密度值，表示该点附近数据点的密度或频率。密度图常被用于可视化连续性变量的分布情况。它不仅能展示数据的整体趋势和形状，还能揭示局部的密度变化。通过观察核密度图，可以更详细地了解数据集的密度分布，有助于发现数据集中的峰值、极值以及多峰分布等特征。

密度图是直方图的变种，使用平滑曲线来绘制数值水平。与直方图相比，密度图更善于确定分布状，如图 4－4 所示（图中的 density 为核密度）。直方图的缺点在于，分布形状在很大程度上取决于数据间隔，比如使用 10 个条形的直方图所产生的分布形状不及使用 20 个条形的直方图所产生的分布形状容易解读。

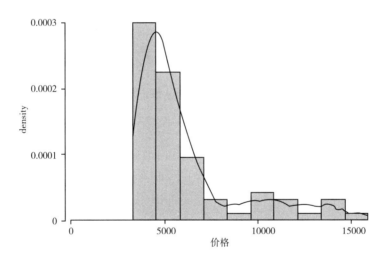

图 4－4　直方图与密度图

（一）文献中的密度图

譬如，Liao 等（2023）探讨了中国新环保法对企业就业的影响，并利用该法律的实施作为一个准自然实验，构建了 DID 模型来验证其影响。[①] 作者认为，研究中内生性的一个来源可能在于关键性自变量和总员工规模相关的不可观测省略变量。为了

①　Tianlong Liao，Guanchun Liu，Yuanyuan Liu，et al. Environmental Regulation and Corporate Employment Revisited：New Quasi-natural Experimental Evidence from China's New Environmental Protection Law ［J］. Energy Economics，2023（124）.

缓解这一担忧，研究者使用安慰剂检验来检验回归结果是否受到未观测到的变量的影响。他们通过将企业分配到重度污染行业或非重度污染行业并构建了一个虚假交互项来进行安慰剂检验。图 4 – 5 描述了 1000 个交互项系数的 1000 个估计的核密度和 p 值。结果表明，虚假交互项的系数分布均值约为 – 0.00062。文章得出真实交互项估计系数为 – 0.051，位于 1000 个系数分布的 95% 置信区间之外，因此可以排除未观测到的变量对主要发现的影响。显然，图 4 – 5 也是一个密度图。

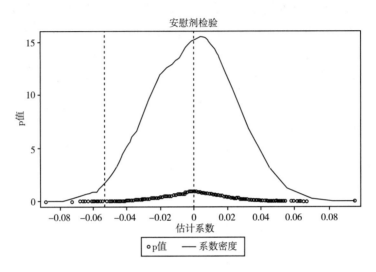

图 4 – 5　安慰剂检验（p 值、密度图）

（二）密度图的复制

基本命令为 kdensity varname [if] [in] [weight] [, options]。其中，yvars 代表计划绘制箱线图的变量，if 是条件语句，in 是范围语句，weight 是权重语句，在 option 中可以添加其他要求。

复制的具体步骤为：先导入数据，绘制散点图，lp (dash) 指定画虚线，否则为实线。在 0 和 – 0.053 两个数值处画虚线，并设置虚线线宽为 0.2；X 轴的范围为 – 0.08 ~ 0.08，间距为 0.02，将 X 轴命名为"估计系数"，将 Y 轴命名为"p 值"，用黑色空心圆画出。用 kdensity 命令绘制密度图，设置标题为"安慰剂检验"。

* 导入数据

use data_placebo,clear

label variable _p_interaction1 "p 值"

* 散点图和密度图绘制

twoway (scatter _p_interaction1 _b_interaction1,xline(0 – 0.053,
lwidth(0.2) lp(dash)) xlabel(– 0.08(0.02)0.08) xtitle(估计系数)

```
ytitle(p 值) msymbol(smcircle_hollow) mcolor(black))(kdensity _b_
interaction1,title(安慰剂检验)),scheme(s1mono)
```

（三）密度图的组合①

想要绘制漂亮的密度图，可以使用 joy_plot 命令。该命令由 Fernando（2022）开发，主要用于绘制 joyplot。joyplot 是一种看起来犹如山水画一般的层峦叠嶂，由于外形与山峦类似，其中文名为山峦图、峰峦图或叠嶂图。这种图形本质上是一种密度图，能够同时显示多组数据的变化趋势，因此被用于组间对比分析的可视化。可以选择下载包，导入数据并设置标签（例如，设置婚姻状态、将性别设置为虚拟变量）。

```
*下载包
ssc install joy_plot,replace
*导入数据
use
http://fmwww.bc.edu/RePEc/bocode/o/oaxaca.dta,clear
*设置主题色
set scheme s1color
*设置婚姻状态
g mstatus=single+2*married+3*divorced
label define mstatus 1 single 2 married 3 divorced
label values mstatus mstatus
*虚拟变量处理性别
label define female 0 Male 1 Female
label values female female
d
```

1. 默认命令绘制的密度图

为了凸显 joy_plot 命令的强大，先用默认语句绘制密度图，如图 4-6 所示。该图中密度图之间遮挡非常明显，并不美观。因为密度图最下层的婚姻状态为"单身"，密度图最上层为婚姻状态为"离婚"，若改变命令顺序，也将会改变图层顺序。

```
*用默认命令作图
two (kdensity lnwage if mstatus==1,recast(area))(kdensity lnwage
if mstatus==2,recast(area))(kdensity lnwage if mstatus==3,recast
```

---

① 密度图的组合代码来自"Stata 学习：如何绘制 Fancy 的核密度图？"，参见 https://zhuanlan.zhihu.com/p/535556101。

(area)),legend(order(1 "单身" 2 "已婚" 3 "离婚") row(1)) ytitle(工资对数核密度)

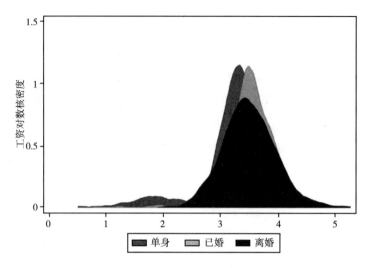

图4-6 默认命令制作的密度图

2. 分组不重叠密度图

使用 joy_plot 命令可以快速绘制出分组不重叠的图，如图4-7所示。

joy_plot lnwage,over(mstatus) legend(order(1 "单身" 2 "已婚" 3 "离婚") row(1)) xtitle(小时工资的对数)

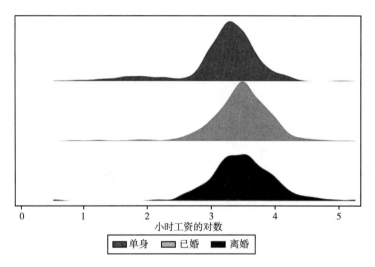

图4-7 分组不重叠密度图

3. 分组半重叠密度图

若在命令中增加 dadj (3)，则表示允许重叠。legend (cols (3)) 为不同种类颜色添加了标签，如图4-8所示。

```
joy_plot lnwage,over(mstatus) dadj(3)legend(order(1 "单身" 2 "已
婚" 3 "离婚") row(1)) xtitle(小时工资的对数)
```

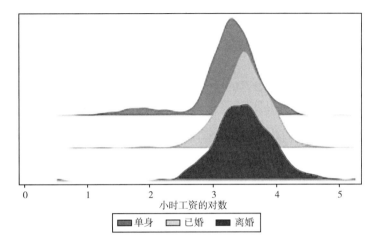

图 4 – 8　分组半重叠密度图

4. 双重分组半重叠核密度图

dadj（2）设置重叠程度，同时还可以设置颜色风格并调节颜色深浅，如图 4 – 9
所示。

＊修改路径，导入数据

```
import excel ".../核密度图.xlsx",sheet("Sheet1") firstrow
```

＊设置主题色

```
set scheme white

color_style ozuna
```

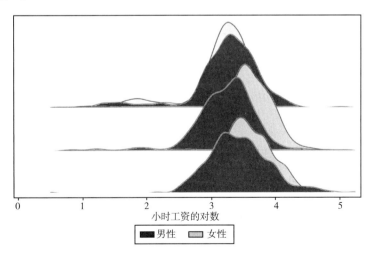

图 4 – 9　双重分组半重叠核密度图

*用joy_plot画双重分组半重叠图，并设置标签

joy_plot lnwage,over(mstatus) by(female) dadj(2) alegend fcolor(%10) xtitle(小时工资的对数) legend(label(1 "男性")label(2 "女性"))

5. 重叠半透明密度图

使用joy_plot命令，gap(0)代表重叠，并通过color(%50)设置颜色透明度，如图4-10所示。

joy_plot lnwage,over(mstatus) gap0 color(%50) xtitle(小时工资的对数)

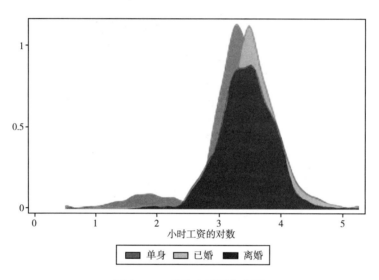

图4-10 重叠半透明密度图

（四）密度图的拓展[①]

脊线图和密度图是数据可视化的两种方法。它们都可以用来显示变量的分布，主要区别在于核密度图专注于展示单一变量的分布，脊线图则可以同时展示多个变量的分布。在绘制脊线图时，需要指定两个变量。xvar是通常是时间变量，yvar是想要绘图的变量。

1. 普通脊线图

譬如，可以导入数据，设置颜色主题，over（country）定义国家分组变量。为了使得国家内部数据波动更加明显，使用normalize命令，将国家内部高度正态化，使用notext alegend添加自动图例，dadj（3）表示允许重叠，如图4-11所示。

---

① 密度图的拓展中脊线图代码均来自"Stata学习：如何绘制脊线图ridgeline?"，参见：http://zhuanlan.zhihu.com/p/535580679。

＊下载包

```
ssc install ridgeline_plot,replace
```

＊使用自己储存数据的路径

```
import excel "…/covid-19.xlsx",sheet("Sheet1") firstrow
```

＊设置颜色主题

```
set scheme white
color_style shakira,n(15)
ridgeline_plot new_deaths date,over(country) normalize notext
alegend dadj(3) xtitle(日期)
```

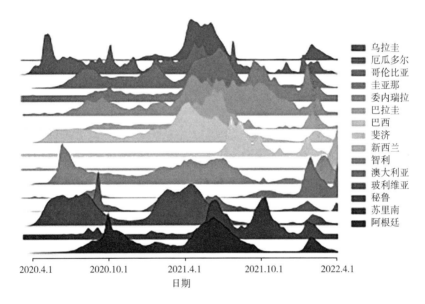

图 4-11　普通脊线图

2. 堆叠脊线图

使用 stack 命令绘制堆叠脊线图，colorpalette(daddy2) 启用调色盘，在 Stata 命令中，lwidth(0) 表示将图形元素的线条宽度设置为 0，也就是将线条宽度设为最细的状态。这意味着图形中的线条将几乎不可见，如图 4-12 所示。

```
ridgeline_plot new_deaths date,over(country)notext alegend stack
colorpalette(daddy2) lwidth(0) xtitle(日期)
```

3. 流式脊线图

将 stack 代码替换成 stream，并将调色盘由 daddy2 色彩变换成 colorpalette(viridis)，不显示 Y 轴标签，如图 4-13 所示。

```
ridgeline_plot new_deaths date,over(country)notext alegend stream
```

```
colorpalette(viridis) lwidth(0) ylabel("") xtitle(日期)
```

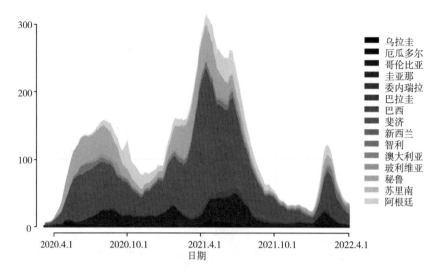

图 4 – 12　堆叠脊线图

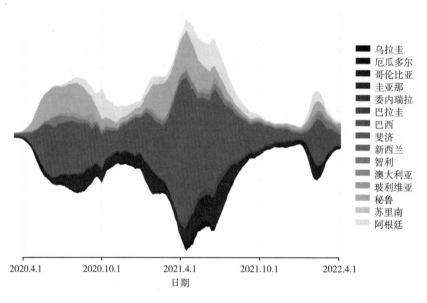

图 4 – 13　流式脊线图

4. 堆叠流式图组合

与此同时，也可以按国家对新死亡人数进行分组，并根据日期排序。如下代码中，stream(3) 表示使用流式图，stack100 表示堆叠图的形式，所有的线均匀分布在 0 ~ 100% 的范围内，使用 peru2 这种颜色调，线条宽度为 0。Y 轴没有标签，X 轴的标题是日期，如图 4 – 14 所示。

经济学实证论文写作讲义：方法与应用

```
ridgeline_plot new_deaths date,over(country)notext alegend stream
(3) stack100 colorpalette(peru2) lwidth(0) ylabel("") xtitle(日期)
```

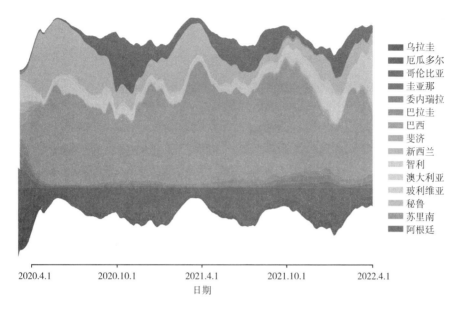

图 4-14　堆叠流式图组合

三、小提琴图

小提琴图用来展示多组数据的分布状态及概率密度。小提琴图可视为箱形图和密度图相结合的产物，并对其中的统计学度量和分布状态实现可视化操作。小提琴图的内部是箱线图，中心处较宽的条状图案表示四分位差，较细的黑线表示 95% 置信区间，白色圆点表示中值。通过箱线图，可以查看关于数据的基本分布信息，如中位数、平均值、四分位数以及最大值和最小值，但是不会显示数据在整个范围内的分布。中心线的两侧则是对密度进行可视化。当数据分布具有多个峰值时，箱线图无法展示这一信息，而小提琴图则可以通过密度图展示出来。某区域图形面积越大，表明在某个值附近分布的概率越大。

（一）文献中的小提琴图

图 4-15 来自 Belaïd 和 Massip（2023）的文章①，作者展示了沙特阿拉伯经济增长的碳强度小提琴图。图中从上到下清晰地标注了最大值、75 分位数、中位数、25

---

① Fateh Belaïd, Camille Massip. The Viability of Energy Efficiency in Facilitating Saudi Arabia's Journey Toward Net-zero Emissions [J]. Energy Economics, 2023 (124).

分位数和最小值。从图中可以观察到，碳强度不是单峰，而是负偏的。从1971年到2020年，可观测国内生产总值（GDP）的碳强度分布在每百万美元343.4亿吨～10311.5亿吨。

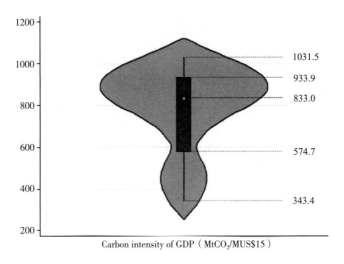

图4-15 文献中的小提琴图

（二）小提琴图的复制

1. 普通小提琴图①

下载安装包，使用系统数据进行数据处理，可以直接在 `vioplot` 命令后面加上变量名，纵向小提琴图复制结果如图4-16所示。如果想绘制横向小提琴图，需要在命令后加上"，hor"，如图4-17所示。从这两幅小提琴图中可以清晰地看到，1月整体平均气温低于7月，且1月平均气温的极差大于7月平均气温极差。

```
*安装包
ssc install vioplot,replace
*使用系统数据
sysuse citytemp,clear
d
list in 1/5
set scheme s1color
label variable tempjan "1月平均气温(℉)"
label variable tempjuly "7月平均气温(℉)"
```

———————————
① 普通小提琴图的复制代码来自"Stata学习：如何绘制小提琴图 vioplot？"，参见：http：//zhuanlan. zhihu. com/p/583730405。

*纵向小提琴

```
vioplot tempjan tempjuly
```

*横向小提琴

```
vioplot tempjan tempjuly,hor
```

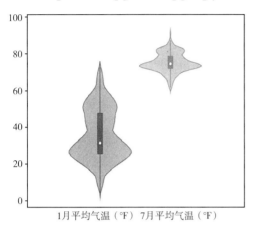

图 4-16　纵向小提琴图

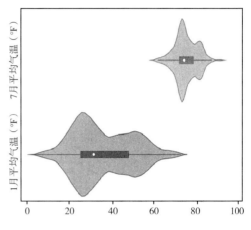

图 4-17　横向小提琴图

可以使用 bw() 来调整核宽度，括号内的数值越大，小提琴核越宽，如图 4-18 所示。使用命令 o(division) 绘制分组小提琴图，如图 4-19 所示，区分了不同地区 1 月和 7 月的平均气温。

*调整核宽小提琴

```
vioplot tempjan tempjuly,bw(10)
```

*分组小提琴

```
vioplot tempjan tempjuly,o(division)
```

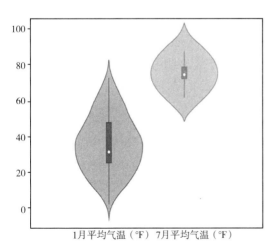

图 4-18　调整核宽小提琴

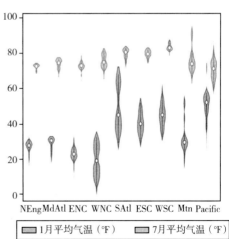

图 4-19　分组小提琴

2. 双重分组小提琴图①

双重分组小提琴图可以绘制出不同婚姻状态（单身、已婚、离婚）下男性、女性的对数小时工资。比较不同婚姻状态下男性、女性的工资差异可以发现，在已婚和离婚状态下，男性平均时薪高于女性，如图 4 – 20 所示。可以通过 iqr（ ）设置分位数。命令 iqr（10 90），即设置了 10% 和 90% 的分位数，如图 4 – 21 所示。从图 4 – 21 可以看出，单身状态下女性 10%、90% 时薪分位数高于男性，已婚和离婚状态下女性 10%、90% 时薪分位数均低于男性。

```
＊下载包
ssc install joy_plot,replace
```

```
＊修改路径，导入数据
import excel "…/小提琴图 .xlsx",sheet("Sheet1") firstrow
set scheme s1color
g mstatus = single + 2 ＊ married + 3 ＊ divorced
```

```
＊设置标签
label define mstatus 1 single 2 married 3 divorced
label values mstatus mstatus
label define female 0 Male 1 Female
label values female female
d
```

```
＊双重分组小提琴图
joy_plot lnwage,over(mstatus) by(female) alegend violin fcolor
(＊.80)ytitle(小时工资的对数)
```

```
＊分位数双重分组小提琴图
joy_plot lnwage,over(mstatus) by(female) alegend violin fcolor
(＊.80) iqr(10 90) iqrlcolor(＊1.2) iqrlwidth(1) ytitle(小时工资的对数)
```

① 双重分组小提琴图代码来自 "Stata 学习：如何绘制 Fancy 的核密度图？"，参见：http：//zhuanlan. zhihu. com/p/535556101。

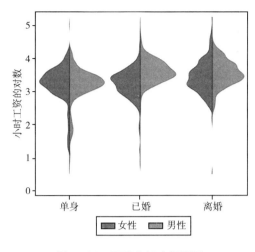
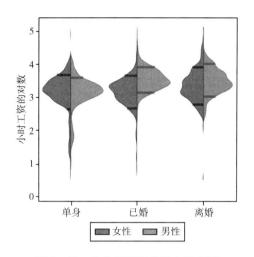

图 4 – 20　双重分组小提琴图　　　　图 4 – 21　分位数双重分组小提琴图

第二节　关　系　图

一、散点图

散点图也叫散布图，可以判断两个变量之间是否存在某种关联或总结坐标点的分布模式。散点图通常用于探索和比较变量关系，还可以用来识别异常值。散点图还可以结合符号、颜色或大小来展示更加丰富的信息。

（一）文献中的散点图

例如，Chen 等（2022）在研究中国清洁能源发展对二氧化碳排放的影响时放入了莫兰（Moran）散点图，如图 4 – 22 所示。

从图 4 – 22 可以看出每个样本点在各个象限的分布。莫兰散点图根据全局莫兰指数绘制，但这个图是用来分析局部相关性的。由图 4 – 22 可知，2017 年中国二氧化碳排放指数的全局莫兰指数为 0.0220，其伴随概率 p 值为 0.7460。这说明二氧化碳排放的空间自相关性不显著。莫兰散点图的四个象限可以识别一个地区与其邻近地区之间的关系。第一象限（HH），表示本身是高值，周围的其他地区也是高值；第二象限（LH），表示本身是低值，但周边的地区都是高值；第三象限（LL），表示本身是低值，周边地区都是低值；第四象限（HL），表示本身是高值，但被低值所包围。第一和第三象限表示正的空间自相关性，说明相似值集聚；第二和第四象限表示负的空间自相关性，说明空间异常；如果观测值均匀地分布在四个象限，则表示研究的地区之间不存在空间自相关性。

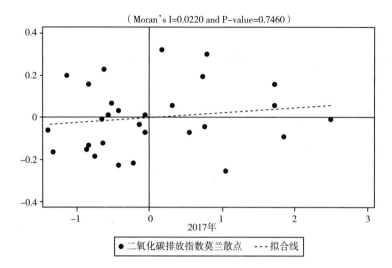

（Moran's I=0.0220 and P-value=0.7460）

二氧化碳排放指数莫兰散点 --- 拟合线

图 4 – 22　2017 年中国二氧化碳排放指数莫兰散点图

（二）散点图的复制

可以通过 spatwmat 生成空间矩阵，然后使用 moran 命令计算莫兰指数。构造空间矩阵基本命令为：

```
spatwmat varname1 varname2 [,options]
```

varname1 表示构建空间权重矩阵的空间变量，varname2 表示计算空间权重矩阵的距离变量，以此完成图 4 – 22 的复制。

```
spatwmat using disgdp2matrix2017.dta,name(w3)standardize
use data.dta,clear
g lnCE = ln(CE)
keep if year = = 2017
splagvar CE,wname(w3) wfrom(Stata)  plot(CE)moran(CE)
```

（三）散点图的组合

1. 散点图与拟合线①

若想在散点图上加上拟合线，可以通过命令将 lfit 图形叠放在 scatter 图形上。Y 轴刻度从 50 到 90 每隔 5 个单位添加一个刻度，X 轴刻度从 2 到 14 每隔 2 个单位添加一个刻度，通过命令 legend 的 col (1) 设定图例为一列，ring (0) 表示图例放置

---

① 散点图与拟合线图 4 – 23 代码来自：劳伦斯·C. 汉密尔顿著，巫锡炜等译，《应用 Stata 做统计分析》，科学出版社 2017 年版。

在绘图区域内部，position（11）表示图例放在 11 点钟的位置，如图 4 - 23 所示。

    ＊导入自己电脑的保存数据的路径

import excel "…/data_HDR21 - 22_Statistical_Annex_HDI_Table.xlsx"，
sheet（"Table 1"）firstrow

    rename Lifeexpectancyatbirth2021 life

    rename Meanyearsofschooling2021 school

    graph twoway scatter life school，msymbol（Oh）||lfit life school，
lwidth（medthick）||，ylabel（50（5）90）xlabel（2（2）14）xtick（1（2）13）
legend（col（1）ring（0）position（11））

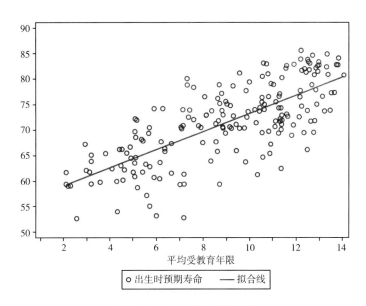

图 4 - 23　普通散点图拟合线

　　图 4 - 24 是散点图与拟合线的组合。首先，导入"auto"数据集，并清除当前已有的数据。其次，使用 generate 命令创建两个新的变量 pfor 和 pdom，分别表示外国产车辆（foreign = = 1）和国内产车辆（foreign = = 0），其中只包括修复记录（rep78 > = 3）的汽车的价格（price）；使用 separate 命令将 price 变量根据 rep78 变量的不同值分组，并为每个组设置简略标签（shortlabel）。这样可以将数据按照不同修复记录等级进行分组处理；使用 set scheme 命令设图形主题为 s1color，即改变绘图的外观样式；使用 twoway 命令绘制图形，包括两个线图和一个散点图。其中，使用 lpolyci 函数绘制两个线图，分别是 pfor length 和 pdom length，并通过选择项"clstyle"设置线条样式；使用 scatter 函数绘制价格（price）与车辆长度（length）之间的散点图，并通过选择项"pstyle"设置散点样式。最后，使用选择项"ytitle"设置 Y 轴标题为"价格"，legend 命令设置图例的顺序和标签，其中

选择项"Order"指定图例顺序（2 表示第二个线图放在第一位，4 表示第四个线图放在第二位，5、6 和 7 表示散点图放在后面三个位置），双引号中的标签字符串为对应位置的图例标签（"国内"表示第二个线图的标签，"国外"表示第四个线图的标签）。[①]

* 导入数据

```
sysuse auto,clear
```

* 数据处理

```
generate pfor = price if foreign = =1&rep78 > =3
generate pdom = price if foreign = =0&rep78 > =3
seperate price if rep78 > =3,by(rep78)shortlabel
```

* 设置主题

```
set scheme s1color
label variable price "价格"
```

* 绘制置信区间散点图以及设置标签

```
two( lpolyci pfor length,clstyle( p1line ))( lpolyci pdom length,
clstyle(p2line))(scatter price length,pstyle(p3 p4 p5)),ytitle(价格
(美元))legend(order(2 "国内" 4 "国外" 5 6 7))
```

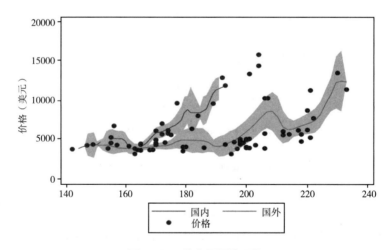

图 4 -24　散点图置信区间

2. 散点图矩阵图

由于皮尔逊相关测量与 OLS 回归线拟合有相似的假设和限制，这类相关性在解释之前通常需要先查看相应的散点图。Stata 散点矩阵图命令是 graph matrix，如图 4 - 25 所示。

---

① 散点图与拟合线图 4 - 24 代码根据网络资料整理。

*修改路径，导入数据

```
import excel ".../data_HDR21-22_Statistical_Annex_HDI_Table.xlsx",
sheet("Table 1")firstrow
label variable HumanDevelopmentIndexHDI"人类发展指数"
label variable Meanyearsofschooling2021"平均受教育年限"
label variable Lifeexpectancyatbirth2021"出生时预期寿命"
label variable Expectedyearsofschooling2021"预期受教育年限"
label variable GrossnationalincomeGNIper"人均国民总收入"
rename Country country
rename HumanDevelopmentIndexHDI HDI
rename Lifeexpectancyatbirth2021 life
rename Expectedyearsofschooling2021Eschool
rename Meanyearsofschooling2021 school
rename GrossnationalincomeGNIper GNI
graph matrix HDI life Eschool school GNI,msymbol(Th)
```

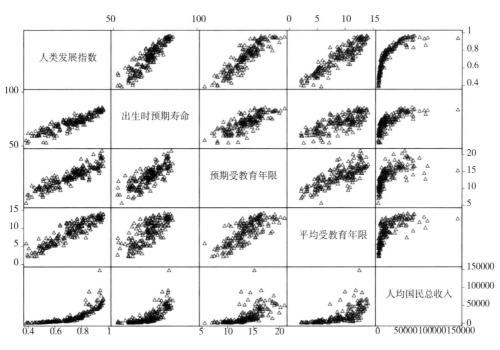

图 4 - 25 散点矩阵图

3. supperscatter 命令绘制散点图[①]

使用 superscatter 命令创建一个包含 y 变量对 x 变量的散点图。散点图边缘显示了两个变量的边际分布图，可以选择将边缘分布显示为直方图或核密度。superscatter命令安装及其命令语法如下：

```
ssc install binscatterhist,replace
net install superscatter.pkg,replace
superscatter y_variable x_variable [if] [in] [,options]//
superscatter 命令语法
```

使用系统数据，首先进行数据预处理，再使用 superscatter 命令绘制散点图，使用 lfitci 选择 95% 置信区间，使用 lwidth 设置线宽，通过 legend 命令中的 col(1) 设定图例为一列，ring(0) 表示图例放置在绘图区域内部，position(5) 表示图例放在 5 点钟的位置，Y 轴为"预期寿命"，如图 4-26 所示。

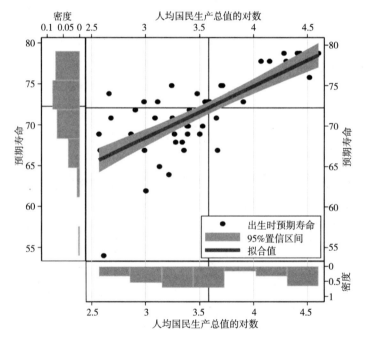

图 4-26　散点直方图组合

相应代码如下：

```
sysuse lifeexp,clear
qui gen loggnp = log10(gnppc)
```

———————————

① supperscatterm 命令绘制散点图代码来自"Stata 绘图：绘制美观的散点图—superscatter"，参见：http://www.lianxh.cn/news/b8ca39e205d86.html。

label var loggnp "人均国民生产总值的对数"

qui gen us_gnp0 = country if country = = "United States" |country = = "Haiti" |country = = "Brazil" | country = = "Jamaica" | country = = "Armenia" |gnppc > = .

label var us_ gnp0 "选定国家的标签"

describe

set scheme s1color

superscatter lexp loggnp,means fittype(lfitci) fitoptions(lwidth(vthick)) legend(ring(0) cols(1) pos(5)) ytitle(预期寿命) legend(label(1 "出生时预期寿命") label(2 "95% 置信区间") label(3 "拟合值"))

图 4 – 27 使用系统数据首先进行数据预处理,再通过 superscatter 命令绘制散点图,kdensity 命令绘制密度图,medians 标出中位数,并形成落在四个区域内的散点数。

label var lexp "出生时预期寿命"

superscatter lexp loggnp,kdensity medians tabulate(count) matname(tabout)

return list

matrix list r(tabout)

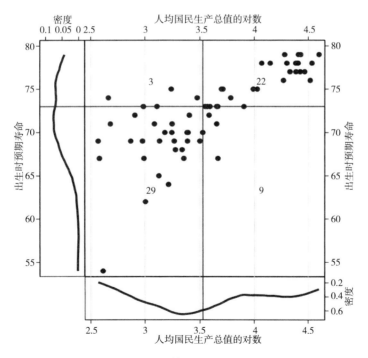

图 4 – 27　散点密度图组合

图 4 – 28 比较了 1998 年 68 个国家的预期寿命与实际预期寿命。首先，使用 `predict` 命令对 1998 年的预期寿命进行回归，估计出每个国家在 1998 年的预期寿命。然后，使用带有 `line45` 选择项的 `superscatter` 函数，将每个国家 1998 年的预期寿命与其实际预期寿命进行比较。如果一个国家位于 45 度线以上，意味着在 1998 年这个国家的卫生部门表现不佳，因为其实际预期寿命低于根据其国民生产总值预测的预期寿命。从图 4 – 28 中可以看出，海地是一个引人注目的异常值，尽管它是世界上最贫穷的国家之一，但根据其国民生产总值预测的预期寿命约为 66 岁，而其实际预期寿命却只有 55 岁，低了 11 岁。相应代码如下：

```
set scheme white
regress lexp loggnp
predict lexp_hat,xb
lab var lexp_hat "预期寿命拟合值"
local textadds`"text(78 68 "观测值更大" "比预测") text(58 68 "观测值更小" "比预测")"'
superscatter lexp lexp_hat,line45 opt45(lwidth(vthick)) legend(off) mlabel(us_gnp0)  legend(ring(0) pos(5) col(1) order(2 "国家" 1 "预期寿命" "期望")) xtitle(预计寿命) ytitle(观测寿命) xlabel(65(5)80) `textadds'
```

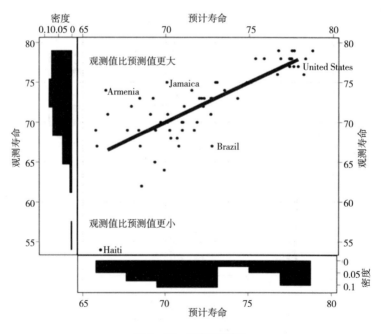

图 4 – 28 可视预测图

二、热图

热图对于可视化多变量数据非常有用，数值或分类变量可用颜色或颜色饱和度表示。热图常用来表示不同样品组代表性基因的表达差异、不同样品组代表性化合物的含量差异、不同样品之间的两两相似性。实际上，任何一个表格数据都可以转换为热图来展示。当热图应用于数值矩阵时，热图中每个单元格的颜色展示的是行变量和列变量交叉处的数据值的大小；若行为国家，列为年份，则是对应国家在对应年份的表达值；若行和列都为国家，展示的可能是对应的两个国家之间的相关性。

（一）文献中的热图

例如，多环芳烃被确定为对人类有致癌风险的物质之一，而柴油废气是人类暴露于多环芳烃的一个重要来源。为验证此观点，Pleil 等（2011）通过热图展示了八名受试者循环血液中预先存在的多环芳烃浓度与柴油废气暴露增加程度之间的关系[①]。

图 4 - 29（a）中，X 轴按照暴露时间进行分组（暴露前、暴露后和暴露后 24 小时），再根据受试者的性别进行子分组。Y 轴则根据暴露环境类型进行分组（100lg m^{-3} 的干净空气或柴油排放），其中每组内部根据化合物进行细分。通过分析可知，暴露时间或暴露环境类型对于八名受试者循环血液中 21 种多环芳烃浓度没有明显的影响。然而，女性受试者循环血液中平均 21 种多环芳烃浓度要高于男性受试者。这表明个体之间在多环芳烃浓度上存在性别差异。

为进一步探究受试者间和受试者内的差异，绘制热图 4 - 29（b）。该图对数据进行了重新排列，根据个体受试者的暴露时间和暴露环境类型进行分类：暴露于清洁空气前、暴露于柴油废气前、暴露于清洁空气后、暴露于柴油废气后、暴露于清洁空气后 24 小时、暴露于柴油废气后 24 小时。结果显示，在所有样本中，受试者组内的差异明显小于受试者组间的差异，进一步表明个体在多环芳烃浓度方面存在性别差异。

① Pleil J D, Stiegel M A, Madden M C, et al. Heat Map Visualization of Complex Environmental and Biomarker Measurements [J]. Chemosphere, 2011, 84 (5).

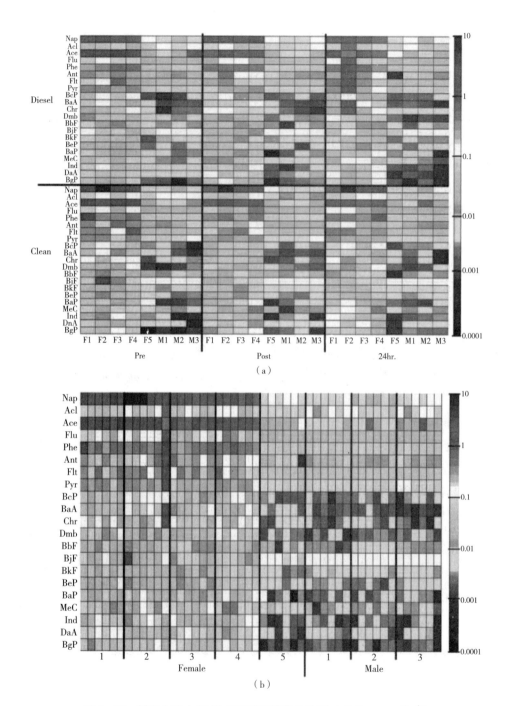

图 4 - 29　循环血液中 21 种多环芳烃浓度的热图（单位：ng mL^{-1}）

图 4 - 30 按照日期对 X 轴进行分组，按照九种化合物对 Y 轴进行分组，以探究"9·11"事件后时间与采样点空气中多环芳烃水平之间的关系。使用定量配色方案，根据对数尺度选择颜色，以确保在显示中获得最佳范围。在热图的右侧垂直柱上标注颜色定量比例尺。图 4 - 30（a）显示了每日绝对平均多环芳烃浓度，图 4 - 30（b）

显示了与 PM2.5 成比例的平均多环芳烃浓度。从中可以看出，随着时间的推移，多环芳烃的绝对浓度和相对浓度都有所降低。

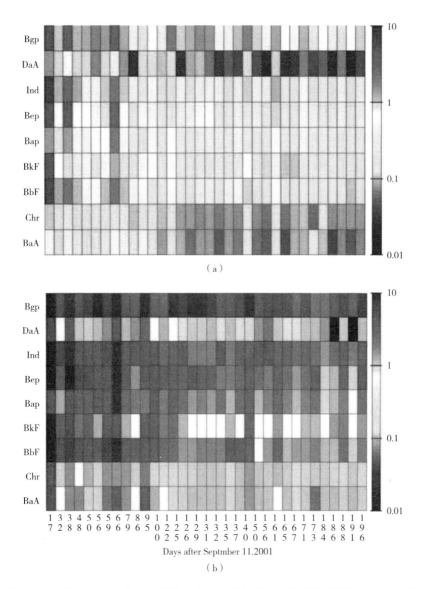

图 4 – 30 "9·11" 事件后采样点空气多环芳烃浓度变化热图（单位：ng mL^{-1}）

总之，通过对数据的重新排列可以观察变量、变量组和样本组之间的潜在关系。绘制热图首先需要根据实验设计，对 Y 轴的数据进行分组，可以按照采样地点（如室内与室外、农村与城市、顺风与逆风等）、处理或干预（清洁空气与柴油废气、工作类别等）或事件（如第一年与第二年、夏季与冬季、高流量与低流量等）进行分类。另外，X 轴的构造应更多地用于展示趋势信息或次要分组效应。例如，图 4 – 29 使用 "9·11" 事件后的时间进行探索，图 4 – 30 使用广义结构（男性和女性）和有序样本（事件发生前、后和 24 小时后）来干预分组。

（二）热图的复制[①]

制作热图的主要命令是 heatplot，该命令是外部命令，需要进行安装。

```
ssc install heatplot,replace
```

使用系统数据 auto. dta，首先需要获取相关系数矩阵，连续变量使用皮尔逊相关系数；若是等级变量，需要使用 spearman 秩相关系数（命令 spearman）或 kendall 秩相关系数（命令 ktau）。

```
sysuse auto,clear
rename foreign  产自国外
rename length  长度
rename mpg  里程数
rename price  价格
rename trunk  容量
rename turn  转数
rename weight  重量
correlate  价格 里程数 容量 重量 长度 转数 产自国外
matrix C = r(C)
```

以相关系数作为标记标签的热图如图 4–31 所示。选择项"value（format（%9.3f））"表示热图中相关系数值宽度为 9，小数点为 3 位，浮点形式。选择项"color（ ）"是选择配色方案，intensity（.6）是颜色深浅程度。Legend（off）是不显示图例，aspectratio（1）显示热图是一个正方形。代码如下：

```
heatplot C,values(format(%9.3f)) color(hcl diverging,intensity
(0.6)) legend(off) aspectratio(1)
```

代码 lower nodiagonal 表示仅显示下三角形并省略对角线，如图 4–32 所示。将 lower 换成 upper，表示上三角。

```
heatplot C,values(format(%9.3f)) color(hcl diverging,intensity
(0.6)) legend(off) aspectratio(1) lower nodiagonal
```

---

① 热图的复制代码根据网络资料整理。

经济学实证论文写作讲义：方法与应用

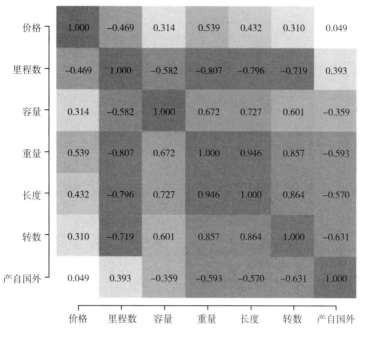

图 4 - 31　正方形热图

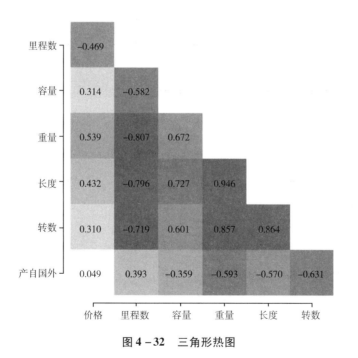

图 4 - 32　三角形热图

图 4 - 31 和图 4 - 32 的颜色渐变不以零为中心。使用选择项"cut（）"可以控制间隔的构造方式，中心为零的相关热图如图 4 - 33 所示。

heatplot C,color(hcl diverging,intensity(.6)) aspectratio(1) cuts
(-1.05(.1)1.05)

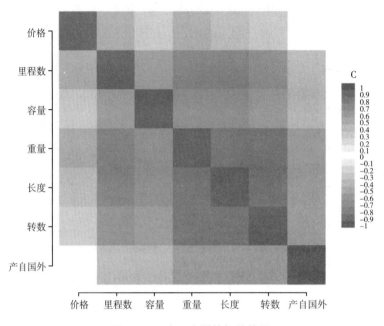

图4-33 中心为零的相关热图

在配色方面，可以通过调色板命令 colorpalatte 寻找各式各样的配色。在帮助文件中，可以看到丰富的配色方案例，如系统自带的 Stata palettes、其他调色板 Other palattes、颜色生成系列 Color generators 等。相应命令如下：

*热图（蓝紫色）

heatplot C,values(format(%9.3f)) color(hcl bluered3,intensity
(0.6)) aspectratio(1)

*热图（紫绿色）

heatplot C,values(format(%9.3f)) color(hcl purplegreen,intensity
(0.6)) aspectratio(1)

*热图（紫色）

heatplot C,values(format(%9.3f)) color(hcl purples,intensity
(0.6)) aspectratio(1)

*热图（彩色）

heatplot C,values(format(%9.3f)) color(hcl pastel,intensity
(0.6)) aspectratio(1)

第三节 对 比 图

一、折线图

（一）文献中的折线图

譬如，Liao 等（2023）主要研究了中国的新环保法对企业员工就业的影响。[①] 文中的平行趋势检验就是折线图，如图 4-34 所示。从该图可以看出，在新环保法实施后，污染企业的员工人数呈下降趋势，而非污染企业的员工人数呈上升趋势，初步表明新环保法的实施损害了污染企业员工就业。

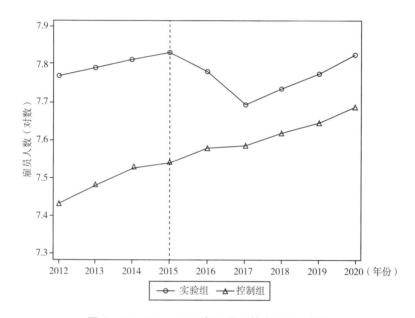

图 4-34　2012～2020 年不同组的企业员工数量

（二）折线图的复制

使用 twoway connected 绘制带数据标记的折线图。一条折线绘制污染企业 2012～2020 年员工人数（对数）的变化，另一条折线绘制非污染企业 2012～2020 年员工人数（对数）的变化。Y 轴为"雇员人数（对数）"，X 轴为"年份"；Y 轴刻度

① Tianlong Liao，Guanchun Liu，Yuanyuan Liu，et al. Environmental Regulation and Corporate Employment Revisited：New Quasi-natural Experimental Evidence from China's New Environmental Protection Law ［J］. Energy Economics，2023，124.

从 7.3 到 7.9，以 0.1 为刻度间隔；标签置于图片内部 5 点钟位置，图标为 1 列；标签 1 为"实验组"，标签 2 为"控制组"；使用 msymbol 调整标记符号形状，控制组以三角形标记，实验组以空心圆标记。在 X 轴 2015 年位置处添加黑色虚线，标记出新环保法开始实施的年份。

图 4-34 的复制代码如下：

* 修改路径，导入数据

```
use……/折线图复制 .dta,clear
keep if year > =2012 & year < =2020
bysort year ind_pol:egen lnstaffnum_mean =mean(lnstaffnum)
duplicates drop ind_pol year,force
keep yea ind_pol lnstaffnum_mean
drop if ind_pol = = .
reshape wide lnstaffnum,i(year) j(ind_pol)
twoway  (connected lnstaffnum_mean1  year,  lpattern(solid dash)
xlabel(2012(1)2020)  ytitle("雇员人数(对数)") xtitle("年份")  ylabel
(7.3(0.1)7.9)  legend(ring(0) pos(5) cols(1)  label(1 "实验组") label
(2 "控制组")) msymbol(tg) msymbol(oh)  msize( *2)  lc(black)  xline
(2015,lc(black) lp(dash))  )  (connected lnstaffnum_mean0  year,
lpattern(solid dash)  xlabel(2012(1)2020)  ytitle("雇员人数(对数)")
xtitle("年份")  ylabel(7.3(0.1)7.9) legend(ring(0) pos(5) cols(1)
label(1 "实验组") label(2 "控制组")) msymbol(tg) msymbol(th) msize( *2)
lc(black) )
```

（三）折线图的组合[①]

折线图中加一些阴影和线也较为常见，如图 4-35 所示。美联储的货币政策对美国工业生产的影响受政策影响，政策作用于特定的时间或区间，即需要标注图 4-35 的时间区间以及两个特殊时间点。1931 年 10 月为美国在第二次世界大战期间第二次颁布重大货币政策，1933 年 4 月为美国退出金本位，这两个事件的时间在数据中均为时间点，通过选择项"tline"绘制垂直 t 轴的线来标记，通过 lcolor 进行颜色区分。1936 年 7 月至 1937 年 1 月为又一货币政策的时间区间，通过命令 twoway area 绘制散点与 X 轴围成的区域来标记。

---

① 折线图的组合代码来自"Stata 绘图：绘制宏观时序图"，参见：http://www.lianxh.cn/news/db621169 f8ce8. html。

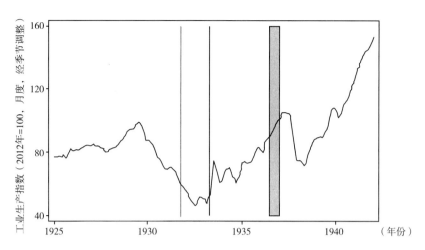

图 4 - 35 美联储货币政策对美国工业生产的影响

资料来源：Federal Reserve Economic Data, http：//fred. stlouisfed. org。

* 修改路径，导入数据

```
import excel " RawData/INDPRO.xlsx ", clear cellrange ( A11：B1192 )
firstrow
    rename observation_date Date
    rename INDPRO Production
    qui replace Date = mofd(Date)
    format Date % tm
    qui sum Production if Date = = m(1929m7)
    local base = r(mean)
    qui gen IP = Production * 100 / `base'
    drop Production
    local FSDate1 1931m10
    gen FSDate2 = 160 if Date > = m(1936m6) & Date < = m(1937m1)
    local OffGold 1933m4
    twoway ( area FSDate2 Date,bcolor(ltblue)) ( line IP Date,lc(navy))
if Date > = m(1925m1) & Date < = m(1942m1),tlabel(1925m1(60)1940m1,format
( % tmCY)) tmtick(1925m1(12)1940m1) tline(`FSDate1',noextend lcolor
(ltblue)) tline(`OffGold',noextend lcolor(black)) xtitle( "Year") ytitle
( "") ylabel( 40 ( 40 ) 160 ) legend ( off ) graphregion ( color ( white ))
plotregion( lstyle( foreground)) xtitle(年份)ytitle(工业生产指数)
```

二、柱状图

（一）文献中的柱状图

举例说明，Zheng（2023）主要研究了农村就业对家庭燃料选择的影响，并探讨了这对农村—城市转型中可持续能源转型的启示。[①] 研究通过多维固定效应模型和代理变量法排除了不可观测因素的遗漏和核心自变量偏差导致的内生性问题。但是，可观测因素引起的选择偏差是否会干扰估计结果依然未知。论文采用倾向得分匹配方法重新估计非农就业对烹饪燃料选择的影响并采用 Logit 模型估计倾向得分。图 4 - 36 中倾向得分表明，处理组和未处理组大多数观测值都在共同支持域内，证实了平衡检验的有效性和共同支持假设的满足，表明匹配成功。

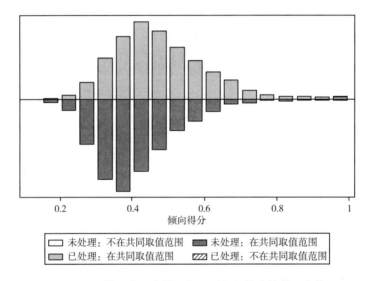

图 4 - 36　基于卡尺内最近邻匹配倾向得分的共同支持

（二）柱状图的复制

导入数据，创建一个名为 tmp 的变量，存储一个位于 0 和 1 之间的均匀分布的随机数，并根据 tmp 变量对数据进行排序。通过 su off_farm_r 计算变量 off_ farm_ r 的均值和其他统计量，并创建一个新的变量 gen off_farm_01，如果 off_farm_r 大于等于 0.337，则 gen off_farm_01 的值为 1，否则为 0。进行近邻匹配处理，通过将 gen off_farm_01 作为暴露变量，$ x 为协变量，匹配处理组和控制组。使用逻辑回归进行匹

① Zheng, Linyi. Impact of Off-farm Employment on Cooking Fuel Choices: Implications for Rural-Urban Transformation in Advancing Sustainable Energy Transformation [J]. Energy Economics, 2023 (118).

配，每个处理组的最近邻个数为4，共享协变量信息，匹配时使用距离上限为0.05，允许匹配结果有多种可能，而不是唯一的最优结果。`pstest $x,both graph` 用于进行平衡性检验，`both` 表示在处理组和控制组之间进行对比，并生成图像来显示协变量在处理组和控制组之间的差异程度。Psgraph 用于绘制图像，显示处理组和控制组之间的平衡信息。

```
*修改路径，导入数据
use "……data1.dta",clear
set scheme s1color
set seed 0001
gen tmp = runiform( )
sort tmp
*根据家庭非农就业比重是否大于其均值，将其转换为离散变量（0 = no；1 = yes）
su off_farm_r
gen off_farm_01 = off_farm_r > = 0.337
*卡尺内 NN 匹配
set seed 0001
psmatch2 off_farm_01 $x,out( fuels ) logit ate neighbor(4) common caliper(0.05) ties
pstest $x,both graph
* * * *图 4 - 36
psgraph,xtitle(倾向得分) legend(label(1 "已处理:在共同取值范围") label(2 "已处理:不在共同取值范围") label(3 "未处理:不在共同取值范围") label(4 "未处理:在共同取值范围"))
```

（三）柱状图的组合

1. 叠并柱状图[1]

从 Stata 默认的例子数据集 "nlsw88. dta" 中加载数据，并清除当前数据缓存，将变量 D 改名为 union，绘制两个分组的直方图，一组表示工会成员的工资直方图，使用 30% 红色线条绘制；另一组表示非工会成员的工资直方图，使用 40% 绿色线条绘制。设置图例，将第一个组标记为 "工会"，第二个组标记为 "非工会"。设置 X 轴标题为 "小时工资"，Y 轴标题为 "比例"，如图 4 - 37 所示。

---

[1] 叠并柱状图代码来自 "Stata：读懂直方图"，参见：https：//www. lianxh. cn/news/cf563fbedc5db. html。

*下载外部命令

```
ssc install histbox,replace
sysuse "nlsw88.dta",clear
rename D union
twoway(hist wage if union = =1,frac fcolor(black * 0.3) lcolor(red
* 0.3% 100)) (hist wage if union = = 0,frac color(green% 40) lcolor
(black)),legend(label(1 "工会")label(2 "非工会")) xtitle("小时工资")
ytitle("比例")
```

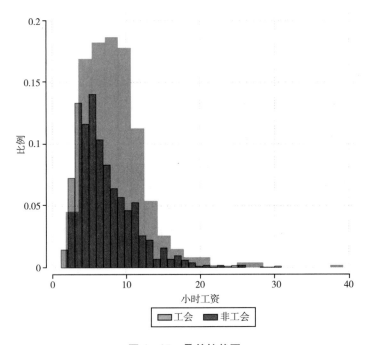

图 4 –37　叠并柱状图

2. 柱状折线图①

从名为"histogram. dta"的数据文件中加载数据，并清除当前数据缓存。按照年份对变量 NW 进行统计，计算净重的均值、标准差和四分位距，并生成相应的新变量 NWmean、NWsd 和 NWiqr。设置图表的配色方案为 white_tableau。绘制三个图层的图形：绘制净重标准差的柱状图，在左侧 Y 轴［yaxis (1)］上显示，并使用浅蓝色（ltblue）来表示；绘制净重均值的折线图，在右侧 Y 轴［yaxis (2)］上显示；绘制净重四分位距的连线图，在右侧 Y 轴［yaxis (3)］上显示。设置 X 轴标签为从 2005 年开始，每隔两年显示一个标签，并设置 X 轴标题为空字符串。设置左

---

① 柱状折线图代码来自 OneStata 公众号。

侧 Y 轴 ［axis（1）］的标签为 0 ~ 0.5，间隔为 0.1；设置右侧 Y 轴 ［axis（2）］的标签为 0 ~ 1，间隔为 0.2；设置右侧 Y 轴 ［axis（3）］的标签为 0 ~ 0.5，间隔为 0.1。设置左侧 Y 轴 ［axis（1）］的标题为"净重标准差"；设置右侧 Y 轴 ［axis（2）］的标题为"净重均值"；设置右侧 Y 轴 ［axis（3）］的标题为"净重四分位距"。设置图例，将第一个图层标记为"净重标准差"，第二个图层标记为"净重均值"，第三个图层标记为"净重四分位距"，如图 4 - 38 所示。

```
use histogram.dta,clear
collapse (mean)NWmean = NW (sd) NWsd = NW (iqr) NWiqr = NW,by(year)
set scheme white_tableau
twoway (bar NWsd year,yaxis(1) color(ltblue)) (line NWmean year,
yaxis(2)) (connected NWiqr year,yaxis(3)),xlabel(2005(2)2021) xtitle
("") ylabel(0(0.1)0.5,axis(1)) ylabel(0(0.2)1,axis(2)) ylabel(0(0.1)
0.5,axis(3)) ytitle("净重标准差",axis(1)) ytitle("净重均值",axis(2))
ytitle("净重四分位距",axis(3)) legend(label(1 "净重标准差") label(2 "净
重均值") label(3 "净重四分位距"))
```

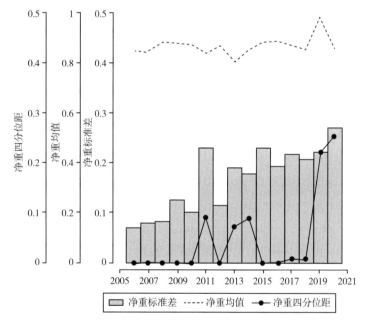

图 4 - 38　柱状折线图

3. 柱状折线图组合①

从指定的网址加载数据文件，并清除当前数据缓存。通过 gen x = int1mo +.5

---

① 柱状折线图组合代码根据网络资料整理。

创建一个新变量 x，其值为变量 int1mo 加上 0.5。对于每个食物组（animal、fruit、grain、veg、starch 和 processed_sugar）进行循环：如果当前的食物组是 animal，则将变量 graphTitle 设置为 "Animal Sourced"；如果当前的食物组是 fruit，则将变量 graphTitle 设置为 "Fruit"；类似地，对于其他食物组，分别将变量 graphTitle 设置为相应的标题。

绘制两个图层的图形：绘制柱状图，X 轴为变量 x，Y 轴为变量 number_group，筛选条件为 food_group 等于当前的食物组，此图层使用左侧 Y 轴［yaxis（1）］显示；绘制折线图，x 轴为变量 int1mo，Y 轴为变量 total_exp，筛选条件为 food_group 等于当前的食物组，此图层使用右侧 Y 轴［yaxis（2）］显示。设置 Y 轴左边标题为 "上个月从团体中消费的食物的平均数量"；设置 Y 轴右边标题为 "总支出 1000 坦桑尼亚先令的实际价值"。可视化结果如图 4-39 所示。

```
set scheme s1color
use"https://gitee.com/arlionn/Stata - visual - library/raw/master/
Library/data/bar - two - axes.dta",clear
```

*调整变量的位置

```
gen x = int1mo + .5
```

*创建单独的图表

```
foreach foodGroup in animal fruit grain veg starch processed_sugar {
    if "`foodGroup'" = = "animal"   local graphTitle "动物源性食品"
    if "`foodGroup'" = = "fruit"    local graphTitle "水果"
    if "`foodGroup'" = = "grain"    local graphTitle "谷物"
    if "`foodGroup'" = = "veg"      local graphTitle "蔬菜"
    if "`foodGroup'" = = "starch"   local graphTitle "淀粉类食品"
    if "`foodGroup'" = = "processed_sugar"   local graphTitle "加工食品糖"
    twoway bar number_group x if food_group = = "`foodGroup'",  yaxis(1)
ytitle("上个月从团体中消费的" "食物的平均数量",axis(1)) barwidth(.9) fin-
tensity(inten0) lcolor(black) xlabel(0 "0" 3 "3" 6 "6" 9 "9" 12 "12")
ylabel(0 "0" 1 "1" 2 "2" 3 "3",axis(1)) || line total_exp int1mo if food_
group = = "`foodGroup'",yaxis(2) ytitle("总支出 1000 坦桑尼亚" "先令的实际
价值",axis(2)) ylabel(0 "0" 500 "500" 1000 "1000" 1500 "1500" 2000 "
2000" 2500 "2500",axis(2)) xlabel(3 "3" 6 "6" 9 "9" 12 "12") lwidth(1.2)
title("`graphTitle'") xtitle("月份") graphregion(color(white)) bgcolor
(white) legend(off) name("`foodGroup'")
    }
```

```
graph combine starch animal fruit grain processed _ sugar veg,
graphregion(color(white)) plotregion(color(white))
```

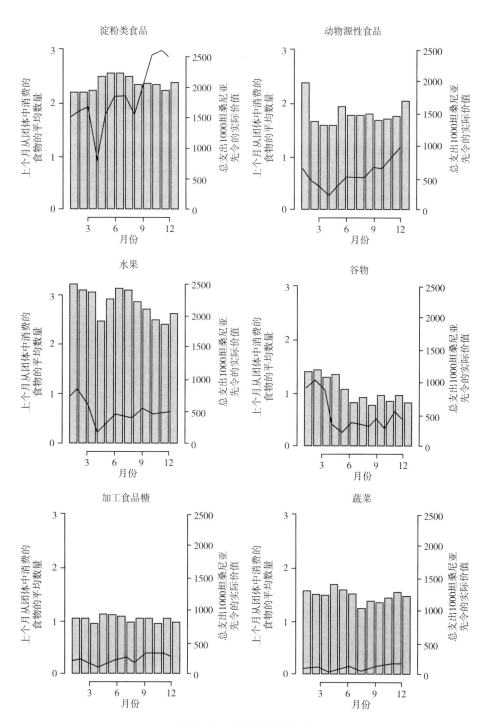

图 4 - 39 柱状折线图组合

三、雷达图①

雷达图可以直观地展现多维数据集，查看哪些变量具有相似的值、变量之间是否有异常值，适合用于查看各变量在数据集内得分的高低，可以很好地展示性能和优势，特别适合展现某个数据集的多个关键特征。以图 4 - 40 为例，加载 Stata 内置的示例数据集"auto"，清除当前数据缓存。按照变量 price 对数据进行排序。绘制雷达图，显示变量 make、turn、mpg 和 trunk 的数据，只选取数据集中的第 1 行到第 20 行。设置雷达图的宽高比为 1。设置雷达图的线条颜色依次为红色、蓝色和绿色。设置雷达图的线条宽度依次为原始宽度的 1 倍、2 倍和 4 倍。设置雷达图外环的标签为 0、12、14、18 和 50。设置雷达图标签的大小为原始大小的 0.7 倍。设置图例的标签和样式。标签 1 对应变量 mpg，标签 2 对应变量 turn，标签 3 对应变量 trunk。图例位于左上角，颜色为黑色，大小为原始大小的 0.8 倍。设置雷达图绘制的统计量颜色为黑色。设置雷达图绘制的统计量大小为原始大小的 0.8 倍。相应代码如下：

```
ssc install radar,replace

sysuse auto,clear

sort price

radar make turn mpg trunk in 1/20,aspect(1) lc(red blue green) lw( *
1 *2 *4)rlabel(0 12 14 18 50) labsize( *0.7)legend(label(1 "mpg - 油效
(英里/加仑)") label(2 "turn - 转弯半径(英尺)") label(3 "trunk - 后备箱容积
(立方英尺)") col(1) size( *.8))
```

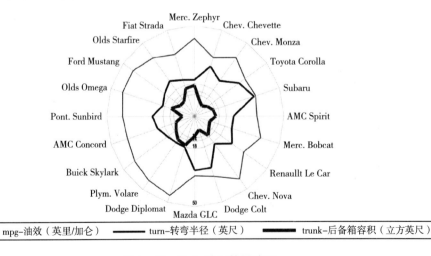

图 4 - 40　Stata 绘制的雷达图

---

① 雷达图代码来自"Stata 可视化"，参见：http://zhuanlan.zhihu.com/p/582871357。

通过命令，可以改变雷达图的线条颜色以及数据点形状。lc(red blue green)表示设置雷达图的线条颜色依次为红色、蓝色和绿色；lp(dash dot dash_dot)表示设置雷达图的线条样式依次为虚线、点线和虚点线；lw(*1 *2 *3)表示设置雷达图的线条宽度依次为原始宽度的1倍、2倍和3倍；ms(D Oh S)表示设置雷达图的数据点样式依次为菱形、空心圆和正方形；mc(blue green red)表示设置雷达图的数据点颜色依次为蓝色、绿色和红色；absize(*.5)表示设置雷达图标签的大小为原始大小的0.5倍，如图4-41所示。

radar make mpg turn trunk in 1/20,aspect(1) lc(red blue green) lp(dash dot dash_dot) lw(*1 *2 *3) r(0 12 14 18 50) connected ms(D Oh S) mc(blue green red)labsize(*.5) legend(label(1 "mpg-油效(英里/加仑)") label(2 "turn-转弯半径(英尺)") label(3 "trunk-后备箱容积(立方英尺)") col(1) size(*.8))

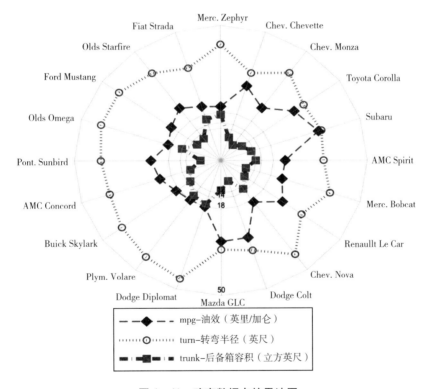

图4-41 改变数据点的雷达图

通过Stata可视化是很多论文采用的方法，网络提供了很多Stata可视化的代码，读者可以自行寻找更多的更能表达研究结果的图形展示方式。在此，需要强调三点。一是图形信息要足。两条折线图需要的信息比一条折线图要多，两条相交的折线图需要的信息比两条平行的折线图要多。二是图形服务结果。同样的数据可以有不同的图形展示形式，作者应该选取最能表达论文思想和结果的形式，可视化主要是为了让读者更容易从图中读取到更有意思的研究结论。三是图形要有视觉冲击力。图形组合会比单一图形的信息要多且视觉冲击力更强。另外，配色也是一门技术，有待熟能生巧。

 思考与练习

1. 本章讲义包含一些 Stata 代码的缩写，请找出并给出全称。

2. 图 4-39 对应的代码包含循环语句，请理解循环语句的写法并在 Stata 中复制此图。

3. 除了分布图（箱线图、密度图、小提琴图），关系图（散点图、热图），对比图（折线图、柱状图、雷达图），还可以有哪些图形在经济学实证论文中经常出现? 请选择一种图形，运用 Stata 代码进行复制。

> 第 5 讲 问 卷 调 查 <

问卷调查是调查研究中的重要工具，也是学术研究中获取数据资料的重要手段。这一讲在简要介绍问卷调查的适用范围、优缺点及基本程序基础上，系统介绍调查问卷的结构设计方法，着重阐述问卷问题设计的关键技术，梳理简单随机抽样和分层随机抽样方法的应用步骤，最后介绍问卷调查的实施流程与评估方式，并给出提升问卷调查质量的建议。

第一节　问卷调查概述

一、问卷调查的重要性及适用范围

调查研究是认识和改造世界的科学工具，密切联系群众的重要途径，科学决策的根本依据。毛泽东在《反对本本主义》中提出："没有调查就没有发言权。"① 习近平总书记同样高度重视调查研究，强调调查研究是谋事之基、成事之道，没有调查就没有发言权，没有调查就没有决策权。② 党的二十大报告指出："继续推进实践基础上的理论创新，首先要把握好新时代中国特色社会主义思想的世界观和方法论，坚持好、运用好贯穿其中的立场观点方法。"③ 2023 年 3 月，中共中央办公厅专门印发了《关于在全党大兴调查研究的工作方案》，要求"各级党委（党组）要立足职能职责，围绕做好事关全局的战略性调研、破解复杂难题的对策性调研、新时代新情况的前瞻性调研、重大工作项目的跟踪性调研、典型案例的解剖式调研、推动落实的督查式调研。"④ 可见，调查研究是新时代科学分析问题、解决问题的一项必备手段。在实践中，只有做正确、系统和客观的调查，才能得出科学、准确的决策，掌握科学的调查

---

① 毛泽东选集：第一卷［M］. 北京：人民出版社，1991.
② 加强对改革重大问题调查研究 提高全面深化改革决策科学性［N］. 人民日报，2013 – 07 – 25.
③ 习近平. 高举中国特色社会主义伟大旗帜 为全面建设社会主义现代化国家而团结奋斗——在中国共产党二十次全国代表大会上的报告［M］. 北京：人民出版社，2022.
④ 中共中央办公厅印发《关于在全党大兴调查研究的工作方案》［N］. 人民日报，2023 – 03 – 20.

方法是社会科学工作者必须具备的一项重要技能。

　　问卷调查是调查研究中常用的一项重要工具。问卷调查法是根据调查目的和调查对象，科学设计一套调查问卷，然后由调查对象填写或回答从而进行信息资料收集的方法，旨在通过收集大量个体特征信息，从而实现对总体的统计描述。[①] 在学术研究中，问卷调查是获取数据资料信息的重要途径之一。虽然随着数据信息技术和统计制度的不断发展，能够支撑论文写作的统计数据库越来越多，但当前多数统计数据集中在宏观或中观层面（如宏观经济统计数据、产业统计数据），而微观层面的数据尚不健全，以企业数据为主。问卷调查方法能够很好地弥补微观统计数据的缺陷，尤其是有关家庭个体层面数据的不足。同时，一些特定的主观层面的研究主体往往难以通过统计数据获取，只能借助于问卷调查来进行数据搜集。例如，如果要研究个体或特定群体在某方面的意愿、认知或行为，只能通过问卷调查的方式来获取，这类研究在农业经济、生态经济、消费经济、旅游经济等诸多研究领域十分常见。表 5 - 1 列举了在经济研究领域，问卷调查研究的主要应用范围及示例。

表 5 - 1　　　　　　　　　　问卷调查在经济学研究领域的应用及示例

研究领域	研究主题	论文示例
管理 经济学	企业行为决策	中国制造业企业 R&D 行为模式的观测与实证——基于江苏省制造业企业问卷调查的实证分析
	企业需求意愿	疫情冲击下中小微企业困境与政策效率提升——基于两次全国问卷调查的分析
	企业管理策略	"家业"何以长青？——企业家个体层面家族企业代际传承要素的识别
生态 经济学	生态意识	单边界、双边界二分式条件价值评估方法的比较——以北京市空气污染对健康危害问卷调查为例
	生态行为	城市居民垃圾分类的影响因素研究
	生态价值评估 （生态补偿标准评估）	黄河流域居民生态补偿意愿及支付水平分析——以山东省为例
农业 经济学	农户意愿	中国农户的信贷需求：生产性抑或消费性——方法比较与实证分析
	农户行为	农地流转过程中的农户行为分析——湖北、浙江等地的农户问卷调查
消费 经济学	消费意愿	中国消费者低碳产品支付意愿的差异分析——基于碳标签的情景实验数据
	消费行为	消费者创新性对绿色消费行为的影响机制研究

---

① 臧雷振，徐榕. 方法论危机下的问卷调查：挑战、变革与改进路径 [J]. 社会学评论，2023 (2).

研究领域	研究主题	论文示例
劳动经济学	劳动保障	劳动权益的地区差异——基于对珠三角和长三角地区外来工的问卷调查
	就业决策	失业人员求职行为的影响因素及作用机制——基于沈阳市的一项研究
旅游经济学	游客感知	旅游目的地游客满意度及影响因子分析——以西安地区国内市场为例
	旅游行为	旅游行为中的性别差异研究
	游憩价值评估	应用旅行费用法评估黄山风景区游憩价值

二、问卷调查的优缺点

(一) 问卷调查的优点

问卷调查是重要的获取数据的方法之一，可以弥补现有统计数据的不足，特别是满足研究个体或群体的意愿、行为等方面的需求。就调查研究而言，问卷调查方法具有客观性、统一性、可量化等优点。[①] 首先，问卷调查通常采取匿名方式进行，能够有效避免被调查者的心理压力，有利于如实填写问卷，确保问卷的相对客观性。尤其是在调查部分涉及个人隐私、社会看法等敏感性问题时，被调查者往往不愿意与陌生人直接进行面对面交谈，此时问卷调查可以很好地消除被调查者的顾虑。其次，问卷调查对所有的被调查者用同一问卷进行提问，这既有益于在同一情景或标准下对被调查者进行比较分析，又可以从中发现群体中的个体差异，进而开展异质性的分析。最后，问卷调查获取的结果可以进行量化分析，进而深度挖掘问卷所反映出的信息。问卷调查大多是以封闭型方式进行调查，在资料整理过程中，可以对答案进行编码并数据输入，以便进行定量的处理和分析。借助 Stata、SPSS 等统计软件，可以将问卷调查中的问题选择结果转化为直观的数据结论，从而增强研究的科学性和说服力，这也是学术研究中问卷调查方法被广泛应用的重要原因。

(二) 问卷调查的缺点

当然，问卷调查也具有其局限性，尤其是随着社会科学研究方法的不断更新，传统的问卷调查方法受到越来越多的挑战。首先，问卷设计质量面临多重考验。一个好的问卷需要经过精心设计，确保问题既简洁又明确，同时，也需要考虑受访者的文化背景、语言习惯等，避免误导或误解。在问卷测量指标构建、问卷页面设计、关键问题处理及问卷质量评估等问卷设计的各个环节都可能面临诸多挑战，进而降低问卷质

---

① 郑晶晶. 问卷调查法研究综述 [J]. 理论观察，2014 (10).

量，具体可参见臧雷振和徐榕（2023）的研究①。

其次，问卷反映信息的偏差问题。问卷调查涉及基于被调查者对问题的应答推断或获取相关特征信息、基于样本特征推断总体特征两个关键步骤，而这两个步骤可能分别引起观察偏差和非观察偏差。观察偏差是被调查者的回答与期待测量的属性间的偏差，如当问卷提供的选项不全面时，受访者可能无法找到完全符合其观点的答案而被迫随意选择一项答案或选择一个相对满意的答案，从而降低了信息的准确性；又如敏感性调查题目设计不科学，可能引致被调查者报告虚假答案。非观察偏差是样本统计值与总体间的偏差，如在实际调查中可能因问卷回收率不高而导致问卷代表性不足，造成非观察误差。总之，有关问卷测量结果是否真实反映了被调查者的真实情感认知或现实行为，始终是学界讨论的一个焦点。

最后，大规模样本调查的成本较高。当前学界对采用问卷调查的样本要求越来越高，大规模的、覆盖范围广泛的问卷调查研究受到更多的重视和关注。大规模的问卷发放，尤其是实地问卷调查，需要大量的人力、物力投入，对于个体研究人员而言，组织跨地区的大样本调查难度较大。不过，随着对微观数据的重视程度不断加深，大量高校、科研机构等加入了微观调查数据库的建设工作，如中国家庭追踪调查（CF-PSCFPS）、中国家庭金融调查数据（CHFSCHFS）、中国家庭收入调查数据（CHIPS-CHIPS）等都属于大规模的样本调查，研究人员可申请相关数据库来满足大样本的研究需求。但在很多时候，现有微观调查统计数据可能难以满足研究需求，此时掌握完整的问卷调查方法就非常必要了。

三、问卷调查的基本程序

（一）明确调查目标与对象

明确调查研究的目标是问卷调查设计过程中最重要的，也是最基础的环节之一，决定着整个研究设计的方向。调查研究的目标包括总体目标和具体目标两部分。一般而言，总体目标是调查研究目的的简要概括，具体目标则是对总体目标的细化和深入，是各层调查内容即各层子目标的具体反映。总体目标是问卷设计的出发点，贯穿问卷设计的全过程。通过明确研究目标，研究者可以更好地梳理自己的研究思路，更清晰地了解自己调查研究的主题、方向、价值等，从而使问题"紧扣主题"，设计出更有效率的调查问卷。明确调查研究对象是问卷设计的关键一步。调查研究对象即问卷资料收集过程中的被访者。针对不同调查对象的特征，通常需要采用有区别的问卷内容设计和问卷调查方法，如对处于偏远山区的调查对象和一线城市的调查对象进行

---

① 臧雷振，徐榕. 方法论危机下的问卷调查：挑战、变革与改进路径 [J]. 社会学评论，2023（2）.

调查的方法应有所区别。在问卷设计前，需要结合基本的人口学特征、文化特征、社会属性特征或者文献资料定义等，对调查对象进行详细界定，明确其类型、分布等情况，这样既有利于顺利筛选出符合条件的调查对象，又可以保证问卷调查实践的可操作性和可行性。

（二）设计调查问卷

一份易于理解、方便操作的高质量问卷离不开问卷结构的良好布局，结构清晰、布局美观的问卷不仅可以提高受访者对问卷调查的回答意愿，帮助受访者在回答问题时保持逻辑上的一致性，使问卷所得的数据更加真实有效，还能给研究者后续的问卷资料整理、分析工作创造便利。因此，合理安排调查问卷中的结构要素，明确能够良好衔接各个板块的布局设计，是问卷设计过程中的重要工作。完整的调查问卷通常包括标题、前言、题目和结语四个部分。通常，包括其答案选项在内的调查研究问题是整个调查问卷的主体，其设计的优劣、高低直接决定资料收集的效率、分析的难易以及结论的有效性。在明确研究目标和对象的基础上，研究者需要进一步对调查研究的问题进行梳理，借助文献查阅、非结构式访问或多形式观察等方法并结合研究对象的特征，收集研究对象对目标概念和问题的理解，尤其是对某些特殊概念和问题的日常用语或专业表述，丰富调研问题以及答案的范围和可能性，在此基础上设计并列出最贴合调研问题的题目。

（三）确定调查样本

设计好问卷初稿后，研究者的下一步工作是确定问卷调查的样本。受限于时间、资金、资源等条件，研究者在进行问卷调查时往往难以覆盖与社会现象或者问题相关的每一个主体，因此通常采取抽样的方法来确定调查样本。抽样调查是指从研究对象的总体中抽取部分样本作为实际调查对象进行观察研究，再根据样本所得信息和结果来代表或者推断总体特征。抽样调查属于非全面调查，其目的之一是获取数据进行统计及定量分析。抽样的基本程序包括确定抽样总体、编制抽样框、设计抽样方案、实施抽样、检验样本质量等步骤。根据是否遵循概率理论和随机原则，抽样方式一般可以分为随机抽样和非随机抽样两类。

（四）实施问卷调查

在设计完问卷初稿之后，通常需要先进行问卷的预调查，以便对问卷的初稿进行试用、修改和完善。这是因为问卷调查涉及的人员规模较大，问卷设计者自身也存在一定的局限性，对问卷的设计和问卷调查过程的安排可能存在着错误或者考虑不周的情况。在确定了问卷终稿的基础上，研究者就可以开始利用这份调查问卷开展正式调查。按照问卷调查实施方式的不同，问卷调查可以分为实地问卷调查法、网络问卷调查法、报刊问卷调查法、邮政问卷调查法等类型。研究者在发放问卷时，需要根据自己的研究目标和研究对象，综合考虑各种问卷调查方式的优缺点和其他多方面的因素，选择最适宜的调查方法。

第二节　调查问卷的结构设计

一、调查问卷的基本结构

（一）标题

标题是对调查研究目标主题的主要概括。好标题"会说话"，一个好的问卷标题应能简单明了地反映出调查研究的主要问题和目标对象，并且能够引发被访者的关注和思考，这样才更容易提高被访者的参与感和配合度。例如，"中国大学生社会责任感现状调查""中国居民消费支付方式调查问卷""新能源电动汽车消费与公用充电桩使用消费者体验式调查问卷"等问卷都主题鲜明，贴合实际。需要注意的是，当问卷调查研究内容涉及的范围较广时，问卷的题目数量和篇幅会较长，单独一个封面标题可能很难全面反映出问卷的研究内容，此时，研究者可以依据各具体目标和结构要素，将问卷分成不同的板块，即子问卷，然后再设置更具体的小标题，从而使问卷内容的布局更有序。

（二）引言

引言通常被置于调查问卷的首页，作为开场，主要内容包括向调查对象说明这项调查的研究主题、研究目标、信息保密声明、感谢语等。具体而言，一是"表明身份"，研究者在引言中应首先对调查实施机构和调查人员的身份进行简要介绍，体现调查的正规性和公开性，降低被调查者的不信任和防备心理。二是"说明目的"，向被调查者介绍调查的目的、背景及主要内容，使调查对象对调查问卷有一个初步的了解，需要强调其对被调查对象以及对社会的实际价值和意义，以此激发被调查者的责任感和调动被调查者参与问卷调查的积极性。三是"保密声明"，应重点指出问卷填写不记名且会对被访者的回答进行保密处理，此外还可以再加上被调查对象是随机选择的解释，降低被调查者由于突如其来的陌生采访或调查而产生的警惕和抵触心理，获取被调查者的理解、支持与配合。四是"表达感谢"，在引言的结尾处应用真挚、诚恳的语气对被调查对象表示感谢，如果是有偿调查，还需要说明赠送物品或支付金额的具体情况。示例 5-1 给出了一个引言的实例。

示例 5 - 1：绿色农产品消费意愿与消费行为调查问卷

尊敬的女士、先生：

您好！

我们是×××大学"绿色农产品消费研究"课题组的调查员，正在开展有关居民绿色农产品消费意愿和消费行为方面的调查。近年来，随着食品安全问题被频频曝光，农产品的质量安全受到广大消费者的普遍关注。得到认证的无公害、绿色、有机农产品开始进入大家的视线，让消费者拥有了更多的选择。本调查的主要目的是了解消费者对绿色农产品的消费意愿和消费行为，识别影响绿色农产品消费的关键因素，进而为探索推进绿色农业发展、保障食品质量安全提供参考。本问卷匿名填写，不会涉及您的任何隐私，调查内容仅用于科学研究，绝不提供给任何单位和个人。问卷题目无对错之分，请您按照现实情况和真实想法填写。

十分感谢您百忙之中抽出时间参与我们的调查。

绿色农产品消费研究课题组

2022 年 6 月

上述例子的引言清晰地介绍了"调查者是谁""调查什么""为什么调查""调查信息保护声明"等内容，既向被调查者传递了调查目的、内容等信息，同时也消除了被调查者的疑虑。此外，问卷调查的引言后有时还需要增加有关问卷作答的指导语，用来指导被调查者怎样正确填答问卷以及在填答过程中应注意哪些事项。有关指导语的使用及类型可参考《调查研究方法》[①]《问卷调查及统计分析方法》[②] 等相关教材，在此不再赘述。

（三）题目

调查问题及其答案选项是调查问卷的主要内容。不同问卷会选择不同的问题类型和问题设计方式，按题目形式分类，包括封闭式题目、开放式题目和半封闭式题目。三种题型的表达方式、具体要求和适用场景有所区别。

1. 封闭式题目

封闭式题目是最为常用的问题设计方式，是指在提供题目的同时罗列出可能与该题目有关的所有或主要答案以供调查对象选择，而调查对象只能在给出的这些答案选项范围之内选择符合自身实际情况的一个或者多个答案。封闭式问题回答方式简单，相对较容易理解，便于后续的量化分析。但需要注意答案选项的设置应尽可能全面，避免出现遗漏情况，造成前面所提到的观察偏差问题。同时，为避免答案选项对调查

---

① 吕亚荣. 调查研究方法［M］. 北京：中国人民大学出版社，2022.

② 朱红兵. 问卷调查及统计分析方法［M］. 北京：电子工业出版社，2019.

对象造成信息干扰，影响其真实想法和主观倾斜，通常答案选项的数量不宜超过10个。

封闭式题目也包含多种不同的设计形式，包括填空式题目、单选式题目、多项多选式题目、矩阵式题目等。下面主要从中国家庭追踪调查2020年（第五轮追踪调查）汇总问卷①中选取部分示例来简要介绍这些题目的设计方式。

（1）填空式题目。填空式题目是在问题题目后设置一条空白横线，让调查对象自行填写答案的题型，通常用于调查年龄、收支等确切信息，例如：

Q1. 过去12个月，您家所有外出打工的人总共寄回家或带回家＿＿＿元。

（2）单选式题目。单选式题目是指调查对象只需要在所给的若干答案中选择一项的题型，其又可以分为二项单选式题目和多项单选式题目。其中，二项单选式题目是只能从仅有的两个答案选项中进行选择的题型，其特点是两个答案互相对立，非此即彼；多选单项式题目要求具有两个以上的备选答案选项，且答案选项之间必须满足互斥原则和穷尽原则，调查对象根据自身情况进行单项选择，这类题型收集的数据适合进行频数统计和交互分析。单选式题目示例如下：

Q2. 过去12个月，您家是否经历过住房拆迁？

1. 是　　　　2. 否

Q3. 您目前的婚姻状况是？

1. 未婚　　2. 有配偶（在婚）　　3. 同居　　4. 离婚　　5. 丧偶

Q4. 较之常规工作时间，2020年2月、3月国内新冠疫情最严重时，您平均每周的工作时间是：

1. 减少　　2. 不变　　　　3. 增加　　4. 完全无法工作

需要注意的是，在利用多项单选式问题对调查对象的态度、情绪等主观感受的程度或级别进行定序测量时，备选答案等级的确定和排序应注意层层递进，如上述例子Q4所示。

（3）多项多选式题目。多项多选式题目是指拥有多个答案选项，且调查对象能根据实际情况从中选择若干项的题型。多项多选式题目不仅为调查对象提供了广泛的选择空间，还允许调查对象选择具有相同偏好的不同答案，能够更全面、更详尽地收集信息。但较多的答案和分散的回答也给后续的资料整理和分析工作带来了难度，并且过多的答案还可能会使调查对象产生抵触情绪，答案的设置也可能出现概念上的重复，因此，多项多选式题目的答案并不是越多越好，不宜超过10个。多项题目适用于样本量较大的调查，只有当样本量足够大时，多项多选式题目的统计结果才更具有说服力。多项多选式题目示例如下：

---

① 参见《中国家庭追踪调查2020》，http：//www. isss. pku. edu. cn/cfps/docs/20230629111959565639. pdf。

Q5. 您享有哪些医疗保险?【可多选】

1. 公费医疗　2. 城镇职工医疗保险　3. 城镇居民医疗保险（含"一老一小"保险）　4. 补充医疗保险　5. 新型农村合作医疗　6. 城乡居民基本医疗保险　7. 以上都没有

（4）矩阵式题目。矩阵式题目是将同一类型或具有关联性的多个问题和答案编制在一起并列成一个矩阵，再由调查对象对比后进行选择的题目类型。矩阵的各行代表不同的问题，矩阵的列表示不同的答案选项。矩阵式题目将具有相同答案选项的同类题目集合在一起，在不改变题目数量的基础上，有效精简了问卷的篇幅，提高了问卷的回答效率，并且同类问题之间具有一定的可比性。矩阵式题目的实例如下所示：

Q6. 过去一年，您对以下媒体的使用情况是？（请在适当的□打"√"）

媒体类型	从不	很少	有时	经常	非常频繁
A. 报纸	□	□	□	□	□
B. 杂志	□	□	□	□	□
C. 广播	□	□	□	□	□
D. 电视	□	□	□	□	□
E. 互联网（包括手机上网）	□	□	□	□	□
F. 手机定制消息	□	□	□	□	□
G. 其他	□	□	□	□	□

2. 开放式题目

开放式题目是指仅仅只有问题而未给调查对象提供备选答案的题型，答案的填写由被访者自由发挥。例如：

Q7. 在解决您居住地区环境问题方面，您认为近五年来，地方政府做得怎么样？

开放式题目的设计非常简单，并且不给调查对象的回答设限，允许调查对象填写与问题有关的任何答案。调查对象能够充分表达自己的观点和看法，有助于我们获取更丰富的信息。但是，对不善言辞的被访者来说，有较大的回答难度，可能影响问卷的回收率。除此之外，调查对象在思考和填答时需要耗费较长的时间，且后续资料的处理也十分不易，因此，开放式题目适用于案例调查研究、访谈调查研究等可以进行定性分析的调查类型，在实证量化研究中应用较少。

3. 半封闭式题目

半封闭式题目是指题目中既包括封闭式题目又包括开放式题目的题型，在兼顾回答效率和定量分析优势的同时，为调查对象的主观意见留有空间，综合了另外两类题目的优点并避免了两者的缺点，在问卷设计中被广泛应用。例如：

Q8. 您支持"三孩政策"吗？（请在适合的□内打"√"）

□ 1. 支持

□ 2. 不支持

□ 3. 中立

为什么？_____

（四）结语

结语是问卷的结尾，主要有两种表达方式，一种是向被访者的配合和回答表示感谢，另一种则是询问被访者在接受调查时的体验感和本调查需要改进的问题以及相关建议，例如，"您是否愿意参与我们后续研究的问卷调查？""您认为我们的问卷有哪些问题需要改进？"。

二、问题设计的关键技术

（一）问题设计的衡量视角

从调查内容角度，问卷的问题主要可分为个体或家庭特征问题、主观意愿认知问题、客观行为实施问题、针对性筛选问题、真实性检验问题五种类型。在想要了解被调查对象某一方面的信息或观点态度时，仅依靠单一的问题可能难以满足调查需求，带来较大的误差。此时，通常需要从多维角度来设计相关的衡量问题，从而确保获取信息的准确性，尽可能减少观测偏差。例如，对于个体或家庭特征问题，经常需要了解被调查个体的家庭经济情况，此时如果仅凭简单的询问总收入有多少的方式，可能难以取得良好的效果，因为家庭收入属于敏感性问题，受访者在回答时可能有所顾虑而故意多报或少报收入。此时，从不同角度设计多个问题来衡量受访对象的家庭收入情况十分必要。例如，在中国家庭追踪调查 2020 年（第五轮追踪调查）汇总问卷中，为调查家庭经济情况，分别从家户收入、家户支出和家户资产三个维度设置了相关问题。除直接的收入类问题外，家户支出、家户资产等也能够反映出一个家庭的经济状况。例如，"包括在家吃饭和外出就餐，平均每月您家的伙食费及购买自家消费的零食、饮料、烟酒等一共是多少元？""平均每月，您家邮寄、通信支出，包括电话、手机、上网、邮寄等，花多少元？""您家现住房的建筑面积是多少平方米？""过去 12 个月，您家出租房屋的租金总收入为多少元？"这些问题都可以从不同角度反映家庭的经济状况。

（二）问题设计的情景模拟

近年来，追踪公众行为、经历、需求和偏好的信息需求急剧上升，问卷调查方法的应用范围不断扩大，但与此同时问卷调查的质量也受到越来越多的挑战。问卷问题及答案能否真实反映受访者的意愿或行为一直是学界关注的焦点，如敏感性问题能否消除社会期望偏差（受访者为了正面印象，可能按社会上大多数人的观点来回答问题，掩盖自己真实的想法）、主观问题的测度信度和效度如何保证等。近年来，虚拟情景方法的应用很好地解决了针对抽象或复杂概念进行主观评价的需求，可以有效避免受访者因理解不一致而造成的观测偏差。① 例如，在微观个体调查中，经常需要了解受访对象的风险偏好，而个体风险偏好受到多种因素的影响，并且是一个抽象概念，很难直接让受访者给出自身的风险偏好值。此时，可以设置多个情景模拟问题以综合判断个体的风险偏好。例如，要了解农户的风险偏好情况，可以设置如下三个问题来衡量：

Q9. 假设您参加一项有奖竞赛节目并胜出，您希望获得的奖励方案是以下哪一个？

1. 立刻拿到 1 万元现金

2. 有 50% 的机会赢取 5 万元现金的抽奖

3. 有 25% 的机会赢取 10 万元现金的抽奖

4. 有 5% 的机会赢取 100 万元现金的抽奖

Q10. 别人向您推荐一个很好的农业种植或养殖品种，但您的资金不足，需要借钱。您会借钱吗？

1. 绝对不会　　　2. 一般不会　　　3. 也许会　　　4. 会

Q11. 假设您正在种植或养殖的农产品价格今年突然下降 20%，您会选择怎么做？

1. 为避免更大的损失，当即全部卖掉

2. 卖掉大部分，剩余的部分先存着，等再看看行情

3. 卖掉小部分，剩余的部分再等等看

4. 什么也不做，静等最后价格上升再卖

上述三个问题设置了不同情景来评估受访者的风险偏好。在后续的问卷处理中，可通过加权平均方法综合得到一个风险偏好的变量值，这比设置单一问题得到变量值要更为科学、准确。

另外，虚拟情景设置还可以用来解决敏感性问题测量中的社会期望偏差问题。例如，宋庆宇、乔天宇（2017）使用中国家庭动态跟踪调查 2012 年的数据来测量主观社会地位。② 在调查中，在访题"您在本地的社会地位？"后有两道虚拟情境的访题：

---

① 李锋. 虚拟情景锚定法如何提高问卷调查的可比性——以公民诉求影响力的测度与分析为例［J］. 甘肃行政学院学报，2019（3）.

② 宋庆宇，乔天宇. 中国民众主观社会地位的地域差异——基于对 CFPS2012 成人问卷数据的"虚拟情境锚定法"分析［J］. 社会，2017（6）.

"陈先生/女士小学毕业，靠摆地摊生活，月入 1000 元。在您看来，这位陈先生/女士在本地的社会地位？"和"周先生/女士医科大学毕业后在本地行医，月入 5000 元。在您看来，这位周先生/女士在本地的社会地位？"作者发现，如果利用自陈数据，甘肃省居民主观社会地位的平均水平高于上海市民，但是经过设置两个虚拟情境的校准，甘肃省的居民明显有高估自己社会地位的倾向。近年来，在生态经济、农业经济等领域中应用广泛的前沿调查方法——选择实验法。也是借助了情景模拟的技术方法。感兴趣的读者可以自行检索相关的论文进行学习。

（三）问题设计的顺序安排

调查问卷对于问题数量的要求并没有明确的规定，但就实际调查需要来说，调查问卷一般都超过 10 个问题，如何将这些问题进行合理的排序是问卷设计中重点关注的步骤。在问题的编排过程中，应着重考虑问题间内在的逻辑联系，并结合调查对象回答问题时惯有的逻辑思维，对各个问题进行合理衔接和整合。一般而言，调查问卷中对问题的排序主要包括以下几种方法。

一是按照问题的类型进行排序。在问卷问题的开头，一般应放置一些易于回答的个体或家庭基本特征问题，因为这些问题对于调查对象来说比较熟悉和容易，不容易引发调查对象的抗拒心理。客观行为实施问题的位置应比主观意愿认知问题的位置更靠前，因为行为问题是客观发生的事实，而主观意愿认知问题则需要调查对象透露内心的主观想法，容易使调查对象产生顾虑和戒备，所以不能放置在前面位置。逻辑检验问题一般应放置在被检验问题的后方且需要间隔一段距离，主要是为了防止调查对象回答完被检验问题后存在的短暂的延续性思维和印象，以影响检验性问题回答的有效性。

二是按照问题难易程度排序。在对问卷问题进行排序时，可从简单的问题开始，然后再慢慢安排复杂的、有难度的问题，循序渐进，引导调查对象逐步深入问卷填答，这样能够避免调查对象在问卷开始时就因为题目太难而拒绝回答，增强调查对象的参与信心。例如，在对某市群众营商环境满意度进行调查时，不能在问卷的一开始就直接询问营商环境的优化意见，而应该先从调查对象的基本背景、对营商环境相关政策的了解情况、群众在政府部门办理商业事项的历史经历等方面入手。

三是按照问题时间顺序进行排序。对于有内在逻辑联系且时间不同的问题，可按照时间顺序进行连续性排序，由过去到现在，或者由现在到过去都是可行的，但当历史信息的时间比较久远时，调查对象的记忆可能会出现偏差，因此最好选择先询问调查对象当下的情况，再按照由近向远的顺序引导调查对象慢慢回忆。例如，调查捕捞渔户转产转业后的生计变化情况，可先调查转产后渔户当前的生计状况，然后再让渔户回忆转产前的生计状况。

在问卷设计中，问卷的问题具体应该怎样编排，主要还是要考虑问题的类型、问题的难易程度、调查对象对问题的偏好、调查问题间的逻辑关系和时间顺序等事项。总之，最重要的是保证问题的编排层次分明、逻辑清晰和顺序连贯。

（四）问题设计的表述方式

在问卷设计中，问卷问题及答案的语言表达是否合理、对调查问题的阐述是否清晰易懂是决定一份问卷质量好坏的重要因素之一。在对问卷问题及其答案进行表述时应注意以下事项。

一是问题的语言要简单明了。在对问题及答案进行描述时，要尽量选择使用通俗易懂的语言，要避免容易给调查对象造成理解障碍的复杂、抽象、过于专业的术语或者带有歧义的缩写，避免受访者因不理解而选择拒绝回答或者凭感觉随意回答，从而造成问卷的高拒答率和调查结果的偏误。若在问卷调查时不得不使用一些专业术语或复杂概念，则应该对其进行详细、具体的解释说明。

二是问题的用词要清晰和准确。问卷问题的用词要能够清晰和准确地反映调查目标，模棱两可的用词容易混淆问题的概念。例如，当研究者想对被访者的工作收入情况进行研究时，直接询问"您平均每月的工资收入是多少"是不太合理的，因为工资收入可以分为税前收入和税后收入，若调查对象无法辨析出该问题中收入的具体类型，就会凭自身的主观认知进行回答。问卷问题还应避免出现"好像""也许"等词语，在使用"经常""偶尔"等词语时需要列出具体的频次来对其进行界定。

三是问题的表述要采取适当的方式。问题的表述应采取正向形式的提法，如"您是否赞同推行垃圾分类"，因为这更符合人们的思维习惯，而不是询问"您是否赞同不推行垃圾分类"，因为这容易误导调查对象错误理解和回答问卷问题。当不得不就某些敏感性问题向调查对象进行询问时，问题的表述应委婉含蓄，或者诚恳地向调查对象解释调查这些问题的原因，以提升调查对象的回答意愿。

四是问卷的措辞要避免存在诱导性。问卷的措辞要中立客观，不能带有诱导性，如"您赞成公共场所应禁止吸烟吗"就是一个不带有任何主观倾向的中性问题。若对问题的措辞进行过分修饰或描述，如"吸烟有害健康，您赞成公共场所应禁止吸烟吗？"这就变成了一个含有诱导性语句的问题，调查对象可能会因为受这句带有提醒或者暗示性意味的句子的影响，放弃自己原有的判断，从而大量地选择"赞成"这一答案选项，从而导致问卷调查获取的数据分布不正确。

五是问题的备选答案的表述要遵循相关性、穷尽性、互斥性原则。问题的备选答案设计的好坏直接影响问题回答的质量和准确性，因此备选答案的表述不仅要清晰准确，还需要遵循相关性、穷尽性、互斥性三项原则。相关性是指备选答案的设计应与所问问题和实际情况紧密相关，不能答非所问；穷尽性原则是指备选答案应包含所问问题可能涉及的所有可能的答案选项，当无法完全列出所有可能时，答案的最后选项应设置为"其他"；互斥性原则是指备选答案之间不能存在重复、交叉或互相包含的情况，而应该互相独立。

三、调查问卷的形式设计

当问卷设计者对所涉及的问卷问题及其答案有了完整的认知之后，就可以根据自己的理解和已有经验选择恰当的形式开始正式设计问卷，具体方法包括框图法和卡片法两种。

框图法也被称为问卷流程图法，其主要步骤如下：第一步，问卷设计者应根据调查问卷的研究目标和需要收集的资料内容，按一定的逻辑结构绘制出问卷各部分内容的前后顺序流程图和问卷整体的结构图；第二步，基于框图的内容和结构，写出问卷各部分具体的调查问题和答案选项并分类整合，再按照问题的时间、逻辑顺序或难易程度等进行合理排序；第三步，对问卷的细节进行详细检查和调整优化，主要关注问卷结构是否清晰、问题的表达和排序是否便于受访者的理解和回答等，在经过慎重考虑和反复调整后确定满意的结果并整理出来；第四步，加上标题、引言等内容，即可形成问卷初稿。

卡片法的主要步骤如下：第一步，问卷设计者需要将自己在前期探索工作中认识和收集到的问题及其可能的答案梳理出来并逐一填写在卡片上，填写时要遵循一张卡片上只能有一个问题的基本原则；第二步，将卡片按照填写问题的主要内容和类型进行分类，把涉及同一目标主题的卡片或者紧密关联的卡片放在一起，据此将卡片分成若干部分；第三步，设计者需要对各类卡片上的每一个问题进行筛选和调整，仔细推敲，对表达不充分、不准确的问题进行补充修改，剔除不合理的、重复的问题，确保问题的有效性和必要性；第四步，设计者应先将每类卡片中的问题按逻辑结构进行排序，再进一步根据问卷整体的逻辑结构和被访者的思维习惯对各类卡片进行排序，并仔细推敲和反复检查，确保问题和各类卡片排序得当；第五步，把编排好的问题卡片单独整理出来，并附上标题、引言等内容，形成一份完整的问卷初稿。

框图法和卡片法各有优劣。框图法是先构建问卷整体的内容结构，然后再对问卷局部进行内容填充并进一步细化到具体问题。与框图法不同，卡片法应用"先分后总"的设计思路，从具体问题的设置出发，再由局部到问卷整体。框图法强调整体观念，对问卷结构的逻辑性和问题的合理排序具有积极作用，但一旦明确了整体的逻辑关系，对问题顺序的调整和修改将会受到一定限制，在这一方面不如卡片法方便。卡片法在问题和答案的设计过程中往往缺乏对整体框架的把握，可能会遗漏某些关键问题。因此，在实际应用中，可以将两种方法结合起来使用，取长补短。

第三节　问卷调查的抽样方法

一、抽样原则与步骤

（一）抽样的原则

抽样的基本原则和基本要求是确保抽取的样本具有代表性，即抽取的样本能够很好地反映总体特征。按照是否遵循随机原则，抽样又可以分为随机抽样和非随机抽样两种类型。随机抽样遵循随机原则和概率原则，每个样本被抽到的可能性（即概率）是一致且能够计算出的，抽取的样本要可以进行描述性推断，进而能够反映样本的总体特征。非随机抽样是指不遵循随机原则进行抽样的方法，只按照调查者的主观意愿判断来抽取样本。只有当样本量足够大时，非随机抽样的数据才能够用来推断总体情况。通常问卷调查中采用的是随机抽样方法，因此后续的介绍以随机抽样方法为主。

（二）抽样的步骤

由于抽样原理和方法的不同，抽样操作的实际要求也会有些许差别，但通常都包含以下几个步骤：一是界定抽样的总体范围。在进行抽样前，首先需要明确界定调查研究的目标总体和抽样总体范围。例如，当想要对某地区农户互联网使用情况进行调查时，研究的目标总体就是该地区的所有农户。只有在清晰界定目标总体和抽样总体范围的基础上，抽样工作才能够顺利开展，否则就算抽样的方法再严格，抽取的样本也可能会有对总体严重缺乏代表性的情况发生。二是编制抽样框。抽样框是抽样总体中能够进行调查操作实践的调查对象的集合，在问卷调查中，抽样框通常是一份包括全部抽样单位的名单，在将这份名单按抽样单元逐个编号之后，就可以采用随机性的方法或程序进行抽样。只有确定了抽样框，才能够计算出样本单位的选择概率。好的抽样框应该是完整且不重复的，在分成不同阶段、不同层次进行抽样时，就需要分别编制各阶段或各层次相对应的抽样框。三是设计抽样方案。抽样方法可以分为随机抽样和非随机抽样两大类，其中随机抽样是最为常用和高效的办法，它能够确保每个样本个体被选择的概率是相同的，从而达到利用样本数据的描述统计结果来推断总体参数的目的。四是实施抽样。采用选定的抽样方法，从编制好的样本框中逐个抽取样本单位组成调查样本总体。五是检验样本质量。通过综合考虑样本的质量好坏、偏差大小、代表性高低等方面的因素，判断样本的质量，避免由于抽取的样本和总体间存在较大的偏差而导致推断结果不正确、不可信的情况发生。具体而言，可以通过对比样本与总体间在特征指标（如年龄、性别、收入等）方面的差异来判断，总体的相关指标通常可以从公开的地方统计数据中获取。

二、随机抽样方法

（一）简单随机抽样

简单随机抽样（simple random sampling）又称为纯随机抽样，是按随机原则从含有 N 个抽样单元的抽样框中逐个、逐次地抽取 n 个单元并组成样本的方法（N > n），每次抽取时抽样框里的待选单元都有相同的概率能够入选样本，抽样完成后的样本组合就是简单随机样本。简单随机抽样严格遵循随机原则和等概率原则，不仅是概率抽样中最基础、最简单的抽样方法，还是其他抽样方法的基础。此方法操作简单，可行度高，其对样本的抽选是完全客观和随机的，只需要事先获取总体样本的名录清单就可以进行。除此之外，对于总体中各个单位的分布较均匀和较分散的情况，简单随机抽样的效率和效度比其他抽样方法更高。但该方法也存在一定的局限性，比如当总体规模过大且分布非常不均匀时，抽样框的完整编制往往难以完成，抽取的样本也可能会缺乏代表性。

简单随机抽样的操作方法主要有抽签法、随机数法、计算机抽取法等。

1. 抽签法

抽签法是日常生活中比较常见的一种方法，具体操作过程如下：在编好每个单位号码的基础上，将这些号码逐个填写在不同的纸条上，然后再把这些纸条揉成团或者放进不可见的容器（如纸盒）中，混合均匀，从中不放回地随机抽选，直到抽取的单位个数满足事先确定的样本规模即可。当抽样框的总体规模较大时，抽样所用签的制作较为不易，抽签的过程也不好控制，因此抽签法主要用于总体规模较小或者抽样签制作简便的调查研究。

2. 随机数法

当总体规模较大时，通常可以采用随机数法。该方法是在使用随机程序生成随机数表的基础上进行抽样。随机数表又被称为乱数表，表中的号码都是随机选中且乱序排列的。随机数法的具体步骤如下：第一步，对抽样框中的所有单位进行编码；第二步，以编码的最大位数为依据，从随机数表中的任意位置选择与位数相同的行数或者列数；第三步，从确定的行或列中任意一个或者一组数字开始记录和衡量，只要形成的数码处于总体编号的范围之内且数值不重复就可以直接确定为样本号码，若大于总体规模或者数值重复则直接跳过，接下来只需要选够符合样本需求的个数即可；第四步，也是最后一步，根据确定的样本号码，在抽样框中寻找对应的单位并组合成样本。

3. 计算机抽取法

当抽样框的规模过大时，采用随机表法抽取样本需要耗费较多的时间和精力，所以此时通常可以采用一种更简便的随机数法，即计算机抽取法，其主要是利用计算机软件（例如，Excel、Python等）生成满足随机抽样要求的随机数来作为样本单元中选编号。以利用 Excel 软件进行抽样为例，具体的操作步骤为：第一步，对抽样框中的全部单元进行编码；第二步，利用 Excel 中的随机生成函数"RANDBETWEEN"进行操作，它能够快速生成若干行或若干列，介于样本单位的最小编号与最大编号之间的任意随机数；第三步，选择满足样本规模所需量且数值不重复的随机数，并将这些随机数与总体单元的编号进行匹配，就可以组合形成一个样本。

（二）分层随机抽样法

分层随机抽样（stratified sampling）又称类型抽样。具体步骤如下：首先，在抽样前将抽样框中的所有单元以某些特征或属性（如年龄、性别或地区等）为标准划分为若干个层次或类型，并且每个样本单元都被包含且必须只能被包含在一个层次或类型当中，既不能遗漏，也不能重复；然后，从确定好的各个层次中独立、随机地进行样本单位抽取；最后，将从各层次中抽取的单位整合起来构成调查样本。与简单随机抽样相比，分层随机抽样更适用于总体规模较大且总体单元间存在显著异质性的调查对象。

分层随机抽样的独特优势在于：第一，在分层后，由于各层次样本间关于分层标准或特征存在着较大差异，而分层抽样又通过在各个层次抽取不同数量的单元组成样本，这就使得该样本的分布情况和结构特征与总体更加相似，从而保证了样本的无偏性；第二，分层抽样能够获得每个特定层次的参数估计量，并基于此来推断总体的参数估计；第三，分层抽样的估计量方差不受不同层次间方差的影响，只与层次内的样本方差有关，这为总体参数的精确估计创造了良好条件；第四，分层抽样为调查研究提供了层次清晰的调查样本，不仅有利于调查实践的操作和落实，还更节约调查经费，在相同的经费限制下，对比其他抽样方法，分层抽样往往能获取更大的样本规模。除此之外，分层抽样也有一定的局限性，即其要求调查者比较深入以及全面地了解总体样本单元的特征情况，避免分层的混乱和失真。由于分层随机抽样的上述优势，该方法被广泛应用于学术研究中。

进行分层随机抽样的前提是要先确定一个合适的分层标准。研究的目标和主题不同，分层的标准也不一样，因此，在确定分层标准时首先需要考虑的就是该标准是否与调查研究中的目标变量或关键变量密切相关。一般来说，该标准与目标变量或关键变量的联系越紧密，样本对总体的代表性可能就越高。其次，由于与研究目标变量存在较强关联性的指标变量往往不止一个，因此还需要进一步对这些变量进行筛选和衡量，判断的依据是要同时保证不同层次的单位间关于该变量存在着鲜明的异质性，以及同层次内单位间关于该变量存在着显著的同质性。最后，在进行社会调查时，分层标准可以多考虑用人口基本特征、社会属性或家庭状况背景等一些常用且已有明显层次和类型区别的相关变量，比如年龄、性别、职业、受教育程度、地域、民族等，又比如在对农户进行调查时常用的家庭人口数、家庭劳动力数量、家庭收入等。此外，对总体进行分层时，除了采用单一指标外，还可以选择综合多个指标，这样有助于更好地服务现实调查需要以及提高样本抽取的精度。当然，分层也不宜过多，否则不仅会加大抽样的难度和复杂度，还容易出现混淆或者遗漏单位的情况。

在实施分层抽样时，面临的关键问题是"应从每个层次中各抽取多少数量的样本单位"。一般来说，确定各层样本单位抽取数量的方法包括等比例分层抽样和非等比例分层抽样两种。等比例分层抽样是指，统一按照各层次中的样本单位数量占总体样本单位数量的比例来决定每个层次中应被抽取的样本单位数占该层样本总单位数的比例。非等比例分层抽样是指，不按照各层次中的样本单位在总体样本单位中的数量占比来确定每个层次的抽样比例。①

当不同层次间拥有的单位数量存在着较大差距时，一般选择采用非等比例分层抽样，而不是等比例分层抽样方法，因为按照等比例抽样的逻辑思路可知，若某层次中样本单位占总体样本单位数量的比例很小，分配给该层次能够抽取的样本数量也会很少，而过少的样本单位并不能很好地代表该层的样本总体，由此会产生较大的抽样偏差。在这种情况下，往往需要进一步对各层样本单位的抽取比例进行一定的调整和重新分配，提高层内样本单位总数占总体样本数比重较小的层次的抽样比例。此时，不同层次内单位被选入样本的机会并不相同，说明非等比例分层抽样是不等概率抽样的一种，在推断总体情况时需要先对得到的样本数据赋予一定的权重。一般来说，样本单位入样的概率越大，相应的权重就应该越小，反之，概率越小则权重越大，因为只有这样才能保证推断结果的无偏性。

关于等比例分层抽样和非等比例分层抽样的具体例子如示例 5 - 2 和示例 5 - 3 所示。

示例 5 - 2：我们试图了解某高中学校 6000 名学生的视力情况，决定从中抽取 500 个单位进行调查。

首先将这个学校的高中学生按照年级进行分层，分为高一、高二、高三这三类。假定高一学生有 2400 名，占学生总人数的 40%；高二学生有 2100 名，占学生总人数的 35%；高三学生有 1500 名，占学生总人数的 25%。按照等比例分层抽样方法的抽样原则，我们在每个层次内抽取学生的比例应与该层次学生数占总体学生人数的比重一致，因此我们从高一、高二、高三这三类学生中抽取的样本单位数占样本单位总数

① 李林蔓. 分层抽样下样本量的分配方法研究 [J]. 统计与决策，2015 (19).

（500 个）的比例应分别为 40%、35%、25%，即应随机抽取 200 个高一学生、175 个高二学生、125 个高三学生。

示例 5 - 3：某公司想要调查某市 20000 户居民对奢侈品的消费支出情况，决定选取 200 户单位进行调查。

首先按家庭收入水平将这 20000 户居民分为高、中、低三层。假定高等收入家庭有 2000 户，中等收入家庭有 12000 户，低等收入家庭有 6000 户。如果按照等比例方法进行抽取，那么高等收入家庭这一层只能抽取 20 个样本单位，但根据现实情况可初步判断得出高等收入家庭是奢侈品的消费主力，那么抽样结果就可能存在较大的偏差，此时调查者可以选择增加对高等收入层次的抽样比例。若调查者想要调查 40 个高等收入层次的样本单元，90 个中等收入层次的样本单元，此时采用的就是非等比例分层抽样，高等收入层次中样本抽选的比例为 20%，中等收入层次中样本抽选的比例为 45%，低等收入层次中样本抽选的比例为 35%。

（三）其他随机抽样方法

除简单随机抽样法、分层随机抽样法这两种最为常用的方法外，随机抽样法还包括系统抽样（systematic sampling）、整群抽样（cluster sampling）等方法。系统抽样是将按一定标准排好序的总体单位依照固定的间距来抽取样本单位的方法。整群抽样是先将总体中的各个单元按照一定的标准和不重复不遗漏的原则划分为若干个群体或集合，然后再运用随机抽样的方法从中抽取部分群体，这些选中群体中的所有单元的集合就构成了最终的调查样本。此处对这两种方法不进行具体介绍，感兴趣的读者可参考《调查研究方法》[1] 等教材进行学习。

第四节　问卷调查的实施与评估

一、预调查的实施

预调查是检验问卷设计是否合理的重要方法。通过预调查，可以检验问卷结构是否符合逻辑、有关概念是否清晰、问题措辞是否恰当、问题数量是否合理等问题，进而根据预调查结果进一步完善问卷，为正式调查打好基础。[2] 对问卷初稿进行预调查的方法有两种，一种是客观检验法，另一种是主观评价法。客观检验法是从正式调查对象的总体中非随机抽取小规模样本，利用问卷初稿对这部分调查对象进行预先测

---

① 吕亚荣. 调查研究方法 [M]. 北京：中国人民大学出版社，2022.

② 阿迪力·努尔. 浅谈调查问卷设计中的有关技巧 [J]. 统计科学与实践，2012（6）.

试，再通过总结预调查过程中出现的问题和对预调查收集的信息数据进行详细分析，从中发现操作和设计缺陷并进行纠正。主观评价法主要依靠研究主题相关领域内的一些专家、学者和典型的被调查对象的主观评价和意见来改进问卷的不妥之处。

客观检验法是实践中最为常用的方法，通过从正式调查对象的总体中非随机抽取小规模样本，利用问卷初稿对这部分调查对象进行预先测试，以此发现问题并检验问卷的效度、可靠性和实际可操作性。例如，当多数被访者在回答某项问题时选择了"其他，请说明____"选项，研究者就应考虑对该问题的答案选项进行补充；当有些问题的语言表述不合理、措辞拗口或者排序不当导致被访者难以理解甚至拒绝回答时，研究者就应对问题进行重新修饰和排序。需要注意的是，预调查的实施方法和过程应与正式调查保持一致，且预调查的对象选择要应基本涵盖正式调查对象可能涉及的特征范围（比如不同年龄、不同教育程度等）。预调查实施规模的大小并未有明显的规定，主要以发现调查过程中可能存在的问题，检验问卷的信度、效度和实际可操作性为主。

研究者在完成预调查之后，需要汇总问题并进一步集中修改。当在预调查基础上修订问卷之后，研究者还可以进行二次预调查，这次的调查规模可以小于第一次。通过再次调查，研究者不仅可以考察问卷修订的效果，还能够进一步检验问卷设计中可能存在的问题，仔细修改，反复推敲，最终完成一份高质量的调查问卷，然后开始准备正式调查。正式调查方法包括实地调查、网络调查（线上调查）、电话调查、邮件调查等多种方式，其中传统的实地调查和近年来兴起的网络调查是最常用的两种方式，本书仅对这两种方法进行相关介绍。

二、实地问卷调查的实施

（一）实地问卷调查的实施步骤

实地问卷调查是由调查人员携带调查问卷去往各个调查地点，与选定的调查对象进行面对面的访谈和交流的问卷调查活动。实地问卷调查的实施步骤是：首先，研究者在开展调查之前需要先提前制订好细致周密的调查方案和计划，如每天调查的问卷数量、每份问卷填写的时间、问卷填写的要求、调查过程中可能遇到的问题以及对应的解决措施等；其次，需要对选定的调查人员进行统一培训；最后，由调查员携带问卷分赴各个调查地点并严格按计划和要求开展面对面调查，依据问卷的填写格式和问题顺序进行提问，同时记录下被访者对问题的所有回答。

（二）实地问卷调查的常见形式

常见的实地问卷调查主要有入户调查、特定地点调查等。入户调查是指调查员直接进入被调查者的住所，对其本人或家庭成员进行面对面访谈或提问来获取有关资料的调查方法。入户调查一般要求拥有比较良好的访问环境，方便出示调查问题的相关卡片以及进行问卷答案的填写，适合问题比较多和细的调查项目。但入户调查需要事先取得调查对象的支持与配合，不然容易引起被访者的戒备心理，从而导致较大的拒答率。特定地点调查是指与调查对象约定调查地点或者前往调查对象出现的特定地点进行面对面访谈的调查方法。比如，在对城市公园环境满意度进行调查时，调查对象中的主要成员是那些会去城市公园的居民，那么此时就可以前往一些城市公园实地寻找符合研究需要的调查对象并进行面对面调查；或者在对某些旅游景点的综合评价进行调查时，可以去往对应的景点进行面对面实地访问。

（三）实地问卷调查的优缺点

实地问卷调查有以下优点：一是问卷的效率和质量较高。由于调查员在现场能够更直观地感受到被访者接受访问时的情绪、态度等，有利于调查者灵活地调整访谈语言和技巧，把握访谈过程的节奏并积极引导被访者进行正确、清晰的回答，使得问卷收集的资料更加真实和准确。二是问卷的回答率较高，在直接交流的环境中，调查员能够更清晰和诚恳地向被访者传递本项调查的目的和意义，有利于提高被访者的参与意愿，并能够直接处理被访者在回答过程中的突发状况和疑问，保证问卷的顺利实施，提高被访者对问卷的回答率。三是非常适合访问一些用其他方法不太方便的特殊群体，如在对一些老年人、贫困山区群众、少数民族或者文化水平较低的群体进行访问时，使用口语化的语言进行面对面实地调查是了解实际情况最直接，也是有效的方法。

当然，实地问卷调查同样存在着一些局限性：一是实施调查的成本高。面对面访问调查对调查员的招募和培训离不开调研经费的大量投入和时间的投入，特别是针对偏远山区农户等特定群体的调查。二是不适用于调查敏感性问题。在与调查员进行当面交流时，对一些敏感问题，被访者往往会有较大的抵触心理，容易出现隐藏真实情况或者直接拒绝回答的情况，从而降低资料收集的可信度。三是调查过程和结果比较依赖于调查员的素质、沟通技巧以及对调查规则的遵守情况等，对调查员有较高的要求。

三、网络问卷调查的实施

（一）网络问卷调查的实施方式

近年来，随着互联网技术的发展，网络问卷调查逐步兴起，在国内外学术研究中的应用不断增加。网络问卷调查法以互联网为媒介来进行问卷资料的发放和回收，调查对象只需要通过互联网进行填写和提交即可。网络问卷调查的具体实施方式有以下几种类型：第一种是网站法。问卷内容会在上网者点击某些网站时，在网页上显示，愿意参与调查的上网者可以直接在该页面进行问卷填答和提交。第二种是平台法。借助比较典型和专业的在线问卷调研平台（如问卷星等），利用其提供的多样化模板和智能化操作方式来进行问卷的设计、发放以及回收整理，其中一些平台甚至能够对收集到的问卷数据进行描述性统计分析并通过可视化的图形、图表展现结果。第三种是电子邮件法。在事先确定被调查者电子邮箱地址的基础上，利用电子邮件将问卷以网页链接形式或电子版本形式发送给被调查对象。需要注意的是，邮件的内容要求应与问卷封面信保持一致。

（二）网络问卷调查的优缺点

网络问卷调查主要有以下优点：一是调查样本的范围广、规模大。截至 2022 年底，中国的网民规模已达到 10.67 亿，互联网普及率达 75.6%，庞大的网民群体使得利用网络进行问卷调查具备样本数量丰富的独特优势。[①] 同时，这些网民分布在各个不同的地区，拥有不同的社会背景和文化基础，特征鲜明多样，因此基于该方法得到的信息数据相对来说会更加全面。二是调查实施省时省力，高效便捷。网络问卷调查无须打印纸质问卷，也无须前往调查现场，因此不存在需要招募大量调查人员并进行培训的情况，而调查和被调查双方只需要直接使用智能手机、平板电脑等移动设备就能够进行操作，不受时间、空间的限制，有效降低了调查实施的门槛和资料收集的速度，节省了大量资金成本和时间成本。除此之外，线上收集到的问卷数据更便于审核和整理，提升了问卷调查的工作效率。三是调查的匿名性高，客观性强。网络问卷调查是一种远距离、无接触的调查，可以避免被访者在回答时受到调查人员主观倾向的误导，同时能降低其在面对面交流时存在的抗拒心理。四是调查的应用场景更加丰富。网络问卷调查的设计不再局限于单一画面，而是可以附加多媒体资料，比如图片、视频影像等，对问卷主体进行更加生动、直观的展示，使其能构建贴近现实的虚拟场景并为被调查者提供模拟体验，从而收集到被调查者更真实的反应信息。

网络问卷调查同样存在诸多不足和争议，具体包括以下几个方面。一是样本的代表性不高。网络问卷调查主要利用社交平台、浏览器等第三方应用进行推送，再通过被调查者的转发或分享来实现层级扩散。由于难以针对目标人群进行精准投放，往往容易导致调查总体中部分样本的特征、属性和规模不符合调查需求的情况。此外，网络问卷调查从一开始就将样本框局限于会使用智能终端设备上网的群

① 参见《数字中国发展报告（2022 年）》，https：//cif. mofcom. gov. cn/cif/html/upload/20230524092441031。

体，但对于一些还未通网的农村地区的居民、不会上网的老人等群体，则很难利用这种方法开展调查。二是调查资料的质量难以保证。要对网络问卷的填写过程进行监督并不容易，因此现实中经常存在着"代填"和"刷单"等批量生产问题问卷的现象。① 另外，被调查者无法及时从调查人员处获得指导和帮助，这也会直接影响问卷调查质量。三是网络问卷的保密性存在风险。网络问卷调查多借助专业问卷调查平台，在利用其服务器进行资料信息的传输、整理和储存时，可能存在着一定的信息泄露或信息滥用风险。四是难以实施再抽样。网络调查中被调查者一般不愿意留下联系方式，因此无法通过再抽样的方式进行有效性检验，更不适用于需要追踪调查的实验。

（三）网络问卷调查的质量控制

网络问卷调查是社会科学调查的重要工具，而只有高质量的网络问卷才能为社会科学实践提供真正有效可靠的数据支撑。针对网络问卷调查存在的不足之处并结合相关研究，主要可以从以下几方面入手来对其进行改进和提升。

一是设计适应线上调查的问卷。线上调查与线下调查存在较大差异，在设计网络问卷时需要充分考虑线上调查的具体特点，设计符合线上调查习惯的问卷。② 首先，网络问卷的内容应尽量精简且不失针对性，包括减少整体的题目数量和避免单个问题过长，减少作答的随意性。其次，网络问卷填答的操作方式应力求简便易行，比如分页设计应尽量选用滚动式而不是翻页式，答题形式尽量多采用选择式而减少键入式等。最后，要充分发挥网络服务系统的技术优势，应用自动化检测程序、跳转程序、窗口提示程序等功能对问卷内容或数据特征进行逻辑检验、板块分层或动态解释，有效降低调查对象的理解偏误。

二是积极改善抽样偏差。由于难以直接识别被调查者的真实身份，网络问卷调查存在因样本选择"不合适"和"未覆盖"两种情况而造成的抽样偏差。针对"不适合"问题，研究者可以利用网络问卷的样本监测功能，对被调查者的 IP 地址、登入账户或设备信息等物理特征进行审核，避免非调查对象代填和同一对象重复填答，初步筛选并限制"不合适"样本入库。③ 此外，研究者还可以利用互联网大数据的风控技术甄别并标记风险账号，并对其设定追加验证、限制次数、限制权重等机制，进一步保障问卷样本的精确性和唯一性。而为了缓解"未覆盖"问题的影响，研究者应尽量丰富被调查者的选取路径，多平台多站点进行以实现问卷的有效扩散和回收。

---

① 邵国松，谢珺. 我国网络问卷调查发展现状与问题［J］. 湖南大学学报（社会科学版），2021（4）.
② 余富强，胡鹏辉，杜沙沙. 网络问卷调查的数据质量控制研究［J］. 统计与决策，2019（16）.
③ 王霄，王小宁，苏磊，付晓懂，柴青慧. 在线问卷调查的质量控制方法研究［J］. 统计理论与实践，2023（4）.

三是科学选用邀请方式和激励方式。在通过社交平台进行问卷调查邀请时，调查者可首先选择与目标群体密切相关、熟悉平台使用方法的用户作为调查对象，然后依赖于用户间的关系网，通过转发分享方式锁定更多目标人群，实现对样本代表性和数据质量的控制。此外，适当的激励手段也能有效提高问卷的应答率和回答质量。研究者可以采用提供电子礼品券或发放电子红包等奖励机制来鼓励被调查者积极参与调查，这样不仅能提高网络问卷的回收率和填答质量，还能使一些被访者更愿意留下联系方式，为后续开展回访、进行问卷信效度检验或跟踪调查创造条件。

四是加强数据资料的审核和清洗。在获得网络问卷的数据后，一方面，应时刻关注调查过程中已收集的问卷资料结构，观察是否存在"不适合"样本过多或者符合要求且具有相似特征的群体比例过高的情况，以便及时删除低质量的问卷、调整抽样方式。另一方面，可以从问卷的填答时间和内部逻辑两方面来对问卷质量进行甄别，筛选出填写时间不合理的问卷并进行进一步审查，同时可以根据问卷设计时内部题干预设的逻辑关联，运用自动检测或跳转程序等智能化技术考察问卷回答前后逻辑是否一致，而对于一些关联性或者互斥性问题的逻辑判断则可以选用人工审核方式。[①]

四、问卷调查的评估

在完成问卷调查之后，接下来就要将问卷获取的数据资料进行整理。整理工作的第一步就是要对问卷资料的真实性、有效性和完整性进行评估、检验和纠正，从而为后续分析打下基础。

（一）问卷回收效率的评估

问卷回收效率主要体现在有效性、完整性和准确性三个方面。首先，问卷回答的有效性主要包括问卷资料来源的真实性和问卷资料的唯一性。真实性是要确保调查结果是由调查对象亲自、独立填答的，防止伪造情况。唯一性是检验每份问卷资料的回答是否是不完全相同的，避免存在一人填写多份问卷的情况，尤其是网络调查时要特别关注问卷填写的 IP 地址，避免被调查者重复问卷填写和提交的情况。其次，问卷回收的完整性主要是问卷资料填写的完整性，对问卷中的问题以及其他项目信息漏填、少填甚至未填的情况进行检查，以确保后续量化分析的准确性，回答不完整的问卷通常只能作为无效问卷处理。最后，问卷回答的准确性评估主要是检验问卷前后问题的回答是否逻辑清晰且不存在前后矛盾的情况，以及按照填写指导语判断问卷问题的回答是否严格遵守了填写要求，如填写的单位、口径、计算方法等。若发现问卷回

---

① 冯缨，樊茗 . 网络调查数据质量控制的方法与对策研究 ［M］. 上海：上海三联书店，2013.

答存在前后相互矛盾或者不符合客观现实规律，以及答案选项的选择没有差异性时，就需要考虑将这类问卷作为无效问卷。

（二）针对无效问卷的处理

无效问卷是指那些问卷内容有大量未填答内容、回答不符合填答要求以及存在错误的问卷。在对问卷获取的资料进行整理时，需要对这部分问卷进行处理。研究者需要统计无效回答出现的频次、相关问题的类型，对于空白或者错误频率较高的问题和回答进行分析，考虑是否存在问题题目、备选答案、表达用词或者语言态度等方面设计不合理或者不符合现实的情况。在此基础上，进一步将问卷设计中发现的问题作为研究的重心，并不断调整和修改。在一定的条件下，可以选择通过重新调查并根据反馈结果，不断对问卷进行设计上的优化。

（三）问卷信度与效度的检验

调查问卷的信度检验是指对问卷调查结果稳定性和准确性的分析，即采用同一调查方法对同一对象进行多次重复调查，并考察研究结果处于研究可接受误差范围内的可能性大小。问卷信度多以相关系数来表示，常用的测量方法有重测信度法、复本信度法、折半信度法、同质性信度法以及评分者信度法等。其中，折半信度法适用于问卷没有复本且因测量容易受到时间影响而只能测量一次的情况，其主要的操作方法是在采用原有问卷完成调查的基础上，将问卷题目对半分开，分别求出两部分题目的总分并计算出总分间的相关系数，系数越大，则说明问卷的折半系数越高。同质性信度法是考察问卷中所有具有同样性质的题目之间的一致性，在测量前需要保证题目间的相关系数都为正向。限于篇幅，在此不再详细说明，感兴趣的读者可以参考《社会调查问卷设计与应用》[①] 以及《调查问卷设计中信度及效度检验方法研究》[②] 等相关教材及论文。

调查问卷的效度检验是指鉴别问卷结果对测量目标和客观现实反映的精确程度，主要基于其测量目的、测量内容的特性等已有证据以及其适用范围推断得出。常用的效度检验有内容效度、难易效度、建构效度、准则效度等。内容效度是指考察调查问卷的题目设计是否能满足调查需要，以及是否很好地表达了调查内容。难易效度是指对问卷中反映观念、态度的问题的难易程度进行判断，并分析被调查者对问题看法的差异性。建构效度又称为结构效度，关注的是问卷对某一理论概念或假设术语等的解释程度，检验建构效度的常用方法有趋势效度法、区别效度法和因子分析法。有关方法的详细内容，这里同样不再一一赘述，具体可参考《社会调查问卷设计与应用》

① 翟振武，等．社会调查问卷设计与应用［M］．北京：中国人民大学出版社，2019．
② 柴辉．调查问卷设计中信度及效度检验方法研究［J］．世界科技研究与发展，2010（4）．

等相关教材。

思考与练习

1. 情景模拟技术是问卷调查的常用手段。如果需要调查居民对于节约用水的意愿，可以设置哪些情景问题加以测度？

2. 什么情况下需要采用分层随机抽样？分层随机抽样的步骤是怎样的？试举例说明。

3. 网络问卷调查面临哪些挑战？如何提高网络问卷调查的质量和效率？

>第6讲 文本挖掘<

随着互联网的普及，产生的文本数据呈指数级增长，而人的精力十分有限，需要通过文本数据挖掘的方式，从大量繁杂的文本数据中提取出具有高价值的信息。文本数据挖掘能够处理的数据类型包罗万象，这些数据包含了丰富的信息，可以用于洞察用户行为、市场趋势、舆情分析等。这些应用都具有巨大商业和社会价值，而要发掘这些潜力，则需要掌握系统化的文本数据挖掘方法。这一讲将使用 R 语言软件完成在经济学论文中常用的文本挖掘方法，具体将从文本的读取、清洗、分词、特征提取等方面详细展开。

第一节 文本挖掘的背景与流程

一、文本挖掘的背景

文本挖掘（text mining），又称文本数据挖掘（text data mining）、文本分析（text analytics），是以计算语言学、统计数理分析为理论基础，结合机器学习和信息检索技术，从文本数据中发现和提取独立于用户信息需求的文档集中的隐含知识。它是一个从文本信息描述到选取提取模式，最终形成用户可理解的信息知识的过程。[①] 随着互联网和社交媒体的快速发展，人们在日常生活中产生的文本数据数量呈爆炸式增长趋势，这些文本数据包括电子邮件、社交媒体帖子、新闻文章、网页内容等，蕴含了大量有关人类思想、观点、行为和情感的信息。尽管计算机技术人员熟悉许多数据处理和可视化的方法，但将这些方法应用于文本数据并非易事。因此，逐步开发出一套专门用于文本数据处理的文本挖掘技术应运而生。

文本挖掘的背景可以追溯到 20 世纪 80 年代和 90 年代的信息检索和自然语言处理研究。如今，随着互联网的普及和大数据时代的到来，文本挖掘获得了更大的关注，其重要性也得到了大幅度提升。从驱动要素上讲，无论是学术领域还是社交媒

---

① 王丽坤，王宏，陆玉昌. 文本挖掘及其关键技术与方法［J］. 计算机科学，2002（12）.

体，都出现了大量的纷繁复杂的文本数据。以知网上文献发表数量为例，在 1979～1988 年、1989～1998 年、1999～2008 年和 2009～2018 年分别发表学术论文 262 万、724 万、1734 万和 2494 万余篇，阶段性的发文总量变化趋势显而易见。经济学作为涉猎广泛、交叉学科众多的大类专业，要想人工搜集并阅读完所有的文献资料，并对其进行提炼汇总，可谓是难上加难。这些庞大的文本数据综合了来自各行各业科研人员和从业者的认知经验，可以为科学研究和商业增值提供指导性的意见。从必要性上讲，以往纸质媒体盛行，信息量级不大，某些分析甚至不如人直接阅读来得便捷；同时，计算机技术不够发达，技术体系不够完善，因此也难以获得正确有效的见解。但信息时代的到来和海量复杂结构文本的出现，使得人们对文本分析的科学方法给予了足够的重视。大规模语料库的建立、词向量模型（如 Word2Vec 和 BERT）的开发以及机器学习框架（如 Scikit-learn 和 TensorFlow）的广泛应用，都促进了文本挖掘技术的发展。

对于经济学实证论文，文本挖掘的应用尚不多见，大多数还是使用统计数据作为主要数据来源，其原因在于两个方面。其一，文本挖掘需要海量的文本数据作为支撑，而许多文本具有非公开性，搜集起来并不容易，若是要进行经济史分析，可能还需要搜集大量的纸质书稿，更是难上加难。其二，不同来源的文本数据有不同的格式和用语，要得出相同的特征值需要高难度的数据处理技术。在经济学实证论文中，文本挖掘技术常见于对上市公司年报或对各经济政策文件的分析。

二、文本挖掘的流程

对于不同的文本挖掘任务，其工作流程往往有所区别，但总体框架大同小异，这一讲参考黄天元（2021）对文本挖掘流程的介绍，提供了一个普遍的文本挖掘流程说明，如图 6-1 所示。[①] 在数据科学工作流之中，越是上游的任务越重要，它决定了后续工作流可达效果的上限。每一个文本挖掘任务的开启，都源于对业务问题的理解。而这一步往往需要研究者通过对相关领域的调研，对文本信息的本质进行理解和推理，进而提出一个值得研究的好问题。在提出问题后，需要知道针对目标问题应提取哪些数据，并以正确的手段来获取，以确保数据的可靠性和真实性。例如，在现有数字经济相关文献中，为探究企业数字化转型程度问题，多采用分析上市公司年报中"数字化转型"关键词出现频次的方法（可参考《企业数字化转型与资本市场表现——来自股票流动性的经验证据》[②]）。一方面，上市公司年报公开透明、易于获

① 黄天元. 文本数据挖掘 基于 R 语言 [M]. 北京：机械工业出版社，2021.
② 吴非，胡慧芷，林慧妍，等. 企业数字化转型与资本市场表现——来自股票流动性的经验证据 [J]. 管理世界，2021（7）.

取，其可靠性具有一定保障。另一方面，上市公司年报中的相关文字信息可以在一定程度上体现该企业对数字化的重视程度。但是，每一个上市公司年报的基本框架和用词不尽相同，用语规范难以统一。即使提取了相关的文本信息，这些数据往往处于非结构化的状态，无法直接使用。因此，就需要进行下一步，对数据进行清洗和转化。典型的清洗工作包括去除标点符号（当然，部分情感分析研究中，标点符号也会作为情感表达的特征词之一）、统一文字大小写（常见于英文字符）、词义消歧等。这些工作虽然烦琐，但却是后续研究的重点基础工作。在数据清理完后，要根据前面对于问题的理解，采用不同的特征提取方法对数据进行提炼。如果是关键词出现位置与频次分析，就需要对这些关键词进行定位定量分析；如果涉及情感分析，就需要利用情感词典对文本中的情感词进行提取，而将其他的特征词排除在外，这些都是典型的特征提取工作。在获取了这些文本特征后，可以直接一步到位（如加总计数），抑或是通过多模型比较等统计建模和机器学习手段，对数据进行深度解读。最后，需要通过一定的手段，将获取的结果进行展示，通常推荐的是可视化的方法，这样更便于外行人理解和沟通。

需要注意的是，整体流程并非是单向不可逆的，而是一个逐渐迭代的闭环。在最开始的阶段，可能对于应获取哪些信息还有些模糊，在不断提取信息的过程中，会更加明白目标和任务，明确问题的核心所在，并不断优化特征的提取方式，最终深化对于问题的理解。直到每一步都趋于完美，才算真正解决了提出的初始问题。

图 6 – 1　文本挖掘的流程

要解决上述提出的这些问题，学会合理运用文本挖掘的工具必不可少。能完成文本挖掘任务的计算机软件有很多，包括 R、Python、SPSS、SAS、WordStat 等。在选择工具时，往往需要注意以下几个方面。首先是开源与否。部分软件是商业集团以盈利为目的专用软件，并不适用于基础的教学。而开源软件被授权可自由使用，有利于广泛的群体交流。在常见的开源软件中，经管类学科更常使用 R 语言和 Python 进行文本挖掘工作。这两者涉及的功能重叠度高，经常被同时列出并进行比较。其中，Python 的用户群体一般都拥有计算机科学的背景，其社区开发区的核心群体由计算机科学家构成，对文本挖掘工具的开发往往是从底层逻辑开始思考。而 R 语言的社区则以统计学家为主，开发人员的背景包括众多学科，尤其是人文学科，因此其开发更加注重任务导向。从任务完成的角度来看，两者没有太大差别，并且两者也在不断互相学习与借鉴。相对于 Python 而言，R 语言不需要太多的计算机编程基础，同时各软件包提供了较为"傻瓜式"的函数操作，因此如果要快速习得实用的工具进行分析，R 语言可能更为合适，但如果要爬取大量网页文本，可能使用 Python 会有更好的体验。为使这一讲的内容更加富有普适性，将立足于 R 语言在文本数据挖掘领域的发展前沿，对文本数据挖掘的实现方法进行简单系统介绍，并提供通用代码和实际案例。

R 语言的下载地址：https：//www. r – project. org/，版本为 4.2.3（不同版本间各程序包可能存在不兼容的情况，建议读者使用和这一讲相同的版本进行操作，同时搭配 Rstudio 使用）。

在 Rstudio 界面中包含四个模块（见图 6 – 2）：

模块 1 是代码笔记本，可以在这个模块中记录代码并修改，类似于 Stata 中的 do 文档。可以直接对代码进行逐行运行，在编写代码的时候会自动进行代码补充，非常便捷。

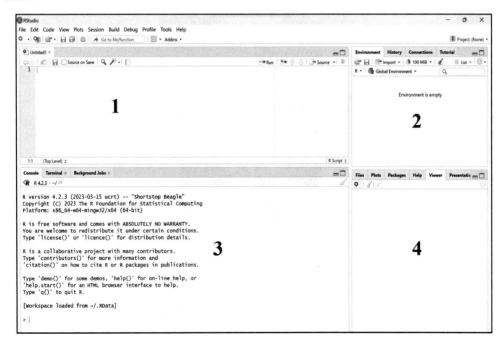

图 6 – 2　Rstudio 的用户界面

模块 2 则包含了 R 环境（Environment）中的一些信息，在对一些变量进行赋值的时候，变量就会出现在这个环境中，类似于 Stata 中的数据编辑器。此外，模块 2 还有其他的选项卡，如 History 记录历史信息。

模块 3 是代码运行的控制台，是 R 代码实际运行的地方，能够看到用户与 R 的实时交互信息，类似于 Stata 中的命令窗口。

模块 4 则包括文件路径信息，让用户能够在 IDE 中直接打开、保存、移动文件。用户在 R 中生成的图也可以在 Plots 中进行查看。Help 提供了便捷的帮助文档界面。Packages 可以直接对已安装的工具包进行加载。

第二节　文本数据的导入与清洗

按照上一节提出的文本挖掘流程，首先应提出问题并进行数据搜集，但这两个环节需要自我的训练，并非这一讲教学内容的重点，因此本节直接进入文本数据的清洗阶段。文本数据常常包含各种噪声、错误、拼写错误、标点符号和特殊字符等，这些问题可能干扰后续的分析和挖掘过程。同时，文本数据中常常包含无用的信息和冗余的内容，清洗数据可以过滤掉这些不必要的内容，提取出有价值的信息，从而减少对后续分析的干扰。文本数据的清洗是确保数据内容、一致性和准确性的关键步骤，为后续的文本分析和挖掘任务提供可靠的基础。只有经过适当的清洗，才能从文本数据中获取有意义的信息并做出准确的分析和决策。

一、文本数据的导入

为了让从未接触过 R 语言的人了解 R 语言的一些基础操作，将在 Basic 文件夹中附上简单的 R 语言入门代码及相应解释，供大家自学。由于这些代码仅是基础的简单操作，并不涉及文本挖掘内容，这里不进行详细讲解，而是直接进入文本挖掘。文本挖掘的起点是文本的导入，这一讲主要聚焦 readtext 包，来实现文本数据的导入。readtext 包可以同时加载多个且不同格式的文本，包括 csv、tsv、txt、json、pdf、docx 等。为实现后续各类文件的导入，将提供对应的文件，在"文本数据挖掘"文件包中供大家下载。

#设定整个文本挖掘数据集的所在位置为工作路径

```
folder_path < - "F:/Desktop/文本挖掘数据"
```

#设置当前工作目录为总的文件夹路径

```
setwd(folder_path)
```

安装本讲需要用到的 readtext 包，并加载其他需要用到的相关包。

```
install.packages("pacman")
library(pacman)
p_load(readtext,tidyverse,quanteda)
```

（一）单个文件的读取

读取一个 txt 后缀的文件。

```
txt_path < -  "test1.txt"#修改对应路径,注意斜杠方向
txt < -readtext(txt_path)
print(txt)
```

```
readtext object consisting of 1 document and 0 docvars.
# Description: df [1 × 2]
 doc_id    text
 <chr>     <chr>
1 test1.txt "\"文字作为人类主要的书\"..."
```

在 readtext 包中，提取单个文件的代码是相同的，只需要修改对应的路径的格式文件即可，如 docx_path < - " test2.docx"。

这是最简单的读取方式，实际上 readtext 包还提供了其他选项，可以参考 readtext 包的文档以了解更多关于该包的详细信息和更高级的选项。但 readtext（ ）函数主要用于读取文本文件的简化操作，对于更复杂的读取需求，需要使用其他函数或包，如 read. delim（ ）和 read. table（ ）函数。

（二）整个文件夹的读取

整体文件夹的读取与单个文件读取方式几乎相同。

```
file_path < - "test3"
data < -readtext(paste0(file_path,"/*"))    #读取文件夹内部所有文件
data_txt < - readtext(paste0(file_path,"/*.txt"))    #读取文件夹中
```
的所有 txt 文件
```
print(data)
print(data_txt)
```

（三）压缩包的读取

部分压缩包的读取同样可以采取上述方式，但由于压缩包经常容易出现文件的编码方式不兼容或存在非法字符的情况，如果是 zip 压缩包，可以使用 unzip（ ）函数

直接进行手动解压缩。

```
unzip("test4.zip")
```

二、正则表达式

在数据清洗之前，本部分将介绍正则表达式的使用。正则表达式（regular expression）是一组由字母和符号构成的特殊文本形式，利用这种符号形式能够从文本中提取出特征格式的内容。

（一）基本语法

1. 通配符

通配符是一种特殊的语句，又称为元字符，包括星号（∗）、问号（?）等。它们并不代表自身的字面意思，而是有特殊的含义，能够用来匹配一大类具有某种特征的字符串。表6-1提供了一些常用的通配符。

表6-1   通配符概述

通配符	通配符描述
.	匹配除换行符"/n"以外的任意字符
[ ]	匹配方括号内任意一个字符
[^]	匹配除了方括号内任意一个字符
*	前面的字符或表达式重复0次或更多次
+	前面的字符或表达式重复1次或更多次
?	前面的字符或表达式重复0次或1次
{n, m}	前面的字符或表达式的重复次数：{n}表示重复n次；{n,}重复n次到更多次；{n, m}表示重复n次到m次
(xyz)	字符集，匹配与xyz完全相等的字符串
|	表示或者，即通配符|前后的表达式任选一个
\\	转义字符，匹配元字符时，使用"\\元字符"
^	从开始位置匹配
$	从末端位置匹配

2. 特殊字符类与反义

此外，还有一些常用的字符集。这套字符集不仅可以在R中使用，在很多其他计算机语言中都能够通用，如表6-2所示。

表 6 – 2	特殊字符类与反义
符号	描述
\\d, \\D	匹配数字；匹配非数字
\\s, \\S	匹配空白符；匹配非空白符
\\w, \\W	匹配字母或数字或下划线或汉字；匹配非 \ w 字符
\\b, \\B	匹配单词的开始或结束的位置；匹配非 \ b 的位置
\\h, \\H	匹配水平间隔；匹配非水平间隔
\\v, \\V	匹配垂直间隔；匹配非垂直间隔
[^...]	匹配除了 "…" 以外的任意字符

3. POSIX 字符类

表 6 – 3 列出了 POSIX 简写字符集的符号及其描述。

表 6 – 3	POSIX 简写字符集
符号	描述
[[:lower:]]	小写字母
[[:upper:]]	大写字母
[[:alpha:]]	任意字母
[[:digit:]]	任意数字
[[:alnum:]]	任意字母或数字
[[:blank:]]	空白符包括空格、制表符、换行符、中文全角空格等
[[:cntrl:]]	ASCII 控制符
[[:punct:]]	任意标点符号
[[:space:]]	任意空格
[[:xdigit:]]	十六进制数字
[[:print:]]	任意可输出字符
[[:graph:]]	除空格外任意可输出字符

（二）简要示例

1. 直接匹配

数据中包含有字母、符号、数值等信息，若此时只需要提取其中的数值或者符号，可按照正则表达式的语法规则，直接把要提取的部分表示出来：

```
library(stringr)
x = c("CDK弱( +)10% +","CDK( +)30% -","CDK( -)0 +","CDK( + +)60%
*")
```

```
str_view(x,"\\d+% ")
```

```
[1] | CDK 弱 (+)<10%>+
[2] | CDK(+)<30%>-
[4] | CDK(++)<60%>*
```

其中，\\d 所表示的是匹配一位数字，+ 表示前面数字重复 1 次或多次，% 表示的是原样匹配% 。

```
str_view(x,"\\d+% ?")
```

```
[1] | CDK 弱 (+)<10%>+
[2] | CDK(+)<30%>-
[3] | CDK(-)<0>+
[4] | CDK(++)<60%>*
```

若后面不加"?"，则必须匹配到 % 才能成功，所以第三个数据所含有的数值并未完成匹配；若后面加上"?"，则表示匹配到前面的 %0 次或者 1 次，从而能成功匹配第三个数据所含有的数值。

2. 匹配两个标志之间的内容（零宽断言）

想要匹配的内容没有规律性，但是该内容位于两个有规律性的标志之间（标志也可以是开始和结束），而想匹配的内容并不含有两边的"标志"，此时需要使用零宽断言。零宽断言是正则表达式中的难点。正如它的名字一样，是一种零宽度的匹配，它匹配到的内容不会保存到匹配结果中，最终匹配结果只是一个位置。其作用是给指定位置添加一个限定条件，用来规定此位置之前或者之后的字符必须满足限定条件（即断言）。当断言为真时，正则表达式才会继续进行匹配。

简单而言，这种高级语法的作用为既要匹配到"标志"，但是结果却又不含"标志"。左边标志的引导语法是（?＜＝标志），右边标志的引导语法为（?＝标志），而真正需要匹配的内容在它们中间。

```
L = c("2022 级数理经济学 1 班","2022 级产业经济学 2 班","2021 级产业经济
学 1 班")
```

```
str_extract(L,"(?<=级).*? (?=[0-9])")
```

```
[1] NA NA NA
```

```
str_extract(L,"(?<=级).*?(?=[0-9])")
```

```
[1] "数理经济学" "产业经济学" "产业经济学"
```

如上述例子，需要筛选不同的专业名称，而专业名称位于"级"和数字之间，则可以通过零宽断言来提取数据。需要注意的是，str_extract（L,"（?＜=级）.*?（?=[0-9]）")中，"（?＜=　级）"中的"＜="后面是空格再加上级字，所以并不能完成分类。此处是不允许有空格的，"?＜=级"才是正确解答。

此外，正则表达式均为贪婪匹配，即重复，直到文本中能够匹配到的最长范围；与之对应的是懒惰匹配，匹配尽可能少的字符。在能使整个匹配成功的前提下使用最少的重复，只需要在它后面加上一个问号"?"即可。例如，匹配小括号：

贪婪匹配：

```
str_extract("(1st) other (2nd)","\\(.+\\)")
```

```
[1] "(1st) other (2nd)"
```

懒惰匹配：

```
str_extract("(1st) other (2nd)","\\(.+? \\)")
```

```
[1] "(1st)"
```

三、常见文本数据的清洗方式

（一）拼写错误（英文字符串）

拼写错误常用于英文字符中，在 R 中可以用 hunspell 包完成英文单词的拼写检测和修正。示例如下：

```
#加载将要使用的包
p_load(hunspell,tidyverse)
c("economy","finnance","international") % >% hunspell_check()
```

```
[1]  TRUE FALSE  TRUE
```

结果显示，该英文向量中的"finance"单词存在拼写错误，其他单词都拼写正确。此外，hunspell 包还提供了 hunspell_suggest 函数，根据文本的相似度来推荐正确的答案。

```
"finnance" % >% hunspell_suggest()
```

```
[[1]]
[1] "finance"   "financier" "fiance"
```

（二）文本切分

文本自身就具有独特的结构单位，包括文章、段落、句子、单词等。在研究某些问题时，往往需要将其自身切分为不同的单位，然后进行分析。中英文两者本身具有不同的特性，而日常需要处理的更多的是中文文本，因此在此处主要介绍中文文本的切分方式。

#加载将要使用的包

```
p_load(tokenizers,tidytext)
```

text = "文字作为人类主要的书面交流工具，将语言、事实、观点等转化为持久的形式，跨越时间和空间的限制，进行广泛的信息传播和沟通。随着互联网的普及，人们产生的文本数据呈指数级增长。这些数据包含了丰富的信息，可以用于洞察用户行为、市场趋势、舆情分析等。

例如，在药物副作用检测上，可以分析病历中关于药物使用的描述，包括剂量、频率、疗程等信息，帮助医生监测药物的副作用和不良反应；在股票市场行情分析上，可以通过对评论区股民发表的评论进行情感分析，以判断股市未来走向和相关舆情。这些应用具有巨大价值，而要发掘这些潜力，则需要掌握体系化的文本数据挖掘方法。"

1. 段落与句子切分

要把文章分成段落，最根本的一个问题是：段落的分隔符是什么？在导入上述文本的时候，换行使用了两个换行符，这和 tokenizers 包中 tokenize_paragraphs 函数的默认设置是一样的，因此可以直接进行段落切分。

```
text %>% tokenize_paragraphs()
```

```
[[1]]
[1] "文字作为人类主要的书面交流工具，将语言、事实、观点等转化为持久的形式，跨越时间和空间的限制，进行广泛的信息传播和沟通。随着互联网的普及，人们产生的文本数据呈指数级增长。这些数据包含了丰富的信息，可以用于洞察用户行为、市场趋势、舆情分析等。"
[2] "例如，在药物副作用检测上，可以分析病历中关于药物使用的描述，包括剂量、频率、疗程等信息，帮助医生监测药物的副作用和不良反应；在股票市场行情分析上，可以通过对评论区股民发表的评论进行情感分析，以判断股市未来走向和相关舆情。这些应用具有巨大价值，而要发掘这些潜力，则需要掌握体系化的文本数据挖掘方法。"
```

而有的时候，段落分割的符号可能会发生变化，这时候可以使用 paragraph_break 参数进行调整，例如使用一个换行符（回车键）作为段落之间的间隔，则设置 paragraph_break = "\n"。具体的其他操作可以看该函数的帮助文档。

对于句子的划分，一般以句号、问号和惊叹号作为分隔符，如下：

```
text %>% tokenize_sentences()
```

```
[[1]]
[1] "文字作为人类主要的书面交流工具，将语言、事实、观点等转化为持久的形式，跨越时
间和空间的限制，进行广泛的信息传播和沟通。"
[2] "随着互联网的普及，人们产生的文本数据呈指数级增长。"
[3] "这些数据包含了丰富的信息，可以用于洞察用户行为、市场趋势、舆情分析等。"
[4] "例如，在药物副作用检测上，可以分析病历中关于药物使用的描述，包括剂量、频率、
疗程等信息，帮助医生监测药物的副作用和不良反应；在股票市场行情分析上，可以通过对评
论区股民发表的评论进行情感分析，以判断股市未来走向和相关舆情。"
[5] "这些应用具有巨大价值，而要发掘这些潜力，则需要掌握体系化的文本数据挖掘方法。"
```

2. 词语切分（重点）

词语切分的主要目标是将词语作为一个文本基础单位进行切割。在英文中，不同的词语间往往存在空格，可以直接分开。同时，tokenize_words 函数也可以实现中文词语的切分。

```
text % >% tokenize_words()
```

```
  [1] "文字"   "作为"   "人类"   "主要"   "的"     "书面"   "交流"   "工具"
      "将"     "语言"   "事实"   "观点"
 [13] "等"     "转化"   "为"     "持久"   "的"     "形式"   "跨越"   "时间"
      "和"     "空间"   "的"     "限制"
 [25] "进行"   "广泛"   "的"     "信息"   "传播"   "和"     "沟通"   "随着"
      "互"     "联"     "网"     "的"
 [37] "普及"   "人们"   "产生"   "的"     "文本"   "数据"   "呈"     "指数"
      "级"     "增长"   "这些"   "数据"
 [49] "包含"   "了"     "丰富"   "的"     "信息"   "可以"   "用于"   "洞察"
      "用户"   "行为"   "市场"   "趋势"
 [61] "舆"     "情"     "分析"   "等"     "例如"   "在"     "药物"   "副作用"
      "检测"   "上"     "可以"   "分析"
 [73] "病历"   "中"     "关于"   "药物"   "使用"   "的"     "描述"   "包括"
      "剂量"   "频率"   "疗"     "程"
 [85] "等"     "信息"   "帮助"   "医生"   "监测"   "药物"   "的"     "副作用"
      "和"     "不良"   "反应"   "在"
 [97] "股票"   "市场"   "行情"   "分析"   "上"     "可以"   "通过"   "对"
      "评论"   "区"     "股"     "民"
[109] "发表"   "的"     "评论"   "进行"   "情感"   "分析"   "以"     "判断"
      "股市"   "未来"   "走向"   "和"
[121] "相关"   "舆"     "情"     "这些"   "应用"   "具有"   "巨大"   "价值"
      "而"     "要"     "发掘"   "这些"
[133] "潜力"   "则"     "需要"   "掌握"   "体系"   "化"     "的"     "文本"
      "数据"   "挖掘"   "方法"
```

可以看到，在该分词结果中，标点符号也被自动去除了。虽然 tokenize_words 函

数确实实现了简单的中文分词，但随着中文新词的不断出现，该函数已经很难保证分词的效果。而且，在不同的场景下，涉及的语言和术语各有不同，分词的需求也同样有所不同。因此，在做分词的时候，一定要先对研究背景有一个基础的认识，对一些专业词汇具有一定的了解，这样才能做到正确分词。在 R 语言中，可以使用 jiebaR 包，设置自定义词典来实现这一目的。

```
fc = "文本挖掘是数据分析中的重要内容。"      #创建字符
fc % >% tokenize_words()
```

```
[[1]]
[1] "文本" "挖掘" "是"    "数据" "分析" "中的" "重要" "内容"
```

如果按照 tokenize_words 函数进行分析，可以看到分词结果中，"数据"和"分析"被分开了，"文本"和"挖掘"也是两个词。但实际上"文本挖掘"和"数据分析"才是整个数据处理中的关键术语。下面用 jiebaR 包进行分词：

```
p_load(jiebaR)
wk = worker()     #创建分词器
segment(fc,wk)    #进行分词
```

```
[1] "文本"  "挖掘"  "是"  "数据分析"  "中"  "的"  "重要"  "内容"
```

可以看到，在这个分词结果中，"数据分析"被整合为一个词，分词效果与之前相比有了一定的改进，但"文本"和"挖掘"依旧被分开了。这里的分词器使用的是默认设置，可以根据个性化的需要来对该分词器进行修饰，以提高分词的效果。详细的帮助文档可以输入"? worker"进行查询。这里说明一下如何利用自我构建的词典来进行更加准确的分析。首先，查找词典的所在位置。

```
show_dictpath()
```

根据给出的系统路径找到指定的文件夹。可以看到，文件夹内有一个 user. dict. utf8 文件，用记事本打开，可以看到里面已经有了一些词组，在下面继续输入自己需要的词组，然后按回车，作为新的自定义词典，一行仅放置一个词组。加入"文本挖掘"，然后将该文件另存为 user2. dict. utf8，再次尝试分词。

```
#重新定义分析器
wk = worker(user = str_replace(USERPATH,
                      "user.dict.utf8",
                      "user2.dict.utf8"))
segment(fc,wk)
```

```
[1] "文本挖掘"    "是"    "数据分析"    "中"    "的"    "重要"    "内容"
```

分词结果中，"文本挖掘"已经合并在一起成为一个独立的词组。可见，如果想要更换应用场景，只需要改变用户的自定义词典就可以了。值得注意的是，搜狗、谷歌等第三方提供了一些常见的应用于不同场景的词典，比如经济类、金融类、新闻类等，必要时候可以按照个人需求，对这些第三方词典进行下载和导入。

3. 去除无关字符

有时并不需要文本中的数字来提供更多的信息，而且大量数字的存在会影响分词和计数的效果。去除本文中数字的方法很简单，只需要用到前面提到的正则表达式：

```
sz = "随着浙江省各县(市、区)GDP的陆续公布,榜首尘埃落定。2022年,浙江"千亿元县"达到25个,前十名分别是鄞州区、余杭区、北仑区、上城区、慈溪市、滨江区、萧山区、拱墅区、西湖区、柯桥区。"
sz < -gsub("\\d+","",sz)
print(sz)
```

```
[1] "随着浙江省各县（市、区）GDP的陆续公布，榜首尘埃落定。2020年，浙江"千亿元县"
达到25个，前十名分别是鄞州区、余杭区、北仑区、上城区、慈溪市、滨江区、萧山区、拱墅
区、西湖区、柯桥区。"
```

部分文本中还会出现大量的空格，干扰分词的效果。空格的去除方式和数字相似。

```
sz < -gsub(" ","",sz)
```

去除标点往往不是担心的重点。无论是 tokenizers 包还是 jiebaR 包，基本都是默认在分词时剔除标点符号。当然，也可以修改该默认设定，保留标点符号。比如：

```
sz"%>% tokenize_words(simplify = T,strip_punct = F)
```

```
[1] "随着"    "浙江省"  "各"      "县"      "("      "市"      "、"      "区"
")"       "GDP"     "的"      "陆续"
[13] "公布"    ","      "榜首"    "尘埃"    "落"      "定"      "。"      "年"
","       "浙江"    """       "千"
[25] "亿"      "元"      "县"      """       "达到"    "个"      ","      "前"
十名"     "分别"    "是"      "鄞"
[37] "州"      "区"      "、"      "余"      "杭"      "区"      "、"      "北
仑"       "区"      "、"      "上"
[49] "城区"    "、"      "慈"      "溪"      "市"      "、"      "滨"      "江"
区"       "、"      "萧"      "山区"
[61] "、"      "拱"      "墅"      "区"      "、"      "西湖"    "区"      "、"
柯"       "桥"      "区"      "。"
```

在去除数字和标点符号之后，接下来的最后一步就是去除停用词。停用词指的是那些往往没有过多实际含义，但会大量重复出现的词。这些词的存在会干扰关键词选择的正确性。在中文中，常见的停用词包括"的""得""地""呢""了"等。在分词的时候，应将这些停用词剔除。但停用词太多，若手动剔除过于烦琐，并且可能存在遗漏。jiebaR 包提供了一个停用词库，该词库涵盖了中英文的常见停用词（包括部分标点符号）。

```
STOPPATH      #查看停用词库的位置
```

接下来的步骤和修饰分词器一样。如果有想要新增或去除的停用词，就在该文档中进行操作，后另存为 stop_words2. utf8。

```
wk = worker(stop_word = str_replace(STOPPATH,
                                    "stop_words.utf8",
                                    "stop_words2.utf8"))
segment(sz,wk)
```

```
[1] "各县"    "GDP"     "陆续"   "公布"   "千亿元" "县"     "达到"   "前十名" "鄞州区" "余杭区" "滨江区" "萧山区"
[13] "拱墅区" "西湖区" "柯"     "桥"
```

以上就是对于文本原始数据的预处理过程。当清洗完原始的数据之后，就要对该数据进行特征性分析，并将分析结果用图表的形式呈现出来。

第三节　文本特征的提取和可视化

文本特征提取属于特征工程的范畴。特征工程（feature engineering）是指利用领域知识从原始数据中提取有价值信息的过程。特征工程有很多种，比较浅层的就是计算文字的数量，再深层次的是计算特定词语的出现频率和 TF – IDF 统计。本节内容聚焦文本特征提取这一主题，介绍一些基本的概念和代码，最终将文本特征提取的结果用可视化的形式呈现出来。

一、关键词获取

（一）基于 BoW 的特征提取

词袋模型 BoW（bag – of – words）是一种在自然语言处理和信息检索（IR）中使用的表示文本（如句子或文档）的模型。在这个模型中，一段文本被表示为词的集合，不考虑词的顺序和语义，只关注每个词在文本中出现的频率。因此，简单地统计词出现的次数，可以看作是使用了词袋模型。举个简单的例子：

```
#导入文本数据挖掘中的案例 example

example < - readtext("example.txt")

#仅保留中文字符

example < -gsub("[^\\p{Han}]+","",example,perl = TRUE)
```

为保持分词效果的一致性，在提供的文件夹中有根据文本内容完善后的分词库user2. dict. utf8 和停用词库 stop_words2. utf8，需要将这两个文件和 jiebaR 自带的词典放至同一路径。

```
#重新定义分词器，新的词典同样在该文件夹当中

wk = worker(user = str_replace(USERPATH,
                              "user.dict.utf8",
                              "user2.dict.utf8")
            ,stop_word = str_replace(STOPPATH,
                              "stop_words.utf8",
                              "stop_words2.utf8"))

words < - segment(example,wk)

#存储所有分词结果的列表

all_words < - c()

#将分词结果添加到所有分词结果的列表中

all_words < - c(all_words,words)

#对所有分词结果计数

word_counts < - table(all_words)

#排序，降序排列

word_counts < - sort(word_counts,decreasing = TRUE)

#取出前 10 个词

top_10_words < - head(word_counts,10)

#取出前 50 个词

top_50_words < - head(word_counts,50)

#打印结果

print(top_10_words)
```

all_words										
制造业	工业	投资	数字	互联网	阿里	高新技术	国家级	产业链	超过
17	16	10	9	8	5	5	5	4	4

从结果可以看到，"制造业""工业""投资""数字""互联网"等词出现的频率是该文件中出现次数最多的词。该 example 中只放了三份有关"鄞州赶超余杭"的新闻报道，但足以看出，"制造业""数字""互联网""阿里"等词已经遥遥领先于其他的词，而这些词也正好是鄞州区和余杭区的特色，验证了本次关键词的提取具有一定的合理性。平常做简单的关键词提取时，就可以采用这种简单的提取方式，根据词出现的频次来提取关键词。

细心的读者会发现，新停用词库 stop_words2. utf8 中新增了部分或许不常用，但会在该文本出现的词。那么，为何要将这些词放进停用词库呢？这是因为这些词在该主题下会大量出现，但其对于研究目的而言并无实际意义，等同于所谓的停用词。举个例子，停用词库中的"宁波市"和"杭州市"就是如此。鄞州区隶属宁波市，余杭区隶属杭州市，在提及这两个区县比较的过程中，难免会涉及上属的地级市，这就导致了"宁波市"和"杭州市"的大量出现，很可能提取为特征关键词。但这仅是地理信息，并无太大意义。如果要提取地区包含的信息，可以检索"宁波市"或"杭州市"的后几个字符，观察两者的特征。

该停用词库的选择其实是通过多次分词计数所确定的，需要不断地统计关键词数量，再将那些频次高的、无实际意义词剔除，最终才能形成合理的分词结果。这个步骤相对烦琐，但在多次统计的过程中，也可以进一步加深对研究主题的理解。

然而，请注意，词袋模型并不仅仅局限于词频的统计。例如，BoW 模型也可以结合 TF – IDF 模型来改进关键词的判断方式。在这种改进的 BoW 模型中，每个词的重要性不再只是由它在文本中出现的频率决定，而是同时考虑了它在整个语料库中的罕见程度。这样可以降低常见词语的权重，提升罕见词语的权重，使得特征更能体现出文本的独特性。

（二）基于 TF – IDF 的特征提取

在 TF – IDF 算法中，TF（term frequency）即为词频，与前面的应用相同。但正如之前所说，单单关注词频，会出现大量无法体现本文特征的关键词，比如常见的停用词"的""呢""了"，又或是需要循环往复来剔除无实际研究意义的词语。为了在评估关键词的时候降低这些词的重要程度，产生了逆文档频率（inverse document frequency，IDF）这一概念，具体的计算公式为：

$$IDF_{term} = \ln(N/df_{term})$$

其中，N 为涉及文档总数，df_{term} 表示 term 一词出现的文档数量。如果 term 一词出现的文档数量增加，该词的 IDF 就会降低。而 TF - IDF 算法就是将词频 TF 和逆文档频率 IDF 相乘，该算法认为词语的重要性与它在文件中出现的次数成正比，与它在所有文档中出现的次数成反比。如果一个词在该文档中出现频次高，但是在其他文档中又极少出现，就说明这个词具有很好的区分性，可以作为这一文档的特征词。

例如，为"鄞州赶超余杭"寻一对照主题"宁波 2022 年 GDP 情况"（contrast NB. txt）与"杭州 2022 年 GDP 情况"（contrastHZ. txt）。将三个文档放入同一文件夹"TF - IDF"中。

```
#导入文档
p_load(tidyverse,tidytext,dplyr)
file_path < - "TF - DIF"
file < - readtext(paste0(file_path,"/*"))    ##代表读取文件夹内部所有文件
#仅保留中文字符
file$text < - gsub("[^\\p{Han}] + ","",file$text,perl = TRUE)
#创建分词器，设置停用词
worker < - worker(stop_word = "stop_words.utf8",bylines = FALSE)
#对 text 列进行分词处理，结果作为一个新列保存
file < - file % >%
  mutate(text = as.character(text),
       words = map(text, ~ segment(.x,worker)))
#将 words 列从列表展开为多行
file_words < - file % >%
unnest(words)
#计算每个 doc_id 的每个词的计数
file_counts < - file_words % >%
  count (doc_id,words)
#计算 TF - IDF
file_counts % >%
  bind_tf_idf(words,doc_id,n) - >file_tf_idf
#根据 doc_id 和 tf_idf 降序排序
file_tf_idf < - file_tf_idf % >%
  arrange(desc(doc_id),desc(tf_idf))
```

```
View(file_tf_idf)
```

	doc_id	words	n	tf	idf	tf_idf
1	example.txt	鄞州	28	0.016746411	1.0986123	0.018397813
2	example.txt	余杭	28	0.016746411	1.0986123	0.018397813
3	example.txt	第一	23	0.013755981	1.0986123	0.015112490
4	example.txt	亿	22	0.013157895	1.0986123	0.014455425
5	example.txt	鄞州区	19	0.011363636	1.0986123	0.012484231
6	example.txt	区	18	0.010765550	1.0986123	0.011827166
7	example.txt	区县	15	0.008971292	1.0986123	0.009855971
8	example.txt	余杭区	14	0.008373206	1.0986123	0.009198907
9	example.txt	成为	8	0.004784689	1.0986123	0.005256518
10	example.txt	互联网	8	0.004784689	1.0986123	0.005256518

#将 example 中的 tf_idf 最大的前 10 行用柱状图的方式呈现

```
ggplot(file_tf_idf[file_tf_idf$doc_id == "example.txt",][1:
10,],aes(x=words,y=tf_idf)) +
geom_bar(stat="identity",fill="blue") +
xlab("关键词") +
ylab("tf_idf值") +
ggtitle("example.txt 的 tf_idf 值")
```

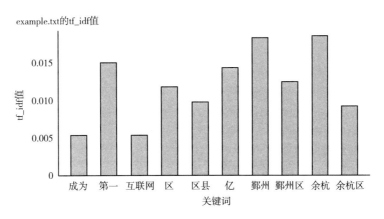

可以看到，在 example. txt 文件中，无论是从出现频次 TF 还是 TF_IDF 看，"鄞州"和"余杭"两个词都是最高的。但是，词频数同样很高的"宁波""杭州"两词，其 TF_IDF 值就低于其他更低词频的值。这是因为在该文档中，与其他高频词相比，这两个词并非该文档的特征词，它可能同样出现在了另外的两个文档当中。

（三）特定词的出现频率

在完成了关键词的识别后，可以将这些关键词作为一个专业词典，定向对原始文本进行识别和提取。假设已知特征词为"互联网"，可直接利用 count 函数得出该特征词在所有文档中的出现频率。

```
#计算特定词的出现量
files < - list.files(file_path,full.names = TRUE,pattern = " * .txt")
#初始化列表
df < - data.frame(file = character(),word = character(),count = numeric())
#读取文件
for (file in files){
  text < - readLines(file)
  file_name < - basename(file)
  keywords < - c("互联网")         #定义关键词
  for(keyword in keywords){
    count < - length(grep(keyword,text))
    df < - rbind(df,data.frame(file = file_name,word = keyword,count = count))
  }
}
df
```

	file	word	count
1	contrastHZ.txt	互联网	0
2	contrastNB.txt	互联网	0
3	example.txt	互联网	3

二、可视化——词云图

词云图（word cloud）又称文字云，是一种文本数据的图片视觉表达方式，一般是由不同词组成类似云的图形，用于展示大量文本数据。词云这个概念最早是由美国西北大学新闻学副教授、新媒体专业主任里奇·戈登提出的，通常用于描述网站上的关键字元数据（标签），或可视化自由格式文本。词云就是通过形成关键词云层或关键词渲染，对网络文本中出现频率较高的关键词进行视觉上的突出，每个词的重要性以字体大小或颜色显示。词云图可以很直观地显示词频，并描绘出各种形状。word-cloud2 包就是一种非常方便的绘制词云图的方式。

```
p_load(wordcloud2,webshot)
wc < - wordcloud2(top_50_words,size = 0.35,shape ='star')   #shape 可
自行设定形状
print(wc)
```

#保存为 HTML 文件

```
htmlwidgets::saveWidget(wc,"wordcloud.html")
```

#将 HTML 文件截图并保存为 PNG 文件

```
webshot("wordcloud.html",file = "wordcloud2.png",delay = 3)
```

本节介绍了几种不同的提取关键词的方法，其背后的原理各异，输出的结果也有一定差别，在实际应用中需要根据研究任务进行调整。

第四节 文本情感分析

情感分析主要面向文本数据，是自然语言处理的主要内容。情感分析又称评论挖掘或意见挖掘，是数据挖掘和计算机语言学的一个分支，是一种对网上各种新闻资

源、社会媒体评论和其他用户生成内容进行提取、分析、处理、归纳和推理的技术。① 人们在各种互联网平台发布信息，这些信息难免带有各种情感色彩和情感倾向性，如喜、怒、哀、乐的情绪，批评或批判、肯定或赞扬的态度。情感分析可以自主对这些文字背后所表达的情绪进行挖掘和判断。现有的文本情感分析的途径大致有三种：基于情感词典的方法、基于机器学习的方法、基于深度学习的方法。其中，较为常见的是基于情感词典的方法。其原理很好理解，事前需要先定义一个情感词典。例如，定义"喜欢"为正向情感，记 1 分，那么"我喜欢你"这句话里，"我"和"你"都是中性词，为 0 分，"喜欢"为正向情感词，记 1 分，整句话的情感得分就为 1 分。同理，"讨厌"一词为负向情感，记 -1 分，那么"我喜欢你，讨厌他"的情感总分就为 0 分。可以根据不同的场景，更换不同的情感词典，对不同情感强度的词赋予不同等级的分数，从而更为准确地判断文本的情感方向。

在 R 语言社区中，有非常多的工具可以进行情感分析，但遗憾的是，这些工具都是针对英文文本的，CRAM（Comprehensive Archive Network）还没有针对中文情感分析的包。因此，在本节中，我们将自行编写一段简单的代码来进行中文的情感分析。当大家建立了自己的情感词典后，就可将这些简单的代码进行拓展，以实现自己的研究目的。

一、基本环境与数据准备

这一讲只需要使用 jiebaR 和 tidyfst 两个包，前者用于分词，后者用于对数据进行高效处理。创立一个简单的语料库 corpus，一共三条，并附上 id 作为标志号。

```
#导入安装包和文本数据
p_load(jiebaR,tidyfst)
corpus  = data.table(id =1:3,text = c("我很快乐","我爱游泳","没有人喜欢孤独"))
corpus
```

	id	text
	<int>	<char>
1:	1	我很快乐
2:	2	我爱游泳
3:	3	没有人喜欢孤独

二、建 立 情 感 词 典

接下来，建立一个情感词典。情感词典只需要两列：一列是情感词，另一列是其对应的情感得分权重。在具体的使用中，情感词典往往是最关键的，需要研究者根据自己的需求进行具体设置。例如：

```
dict = data.table(word = c("快乐","爱","喜欢","没有","孤独"),score =
c(1,1,1,-1,-1))
dict
```

```
     word score
    <char> <num>
1:   快乐     1
2:     爱     1
3:   喜欢     1
4:   没有    -1
5:   孤独    -1
```

三、中 文 分 词

按照前面的分词方法，对每一行文本进行分词，并将结果转化为一个长表，令每一行只有一个词，以便后续对每个词赋予分值。例如：

```
cutter = worker()
corpus % >%
  rowwise_dt(
    mutate_dt(word = segment(text,cutter))
  ) % >%
  unnest_dt(word) - > tidy_table
tidy_table
```

	id	text	word
	<int>	<char>	<char>
1:	1	我很快乐	我
2:	1	我很快乐	很
3:	1	我很快乐	快乐
4:	2	我爱游泳	我
5:	2	我爱游泳	爱
6:	2	我爱游泳	游泳
7:	3	没有人喜欢孤独	没有
8:	3	没有人喜欢孤独	人
9:	3	没有人喜欢孤独	喜欢
10:	3	没有人喜欢孤独	孤独

分词的结果就在 tidy_table 这个变量中。

四、分值计算

最后一步是计算情感得分。可以使用左连接将语料库表格和情感词典表格连接在一起，如果没有识别成功的词语则忽略它们（即认为它们的分值为 0），然后将识别成功的每个文本的所有词的分数加起来，作为这一段文本的情感得分。例如：

```
tidy_table % >%
  left_ join_dt(dict) % >%
  na.omit()  % >%
  select_dt(id,score) % >%
  summarise_dt(score = sum(score),by = id) % >%
  arrange_dt(id) - > res
res
```

	id	score
	<int>	<num>
1:	1	1
2:	2	1
3:	3	-1

观察这个结果，可以得出，id 为 1 的文本情感得分为 1，id 为 2 的文本情感得分为 1，id 为 3 的文本情感得分为 -1。

通过上面这个例子可以看到，中文情感分析其实没有想象中那么困难，其本质上只需要正确分词，然后与合适的情感词典连接并分组求和。在实际的应用当中，要注意把情感词典同时作为分词词典导入，这样可以避免情感词典中的情感词被不当切分而无法识别。

若读者希望进一步了解和深入学习文本挖掘技术，以下著作可供学习参考：

（1）《情感分析——挖掘观点、情感和情绪》（刘兵）

（2）《文本挖掘——基于 R 语言的整洁工具》（Julia Silge；David Robinson）

（3）《文本分析与文本挖掘》（姜维）

（4）《文本数据挖掘（第 2 版)》（宗成庆、夏睿、张家俊）

思考与练习

1. 如何在 R 中同时读取和写入多个 CSV 文件？请提供一个示例代码并尝试执行。

2. R 中的数据清洗和预处理是什么？列举一些常见的数据清洗任务，并提供一些 R 代码示例来执行这些任务。

3. 阅读一篇以文本挖掘技术为主要内容的经济学实证论文，并尝试复现。

> 第 7 讲　截面数据与时间序列数据 <

经典截面数据分析过程在初级的计量经济学教科书中已有所介绍，其所用估计方法也是统计学中曾介绍的普通最小二乘法（OLS）。本讲义中主要介绍经常遇到的非经典截面问题。时间序列的分析大致可以分为单个时间序列变量自身信息的分析和不同时间序列变量相互作用的分析。单个时间序列变量自身信息的分析主要介绍了 ARMA 模型和 GARCH 模型，不同时间序列变量相互作用的分析主要介绍了 VAR 模型中的脉冲效应和格兰杰因果关系检验相关问题。

第一节　截面数据分析

一、二值选择模型

（一）线性概率模型 LPM

若被解释变量描述的是特征、选择或种类等不能量化的因素，如点外卖还是不点外卖、考研还是不考研等，这类被解释变量为虚拟变量的模型，被称为定性选择模型。假设个体只有两种选择，如 $y = 1$（点外卖）或 $y = 0$（不点外卖），这样的模型称为二值选择模型。当个体的选择多于两个，如 $y = 0$（点外卖）、$y = 1$（自己做饭）、$y = 2$（外出就餐），此时的定性选择模型则为多值选择模型。本小节从二值选择模型入手，介绍此类模型如何设定和估计。

最基础的二值选择模型是线性概率模型（LPM）。

考虑一个线性概率模型：

$$y_i = x'_i \beta + \varepsilon_i (i = 1, \cdots, n) \tag{7-1}$$

其中，y_i 仅取 0 或 1 两个值，x'_i 表示解释变量矩阵。形式上，该模型与传统的线性回归模型无异，解释变量中可以包含正常变量与虚拟变量，观测值 i 可以是个体、企业、地区或国家等横截面维度。然后，仍基于 OLS 方法进行估计。

可以看到，

$E(y \mid x) = 1 \cdot P(y = 1 \mid x) + 0 \cdot P(y = 0 \mid x) = P(y = 1 \mid x) = x_i'\beta$。此时，$x$ 对 y 的均值的影响系数 β 可以理解为 x 对 "$y = 1$" 发生的概率影响。

但是该模型存在以下三种问题：一是参数估计量存在异方差问题；二是可决系数 R^2 与调整可决系数 $\overline{R}^2$ 不再是合适的拟合优度测度值；三是若使用 OLS 对模型进行参数估计，回归拟合值可能出现 $\hat{y} > 1$ 或者 $\hat{y} < 0$，但概率的取值位于 0 和 1 的闭区间内。此时，我们就不能再将拟合值视为概率的预测，因为事件发生的概率不可能大于 100%，也不可能小于 0。尽管线性概率模型存在上述问题，但是也具有方便计算、边际效应的经济含义易于解释等优点。

（二）Logit 模型与 Probit 模型

由前面的讨论可知，当被解释变量为二项选择变量时，若仍使用 OLS 对线性概率模型进行估计会产生一些问题，严重的情况下会导致估计结果失去计量与经济意义。因此，二值选择模型将可采用基于累计分布函数的最大似然估计法（MLE）进行估计。

在二值选择模型中，最需要关心的是响应概率 $P(y = 1 \mid x)$。考虑 y 的两点响应分布概率：

$$\begin{cases} P(y = 1 \mid x) = F(x, \beta) \\ P(y = 0 \mid x) = 1 - F(x, \beta) \end{cases} \quad (7-2)$$

其中，$F(x, \beta)$ 为响应概率的累计分布函数，在实数域上满足 $0 < F(x, \beta) < 1$，该函数将解释变量 x 与 y 进行连接。由于 y 的取值有且仅有可能取 1 或 0，故其服从于两点分布。在实践过程中最广泛应用的累积分布函数 $F(x, \beta)$ 为逻辑分布 $\dfrac{\exp(x'\beta)}{1 + \exp(x'\beta)}$ 与标准正态分布，前者对应 Logit 模型，后者对应 Probit 模型。

Logit 模型与 Probit 模型都是非线性模型，一般通过最大似然法（MLE）进行参数估计。由于逻辑分布函数的累计分布函数有具体的解析表达式，一般情况下 Logit 模型的计算比 Probit 模型更直观。

值得注意的是，实证研究的重点是解释变量 x_k 对响应概率 $P(y = 1 \mid x)$ 的影响，即考察其边际效应，但是 $\hat{\beta}_{MLE}$ 并非实际考察的边际效应。x_k 对响应概率 $P(y = 1 \mid x)$ 的边际效应实际上等于 β_k 与一个大于 0 的比例因子 $g(x'\beta)$ 的乘积，真实边际效应的符号仅取决于 β_k 的符号，并且 $g(x'\beta)$ 与全部解释变量有关，会随着 x 的值发生改变。因此，计算边际效应的方法通常采用以下两种方式：

第一种，样本均值处的边际效应（marginal effect at mean），用每个解释变量观测值的均值计算边际效应。

第二种，平均边际效应（average marginal effect），即先计算出每个观测值的边际效应，然后计算出边际效应的算数平均值。

对于 $\hat{\beta}_{MLE}$ 而言，其具体经济含义是，解释变量 x_j 增加一个单位时，引起几率比对数值的边际变化，其中 $p/(1-p)$ 被称为"几率比"，且 $\ln\left(\dfrac{p}{1-p}\right) = x'\beta$。

在 Stata 的回归结果中，度量 Logit 模型与 Probit 模型拟合优度的方法通常使用的是伪 R^2，并非 OLS 估计方法下的 R^2。最常用的是 McFadden（1974）提出的 pseudo-R^2，具体定义为：$\dfrac{\ln L_0 - \ln L_1}{\ln L_0}$。[1] 其中，$\ln L_1$ 为原模型对数似然的最大值，$\ln L_0$ 则为只有截距项的模型的对数似然函数值的最大值。

（三）Stata 案例展示

二值选择模型的 Stata 命令如下：

```
logit y x1 x2 x3,or r        //Logit 模型
probit y x1 x2 x3,vce(cluster clustervar)     //Probit 模型
```

其中，选择项"r"表示稳健标准误，选择项"or"表示显示几率比（不显示系数）；选择项"vce（cluster clustervar）"表示以"clustervar"为聚类变量的聚类稳健标准误。

在估计完成后，可用下列命令进行预测，并计算准确预测的百分比：

```
predict yhat       //计算发生概率的预测值 ŷ,并记为"yhat"
estat clas       //计算正确预测的百分比,clas 表示 classification
```

在 Stata 18 中，计算边际效应的命令如下：

```
margins,dydx(*)       //计算所有解释变量的平均边际效应
margins,dydx(*) atmeans        //计算所有解释变量的在样本均值处的边际效应
margins,dydx(x1)       //计算解释变量 x1 的平均边际效应
margins,eyex(*)       //计算平均弹性,其中两个"e"指的是 elasticity
margins,eydx(*)       //计算平均半弹性,x 变化 1 单位引起 y 变化百分之几
margins,dyex(*)       //计算平均半弹性,x 变化 1% 引起 y 变化几个单位
```

其中，"*"代表所有解释变量。

在 Stata 实证展示部分使用的数据集为 2016 年税调企业数据，主要研究影响企业出口行为的二值选择模型。企业出口行为是基于企业自身特征的选择，并且企业出口行为也会对企业经济表现产生影响，因此会存在严重的内生性问题，在这里本讲义忽略了内生性问题。主要观察以下变量：*export*（出口取 1；未出口取 0）；*tech*（外购信

---

① McFadden D. Conditional Logit Analysis of Qualitative Choice Behavior [M]. Academic Press, 1974.

息技术服务支出）；*tele*（外购邮电通信费支出）；*output*（本年企业总产值）；*owner-ship*（企业所有权性质）；*scale*（企业规模）。

为了展示线性概率模型（LPM）与 Logit 模型、Probit 模型的差异性，首先使用 OLS 进行参数估计，具体操作命令与实证结果如下：

```
use taxinvestigation.dta,clear
reg export scale tech tele output ownership main
```

Source	SS	df	MS			
				Number of obs	=	579,738
				F(6, 579731)	=	21445.39
Model	20757.577	6	3459.59617	Prob > F	=	0.0000
Residual	93522.9216	579,731	.161321236	R-squared	=	0.1816
				Adj R-squared	=	0.1816
Total	114280.499	579,737	.197124728	Root MSE	=	.40165

export	Coef.	Std. Err.	t	P>|t|	[95% Conf. Interval]	
scale	0.078	0.000	212.55	0.000	0.077	0.079
tech	0.000	0.000	6.21	0.000	0.000	0.000
tele	0.000	0.000	4.36	0.000	0.000	0.000
output	0.000	0.000	2.37	0.018	0.000	0.000
ownership	-0.263	0.001	-219.01	0.000	-0.266	-0.261
main	-0.000	0.000	-11.47	0.000	-0.000	-0.000
_cons	0.425	0.003	144.92	0.000	0.420	0.431

随后，使用 `logit` 命令进行分析，输入以下命令后的实证结果如下：

```
logit export scale tech tele output ownership main,nolog
```

Logistic regression						
				Number of obs	=	579,738
				LR chi2(6)	=	106636.99
				Prob > chi2	=	0.0000
Log likelihood = -284849.39				Pseudo R2	=	0.1577

export	Coef.	Std. Err.	z	P>|z|	[95% Conf. Interval]	
scale	0.496	0.003	193.36	0.000	0.491	0.501
tech	0.000	0.000	4.77	0.000	0.000	0.000
tele	0.000	0.000	7.87	0.000	0.000	0.000
output	0.000	0.000	2.06	0.039	0.000	0.000
ownership	-1.240	0.007	-184.31	0.000	-1.253	-1.226
main	-0.000	0.000	-13.25	0.000	-0.000	-0.000
_cons	-0.973	0.017	-56.23	0.000	-1.006	-0.939

根据表中回归结果可以得出伪 R^2 为 0.1577，LR 统计量为 106636.99（用以检验模型整体显著性），除了企业当年生产总值变量 *output* 以外，其余解释变量的 p 值皆为 0.00，故模型中所有解释变量皆通过了 5% 以上的显著性检验，并且联合显著性很高。

需要注意的是，如此前在边际效应部分所分析的，此时回归结果给出的影响系数并非常规 OLS 给出的边际效应，该影响系数实际上为相应 β 与概率密度的乘积。以 *scale* 变量为例，这里的系数 0.496 不能解读为当企业规模（从业人员对数值）增加 1% 时，会使得企业出口概率上升 49.6%。

如果想与 OLS 回归结果进行比较，则需要计算出每个解释变量的边际效应，通常情况下选择计算 Logit 模型的平均边际效应。但是，相应的命令为后验命令，即只有在进行回归之后才能使用。

```
margins,dydx(*)
```

```
Average marginal effects                    Number of obs    =    579,738
Model VCE    : OIM

Expression   : Pr(export), predict()
dy/dx w.r.t. : scale tech tele output ownership main

                      Delta-method
             dy/dx    Std. Err.      z     P>|z|     [95% Conf. Interval]

     scale   0.079     0.000     213.64   0.000      0.079       0.080
      tech   0.000     0.000       4.77   0.000      0.000       0.000
      tele   0.000     0.000       7.87   0.000      0.000       0.000
    output   0.000     0.000       2.06   0.039      0.000       0.000
 ownership  -0.198     0.001    -207.90   0.000     -0.200      -0.197
      main  -0.000     0.000     -13.26   0.000     -0.000      -0.000
```

上表中给出的系数为解释变量的真实边际效应系数。对比 Logit 模型回归结果，在不使用 margins 之时，*scale* 的回归系数为 0.496；当 margins 计算出平均边际效应后，系数为 0.079，可见差异巨大。

下面进一步展示了 Logit 模型在样本均值处的边际效应：

```
Conditional marginal effects                    Number of obs     =    579,738
Model VCE      : OIM

Expression     : Pr(export), predict()
dy/dx w.r.t.  : scale tech tele output ownership main
at             : scale       =    4.004383 (mean)
                 tech        =    39.04764 (mean)
                 tele        =    37.67536 (mean)
                 output      =    136919.4 (mean)
                 ownership   =    1.774288 (mean)
                 main        =    145476.3 (mean)


                              Delta-method
                   dy/dx    Std. Err.       z      P>|z|     [95% Conf. Interval]

         scale     0.089      0.000     203.47     0.000       0.088       0.090
          tech     0.000      0.000       4.77     0.000       0.000       0.000
          tele     0.000      0.000       7.86     0.000       0.000       0.000
        output     0.000      0.000       2.06     0.039       0.000       0.000
     ownership    -0.222      0.001    -180.38     0.000      -0.224      -0.220
          main    -0.000      0.000     -13.25     0.000      -0.000      -0.000
```

观察 *scale* 的系数并与 Logit 模型的平均边际效应进行对比，可以发现平均边际效应与在样本均值处取得的边际效应有所不同。下面给出了计算 Logit 模型预测正确率：

```
estat clas
```

```
Logistic model for export

                ——————— True ———————
Classified         D            ~D           Total

      +          54192         30757          84949
      -         102368        392421         494789

    Total       156560        423178         579738

Classified + if predicted Pr(D) >= .5
True D defined as export != 0

Sensitivity                     Pr( +| D)    34.61%
Specificity                     Pr( -|~D)    92.73%
Positive predictive value       Pr( D| +)    63.79%
Negative predictive value       Pr(~D| -)    79.31%

False + rate for true ~D        Pr( +|~D)     7.27%
False - rate for true D         Pr( -| D)    65.39%
False + rate for classified +   Pr(~D| +)    36.21%
False - rate for classified -   Pr( D| -)    20.69%

Correctly classified                         77.04%
```

由上表可知，Logit 模型正确预测率为（156560 + 424178)/579738 = 77.04%。前面已经介绍了 Probit 模型的具体代码，其过程与 Logit 模型一致，在此不再演示 Probit 模型结果。

二、多值选择模型

接下来将简单讨论两类常见的多值选择模型，即研究被解释变量多于两个选项的决策模型。一般来说，可以按照选择集的差异，将其分类为多值有序选择模型与多值无序选择模型。对于多值有序选择模型来说，被解释变量数字的大小，如从小到大排列 1、2、3、4、5 代表不同等级层次的含义，例如顾客对于消费体验的满意程度（非常不满意、不满意、一般、满意、非常满意）。对于多值无序选择模型来说，数字仅仅代表着不同方案的选择，如就餐方式的选择，无大小之分，比如将 1、2、3 分别定义为外出就餐、点外卖、亲自下厨。

（一）多值有序 Logit 模型和 Probit 模型

对于有序的 Logit 模型与 Probit 模型来说[1]，解释变量估计系数的预测与边际效应计算难度远比普通二值选择模型复杂，但是结合当下计算机的运算能力与最新版 Stata 可以较为轻松得出具体的估计结果。具体的操作命令如下所示：

```
ologit y x1 x2 x3,r      //多值有序 Logit 模型
oprobit y x1 x2 x3,vce(cluster clustvar)      //多值有序 Probit 模型
```

计算边际效应的命令为：

```
mfx      //计算所有解释变量的平均边际效应
margins,dydx(*)      //计算所有解释变量的平均边际效应
```

对于多值有序模型的 Stata 案例展示，以在线数据集"nhanes2f. dta"为案例进行分析，该数据集是关于美国居民健康调查的数据。

```
webuse nhanes2f.dta
```

其中，变量 *health* 是被解释变量，衡量样本个体健康水平，并以 1~5 进行评级，数值越大代表健康水平越高；*age* 为受访者年龄，最小值为 20，最大值为 74；*height* 代表身高；*weight* 代表体重；*sex* 代表性别，1 为男性，2 为女性；*race* 为受访者种族，1 为白色人种，2 为黑色人种，3 为其他人种。首先，对多值有序 Logit 模型进行展示：

---

① 具体可参考：陈强. 高级计量经济学及 Stata 应用（第 2 版）[M]. 北京：高等教育出版社，2014.

经济学实证论文写作讲义：方法与应用

156

```
ologit health age height weight sex race,nolog
```

```
Ordered logistic regression                  Number of obs    =     10,335
                                             LR chi2(5)       =    1719.32
                                             Prob > chi2      =     0.0000
Log likelihood = -14904.736                  Pseudo R2        =     0.0545

     health       Coef.    Std. Err.      z     P>|z|     [95% Conf. Interval]

        age      -0.038       0.001    -33.11    0.000      -0.040      -0.035
     height       0.029       0.003      9.87    0.000       0.023       0.034
     weight      -0.011       0.001     -7.90    0.000      -0.013      -0.008
        sex       0.136       0.051      2.67    0.008       0.036       0.236
       race      -0.494       0.045    -11.07    0.000      -0.582      -0.407

      /cut1      -0.933       0.540                         -1.992       0.126
      /cut2       0.547       0.540                         -0.511       1.604
      /cut3       1.974       0.540                          0.915       3.032
      /cut4       3.233       0.541                          2.173       4.293
```

上表中，cut 代表四个切分点，切分点的参数值可以理解为临界点，即具体达到哪个值才会进入相应被解释变量的类别。与在二值选择模型时的讨论一致，上述回归结果中的影响系数不能解读为边际效应，真实的边际效应需要通过以下命令进行展示：

```
mfx
```

```
Marginal effects after ologit
      y  = Pr(health==1) (predict)
         = .05697642

variable       dy/dx    Std. Err.      z     P>|z|    [     95% C.I.     ]        X

     age     .0020177     .00009    23.48    0.000    .001849    .002186    47.5658
  height    -.0015314     .00016    -9.49    0.000   -.001848   -.001215    167.653
  weight     .0005681     .00007     7.71    0.000    .000424    .000713    71.9031
     sex    -.0072956     .00275    -2.66    0.008   -.012677   -.001914    1.52501
    race     .026546      .00252    10.52    0.000    .021601    .031491    1.14378
```

从上表可以具体得出个体的各项特征对于健康水平的影响及其边际效应。具体来看，健康程度与年龄成正向关系；身高更高、体重更轻的人群的健康水平相对更差等。此处，也可以通过 margins 命令计算其平均边际效应。

```
margin,dydx(*)
```

```
Average marginal effects                    Number of obs      =      10,335
Model VCE    : OIM

dy/dx w.r.t. : age height weight sex race
1._predict   : Pr(health==1), predict(pr outcome(1))
2._predict   : Pr(health==2), predict(pr outcome(2))
3._predict   : Pr(health==3), predict(pr outcome(3))
4._predict   : Pr(health==4), predict(pr outcome(4))
5._predict   : Pr(health==5), predict(pr outcome(5))
```

	Delta-method dy/dx	Std. Err.	z	P>|z|	[95% Conf. Interval]	
age						
_predict						
1	0.002	0.000	22.68	0.000	0.002	0.003
2	0.004	0.000	30.73	0.000	0.004	0.004
3	0.002	0.000	26.58	0.000	0.002	0.002
4	-0.002	0.000	-28.48	0.000	-0.002	-0.002
5	-0.006	0.000	-34.24	0.000	-0.006	-0.006
height						
_predict						
1	-0.002	0.000	-9.43	0.000	-0.002	-0.001
2	-0.003	0.000	-9.85	0.000	-0.003	-0.002
3	-0.002	0.000	-9.43	0.000	-0.002	-0.001
4	0.002	0.000	9.65	0.000	0.001	0.002
5	0.005	0.000	9.89	0.000	0.004	0.005

　　不同于 mfx 命令只计算了平均边际效应，margins 命令计算了各个解释变量对个体处于不同健康水平时的影响。囿于篇幅，此处仅输出变量 *age* 与 *height* 的具体结果。被解释变量 1~5 代表个体健康水平的不同评价，上述结果表明，年龄在中等偏下情况（1~3）起到正向影响，但是在健康水平最好的层级中，年龄越高，反而健康状态越差。对于个体身高特征来说，在中等及偏下的健康水平，身高与健康水平呈反向变动，但是对于健康情况更好的人群，身高越高的人健康水平越高。如果使用 mfx 命令，只能了解到年龄越大的人健康水平越高，身高越高的人健康水平越低。

（二）多值无序 Logit 模型与 Probit 模型

　　相对于有序的多值选择模型，无序的多值选择模型更加复杂。举一个多值无序选择模型的实际例子，假定一个人有三种用餐方式可选择：（1）亲自下厨；（2）外出就餐；（3）点外卖。这就是一种典型的多值无序选择模型，影响个体做出选择的因素分为两类：（1）选择特定的因素（与所做选择相关因素），如外出就餐所需要的成本以及时间、亲自下厨所需成本以及时间、点外卖的成本以及时间等；（2）事件特定的因素（与个体特征相关因素），如选择用餐方式共同的特征变量，包括就餐者的收入水平、年龄、婚姻状况等。

使用的多元无序选择模型主要是基于 Logit 模型与 Probit 模型。其中，如果所有的解释变量都是"情形（2）"，即解释变量只包括个体 i 特征的影响（case-specific），而非选择 j 的影响（alternative-invariant），如若此时的随机扰动项为 iid，且服从于 I 型极值分布，则可以得到多元无序 Logit 模型（MNL）。

多元无序 Logit 模型要求所有解释变量 x_i' 必须是事件特定的，如上面例子中用餐者的收入情况、婚姻状况、性别。需要注意的是，Stata 在处理多元无序选择模型时，采用类似二值选择模型的方式来处理，即事先确定某个选择为参照，然后考虑采取另外几种选择的概率。此时，该多值选择模型中的任何两个方案都可以单独作为二值选择模型。此假定即为"无关方案的独立性"（IIA）。如果解释变量的回归系数 $\hat{\beta}_j > 0$，其经济含义为相对于选择第一个选择，解释变量正向增加一个单位，会使得个体 i 选择 j 的概率增加。

具体的 Stata 命令以及选择项的解读如下：

```
mlogit mode income,baseoutcome(1)      //多值无序 Logit 模型
mprobit mode income,baseoutcome(1)      //多值无序 Probit 模型
mlogit mode income,rrr baseoutcome(1)      //几率比计算
```

上述命令中，mode 为被解释变量，代表个体的多种选择，选择项"baseoutcome(1)"表示输出的回归结果以第 1 个选择作为参照对象。选择项"rrr"表示将估计系数输出为几率比，此时系数为 $e^{\hat{\beta}}$，而非 $\hat{\beta}$。

在 mlogit 命令之后，我们可以通过非官方命令 mlogtest 对模型进行 IIA 假定检验：

```
net install sg115      //下载外部命令 mlogtset
mlogtest,hausman base      //豪斯曼检验 IIA
mlogtest,smhsiao base      //Small-Hsiao 检验 IIA
```

上述命令中，选择项"base"为去掉参照方案，以剩余方案中观测值最多的方案为参照对象。此外，还可以使用 Wald 统计检验几个回归系数的共同显著性：

```
test income      //Wald 共同显著性检验
predict p1 p2 p3 p4…pm,pr      //概率预测
```

多值无序选择模型的边际效应命令如下：

```
margeff      //计算所有选择的边际效应
mfx,predict(pr outcome(1))      //计算第一种选择项的边际效应
margins,dydx(*)      //计算平均边际效应
```

接下来，给出具体的 Stata 操作案例，使用的数据是一个关于钓鱼及其影响因素的数据集 mus15data. dta。为了简化分析，以下分析过程仅放入个体选择与影响变量（个体收入）。该案例共有 1182 个个体根据事件特定因素（个体收入）做出选择，其中可供个体做出的选择共有四种。考虑到解释变量只含有事件特定的因素，因此该多值无序选择模型可以使用多元无序 Logit 模型。

个体选择钓鱼的具体方式有海滩钓鱼（*beach*）、码头垂钓（*pier*）、私人游艇钓鱼（*privae*）和租船钓鱼（*charter*）。接下来，进行多元无序 Logit 回归估计分析：

```
mlogit mode income,baseoutcome (1) nolog
```

```
Multinomial logistic regression              Number of obs    =     1,182
                                             LR chi2(3)       =     41.14
                                             Prob > chi2      =    0.0000
Log likelihood = -1477.1506                  Pseudo R2        =    0.0137
```

mode	Coef.	Std. Err.	z	P>|z|	[95% Conf. Interval]	
beach	(base outcome)					
pier						
income	-0.143	0.053	-2.69	0.007	-0.248	-0.039
_cons	0.814	0.229	3.56	0.000	0.366	1.262
private						
income	0.092	0.041	2.26	0.024	0.012	0.172
_cons	0.739	0.197	3.76	0.000	0.353	1.125
charter						
income	-0.032	0.042	-0.76	0.450	-0.114	0.050
_cons	1.341	0.195	6.90	0.000	0.960	1.723

根据回归结果可知，当收入增加时，相对于海滩钓鱼个体，选择其他三种钓鱼的概率变化情况。具体而言，当个体收入增加时，其选择码头垂钓、租船钓鱼的概率相对于海滩钓鱼会下降，但选择私人游艇钓鱼的方式相对于海滩钓鱼来说概率上升。具体经济含义的解读如下：越富有的人越偏向海滩钓鱼或者是私人游艇钓鱼，而非码头或租船钓鱼。当然，这里的回归系数并不是收入对于钓鱼选择的边际效应。要获得真实的边际效应，需要输入以下命令：

```
margins,dydx ( * )
```

```
Average marginal effects                    Number of obs     =      1,182
Model VCE    : OIM

dy/dx w.r.t. : income
1._predict   : Pr(mode==beach), predict(pr outcome(1))
2._predict   : Pr(mode==pier), predict(pr outcome(2))
3._predict   : Pr(mode==private), predict(pr outcome(3))
4._predict   : Pr(mode==charter), predict(pr outcome(4))


                       Delta-method
             dy/dx    Std. Err.      z     P>|z|    [95% Conf. Interval]

income
   _predict
        1    0.000      0.004      0.04    0.965    -0.007      0.008
        2   -0.021      0.005     -4.04    0.000    -0.031     -0.011
        3    0.032      0.005      6.04    0.000     0.021      0.042
        4   -0.011      0.006     -1.88    0.061    -0.023      0.000
```

根据上表可以得知收入对于各选项的平均边际效应，参照对象为海滩钓鱼。其经济含义如下：当个体收入增加 1 单位时，相对于海滩钓鱼，个体选择码头钓鱼的概率平均下降 2.1%；选择租船钓鱼的概率平均下降 1.1%；选择私人游艇钓鱼的概率平均上升 3.2%。

根据前面的分析，此时的多元无序 Logit 模型的成立应该满足不相关选择独立假定。检验该条件的成立，可以使用 Stata 非官方命令 mlogtest（当 Stata 第一次使用该命令时，需要安装），并且此检验只允许 mlogit 以默认的选择为参照对象：

```
net install sg115
mlogtest,hausman base
```

```
**** Hausman tests of IIA assumption (N=1182)

Ho: Odds(Outcome-J vs Outcome-K) are independent of other alternatives.

Omitted │    chi2    df   P>chi2   evidence

  beach │   0.706     4    0.951   for Ho
   pier │   4.619     4    0.329   for Ho
private │   0.091     4    0.999   for Ho
charter │  14.701     4    0.005   against Ho
```

通过上述检验可以得知，选择 *pier*、*private*、*beach* 都接受了原假设（满足 IIA），选择 *charter* 是参照对象所以拒绝，因此该模型满足 IIA 假设。需要注意的是，这个命令会选择除原始回归模型中的参照方案外，观测值最多的方案为参照对象，因此这里

选择的 *charter* 为参照方案。

（三）条件 Logit 模型与混合 Logit 模型

在多值无序选择模型中，将解释变量限制为只受个体特征影响的变量。随着限定条件进一步放宽，可将随方案而改变的因素放入模型中。比如，用餐者的用餐方式会因为个体特征而异（不同个体的用餐习惯不同），也会因为用餐方式产生差异（外出就餐和亲自下厨花费的成本不同）。这种解释变量被称为"随方案而变"，既包括随方案与个体而变的变量，也包括随方案改变但不随个体改变的变量（例如，选择某家餐厅的套餐时，无论个体特征如何改变，套餐价格不会发生变化）。此时被称为"条件 Logit 模型"，即"McFadden 选择模型"。条件 Logit 模型的估计方法与多项 Logit 模型类似，可以通过 MLE 得到参数估计值 $\hat{\beta}$。

前面的分析考虑了解释变量不随方案改变的多值无序 Logit 模型与随方案而改变的条件 Logit 模型。当我们将考虑两种情况共同发生时的场景，即此时的解释变量包含与个体特征相关的因素和与方案相关的因素，此模型为"混合 Logit 模型"。在 Stata 运算逻辑中，混合 Logit 模型与条件 Logit 模型被统一归类为条件 Logit 模型。对于以上三类多值无序选择模型，当关于方案本身的因素不重要时，或缺少有关方案特征的数据时，使用多项 Logit 模型；当需要考虑方案特征的因素时，应当使用条件 Logit 模型与混合 Logit 模型。

值得注意的是，混合 Logit 模型与多项 Logit 模型一致，其参数估计值 $\hat{\beta}_j$ 的解释需要设定一个参照对象（base category）。这意味着，如果将多值选择模型中任意两个方案单独拎出来考究，都是二值 Logit 模型，即条件 Logit 模型与混合 Logit 模型都需要满足无关方案的独立性（IIA）假定。

在 Stata 的使用中，多值无序选择模型的数据格式依赖于解释变量的类型。对于所有解释变量仅包含个体特征相关因素的多值无序 Logit 模型与 Porbit 模型，应当使用"宽数据格式"，对于另外两种模型，要使用"长数据格式"。

条件 Logit 模型的 Stata 命令如下：

```
clogit y x1 x2 x3,group(varname) or
```

由于条件 Logit 模型为长数据格式，因此选择项"group (varname)"为必选项，用来指定同一观测变量的一组数据；"or"为可选选择项，使用后回归系数输出为几率比。

混合 Logit 模型的 Stata 命令如下：

```
asclogit y x1 x2 x3,case(varname) alternatives(vername) casevars
(vername) base (#) or
```

其中，必选项"case(varname)"用以指定个体的识别编号；必选项"alternatives

（vername）"用以指定长数据格式下个体的选择方案；当解释变量包含个体特征因素（case-specific）时，需要添加选择项"casevars(vername)"进行识别；选择项"base(#)"用以指定参照方案；选择项"or"表示将系数输出为几率比。

对于Stata软件中的条件Logit模型应用可以选择clogit命令或asclogit，二者的计算结果是一样的。但是，asclogit命令的使用范围更宽泛且更加方便，所以实践中主要使用asclogit进行实证操作。

下面以Stata在线数据"travel.dta"进行条件Logit模型案例展示。该数据集是关于旅客外出旅行交通方式选择数据，样本个体数为210，选择方案包括：（1）航空；（2）火车；（3）公共汽车；（4）自驾车，共840个观测值。

```
webuse travel.dta
```

其中，*mode*是考察的被解释变量，对应四种交通方式的选择；变量*termtime*表示到达通勤交通设施的时间（自驾车为0）；*invehiclecost*为车载成本；*traveltime*为通勤所需时间；*travelcost*为通勤成本；*income*为家庭收入；*partysize*为旅行随行人数；变量*id*为个体的编码；变量*chioce*为个体是否选择*mode*中的四种出行方式中的一种（如选择航空出行，则仅*mode*为*air*时，*choice*为1，其余为0）。

```
asclogit choice travelcost termtime,case(id) alternatives(mode)
base(1) casevars(income)
```

```
Alternative-specific conditional logit        Number of obs   =      840
Case ID variable: id                          Number of cases =      210

Alternatives variable: mode                   Alts per case: min =       4
                                                             avg =     4.0
                                                             max =       4

                                              Wald chi2(5)    =   105.78
Log likelihood = -189.52515                   Prob > chi2     =   0.0000
```

choice	Coef.	Std. Err.	z	P>|z|	[95% Conf. Interval]	
mode						
travelcost	-0.011	0.005	-2.38	0.017	-0.020	-0.002
termtime	-0.095	0.010	-9.11	0.000	-0.116	-0.075
air	(base alternative)					
train						
income	-0.051	0.015	-3.47	0.001	-0.080	-0.022
_cons	-0.325	0.576	-0.56	0.573	-1.455	0.805
bus						
income	-0.023	0.016	-1.43	0.153	-0.055	0.009
_cons	-1.745	0.678	-2.57	0.010	-3.072	-0.417
car						
income	0.005	0.012	0.47	0.641	-0.017	0.028
_cons	-5.875	0.802	-7.32	0.000	-7.447	-4.303

上述命令中，*travelcost termtime* 为与方案特征相关的因素，必选项"case(id) alternatives(mode)"为长数据格式下条件 Logit 模型的必要设定，选择项"casevars(income)"表示模型中的解释变量包含与个体特征相关的因素 *income*，因此需要通过"casevars(varnames)"进行识别。上述回归结果具体表示：当家庭收入上升（*income*）之时，相对于飞机出行，选择火车出行与公共汽车出行的概率下降，选择私家车出行的概率上升；通勤成本（*travelcost*）与到达通勤设施所需时间（*termtime*）的回归系数都为负，这意味着通勤方案所需要的成本越高，到达通勤设施所需时间越长，选择该通勤方案的可能性越低。

（四）嵌入 Logit 模型

前面的分析中主要强调了多项 Logit 模型、条件 Logit 模型与混合 Logit 模型都需要满足"无关方案的独立性"（IIA）假定，这也是使用这三种模型的局限性。如若不满足 IIA，一种解决方法是将具有相关性的方案归纳为一组，允许组内方案相关，即残差组内相关，但是组间不相关。例如，将"拌面""炒面"归入"面食"，将"炒饭""泡饭"归入"米食"，形成嵌套（nested）的树形结构，如图 7-1 所示。

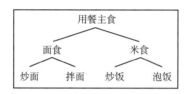

图 7-1　嵌套 Logit 模型的树形结构

图 7-1 中"用餐主食"可以视为树形结构的"根部"（root），第一层的"面食""米食"为树干（limb），第二层的"炒面""拌面""炒饭""泡饭"为"树枝"（branch）。

嵌入 Logit 模型要求数据必须是长数据，因此如果原始数据是宽数据，则需要在回归之前将数据进行转换。在 Stata 进行嵌入 Logit 模型的回归之前，需要先定义树形的嵌套结构。假定我们有一个字符变量 *staple*，包含四个取值：fnoodles（炒面）、bnoodles（拌面）、frice（炒饭）、srice（泡饭），需要进行如下划分："noodles""rice"：

nlogitgen type = staple(noodles:fnoodles|bnoodles,rice:frice|srice)

随后，可以使用以下命令查看分组设定是否正确：

nolgittree staple type

nlogittree staple type,choice(depvar)

设置完树形嵌套结构之后，进行嵌套 Logit 模型的命令为：

```
nlogit y x1 x2 x3 ||lev1_equation ||lev2_equation,case(varname)
base(#) notree
```

其中，解释变量"x1 x2 x3"随方案而变（alternative – specific）（其估计系数相当于 β，不随树干与方案而变）；"||"为分隔符（delimiter），"lev1_equation"用来指定系数只随树干（level 1）而不随树枝（level 2）而变的解释变量（其系数相当于 γ_j）；"lev2_equation"用来指定系数既随树干（level 1）又随树枝（level 2）而变的解释变量（其系数相当于 δ_{jk}）；必选项"case(varname)"用来指定个体选择项；"base(#)"用来指定参照方案选择项；"notree"表示不显示嵌套的树形结构（默认显示树形结构）。

Stata 案例分析使用的数据集为 Stata 在线数据 restaurant. dta。

```
webuse restaurant.dta
```

该数据集为样本个体对于旅游酒店的选择，其中 *restaurant* 为选择方案，具体包括 Freebirds、MamasPizza、CafeEccell、LosNortenos、Wingsmore、Christophers、Madcows 共七家酒店，对应数字 1~7。此外，数据集中还包含影响家庭对酒店做出选择的影响因素：家庭收入（*income*）、酒店（*cost*）、孩子个数（*kids*）、酒店星级（*rating*）、酒店距离（*distance*）。*chosen* 表示为该家庭是否选择方案中的酒店（七选一，若选择当前酒店则 *chosen* 取 1，该家庭在其他酒店下 *chosen* 为 0），家庭样本共有 300 个。由于讨论是在嵌套 Logit 模型之下，因此在对该数据集进行回归之前，需要设置树形结构：

```
nlogitgen type = restaurant(fast:Freebirds|MamasPizza,family:
CafeEccell|LosNortenos|WingsNmore,fancy:Christophers|MadCows)
```

```
. nlogitgen type=restaurant(fast:Freebirds|MamasPizza,family:CafeEccell|LosNortenos|WingsNmore,fancy:Chris
> tophers|MadCows)
new variable type is generated with 3 groups
label list lb_type
lb_type:
            1 fast
            2 family
            3 fancy
```

随后，可以使用以下命令对树形结构进行检验：

```
nlogittree restaurant type,choice(chosen)
```

```
tree structure specified for the nested logit model

type    N       restaurant     N    k

fast    600  ┬── Freebirds     300  12
             └── MamasPizza     300  15
family  900  ┬── CafeEccell     300  78
             ├── LosNortenos    300  75
             └── WingsNmore     300  69
fancy   600  ┬── Christophers   300  27
             └── MadCows        300  24
            ─────────────────────────────
                     total    2100  300

k = number of times alternative is chosen
N = number of observations at each level

Note: At least one case has only one alternative; nlogit will drop these cases.
```

当树形结构设置正确之后，可以进一步进行嵌套 Logit 模型回归估计：

nlogit chosen cost distance rating‖type:income kids,base(family)‖ restaurant:,noconst case(family_id)

上述命令中，cost、distance、rating 的系数为随方案而变的解释变量；嵌入方程"type：income kids, base (family)"表示影响家庭选择酒店类型的变量，包括家庭收入（*income*）与孩子个数（*kids*），必选项"base (family)"表示参考方案为"家庭型酒店（*family*）"，嵌入方程"restaurant:"没有同时影响树干与树枝的变量。

```
RUM-consistent nested logit regression     Number of obs    =      2,100
Case variable: family_id                   Number of cases  =        300

Alternative variable: restaurant           Alts per case: min =         7
                                                          avg =       7.0
                                                          max =         7

                                           Wald chi2(7)     =      46.71
Log likelihood = -485.47331                Prob > chi2      =     0.0000
```

chosen	Coef.	Std. Err.	z	P>|z|	[95% Conf. Interval]	
restaurant						
cost	-0.184	0.093	-1.97	0.048	-0.367	-0.001
distance	-0.380	0.100	-3.78	0.000	-0.576	-0.183
rating	0.464	0.326	1.42	0.156	-0.176	1.104
type equations						
fast						
income	-0.027	0.012	-2.27	0.023	-0.050	-0.004
kids	-0.087	0.139	-0.63	0.529	-0.359	0.184
family						
income	0.000	(base)				
kids	0.000	(base)				
fancy						
income	0.046	0.009	5.08	0.000	0.028	0.064
kids	-0.396	0.122	-3.24	0.001	-0.635	-0.157
dissimilarity parameters						
/type						
fast_tau	1.713	1.487			-1.201	4.627
family_tau	2.505	0.965			0.614	4.396
fancy_tau	4.100	2.810			-1.408	9.608

```
LR test for IIA (tau=1): chi2(3) = 6.87        Prob > chi2 = 0.0762
```

回归结果的最后一行表明拒绝 IIA 假定，应该使用嵌套 Logit 模型。具体的分析可见该图中的三张表格。第一张表格输出了酒店价格、酒店距离与酒店星级对家庭选择决策的影响，从该表可知酒店价格越高、酒店距离越远，家庭越不会选择该酒店，但酒店星级越高，家庭选择该酒店的概率越大。第二张表述说了嵌入回归（type equations），参照对象是家庭型（family），从该表可知当家庭收入越高，越有可能选择豪华酒店，而非家庭型与快捷酒店；孩子个数越多，越不会选择快捷酒店与豪华酒店。第三张表说明的是酒店选择的相异参数（dissimilarity parameters），一般而言在 0～1。大于 1 的参数说明了尽管模型在数值上是正确的，但是与随机效用模型的使用有所出入。

三、受限被解释变量模型

虽然被解释变量的观测值是连续的，但是由于某些条件的限制，得到的观测值不能完全反映被解释变量的实际状态，即被解释变量受限，这样的模型又称为受限被解释变量模型（LDV）。我们主要讨论的受限被解释变量模型有断尾回归模型、Tobit 模型和 Heckman 样本选择模型。

（一）断尾回归

有些受限被解释变量的样本是总体样本数据的截断数据，如对于线性概率模型 $y_i = x_i'\beta + \varepsilon_i$（$i = 1, 2, \cdots, n$）而言，只有满足 $y_i > c$（c 为常数）的数据才能观测到，对于 $y_i < c$ 而言被解释变量不存在观测值。具体而言，若我们研究产业政策对于工业企业生产总值的影响，但是通常情况之下，我们使用的数据库中只包含一定规模以上的工业企业，如 $y_i > 2000000$。这样，被解释变量就在 2000000 处存在"左边断尾"。

断尾回归的 Stata 命令为：

```
truncreg y x1 x2 x3,ll(0)
truncreg y x1 x2 x3,ul(0)
```

其中，选择项"ll(0)"表示"lower limit"，即样本呈现左边断尾；选择项"ul(0)"代表"upper limit"，即样本呈现右边断尾；同时使用两个选择项，意味着数据呈现双边断尾。以 Stata 在线数据 laborsub. dta 为例，该数据集描述了 250 个家庭主妇的劳动时长。

```
websue laborsub,clear
```

其中，变量 *whrs* 描述了女性成为家庭主妇之后的工作时长；变量 *lfp* 为虚拟变量，描述了个体是否在 1975 年参加过工作（是否有工作）；变量 *kl6* 代表拥有小于六岁的孩童个数；*k618* 描述了拥有 6～18 岁子嗣数量；变量 *wa* 为个体的年龄；*we* 为个体的受教育水平。假设，研究主题是家庭子女数量对家庭主妇的工作时长的影响，即 *whrs* 为被解释变量，*kl6* 与 *k618* 为解释变量。此时的 *whrs* 为左侧断尾数据，因为样本中在工作时长零值处截断。为检验不同方法结果的差异，我们首先输出全样本下的最小二乘法回归估计结果：

```
reg whrs kl6 k618 wa w
```

经济学实证论文写作讲义：方法与应用

Source	SS	df	MS		Number of obs	=	250
					F(4, 245)	=	5.27
Model	16526046.1	4	4131511.52		Prob > F	=	0.0004
Residual	192218058	245	784563.5		R-squared	=	0.0792
					Adj R-squared	=	0.0641
Total	208744104	249	838329.733		Root MSE	=	885.76

whrs	Coef.	Std. Err.	t	P>|t|	[95% Conf. Interval]	
kl6	-462.123	124.677	-3.71	0.000	-707.699	-216.548
k618	-91.141	45.850	-1.99	0.048	-181.451	-0.831
wa	-13.158	8.335	-1.58	0.116	-29.575	3.260
we	53.262	26.094	2.04	0.042	1.865	104.658
_cons	940.059	530.720	1.77	0.078	-105.296	1985.415

随后进行断尾回归，假设"$whrs=0$"处存在左边断尾：

```
truncreg whrs kl6 k618 wa,ll(0) nolog
```

Truncated regression							
Limit: lower =	0				Number of obs	=	150
upper =	+inf				Wald chi2(4)	=	10.05
Log likelihood = -1200.9157					Prob > chi2	=	0.0395

whrs	Coef.	Std. Err.	z	P>|z|	[95% Conf. Interval]	
kl6	-803.004	321.361	-2.50	0.012	-1432.861	-173.147
k618	-172.875	88.729	-1.95	0.051	-346.781	1.031
wa	-8.821	14.368	-0.61	0.539	-36.983	19.341
we	16.529	46.504	0.36	0.722	-74.617	107.674
_cons	1586.260	912.355	1.74	0.082	-201.923	3374.442
/sigma	983.726	94.443	10.42	0.000	798.621	1168.831

对比两个回归结果可以得知，断尾回归对于 OLS 回归系数向下偏误存在修正效应。

（二）归并回归 Tobit 模型

受限被解释变量的另外一种形式是，对于线性概率模型 $y_i = x_i'\beta + \varepsilon_i$（$i=1$, 2, $\cdots,n$）而言，可能当 $y_i \geqslant c$（或 $y_i \leqslant c$，c 为常数）时，所有 y_i 被归并为 c，此时的

数据类型被称为"归并数据"，也就是说 y 的概率分布集中在一点上，此时应当采用 Tobit 模型。

归并模型的 Stata 命令如下：

```
tobit y x1 x2 x3,ll(#) ul(#)
```

其中，选择项"ll(#)"表示模型左归并于"#"；选择项"ul(#)"表示模型右归并于"#"；如果添加两个选择，则表示双边归并。如果选择项不添加"(#)"，"ll""ul"则分别表示以最小值点与最大值点为归并点。需要注意的是，Tobit 模型不能使用选择项"vce(robust)"来修正标准误，但是可以使用选择项"vce(bootstrap)"与"vce(jackknife)"。

本节同样使用前面的家庭妇女劳动市场数据 laborsub. dta 为例：

```
webuse laborsub.dta
tobit whrs k16 k618 wa we,ll(0)
```

```
Tobit regression                              Number of obs    =        250
                                              Uncensored       =        150
Limits: lower = 0                             Left-censored    =        100
        upper = +inf                          Right-censored   =          0

                                              LR chi2(4)       =      23.03
                                              Prob > chi2      =     0.0001
Log likelihood = -1367.0903                   Pseudo R2        =     0.0084
```

whrs	Coef.	Std. Err.	t	P>|t|	[95% Conf. Interval]	
k16	-827.766	214.752	-3.85	0.000	-1250.753	-404.778
k618	-140.019	74.227	-1.89	0.060	-286.221	6.183
wa	-24.979	13.257	-1.88	0.061	-51.091	1.133
we	103.690	41.826	2.48	0.014	21.306	186.073
_cons	589.000	841.595	0.70	0.485	-1068.651	2246.652
var(e.whrs)	1.72e+06	2.17e+05			1.34e+06	2.20e+06

进一步将 Tobit 模型与 OLS 下的回归结果做比照：

```
reg whrs k16 k618 wa we
```

Source	SS	df	MS		Number of obs	=	250
					F(4, 245)	=	5.27
Model	16526046.1	4	4131511.52		Prob > F	=	0.0004
Residual	192218058	245	784563.5		R-squared	=	0.0792
					Adj R-squared	=	0.0641
Total	208744104	249	838329.733		Root MSE	=	885.76

whrs	Coef.	Std. Err.	t	P>|t|	[95% Conf. Interval]	
kl6	-462.123	124.677	-3.71	0.000	-707.699	-216.548
k618	-91.141	45.850	-1.99	0.048	-181.451	-0.831
wa	-13.158	8.335	-1.58	0.116	-29.575	3.260
we	53.262	26.094	2.04	0.042	1.865	104.658
_cons	940.059	530.720	1.77	0.078	-105.296	1985.415

由于数据存在归并，观测两种模型下解释变量 $kl6$ 与 $k618$ 的估计系数可知，若原始数据存在归并现象，仍然使用 OLS 估计会导致估计系数向下偏误。因此，可以使用 Tobit 模型对这种现象进行修正。

（三）偶然断尾与 Heckman 样本选择

接下来讨论偶然短尾问题。例如，考察职业培训时长对劳动力薪资的影响（暂且称其为主回归方程），在调查数据时，我们所能得到的仅仅是参加职业培训的劳动力，而对于没有参与职业培训的工人，无法得到相关调查数据。也就是说，是否参与职业培训是由被调查个体的特征所决定的，这里称其为选择方程，选择方程与主回归方程的解释变量可以不同。如果仅仅对进行过职业培训的工人进行调查，实际上是进行了样本选择，而非随机抽样。随机抽样的调查方法应当为，随机抽取一行业中 N 名工人进行职业培训，随后调查职业培训后的薪资涨幅，在这样的调查数据中职业培训时长可能是正整数，可能为 0，此时的数据为随机抽样数据。这种数据的缺失并非来源于调查设计时或样本记录时而出现的断尾，因此被称为偶然断尾。

解决偶然断尾问题一般采用的方法是 Heckman 模型，该模型的核心思想是通过引入选择方程来纠正样本选择性引起的偏误。该方法考虑了观测到的样本与未观测到的样本之间的差异，通过建立选择方程估计选择概率，然后利用倾向得分调整回归方程，以更准确地估计影响变量的效应。这有助于解决因选择性引起的系统性偏误。

Heckman 样本选择模型的 Stata 命令如下：

```
heckman y x1 x2 x3,select(z1 z2)        //默认使用 MLE,选择方程的被解释变量为 y
```

```
heckman y x1 x2 x3,select(z1 z2) twostep        //两步法,选择方程的被解释
```

变量为 y

```
heckman y x1 x2 x3,select(w = z1 z2)        //默认使用 MLE,选择方程的被解释
```
变量为 w

一般推荐使用选择项"twostep",即使用 Heckman 两步法,这种方法通过加入逆米尔斯比率对断尾进行修正。以上命令都会输出原模型与样本选择模型的系数估计值结果,并检验原假设"$H_0: \rho = 0$"。

此处的案例选用 Stata 在线数据集 womenwk.dta,这是一份关于 2000 名女性职工工资水平的抽样调查数据:

```
webuse womenwk.dta
```

其中,变量 *county* 为女性职工居住地;变量 *age* 为女性职工的年龄;变量 *education* 为女性职工的教育水平;变量 *married* 为虚拟变量,表示女性职工的婚姻状况;变量 *children* 表示女性职工拥有 12 岁以下子女的数量;变量 *wage* 衡量了女性职工的小时工资,若为缺失值,则意味着没有工作。如果考察女性工资的影响因素,女性职工样本观测值共 2000 个,其中只有 1343 个观测值拥有工资收入,意味着 657 名女性因为一些自身特征因素(年龄、婚姻、子女、教育情况、居住地)未进行工作,则样本出现偶然断尾特征,样本选择是内生的。

如若直接对原始数据进行 OLS 回归估计:

```
reg wage age education children
```

Source	SS	df	MS		Number of obs	=	1,343
					F(3, 1339)	=	170.48
Model	14746.9159	3	4915.63865		Prob > F	=	0.0000
Residual	38607.9787	1,339	28.8334419		R-squared	=	0.2764
					Adj R-squared	=	0.2748
Total	53354.8946	1,342	39.7577456		Root MSE	=	5.3697

wage	Coef.	Std. Err.	t	P>|t|	[95% Conf. Interval]	
age	0.143	0.018	7.75	0.000	0.107	0.179
education	0.861	0.049	17.44	0.000	0.764	0.958
children	-0.668	0.103	-6.51	0.000	-0.869	-0.467
_cons	8.020	0.925	8.67	0.000	6.205	9.834

从估计结果可以得知观测值为 1343,即没有参与工作的样本被直接剔除,从而可能导致参数估计值被低估。

接着,进行 Heckman 模型两步法估计:

```
heckman wage education age children,select (age married children
education) twostep nolog
```

```
Heckman selection model -- two-step estimates    Number of obs   =     2,000
(regression model with sample selection)               Selected   =     1,343
                                                    Nonselected   =       657

                                                   Wald chi2(3)   =    462.74
                                                   Prob > chi2    =    0.0000

        wage |    Coef.    Std. Err.     z     P>|z|    [95% Conf. Interval]
─────────────┼──────────────────────────────────────────────────────────────
wage         |
   education |    0.959      0.066     14.47    0.000     0.829       1.089
         age |    0.199      0.031      6.50    0.000     0.139       0.259
    children |   -0.146      0.246     -0.59    0.554    -0.629       0.337
       _cons |    2.150      2.674      0.80    0.421    -3.091       7.392
─────────────┼──────────────────────────────────────────────────────────────
select       |
         age |    0.035      0.004      8.21    0.000     0.026       0.043
     married |    0.431      0.074      5.81    0.000     0.285       0.576
    children |    0.447      0.029     15.56    0.000     0.391       0.504
   education |    0.058      0.011      5.32    0.000     0.037       0.080
       _cons |   -2.467      0.193    -12.81    0.000    -2.845      -2.090
─────────────┼──────────────────────────────────────────────────────────────
/mills       |
      lambda |    3.258      1.372      2.37    0.018     0.569       5.948
─────────────┼──────────────────────────────────────────────────────────────
         rho |  0.56644
       sigma |  5.7525452
```

　　由上表可知，虽然 Heckman 样本选择模型也是使用具有观测值的 1343 个观测对象，但是在两步法估计过程中，没有被选择的 657 个观测信息也被使用进去作为原假设检验。由最后一行可知，拒绝了"$H_0: \rho = 0$"，即该数据应当使用样本选择模型，而非 OLS。

第二节　时间序列分析

一、单个时间序列变量自身信息的分析

（一）ARMA 模型

ARMA 模型是一种经典的时间序列模型，结合了自回归模型（AR 模型）和移动

平均模型（MA 模型），基于时间序列的自相关性和移动平均性建模，通常用于预测未来的时间序列值和分析时间序列的特征。ARMA 模型分为三种类型：

1. AR(p) 模型

设 $\{X_t,\ t=0,\ \pm 1,\ \pm 2,\ \cdots\}$ 是零均值平稳序列，满足下列模型：

$$X_t = \phi_1 X_{t-1} + \phi_2 X_{t-2} + \cdots + \phi_p X_{t-p} + \varepsilon_t \qquad (7-3)$$

其中，ε_t 是零均值，方差是 σ_ε^2 的平稳白噪声，则称 X_t 是阶数为 p 的自回归序列，简记为 AR(p) 序列，而 $\phi = [\phi_1,\ \phi_2,\ \cdots,\ \phi_p]^T$ 称为自回归参数向量，其分量 ϕ_j 称为自回归系数。

2. MA(q) 模型

设 $\{X_t,\ t=0,\ \pm 1,\ \pm 2,\ \cdots\}$ 是零均值平稳序列，满足下列模型：

$$X_t = \varepsilon_t - \theta_1 \varepsilon_{t-1} - \theta_2 \varepsilon_{t-2} - \cdots - \theta_q \varepsilon_{t-q} \qquad (7-4)$$

其中，ε_t 是零均值、方差是 σ_ε^2 的平稳白噪声，则称 X_t 是阶数为 q 的移动平均序列，简记为 MA(q) 序列，而 $\theta = [\theta_1,\ \theta_2,\ \cdots,\ \theta_q]^T$ 称为移动平均参数向量，其分量 θ_j 称为移动平均系数。

3. ARMA(p, q) 模型

设 $\{X_t,\ t=0,\ \pm 1,\ \pm 2,\ \cdots\}$ 是零均值平稳序列，满足下列模型：

$$X_{t-\phi_1} X_{t-1} - \cdots - \phi_p X_{t-p} = \varepsilon_t - \theta_1 \varepsilon_{t-1} - \cdots \theta_q \varepsilon_{t-q} \qquad (7-5)$$

其中，ε_t 是零均值、方差是 σ_ε^2 的平稳白噪声，则称 X_t 是阶数为 p、q 的自回归移动平均序列，简记为 ARMA(p, q) 序列。当 $q=0$ 时，它是 AR(p) 序列；当 $p=0$ 时，它为 MA(q) 序列。对于一般的平稳序列 $\{X_t,\ t=0,\ \pm 1,\ \pm 2,\ \cdots\}$，设其均值 $E(X_t) = \mu$，且满足下列模型：

$$(X_t - \mu) - \phi_1 (X_{t-1} - \mu) - \cdots - \phi_p (X_{t-p} - \mu) = \varepsilon_t - \theta_1 \varepsilon_{t-1} - \cdots - \theta_q \varepsilon_{t-q} \qquad (7-6)$$

其中，ε_t 是零均值、方差是 σ_ε^2 的平稳白噪声。

（二）ARMA 模型的识别与构建

在实际建模中，首先要进行模型的识别与定阶，即要判断，是 AR(p) 模型、MA(q) 模型、ARMA(p, q) 模型中的哪一类并估计阶数 p 和 q。当模型定阶后，就要对模型参数 $\phi = [\phi_1,\ \phi_2,\ \cdots,\ \phi_p]^T$ 以及 $\theta = [\theta_1,\ \theta_2,\ \cdots,\ \theta_q]^T$ 进行估计。定阶与参数估计完成后，还要对模型进行检验，即要检验 ε_t 是否为平稳白噪声。若检验获得通过，则 ARMA 模型建模完成。

所谓随机时间序列模型的识别，就是对于一个平稳的随机时间序列，找出生成它的合适的随机过程或模型，即判断该时间序列是遵循纯 AR 过程、纯 MA 过程还是

ARMA 过程。所使用的工具主要是时间序列的自相关函数（autocorrelation function，ACF）及偏自相关函数（partial autocorrelation function，PACF）。

ARMA(p, q) 模型的自相关函数（ACF），可以看作 MA(q) 模型的自相关函数和 AR(p) 模型的自相关函数的混合物。当 $p=0$ 时，它具有截尾性质；当 $q=0$ 时，它具有拖尾性质。从识别上看，通常 ARMA(p, q) 模型的偏自相关函数（PACF）可能在 p 阶滞后前有几项明显的尖柱，但从 p 阶滞后项开始逐渐趋向于零；而它的自相关函数（ACF）则是在 q 阶滞后前有几项明显的尖柱，从 q 阶滞后项开始逐渐趋向于零。

在估计完模型之后，仍然需要进行一些诊断性分析，以确定 ARMA(p, q) 模型的假定是否成立。其中，最重要的假定是，扰动项 ε_t 为白噪声。因此，如果所估计的模型计算的样本残差不代表白噪声，则说明模型的识别与估计有误，需要重新识别与估计。在实际检验时，主要检验残差项是否存在自相关。

（三）ARMA 模型 Stata 操作案例

采用 cpi 数据集，该数据集包括浙江省 1980 年至 2022 年 CPI（居民消费价格指数）的年度环比数据，据此建立 ARMA 模型并进行预测。

在 Stata 的"Do – file 编辑器"中输入以下命令，得到的 ACF 自相关图和 PACF 偏自相关图如图 7 – 2 和图 7 – 3 所示：

```
use "数据集路径\cpi.dta",clear    //导入数据
tsset year    //使用该命令设定时间序列数据
ac cpi    //使用该命令绘制 ACF 自相关图,确定 ARMA(p, q)模型的参数 p
```

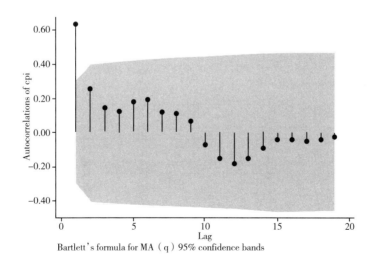

Bartlett's formula for MA（q）95% confidence bands

图 7 – 2 ACF 自相关图

观察结果可知，第 1 阶的自相关系数在 5% 显著水平拒绝为 0，呈现一阶截尾的特征，因此拟采用系数 $p=1$。

```
pac cpi      //使用该命令绘制 PACF 偏自相关图,确定 ARMA(p, q)模型中的参数 q
```

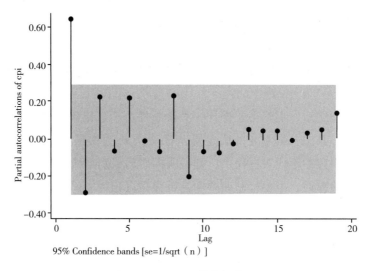

图 7 – 3　PACF 偏自相关图

观察结果可知，第 1 阶的自相关系数在 5% 显著水平拒绝为 0，呈现一阶截尾的特征，因此拟采用系数 $q=1$。

```
arima cpi,arima(1,0,1)      //使用该命令建立 ARMA 模型。建立 ARMA 模型
```
的命令框架为[arima depvar,arima(#p,#d,#q)]，其中#d 是滞后阶数，一般为 0，#p 根据 ACF 自相关图确定，#q 根据 PACF 偏自相关图确定

```
ARIMA regression

Sample: 1980 thru 2022                    Number of obs    =        43
                                          Wald chi2(2)     =     89.04
Log likelihood = -125.3116                Prob > chi2      =    0.0000
```

	Coefficient	OPG std. err.	z	P>|z|	[95% conf. interval]	
cpi						
_cons	105.2087	2.329532	45.16	0.000	100.6429	109.7745
ARMA						
ar						
L1.	.3561474	.2295533	1.55	0.121	-.0937687	.8060636
ma						
L1.	.5774679	.1352726	4.27	0.000	.3123385	.8425972
/sigma	4.413382	.4446297	9.93	0.000	3.541923	5.28484

```
Note: The test of the variance against zero is one sided, and the two-sided
      confidence interval is truncated at zero.
```

```
predict e1,res        //该命令计算残差,用于残差项的检验
wntestq e1            //使用该命令对残差进行白噪声检验(Q检验),检验模型有效性。
```
如果 p 值大于 0.05,则不拒绝原假设,即残差项是白噪声,模型有效

```
Portmanteau test for white noise

Portmanteau (Q) statistic =       6.1968
Prob > chi2(19)           =       0.9974
```

结果中的 p 值为 0.9974,满足大于 0.5,模型有效,可进行预测。

```
tsappend,add(5)       //使用该命令添加需要预测的个数。在本案例中,拟预测未
```
来五年(2023～2027 年)的 CPI
```
predict predic_cpi,xb        //使用该命令预测 CPI
list in -5/-1               //使用该命令呈现预测结果
```

	year	cpi	e1	predic~i
44.	2023	.	.	103.7292
45.	2024	.	.	104.6818
46.	2025	.	.	105.021
47.	2026	.	.	105.1419
48.	2027	.	.	105.1849

(四) GARCH 模型

ARCH 模型 (Autoregressive Conditional Heteroskedasticity Model) 的全称是自回归条件异方差模型,解决了传统的计量经济学对时间序列变量的第二个假设 (方差恒定) 所引起的问题。Engle (1982)[1] 提出该模型,并因此获得 2003 年诺贝尔经济学奖。之前初级计量经济学中,大部分模型都是预测被解释变量的期望值,而 ARCH 模型和由其推广的 GARCH 模型预测的是被解释变量的方差。ARCH 模型能准确地模拟时间序列变量的波动性的变化,在金融工程学的实证研究中应用广泛,使人们能更加准确地把握风险 (波动性)。在实际应用中人们发现,为了描述变量的变异聚类特性,有时需要运用高阶 ARCH 模型。但当 ARCH(q) 模型的阶数 q 过大时,需要估计过多的参数,在样本有限的情况下,参数估计的效率就会降低,有时甚至会出现估

① Engle R F. Autoregressive Conditional Heteroscedasticity with Estimates of the Variance of United Kingdom Inflation [J]. Econometrica: Journal of the Econometric Society, 1982.

计参数为负的情况。Bollerslev（1986）[①] 在 Engle 所做工作的基础上，借助 ARMA 模型的建模思想，建立了广义自回归条件异方差模型（GARCH 模型）来弥补上述缺陷。假定干扰序列 u_t 具有如下结构：

$$u_t = \sqrt{h_t} \varepsilon_t \qquad\qquad (7-7)$$

$$h_t = \alpha_0 + \sum_{i=1}^{q} \alpha_i u_{t-i}^2 + \sum_{j=1}^{p} \beta_j h_{t-j} \qquad\qquad (7-8)$$

其中，ε_t 是零均值、方差是 σ_ε^2 的平稳白噪声，且 $\alpha_0 > 0$，$\alpha_i \geq 0$，$\beta_i \geq 0$。由于 $\{\varepsilon_t\}$ 是白噪声过程且与 u_{t-i} 的过去值独立，因此 u_t 的条件和无条件均值都为零。但 u_t 的条件方差等于 $E_{t-1} u_t^2 = h_t$。这种允许条件异方差中同时存在自回归项与滑动平均项的模型，称为广义自回归条件异方差模型，记为 GARCH(p，q）。显然，如果 $p = 0$，$q = 1$，则 GARCH（0，1）就是 ARCH（1）模型。如果所有 β_i 都为零，则 GARCH（p，q）就相当于 ARCH（q）模型，因此可以将 GARCH 模型看成是 ARCH 模型的推广，或将 ARCH 模型看成是 GARCH 模型的特殊情形。因此，在实际应用中，对于一个高阶 ARCH 模型，可以用一个比较简洁的 GARCH 模型来表示，以减少估计参数，并便于模型的识别和估计。

GARCH 模型和其他统计模型一样，都假定残差序列独立同分布，因此残差的独立性很重要，也就是残差序列不能存在自相关。为保证所建模型的合理性，必须要对随机干扰项 ε_t 进行检验。若 ε_t 不存在 GARCH 效应，则可以直接对模型做参数估计，若存在 GARCH 效应，则应找到 GARCH 模型的形式，确定 q 后，再进行参数估计。GARCH 效应检验可以借助 ARCH 效应检验。

（五）GARCH 模型 Stata 操作案例

采用 rmt 数据集，该数据集包括沪深 300 从 2005 年 4 月至 2023 年 8 月的股息率的日度数据，据此建立 GARCH 模型并预测股息率的波动。

在 Stata 的"Do‐file 编辑器"中输入以下命令：

use "数据集路径\rmt.dta",clear   //导入数据

line rmt date   //使用该命令画出日收益率的时间趋势图,其中 rmt 是股指收益率,*date* 为日期

gen time = _n

tsset time   //以上两个命令生成一个由 1 开始的连续整数变量 time,并将此设定为时间序列模型的时间变量。因为股市只在工作日开市,所以 *date* 不是一个连续变量

①　Bollerslev T. Generalized Autoregressive Conditional Heteroskedasticity [J]. Journal of Econometrics, 1986, 31 (3).

varsoc rmt,maxlag(10) //因为自相关模型可以看作一维的 VAR 模型，所以直接用 VAR 模型的命令，下一节将详细介绍 VAR 模型。在这里，使用该命令，根据信息准则确定模型的滞后阶数。根据结果显示，大多数准则建议选择 AR(10) 模型。因此，用 OLS 估计 AR(10) 模型

```
Lag-order selection criteria

  Sample: 11 thru 4471                              Number of obs = 4,461

  Lag      LL        LR       df     p      FPE       AIC       HQIC       SBIC

   0    -5002.86                          .551841   2.24338    2.24389     2.24482
   1     8393.5    26793      1   0.000   .00136   -3.76216   -3.76115*   -3.75929*
   2     8394.53   2.0609     1   0.151   .00136   -3.76217   -3.76066    -3.75787
   3     8395.25   1.4436     1   0.230   .00136   -3.76205   -3.76003    -3.75631
   4     8396.37   2.2412     1   0.134   .00136   -3.7621    -3.75957    -3.75493
   5     8397.45   2.1502     1   0.143   .00136   -3.76214   -3.7591     -3.75353
   6     8397.69   .48103     1   0.488   .001361  -3.7618    -3.75826    -3.75175
   7     8404.81   14.233     1   0.000   .001357  -3.76454   -3.76049    -3.75306
   8     8407.07   4.5354*    1   0.033   .001356  -3.76511   -3.76055    -3.75219
   9     8408.89   3.635      1   0.057   .001356  -3.76547   -3.76041    -3.75112
  10     8410.47   3.1525     1   0.076   .001355* -3.76573*  -3.76017    -3.74994

* optimal lag
Endogenous: rmt
 Exogenous: _cons
```

reg rmt L(1/10).rmt //使用该命令进行 OLS 估计。接下来，对 OLS 残差是否存在 ARCH 效应进行检验

estat archlm,lags(1/10) //使用该命令检验 OLS 残差是否存在 ARCH 效应

```
LM test for autoregressive conditional heteroskedasticity (ARCH)

    lags(p)            chi2              df            Prob > chi2

       1              20.473             1              0.0000
       2              29.286             2              0.0000
       3              45.193             3              0.0000
       4              57.285             4              0.0000
       5              58.557             5              0.0000
       6              59.642             6              0.0000
       7              67.829             7              0.0000
       8              69.318             8              0.0000
       9              69.712             9              0.0000
      10              84.749            10              0.0000

        H0: no ARCH effects     vs.   H1: ARCH(p) disturbance
```

由上表可知，ARCH(1) ~ ARCH(10) 的检验结果均表明存在显著的 ARCH 效应。

```
predict e1,res
gen e2 = e1^2
```

varsoc e2 //使用以上三个命令,得到残差项平方的新变量 *e2*,用于建立 GARCH 模型,并同样根据信息准则确定 GARCH 模型的滞后阶数。根据结果显示,大多数准则建议选择 ARCH(4)模型

```
Lag-order selection criteria

  Sample: 15 thru 4471                        Number of obs = 4,457

  Lag     LL       LR      df     p      FPE      AIC       HQIC      SBIC

   0    16928.2                         .000029  -7.5958   -7.59529  -7.59436
   1    16938.5   20.493    1   0.000  .000029  -7.59995  -7.59894  -7.59708
   2    16942.9    8.863    1   0.003  .000029  -7.60149  -7.59997  -7.59718
   3    16950.9   16.05     1   0.000  .000029  -7.60464  -7.60262  -7.5989
   4    16957.1   12.25*    1   0.000 .000029* -7.60694* -7.60441* -7.59976*

 * optimal lag
 Endogenous: e2
  Exogenous: _cons
```

arch rmt L(1/10).rmt,arch(1/4)nolog //使用该命令估计 ARCH 模型。观察结果可知,所有的 ARCH 项均很显著。接下来, 估计更为简洁的 GARCH 模型

```
ARCH family regression

Sample: 11 thru 4471                     Number of obs   =      4461
                                         Wald chi2(10)   =   2.10e+06
Log likelihood = 8721.12                 Prob > chi2     =     0.0000

                           OPG
      rmt   Coefficient  std. err.     z     P>|z|    [95% conf. interval]

rmt
      rmt
      L1.     1.027889   .0168916    60.85   0.000    .9947817   1.060996
      L2.    -.0178487   .0230616    -0.77   0.439   -.0630486   .0273513
      L3.    -.0002712   .0229387    -0.01   0.991   -.0452302   .0446877
      L4.    -.0442781   .0214974    -2.06   0.039   -.0864123   -.002144
      L5.     .0254977   .0190343     1.34   0.180   -.0118089   .0628043
      L6.    -.0695247   .0161683    -4.30   0.000   -.1012139  -.0378354
      L7.     .1043299   .0158036     6.60   0.000    .0733554   .1353044
      L8.    -.0057684   .0154746    -0.37   0.709    -.036098   .0245611
      L9.    -.0033692   .0174581    -0.19   0.847   -.0375864   .030848
     L10.    -.0175146   .0132736    -1.32   0.187   -.0435304   .0085013

    _cons     .0008532   .0017637     0.48   0.629   -.0026035   .0043099

ARCH
     arch
      L1.     .1107571   .0134705     8.22   0.000    .0843553   .1371589
      L2.     .1580197    .013107    12.06   0.000    .1323304   .1837089
      L3.     .1627175   .0119351    13.63   0.000    .1393252   .1861099
      L4.     .1756324   .0072285    24.30   0.000    .1614648   .1897999

    _cons     .0006289   .0000154    40.73   0.000    .0005986   .0006591
```

```
arch rmt L(1/10).rmt,arch(1)garch(1) nolog //使用该命令估计 GARCH
```
模型

与 ARCH 模型不同，GARCH 模型的阶数较难确定，在实际应用时，一般只会用到低阶的 GARCH 模型，如 GARCH(1，1) 模型、GARCH(1，2) 模型、GARCH(2，1) 模型等。在针对金融时间序列分析的研究中，有两类模型经常用到，包括 GARCH(1，1) 模型和 GARCH(1，1)~t 模型。其中，后者是指随机扰动项服从 t 分布的情况，这能更好地刻画一些金融时间序列的波动性和高峰厚尾现象。结果显示，ARCH(1) 模型与 GARCH(1) 模型均很显著。

```
ARCH family regression

Sample: 11 thru 4471                      Number of obs      =        4461
                                          Wald chi2(10)      =     2.81e+06
Log likelihood = 8789.797                 Prob > chi2        =      0.0000

                            OPG
       rmt   Coefficient  std. err.      z     P>|z|     [95% conf. interval]

rmt
       rmt
        L1.    1.033246    .0170172    60.72   0.000     .999893    1.066599
        L2.    -.006684    .0227166    -0.29   0.769    -.0512077   .0378396
        L3.   -.0014793    .023266     -0.06   0.949    -.0470798   .0441212
        L4.   -.0462342    .0224311    -2.06   0.039    -.0901984  -.0022701
        L5.    .0074512    .0225573     0.33   0.741    -.0367603   .0516628
        L6.   -.0552059    .0222422    -2.48   0.013    -.0987999  -.0116119
        L7.    .1081961    .0215325     5.02   0.000     .0659932   .150399
        L8.    -.016117    .021585     -0.75   0.455    -.0584228   .0261888
        L9.    .0004008    .0231675     0.02   0.986    -.0450066   .0458083
       L10.   -.0240809    .01594      -1.51   0.131    -.0553228   .007161

      _cons    .0005024    .0014855     0.34   0.735    -.0024092   .003414

ARCH
      arch
        L1.    .1207481    .0063212    19.10   0.000     .1083587   .1331375

      garch
        L1.    .8527312    .0067357   126.60   0.000     .8395295   .865933

      _cons    .0000518    2.64e-06    19.61   0.000     .0000466   .000057
```

使用以下两个命令预测股息率的波动率，并绘制波动率的时间趋势图（见图 7-4）。

```
predict h,variance
line h date
```

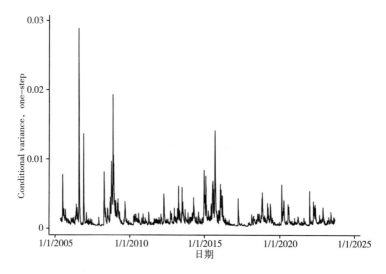

图 7-4　股息率波动率的时间趋势图

二、不同时间序列变量相互作用的分析

(一) VAR 模型

VAR 模型以多方程联立的形式出现，系统内每个方程右边的变量是相同的，包括所有内生变量的滞后值，然后通过模型中所有内生当期变量对它们的若干滞后值进行回归，进而估计出全部内生变量的动态关系。

与早期的结构性模型相比，VAR 模型的优点在于：第一，不以严格的经济理论为依据，而是让数据关系说明一切；第二，解释变量中不包括任何当期变量，只要样本足够大，就不存在因参数过多而产生模型不可识别的问题；第三，无须事先区分变量的外生性和内生性。

VAR 模型主要用来处理平稳性数据。传统的理论要求，对于非平稳的时间序列，经过差分再建立 VAR 模型，这样通常会损失掉许多信息，同时也会使得分析结果难以得到解释，但只要各变量之间存在协整关系，也可以直接建立 VAR 模型。Engle 和 Granger（1987）将协整与误差修正模型结合起来，建立了向量误差修正模型（VEC 模型）①，可以较好地克服 VAR 模型的不足。

---

① Engle, R F, Granger, C W J. Co-integration and Error Correction: Representation, Estimation, and Testing [J]. Econometrica: Journal of the Econometric Society, 1987.

VAR 模型还可以用来检验变量之间是否存在因果关系，Granger 因果检验正是基于 VAR 模型来定义的。传统的 Granger 因果关系检验分为基于水平 VAR 模型的因果关系检验和基于差分 VAR 模型的因果关系检验。基于水平 VAR 模型进行多变量系统的因果关系检验因未考虑变量的非稳定性和变量系统的协整性而存在一定的问题；基于差分 VAR 模型进行因果关系检验容易丧失信息，并且要求检验变量的平稳性和协整关系，使其在实证检验中的应用受到限制。当研究者并不关注变量的协整性而只关注其因果关系，或者协整性不存在但需要研究其因果关系时，就需要一种新的检验方法。Toda 和 Yamamoto（1995）提出的"基于扩展 VAR 模型（Lag - Augmented VAR 模型）的因果关系检验"① 可以不考虑单位根的个数和变量的协整性，这在后来的因果关系检验中得到了应用。

对 VAR 模型单个参数估计值的经济解释是很困难的，因此，要想对一个 VAR 模型做出分析，通常是观察系统的脉冲响应函数和方差分解。脉冲响应函数描述的是 VAR 模型中的一个内生变量的冲击给其他内生变量所带来的影响。为了区分信息冲击对具体变量的影响大小，通常采用乔莱斯基分解方法，但此法对进入模型的变量的次序很敏感，一旦改变变量的次序，得到的脉冲响应函数也不同。Pesaran 和 Shin（1998）所提出的广义脉冲响应函数② 解决了这个问题，可以不考虑变量排序问题而得出唯一的脉冲响应函数曲线。方差分解是通过分析每一个结构冲击对内生变量变化的贡献度来评价不同结构冲击的重要性，从而反映其他变量对某一变量变动的贡献度。

（二）脉冲响应函数

初级的计量经济学教科书中提及 VAR 模型中一般会包含许多参数，而这些参数的经济意义不好解释。从数学角度来看，参数的大小是指这些变量滞后若干期后对当期变量的作用，并且这些参数的估计值有时候会有好几十个甚至上百个。那么，这就会导致在一篇论文中要花费大量篇幅去汇报这些参数，而且要解释每一个系数的经济含义也并不容易。

因此，对于 VAR 模型来说，通常会在论文中汇报它的脉冲响应函数。脉冲响应函数是指，当某个变量的扰动项受到 1 单位的冲击之后，会对另外一个变量在未来的几期之后产生多大的影响。

考虑 n 元 VAR(p) 模型：

$$y_t = \beta_0 + \beta_1 y_{t-1} + \cdots + \beta_p y_{t-p} + \varepsilon_t \tag{7-9}$$

① Toda, H Y, Yamamoto, T. Statistical Inference in Vector Autoregressions with Possibly Integrated Processes [J]. Journal of Econometrics, 1995, 66 (1 - 2).

② Pesaran, H H, Shin, Y. Generalized Impulse Response Analysis in Linear Multivariate Models [J]. Economics Letters, 1998, 58 (1).

此处需要注意，y_t 是包含 N 个变量的列向量，滞后阶数为 p 阶。此 VAR(p) 模型也可写成"向量移动平均过程"的 VMA(∞) 模型的形式：

$$y_t = \alpha + \varepsilon_t + \psi_1 \varepsilon_{t-1} + \psi_2 \varepsilon_{t-2} + \cdots \qquad (7-10)$$

其中，ε_t 为当期的向量白噪声，ε_{t-1} 为 ε_t 的一阶滞后，ε_{t-2} 为 ε_t 的二阶滞后，以此类推；系数 $\psi_0 \equiv I_n$，而 ψ_j 为 n 维方阵。有了 VMA(∞) 模型的形式后，就可以得到脉冲响应函数。直观来看，ε_t 对 y_s 的边际效应为 ψ_s，即：

$$\frac{\partial y_{t+s}}{\partial \varepsilon_t'} = \psi_s \qquad (7-11)$$

其中，$\partial y_{t+s}/\partial \varepsilon_t'$ 为 n 维列向量 y_{t+s} 对 n 维行向量 ε_t' 求偏导数，故得到 n 维矩阵 ψ_s。矩阵 ψ_s 是一维情形下相隔 s 期的动态乘子向多维的推广，其第 i 行第 j 列元素等于 $\partial y_{i,t+s}/\partial \varepsilon_{jt}$。它表示，当其他变量与其他扰动项均不变时，第 j 个变量在第 t 期的扰动项 ε_{jt} 增加 1 单位时，对第 i 个变量在第 $(t+s)$ 期的取值 $y_{i,t+s}$ 的影响。将 $\partial y_{i,t+s}/\partial \varepsilon_{jt}$ 视为时间间隔 s 的函数，即脉冲响应函数（Impulse Response Function，IRF）。脉冲响应函数的缺点是，它假定在计算 $\partial y_{i,t+s}/\partial \varepsilon_{jt}$ 时，只让 ε_{jt} 变动，而所有其他同期扰动项均不变。此假定只有当扰动项不存在"同期相关"时才成立。但在现实中，同期相关普遍存在。

为此，从扰动项 ε_t 中分离出相互正交的部分，记为 υ_t。新扰动项 υ_t 的各分量正交（不相关），且方差均被标准化为 1，故变化 1 个单位就是变化一个标准差。然后，计算当 υ_t 中的某分量变动时，对各分量在不同时期的影响，称为正交化的脉冲响应函数（Orthogonalized Impulse Response Function，OIRF）。

然而，OIRF 依然有缺点。首先，正交化冲击 υ_t 的经济含义不易解释，因为 υ_t 为 ε_t 中各分量的线性组合。例如，假设 ε_t 有两个分量，一个分量是 GDP 增长率的扰动项，另一个分量是失业率的扰动项，此时这两个分量的经济含义是明确的。将 ε_t 正交化处理后得到 υ_t，它的第一个分量和第二个分量都是原来扰动项 ε_t 的两个分量的线性组合，即新的扰动项为 GDP 增长率的扰动项与失业率的扰动项的线性组合，那么就很难从经济含义角度解释新扰动项所面临的正交化冲击。其次，OIRF 依赖于变量的次序。如果改变变量的次序，就可能得到很不相同的结果。OIRF 虽然使得因果关系更清楚，但代价是需要对变量起作用的次序做出较强的先验假设。所谓的先验假设，就是从经济理论出发，假定某个变量会在另外一个变量之前就起作用。但是经济理论通常无法对变量次序给出明确的指南，如是 GDP 增长率先起作用，还是失业率先起作用，或是它们二者同时起作用？对于这个问题，通过经济理论是没有办法得到一个确切的答案的。

因此，在实践中可借助格兰杰因果检验来确定两个变量之间的排序，或者通过变换变量的排序来进行稳健性检验。所谓的稳健性检验，是指把各种可能的变量排序都尝试一遍，得到相应的脉冲响应函数，然后画出正交化的脉冲响应图，最后比较不同变量排序下的正交化脉冲响应图是否接近。如果很接近，则说明结果是比较稳健的；如果正交化的脉冲响应图发生了很大改变，则说明结果是不可靠的。

（三）格兰杰因果检验

经济学中常常需要确定因果关系究竟是从 x 到 y，还是从 y 到 x，抑或是双向因果关系。Granger（1969）提出了以下检验思想：首先，原因必然发生于结果之前；其次，原因包含有关结果的独特信息，对结果具有解释力或预测力。[①] 因此，如果 x 是 y 的因，但 y 不是 x 的因，则 x 的过去值可帮助预测 y 的未来值，而 y 的过去值却不能帮助预测 x 的未来值。

考虑自回归分布滞后 ADL（p，p）模型：

$$y_t = \gamma + \sum_{m=1}^{p} \alpha_m y_{t-m} + \sum_{m=1}^{p} \beta_m x_{t-m} + \varepsilon_t \qquad (7-12)$$

其中，滞后阶数 p 可根据"信息准则"或"由大到小的序贯规则"确定。估计此模型后，检验原假设"$H_0: \beta_1 = \cdots = \beta_p = 0$"，即 x 的过去值对预测 y 的未来值没有帮助。如果拒绝 H_0，则称 x 是 y 的"格兰杰因"（Granger cause）。将回归模型中 x 与 y 的位置互换，可检验 y 是否为 x 的"格兰杰因"。在实际操作中，常将 (x, y) 构成二元 VAR 系统，使用 Stata 命令 vargranger 进行格兰杰因果检验。

但是，格兰杰因果关系并非真正意义上的因果关系，充其量只是动态相关关系，表明一个变量是否对另一变量有"预测能力"。在某种意义上，它顶多是因果关系的必要条件，而且格兰杰因果关系也可能由第三个变量所引起。另外，格兰杰因果检验仅适用于平稳序列，或者有协整关系的单位根过程。而对于不存在协整关系的单位根变量，则只能先差分，得到平稳序列后再进行格兰杰因果检验。

如果一个时间序列不是平稳过程，则称为"非平稳序列"（non-stationary time series）。在以下三种情况下，都有可能出现非平稳序列：确定性趋势，结构变动，随机趋势。平稳的时间序列称为"零阶单整"（integrated of order zero），记为 I（0）。如果时间序列的一阶差分为平稳过程，则称为"一阶单整"（integrated of order one），记为 I(1)，也称为"单位根过程"（unit root process）。更一般而言，如果时间序列的 d 阶差分为平稳过程，则称为"d 阶单整"（integrated of order d），记为 I(d)。对于 I（0）序列，由于它是平稳的，所以长期而言有回到其期望值的趋势，这种性质

---

① Granger, C W. Investigating Causal Relations by Econometric Models and Cross-spectral Methods [J]. Econometrica：Journal of the Econometric Society, 1969.

被称为"均值回复"（mean - reverting）。而非平稳的 I（1）序列则会"到处乱跑"（wander widely），没有上述性质。此外，I（0）序列对于其过去的行为只有有限的记忆，即发生在过去的扰动项对未来的影响随时间而衰减；而 I（1）序列则对过去的行为具有无限长的记忆，即任何过去的冲击都将永久性地改变未来的整个序列。非平稳序列会造成以下问题：自回归系数向左偏向于 0；传统的 t 检验失效；两个相互独立的单位根变量可能出现伪回归（spurious regression）或伪相关。

因此，在 VAR 模型建立之前，需要对各时间序列变量进行平稳性检验，大多都为 ADF 检验。ADF 检验是一种参数检验方法，其原理是基于自回归模型（AR 模型）的一个假设：存在一个单位根，单位根表示某些时间序列变量在时间趋势的影响下呈现出非平稳的特征，也就是说，若存在一个单位根，原时间序列就不平稳。因此，ADF 检验的基本思路是判断序列是否存在单位根：如果序列平稳，就不存在单位根；否则，就会存在单位根。ADF 检验的原假设就是存在单位根。在 Stata 中可以用 dfuller 命令，具体可参见 Stata 操作手册。

协整说的是变量之间存在长期的稳定关系但变量之间的因果关系无法确定。协整检验的目的是决定一组非平稳序列的线性组合是否具有稳定的均衡关系。Stata 中有三种常见的协整检验方法：

（1）同质性协整检验 Kao test：

```
xtcointtest kao depvar varlist [if] [in] [,kao_options]
```

（2）异质性协整检验 Pedroni test：

```
xtcointtest pedroni depvar varlist [if] [in] [,pedroni_options]
```

（3）异质性协整检验 Westerlund test：

```
xtcointtest westerlund depvar varlist [if] [in] [, westerlund_options]
```

三、VAR 模型的基本程序

采用 Stata 提供的 lutkepohl2 数据集，考察联邦德国的国民收入、居民消费和投资的动态关系，以及消费和投资对经济增长的贡献程度。该数据集包括联邦德国 1960 年至 1982 年的季度宏观数据。使用向量自回归模型 VAR 模型来分析国民收入、居民消费和投资之间的作用机制，并在此基础上，运用协整检验和脉冲响应来定量分析三者之间的关系。由于 VAR 模型不带有任何事先约束条件，将消费、投资与国民收入均视作内生变量，因此克服了传统回归方法将国民收入作为内生变量，将消费和投资作为外生变量，从而忽视它们之间可能存在的双向关系的问题。在此回归中，为缓解时间序列数据中存在的异方差性，对国民收入、消费和居民投资进行对数变换。

在 Stata 的 "Do – file 编辑器" 中输入以下命令：

webuse lutkepohl2,clear //该命令使得 Stata 通过网络下载使用数据集"lutke-pohl2"

tsset qtr //使用该命令设定时间序列数据

dfuller ln_inv

dfuller dln_inv //使用这两个命令进行数据平稳性的 ADF 检验

```
Dickey-Fuller test for unit root          Number of obs   = 91
Variable: ln_inv                          Number of lags  =  0

H0: Random walk without drift, d = 0

                                      Dickey-Fuller
                 Test         ——————— critical value ———————
                 statistic       1%           5%          10%

Z(t)             -1.201        -3.523       -2.897       -2.584

MacKinnon approximate p-value for Z(t) = 0.6732.

. dfuller dln_inv

Dickey-Fuller test for unit root          Number of obs   = 90
Variable: dln_inv                         Number of lags  =  0

H0: Random walk without drift, d = 0

                                      Dickey-Fuller
                 Test         ——————— critical value ———————
                 statistic       1%           5%          10%

Z(t)             -11.136       -3.524       -2.898       -2.584

MacKinnon approximate p-value for Z(t) = 0.0000.
```

结果显示，ln_*inv*、ln_*inc* 和 ln_*consump* 均属于非平稳时间序列，而对它们进行一阶差分之后，dln_*inv*、dln_*inc* 和 dln_*consump* 则都为平稳的时间序列，属于同阶单整序列。因此，VAR 模型的变量选取这三个变量对数变换后的一阶差分。

varsoc dln_inv dln_inc dln_consump //使用该命令，根据信息准则确定 VAR 模型的阶数

```
Lag-order selection criteria

    Sample: 1961q2 thru 1982q4                                Number of obs = 87

    Lag     LL      LR      df    p     FPE      AIC       HQIC      SBIC

     0    696.398                     2.4e-11  -15.9402  -15.9059  -15.8552*
     1    711.682  30.568   9  0.000  2.1e-11  -16.0846  -15.9477* -15.7445
     2    724.696  26.028   9  0.002  1.9e-11* -16.1769* -15.9372  -15.5817
     3    729.124  8.8557   9  0.451  2.1e-11  -16.0718  -15.7294  -15.2215
     4    738.353  18.458*  9  0.030  2.1e-11  -16.0771  -15.632   -14.9717

 * optimal lag
 Endogenous: dln_inv dln_inc dln_consump
  Exogenous: _cons
```

结果显示，不同信息准则所选择的滞后阶数并不一致（上表中标星号者）。根据最简洁 SBIC 准则，滞后阶数为 0。根据 HQIC 准则，则需要滞后 1 阶。根据 FPE 和 AIC，需滞后 2 阶。而根据 LR 检验，则需要滞后 4 阶。作为折中，选择滞后 2 阶。

`var dln_inv dln_inc dln_consump,lags(1/2) dfk` // 使用该命令估计 2 阶 VAR 模型

```
Vector autoregression

Sample: 1960q4 thru 1982q4              Number of obs    =        89
Log likelihood =    742.2131           AIC              = -16.20704
FPE            =    1.84e-11            HQIC             = -15.97035
Det(Sigma_ml)  =    1.15e-11            SBIC             = -15.61983

Equation         Parms     RMSE     R-sq     chi2      P>chi2

dln_inv            7     .044295   0.1051   9.633771   0.1409
dln_inc            7     .011224   0.1514   14.62996   0.0233
dln_consump        7     .009938   0.2400   25.88962   0.0002


              Coefficient  Std. err.     z    P>|z|   [95% conf. interval]

dln_inv
    dln_inv
       L1.    -.2725654   .1139085   -2.39   0.017   -.4958218   -.0493089
       L2.    -.1340503   .1134912   -1.18   0.238   -.3564891    .0883884

    dln_inc
       L1.     .3374819   .5006109    0.67   0.500   -.6436975    1.318661
       L2.     .1827302   .4857871    0.38   0.707   -.7693951    1.134855
```

即使仅滞后 2 阶，此 VAR 模型依然包含了许多系数，以至于无法解释其经济含义。因此，在实证论文中，甚至不汇报 VAR 的回归系数，而主要汇报脉冲响应函数和格兰杰因果检验。

`Varwle` // 使用该命令检验各阶系数的联合显著性

```
Equation: dln_inv

┌─────┬──────────────────────────────────┐
│ lag │   chi2      df  Prob > chi2       │
├─────┼──────────────────────────────────┤
│  1  │ 7.873887     3      0.049         │
│  2  │ 2.993971     3      0.393         │
└─────┴──────────────────────────────────┘

Equation: dln_inc

┌─────┬──────────────────────────────────┐
│ lag │   chi2      df  Prob > chi2       │
├─────┼──────────────────────────────────┤
│  1  │ 9.628048     3      0.022         │
│  2  │ 5.914459     3      0.116         │
└─────┴──────────────────────────────────┘

Equation: dln_consump

┌─────┬──────────────────────────────────┐
│ lag │   chi2      df  Prob > chi2       │
├─────┼──────────────────────────────────┤
│  1  │ 7.675739     3      0.053         │
│  2  │ 17.32727     3      0.001         │
└─────┴──────────────────────────────────┘

Equation: All

┌─────┬──────────────────────────────────┐
│ lag │   chi2      df  Prob > chi2       │
├─────┼──────────────────────────────────┤
│  1  │ 44.06615     9      0.000         │
│  2  │ 28.28163     9      0.001         │
└─────┴──────────────────────────────────┘
```

结果显示，三个方程的整体，各阶系数均高度显著。

Varlmar //使用该命令检验残差是否存在自相关

```
Lagrange-multiplier test

┌─────┬──────────────────────────────────┐
│ lag │    chi2     df   Prob > chi2      │
├─────┼──────────────────────────────────┤
│  1  │  8.8693      9     0.44942        │
│  2  │ 10.9722      9     0.27762        │
└─────┴──────────────────────────────────┘

H0: no autocorrelation at lag order
```

结果显示，可以接受残差"无自相关"的原假设，即认为扰动项为白噪声。

varstable,graph //使用该命令检验 VAR 系统是否稳定

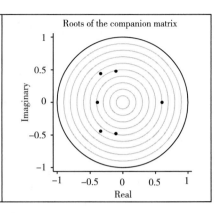

```
Eigenvalue stability condition

┌─────────────────────────────┬──────────────┐
│         Eigenvalue          │   Modulus    │
├─────────────────────────────┼──────────────┤
│  .6013242                   │   .601324    │
│ -.3400288 +  .4403555i      │   .556356    │
│ -.3400288 -  .4403555i      │   .556356    │
│ -.1063275 +  .4781304i      │   .48981     │
│ -.1063275 -  .4781304i      │   .48981     │
│ -.3889484                   │   .388948    │
└─────────────────────────────┴──────────────┘

All the eigenvalues lie inside the unit circle.
VAR satisfies stability condition.
```

结果显示，所有特征值均在单位圆之内，故此 VAR 系统是稳定的。

Varnorm // 使用该命令检验 VAR 模型的残差是否服从正态分布

```
Jarque-Bera test

┌────────────────┬──────────┬─────┬─────────────┐
│    Equation    │   chi2   │ df  │ Prob > chi2 │
├────────────────┼──────────┼─────┼─────────────┤
│        dln_inv │   5.786  │  2  │   0.05542   │
│        dln_inc │   3.031  │  2  │   0.21968   │
│    dln_consump │   1.422  │  2  │   0.49119   │
│            ALL │  10.239  │  6  │   0.11495   │
└────────────────┴──────────┴─────┴─────────────┘

Skewness test

┌────────────────┬──────────┬────────┬─────┬─────────────┐
│    Equation    │ Skewness │  chi2  │ df  │ Prob > chi2 │
├────────────────┼──────────┼────────┼─────┼─────────────┤
│        dln_inv │  .08777  │  0.114 │  1  │   0.73533   │
│        dln_inc │ -.25999  │  1.003 │  1  │   0.31667   │
│    dln_consump │ -.11089  │  0.182 │  1  │   0.66932   │
│            ALL │          │  1.299 │  3  │   0.72929   │
└────────────────┴──────────┴────────┴─────┴─────────────┘

Kurtosis test

┌────────────────┬──────────┬────────┬─────┬─────────────┐
│    Equation    │ Kurtosis │  chi2  │ df  │ Prob > chi2 │
├────────────────┼──────────┼────────┼─────┼─────────────┤
│        dln_inv │  4.2367  │  5.671 │  1  │   0.01724   │
│        dln_inc │  3.7396  │  2.028 │  1  │   0.15437   │
│    dln_consump │  2.4219  │  1.239 │  1  │   0.26558   │
│            ALL │          │  8.939 │  3  │   0.03011   │
└────────────────┴──────────┴────────┴─────┴─────────────┘

dfk estimator used in computations
```

结果显示，除了 dln_*inv* 外，其余变量都接受正态分布的原假设。

Vargranger // 使用该命令考察三个变量之间的格兰杰因果关系

```
Granger causality Wald tests

         Equation          Excluded        chi2     df  Prob > chi2

          dln_inv           dln_inc        .5129     2     0.774
          dln_inv       dln_consump       1.7914     2     0.408
          dln_inv               ALL       6.7428     4     0.150

          dln_inc           dln_inv       5.7553     2     0.056
          dln_inc       dln_consump       4.7016     2     0.095
          dln_inc               ALL       12.058     4     0.017

      dln_consump           dln_inv       3.9108     2     0.142
      dln_consump           dln_inc       14.995     2     0.001
      dln_consump               ALL       20.008     4     0.000
```

结果显示，以 dln_inv 为被解释变量，dln_inc 和 dln_$consump$ 都不是它的格兰杰因；以 dln_inc 为被解释变量，dln_inv 和 dln_$consump$ 都是它的格兰杰因；以 dln_$consump$ 为被解释变量，dln_inv 不是它的格兰杰因，而 dln_inc 是它的格兰杰因，并且 dln_inv 和 dln_inc 系数极其联合显著，因此强烈拒绝"dln_inv 和 dln_inc 都不是 dln_$consump$ 的格兰杰因"的原假设。

irf create order1,set(myirf) //使用该命令计算脉冲响应函数。此命令将结果名为"order1"，存入新建立的脉冲文件"myirf"，并将此脉冲文件激活为当前文件并更新

```
. irf create order1, set(myirf)
(file myirf.irf created)
(file myirf.irf now active)
(file myirf.irf updated)
```

irf graph oirf,yline(0) //使用该命令绘制正交脉冲响应图

结果包含九个小图（见图 7－5），每个图的标题依次为"irfname"（此处为 order1），"impulse variable"（脉冲变量）和"response variable"（响应变量）。第一行的三个小图均以 dln_$consump$ 为脉冲变量，分别描绘 dln_$consump$ 对 dln_$consump$，dln_inc 和 dln_inv 的动态效应。从第一行的三个小图可以看出，居民消费对国民收入和投资几乎没有作用，而最初的消费冲击会引起消费短期内的提升，但是不存在长期的动态效应。第二行的三个小图均以 dln_inc 为脉冲变量，分别描绘 dln_$consump$ 对 dln_$consump$，dln_inc 和 dln_inv 的动态效应。从第二行的三个小图可以看出，国民收入对居民消费和投资具有短期作用，而无长期影响。第三行的三个小图均以 dln_inv 为脉冲变量，分别描绘 dln_$consump$ 对 dln_$consump$，dln_inc 和 dln_inv 的动态效应。

从第三行的三个小图可以看出，国民投资对居民消费和收入几乎没有作用，但最初的国民投资冲击会引起投资在短期内较大提升，但同样不存在长期的动态效应。

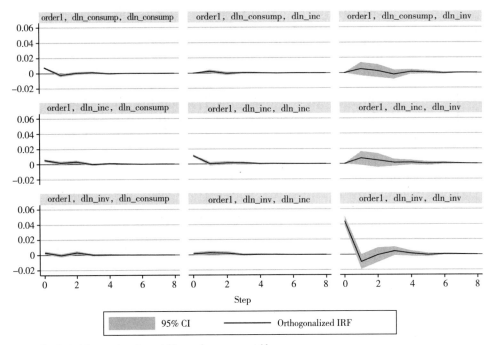

图7－5　正交脉冲响应图

经济学实证论文写作讲义：方法与应用

第三节　事　件　分　析

一、事件分析法

事件分析法（Event Study Methodology，ESM）是一种用于研究重大事件对公司层面变量短期影响的计量方法。有研究人员就该方法做了较为详细的综述①，本讲义在此基础上进行了简要整理。在以往的研究中，该方法主要应用于金融领域，并且主要用来衡量某一特定事件对公司股票价格的影响。但在最近的研究中，由于逻辑清晰、分析过程简单等优点，该方法越来越多地受到研究者关注，也开始逐渐被应用于其他领域研究。

---

① 例如：Ullah S, Zaefarian G, Ahmed R, et al. How to Apply the Event Study methodology in STATA：An Overview and A Step-by-step Guide for Authors [J]. Industrial Marketing Management, 2021（99）：A1－A12；https：//mp. weixin. qq. com/s/-IEryfcW8VRw5ea1FlgeEA.

按照事件影响持续时间的长短，文献中通常将事件分析法分为短期事件分析与长期事件分析。短期事件分析法更为普遍，大致可分为以下几步：第一步，数据准备工作：定义事件、选择事件发生日期、选取样本范围、确定事件窗口、确定估计窗口；第二步，数据分析过程：计算时间距离、定义事件和估计窗口、估计正常表现、估计异常表现、显著性检验、全部事件检验。

二、事件分析法的应用范围

事件分析法主要关注事件公布日前后数天内的公告效应，这为投资者理解公司的分红配股、兼并收购等决策提供了相关证据①②；此外，短期事件分析作为检验市场效率的一种方法，在资本市场研究中也起着重要的作用。除了金融经济学，短期事件分析也被广泛运用于其他相关领域，如在会计学领域的文献中，公司发布的盈余公告对其股票价格的影响备受关注；在法律和经济领域，短期事件分析被用于度量监管政策的效果，以及评估法律责任案件中的损害赔偿等。尤其是，新冠疫情造成了一系列影响，十分符合事件分析法的背景设定，因此许多文章采用了该方法进行相关分析③。

三、事件分析法的相关概念及步骤

（一）事件定义

事件分析法侧重于检查公司事件（包括新信息和/或公告）对一系列公司业绩指标的影响，其中公司业绩包括股票价格和公司收益等，公司事件包括股票拆分、并购和企业破产等。一些有用的事件信息来源包括每日财经新闻、法律出版物、专业数据库、公司新闻稿/会议、证券交易所等机构的新闻机构报道等。

在关于公司金融的研究文献中，通常可以将事件分为以下三种：有关公司活动的公告，包括资产出售公告、兼并收购以及独立董事突然死亡等；有关宏观经济事件的公告，如政府破产和信用评级变化、中央银行的公告、与黄金和石油等重要商品有关的新闻；来自政府监管与政策层面的公告，如公司董事会女性配额的提议或某项法律

---

① Edmans A. Does the Stock Market Fully Value Intangibles? Employee Satisfaction and Equity Prices [J]. Journal of Financial economics, 2011, 101 (3).

② Deng X, Kang J, Low B S. Corporate Social Responsibility and Stakeholder Value Maximization：Evidence from Mergers [J]. Journal of financial Economics, 2013, 110 (1).

③ 例如：Naidu D, Ranjeeni K. Effect of Coronavirus Fear on the Performance of Australian Stock Returns：Evidence from An Event Study [J]. Pacific-Basin Finance Journal, 2021 (3)；Heyden K J, Heyden T. Market Reactions to the Arrival and Containment of COVID-19：An Event Study [J]. Finance Research Letters, 2021 (38).

的通过。事件窗口期包含事件日期前后的一段时间。

（二）事件日期

确定事件之后，下一步涉及选择事件发生的日期。事件日期是事件分析法的一个重要特征，因为它是评估观察到的事件对公司价值/收益影响的基础。事件日期允许研究人员比较事件出现之前的公司收益和消息到达市场之后的收益，以衡量因分析事件而获得的异常收益。异常收益是指证券（股票）在事件窗口时的实际事后收益减去公司在事件窗口时的正常收益。因此，确保分析事件的准确日期是极其重要的，以避免对相关异常收益做出有缺陷的估计。对于一些事件来说，表面上显示多个日期也并不罕见，比如公司高管在商业媒体报道的采访或贸易展会上传达相关信息，而不是公司正式发布新闻稿。这种信息的非正式提前披露，使得很难确定交易员何时开始意识到新信息。为了克服这一问题，通常建议在进行事件分析时使用所分析事件的信息到达市场时的第一个日期。

（三）事件窗口期

对事件涉及的股票价格进行考察的时间段。例如，如果研究企业兼并收购（M&A）对其股票价格的影响，那么事件日期就是企业发布并购公告的当天，事件窗口期从发布并购公告的当日开始，依据研究目的包含公告发布的前一天和公告发布的后一天，有时也包含事件发生的前后数日。虽然事件窗口期没有固定的时间长短，但应该保持相对短的时间，以避免不相关的事件的影响。因此，利用良好的判断力来选择一个合适的事件窗口对研究人员来说是很重要的。不仅如此，为检测该事件是否被预期或泄露，通常事件窗口期不仅包含事件发生后的一段时间，也会包含事件发生前的几天。

另一个与时间相关的重要概念是估计窗口期。为了说明事件窗口期与估计窗口期的区别，我们先来回顾一下事件分析法的整体思路。事件分析法衡量一个事件产生影响的思路是：在一定时间范围内，计算这段时间里出现的日异常收益率（该期实际收益率减去预期收益率，或正常收益率）及其累计值。其中，预期收益率的计算有两步：第一步，利用估计窗口期的相关数据和选定的收益率模型来估计相应的参数；第二步，根据估计参数和事件窗口期的数据来计算事件窗口期的预期收益率。一般情况下，估计窗口期为事件发生前的一段时间，通常是事件发生前 210 个交易日至前 11 个交易日，并且估计窗口期与事件窗口期不可有交集。

事件时间轴如图 7-6 所示。

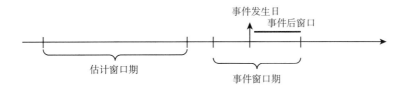

图7-6　事件时间轴

（四）数据准备

在为事件分析选择数据和样本时，重要的是要确保数据覆盖整个事件时间轴，即估计窗口期、事件窗口期和事件后窗口期（见图7-6）。我们要对样本进行明智的选择，以确保在考虑的事件时间轴内没有其他事件，同时这可能会减少样本大小。在清理数据后，面临样本量不足的挑战时，可以通过使用日收益来避免这个问题，而不是使用月收益。然而，在许多情况下，一个公司在研究样本期间可能匹配到多次事件。此时，需要研究与同一公司有关的所有事件对其股票收益率的影响，即需要为每个"单个公司股票收益率—事件发生日期"的配对组合创建一组重复的股票收益率数据。简言之，在进行短期事件分析之前，需要理清每个公司在样本期间内究竟有几次事件发生。

（五）异常收益

为了考察特定事件对公司股价的影响，我们先要知道，如果该事件没有发生，股票收益率应该是多少，这也就是需要估计正常收益率的原因。

异常收益是指每只股票实际收益率与正常收益率的差值。异常收益率（AR）能够反映事件的经济影响。累积异常收益率（Cumulative abnormal returns，CAR）是每只股票在事件窗口期内异常收益率的简单加总，最常见的是CAR(-1, +1)和CAR(-2, +2)，正负天数可根据研究需要进行相应调整。

与收益率相关的其他两个概念分别是：平均异常收益率（AAR），即针对某一时点，对所有公司的异常收益率求平均；平均累积异常收益率（CAAR）。

计算出累积异常收益率之后，需要检验每只股票的累积异常收益是否在统计上异于零，以便判断事件的发生是否对股价产生了显著的影响。

有关收益率的估计模型：如果市场是有效的、某一事件是意料之外的，并且该事件的发生与市场中某些公司的价值相关，那么通过将事件发生后公司股票的实际收益减去统计模型估计的正常收益率，便能得到股票的异常收益率。在进行异常收益率估计之前，首先需要定义事件发生的窗口期，通常包括事件发生日期当天与事件发生日的前后数天。接着，定义估计窗口期，并选择估计模型计算预期收益率。以市场模型

（market model）估计预期收益率 R^E 为例，异常收益率（AR）可表示为：$AR_{it} = R_{it} - R_{it}^E$。预期收益率可以由以下五种模型进行估计：

（1）市场模型（market model）：

$$R_{it} = \alpha_i + \beta_i R_{mt} + \varepsilon_{it} \tag{7-13}$$

其中，α_i 是超额收益，β_i 是市场性风险，R_{mt} 是市场收益率。

（2）市场调整模型（market - adjused model）：

$$R_{it} = R_{mt} + \varepsilon_{it} \tag{7-14}$$

（3）Fama 三因子模型（Fama - French three factor model）[①]：

$$R_{it} - R_{ft} = \alpha_i + \beta_1(R_{mt} - R_{ft}) + \beta_2 SMB_i + \beta_3 HML_i + \varepsilon_{it} \tag{7-15}$$

其中，R_f 是无风险收益率，SMB 为规模因子，HML 为价值因子。

（4）Carhart 四因素模型（Fama - French plus momentum）：

$$R_{it} - R_{ft} = \alpha_i + \beta_1(R_{mt} - R_{ft}) + \beta_2 SMB_i + \beta_3 HML_i + \beta_4 MOM_i + \varepsilon_{it} \tag{7-16}$$

（5）历史平均模型（HMM），即事件窗口期的正常收益率使用估计窗口期的期望值代替 $E(R_{it} \mid X_t) = u_i$。

以最常见的市场模型（market model）为例，R_{it} 为股票 i 在第 t 天的收益率，R_{mt} 是市场在第 t 天的收益率，分别针对每只股票执行如下最小二乘法 OLS 回归：

$$R_{it} = \alpha_i + \beta_i R_{mt} + \varepsilon_{it} \tag{7-17}$$

得到估计系数 $\hat{\alpha}_i$ 和 $\hat{\beta}_i$ 后，可使用以下公式计算预期收益率：

$$R_{it}^E = \hat{\alpha}_i + \hat{\beta}_i R_{mt} \tag{7-18}$$

使用 Fama 三因子模型计算正常收益率的方法与此相似，只不过在进行 OLS 回归时，将单个股票收益率与市场收益率同时减去无风险利率 R_{ft}，分别作为因变量和主要的自变量进行估计，并加入更多定价因子 SMB 和 HML 作控制变量。

四、案例介绍与 Stata 命令 estudy 应用

（一）estudy 命令

鉴于 estudy 是外部命令，本讲义在此对其进行简单介绍。estudy 命令主要用

---

① 具体可参考：Fama E F, French K R. Common Risk Factors in the Returns on Stocks and Bonds [J]. Journal of Financial Economics, 1993, 33 (1).

于分析已知发生日期的某一特定事件或公告消息对公司股价的影响。值得注意的是，该命令主要分析单一确定事件的影响，而无法对不同时间段发生的多次事件（如一年中公司发布两次甚至两次以上的并购公告）进行分析。在运用 estudy 命令进行短期事件分析前，可通过在 Stata 命令对话框输入 findit estudy 查找到同名安装包。

estudy 命令的基本语法如下所示：

estudy varlist1 [(varlist2)...(varlistN)],datevar(varname) evdate(date) dateformat(string) lb1(#) ub1(#) eswlbound(#) modtype......

其中，varlist1 [(varlist2)...(varlistN)] 表示，每个 varlist 中填入的是样本内某一公司的变量存储名，变量中存放的是该公司的历史股票收益率时间序列数据。estudy 将区分不同的 varlist（公司变量名），分别汇报累积异常收益率（CAR）与平均累积异常收益率（CAAR）。datevar 表示定义日期变量（date），设为时间格式。evdate 表示定义事件发生的日期，如 07092015。dateformat 表示定义 evdate 中"年月日"的格式，比如 dateformat(MDY) 表示事件的日期格式按照月份（M）、日（D）、年（Y）的顺序进行排列。lb1(#) 和 ub1(#) 分别表示事件窗口期的起点和终点。例如，设定 lb1(-3) 与 ub1(2) 代表从事件发生前三天起，到事件发生后两天为止是事件窗口期。

此外，其他选择项设置如下：选择项"eswlbound(#)"表示设定估计窗口期的起始日期，如有缺省，则自动设定第一个交易日为估计窗口期的起始日期。选择项"eswubound(#)"表示设定估计窗口期的截止日期，如有缺省，则自动设定事件发生日前一个月的 30 日为估计窗口期的截止日期。选择项"modtype"表示设置估计股票正常收益率的估计模型。其中，modtype(SIM) 表示使用市场模型，modtype(MAM) 表示使用市场调整模型，modtype(MFM) 表示多因素模型，modtype(HMM) 表示历史平均模型。选择项"indexlist(varlist)"表示用于估计股票正常收益率的各因子。选择项"diagnosticsstat(string)"表示设定检验显著性的方法。可选择的有参数法 diagnosticsstat(Norm)、diagnosticsstat(Patell)、diagnosticsstat(ADJPatell)、diagnosticsstat(BMP)、diagnosticsstat(KP)、diagnosticsstat(KP)，以及非参数法 diagnosticsstat(Wilcoxon)、diagnosticsstat(GRANK)。

estudy 还有多个设置结果输出的选择项，如 suppress(string)、decimal(#) 等。suppress(group) 表示报告每家公司的 CAR，suppress(ind) 表示报告整体 CAAR。decimal 可设置保留的小数点后的精确位数。

（二）estudy 命令实例

采用 IBM 与可口可乐等公司的日度股票时间序列数据①，并假设有且仅有一确定事件于 2015 年 7 月 9 日发生，研究这一事件对所有样本内公司股票收益率的影响。相关命令演示如下：

```
ssc install estudy
```

①只计算 IBM 的异常累积收益率，并利用市场模型估计正常收益率，并以（-1，1）和（-3，3）为事件窗口期。

```
estudy ibm,datevar(date) evdate(07092015) dateformat(MDY)   ///
lb1( -1) ub1(1) lb2( -3) ub2(3)indexlist(mkt) decimal(4)
```

②计算多家公司两个事件窗口期的累积异常收益率与平均累积异常收益率，其中 Boa、Ford、Boeing 为一组，Apple、Netflix、Amazon、Facebook 和 Google 为一组，因此结果可得到两组的平均累积异常收益率。

```
estudy boa ford boeing (apple netflix amazon facebook google),   ///
datevar(date) evdate(07092015) dateformat(MDY)   ///
lb1( -1) ub1(1) lb2( -3) ub2(3) ///
indexlist(mkt) decimal(4)
```

```
Event study with common event date
Event date: 09jul2015, with 2 event windows specified, under the Normality assumption
SECURITY                        CAAR[-1,1]        CAAR[-3,3]

Bank of America Corporation     0.3647%           -1.1494%
Ford Motor Company              -2.1413%          -1.8529%
The Boeing Company              0.9844%           3.4777%
Ptf CARs n 1 (3 securities)     -0.2681%          0.1498%
CAAR group 1 (3 securities)     -0.2584%          0.1750%

Apple Inc                       -1.9051%          -2.1204%
Netflix Inc                     2.8084%           2.9968%
Amazon com Inc                  1.7837%           4.1678%
Facebook Inc                    0.8082%           0.0043%
Alphabet Inc                    1.1752%           5.3336%*
Ptf CARs n 2 (5 securities)     0.9006%           1.9912%
CAAR group 2 (5 securities)     0.9482%           2.1045%

*** p-value < .01, ** p-value <.05, * p-value <.1
```

---

① 实例数据来自连享会公众号的 data_estudy. dta，相关链接为 https：// gitee. com/arlionn/data/raw/master/data01/data_estudy. dta.

③利用 Fama 三因子模型估计正常收益率，并以（－1，1）和（－3，3）为事件窗口期，同时计算多家公司四个时间窗口期的累积异常收益率与平均累积异常收益率，并使用 Kolari 和 Pynnonen(2010) 的方法检验显著性。

```
estudy boa ford boeing (apple netflix amazon facebook google) ///
(boa ford boeing apple netflix amazon facebook google),  ///
datevar(date) evdate(07092015) dateformat(MDY) ///
lb1(-1) ub1(1) lb2(-3) ub2(3) lb3(-1) ub3(0) lb4(0) ub4(3)   ///
modtype(MFM) indexlist(mkt smb hml) diagnosticsstat(KP)
```

```
Event study with common event date
Event date: 09jul2015, with 4 event windows specified, using the Boehmer, Musumeci, Poulsen test, with
> the Kolari and Pynnonen adjustment
SECURITY                        CAAR[-1,1]      CAAR[-3,3]      CAAR[-1,0]      CAAR[0,3]

Bank of America Corporation     0.95%           1.01%           0.41%           2.67%
Ford Motor Company             -2.06%          -1.31%          -1.87%          -0.13%
The Boeing Company              1.00%           3.40%           1.07%           0.87%
Ptf CARs n 1 (3 securities)    -0.04%           1.03%          -0.13%           1.12%
CAAR group 1 (3 securities)    -0.03%           1.05%          -0.13%           1.14%

Apple Inc                      -2.11%          -2.93%          -3.50%*         -0.51%
Netflix Inc                     2.30%           2.07%           2.81%           1.91%
Amazon com Inc                  1.37%           2.97%           1.28%           3.40%
Facebook Inc                   -0.07%          -2.04%          -0.01%          -0.93%
Alphabet Inc                    0.91%           4.53%           0.68%           4.53%**
Ptf CARs n 2 (5 securities)     0.44%           0.84%           0.24%           1.64%
CAAR group 2 (5 securities)     0.49%           0.95%           0.27%           1.70%

Bank of America Corporation     0.95%           1.01%           0.41%           2.67%
Ford Motor Company             -2.06%          -1.31%          -1.87%          -0.13%
The Boeing Company              1.00%           3.40%           1.07%           0.87%
Apple Inc                      -2.11%          -2.93%          -3.50%*         -0.51%
Netflix Inc                     2.30%           2.07%           2.81%           1.91%
Amazon com Inc                  1.37%           2.97%           1.28%           3.40%
Facebook Inc                   -0.07%          -2.04%          -0.01%          -0.93%
Alphabet Inc                    0.91%           4.53%           0.68%           4.53%**
Ptf CARs n 3 (8 securities)     0.26%           0.90%           0.09%           1.44%
CAAR group 3 (8 securities)     0.30%           0.99%           0.12%           1.49%*

*** p-value < .01, ** p-value <.05, * p-value <.1
```

④利用市场模型估计正常收益率，以（－1，1）和（－3，3）为事件窗口期，同时计算多家公司两个事件窗口期的累积异常收益率与平均累积异常收益率，将结果存储在 my_output_tables. xlsx 文件中。

```
estudy boa ford boeing (apple netflix amazon facebook google),///
datevar(date) evdate(07092015) dateformat(MDY)///
lb1(-1) ub1(1) lb2(-3) ub2(3)   ///
indexlist(mkt) outputfile(my_output_tables)
```

分析结果在 excel 中的结果如表 7－1 所示。

表 7 - 1 事件分析结果 3

	CAAR（-1，1）	CAAR（-3，3）
Bank of America Corporation	0.003646548	- 0.011494334
Ford Motor Company	- 0.021412593	- 0.01852917
The Boeing Company	0.009844476	0.034777366
Ptf CARs n 1（3 securities）	- 0.002680783	0.001498104
CAAR group 1（3 securities）	- 0.00258432	0.001749956
Apple Inc	- 0.019051357	- 0.02120432
Netflix Inc	0.028083681	0.029968003
Amazon com Inc	0.017836616	0.041678354
Facebook Inc	0.00808236	4.28827E - 05
Alphabet Inc	0.011752076	0.053335668
Ptf CARs n 2（5 securities）	0.009005426	0.019912324
CAAR group 2（5 securities）	0.009482492	0.021045059

运行以上命令之后，Stata 会展示每个不同的事件窗口期的累积异常收益率与平均累积异常收益率的值及其显著性。通过正负符号及显著性分析，我们可以判断某一特定事件对不同公司价值的影响。从以上回归结果可以看到，2015 年 7 月 9 日事件的发生对各公司均无显著的影响。

思考与练习

1. 分析户主的年龄、学历因素对家庭年收入的影响，并假定二者均为外生解释变量。假设回归时选择户主年龄大于 30 岁的家庭作为样本，那么此时使用最小二乘法 OLS 回归，能得到无偏估计结果吗？假设回归时选择家庭年收入大于 6 万元的家庭作为样本，那么此时使用最小二乘法 OLS 回归，能得到无偏估计结果吗？

2. VAR 模型是否要求原始序列是平稳的？

3. VAR 模型如何选择最优的滞后阶数？

> 第 8 讲　面 板 数 据 <

面板数据具有更多的样本量和信息量，可以降低变量之间共线性的可能性，增加检验统计量的自由度和增强估计结果的有效性，在经济学实证论文中得到了广泛应用。这一讲从固定和随机效应模型、高维固定效应模型、动态面板模型和面板向量自回归（PVAR）四个部分对面板数据的经济学实证方法展开介绍。

第一节　固定和随机效应模型

一、面板数据的特点

面板数据（panel data），指的是在一段时间内跟踪同一组个体（individual）的数据。它既有横截面维度，又有时间维度，是同时在时间和截面上取得的二维数据。通常将面板数据类型分为三类。一是短面板数据与长面板数据。当截面维度大于时间维度时，即为短面板数据；当截面维度小于时间维度时，即为长面板数据。二是动态面板数据和静态面板数据。如果解释变量包含解释变量的滞后值，则为动态面板数据，反之则为静态面板。三是平衡面板和非平衡面板。当每个个体在相同的时间内都有观察值记录，即为平衡面板，反之则为非平衡面板。

二、面板数据的模型

面板数据的模型如下：

$$y_{it} = \beta x_{it} + \alpha_i + \varepsilon_{it} \quad (i = 1, \cdots, n; t = 1, \cdots, T) \tag{8-1}$$

其中，α_i 是不可观测的个体效应。如果 α_i 与解释变量 x_{it} 相关，就是固定效应模型。固定效应模型又可进一步分为单向固定效应模型与双向固定效应模型。单向固定效应模型只考虑个体效应，不考虑时间效应，即 $y_{it} = \beta x_{it} + \alpha_i + \varepsilon_{it}$。双向固定效应模型同时考虑个体效应和时间效应，即 $y_{it} = \beta x_{it} + \lambda_t + \alpha_i + \varepsilon_{it}$。如果 α_i 与所有解释变量 x_{it} 不相关，则为随机效应模型。

三、面板模型存在的问题

（一）常见的面板模型的问题

常见的面板模型的问题有组间异方差、组内自相关、截面相关与内生性问题。

1. 组间异方差

如果存在 $\sigma_i^2 \neq \sigma_j^2 (i \neq j)$，就是"组间异方差"，见图 8-1。

i表示个体 t表示时间	$t=1$	$t=2$	······	$t=T$	
$i=1$	ε_{11}	ε_{12}	······	ε_{1T}	$\sigma_1^2 = \mathrm{Var}(\varepsilon_{1.})$
$i=2$	ε_{21}	ε_{22}		ε_{2T}	
······					
$i=n$	ε_{n1}	ε_{n2}	······	ε_{nT}	$\sigma_n^2 = \mathrm{Var}(\varepsilon_{n.})$

图 8-1 组间异方差

2. 组内自相关

如果存在 $Cov(\varepsilon_{it}, \varepsilon_{is}) \neq 0 (t \neq s, \forall i)$，就是"组内自相关"，见图 8-2。

i表示个体 t表示时间	$t=1$	$t=2$	······	$t=T$	
$i=1$	ε_{11}	ε_{12}	······	ε_{1T}	同一个体不同时期的 随机扰动项相关
$i=2$	ε_{21}	ε_{22}		ε_{2T}	
······					
$i=n$	ε_{n1}	ε_{n2}		ε_{nT}	

图 8-2 组内自相关

3. 截面相关

如果存在 $Cov(\varepsilon_{it}, \varepsilon_{jt}) \neq 0 (i \neq j, \forall t)$，就是"截面相关"或者"组间同期相关"，见图 8-3。

i表示个体 t表示时间	$t=1$	$t=2$	······	$t=T$
$i=1$	ε_{11}	ε_{12}	······	ε_{1T}
$i=2$	ε_{21}	ε_{22}	······	ε_{2T}
······	······			
$i=n$	ε_{n1}	ε_{n2}	······	ε_{nT}

同时期不同个体之间的随机扰动项相关

图 8-3 截面相关

4. 内生性

如果模型中的一个或多个解释变量与扰动项相关，则存在内生性问题。导致内生性的常见原因有遗漏变量、选择性偏差和双向因果。

（二）面板模型问题的解决措施

第一，对于异方差、自相关、截面相关这三个面板模型的问题，可以通过获得聚类稳健的标准误来解决。第二，对于内生性问题，可以通过工具变量等方式来解决。

想要写出一篇优秀的实证论文，估计系数时采用聚类稳健的标准误以及选用合适的工具变量来解决内生性问题是必不可少的，因此必须掌握相关的方法和命令。

四、固定效应模型的估计

（一）固定效应

固定效应是一种控制变量，可以影响解释变量，也可以影响被解释变量。固定效应的引入是为了防止遗漏变量带来的内生性问题。由于遗漏控制变量会导致解释变量的估计系数不准确，所以要多增加控制变量。控制变量一般有可观测的随时间变化的变量、可观测的不随时间变化的变量，以及不可观测的不随时间变化的变量等。固定效应主要控制不可观测的不随时间变化的变量，比如个体固定效应。举个例子，公司A和公司B的绩效大有不同，造成这一情况的原因有很多，如公司文化、所处省份、所处行业等，其中公司文化难以衡量且不随时间变化，所以可以用个体固定效应来控制。当然，其也不一定是不随时间变化，比如年份固定效应就是衡量每个年份不随个体变化的影响因素，每年都有独特的特征，如宏观经济波动导致公司A在不同年份的绩效不一样，那么就需要控制年份固定效应。一般所说的双向固定效应是指同时控制年份固定效应和个体固定效应。

（二）固定效应模型的估计策略

对固定效应模型的估计有两种方法：固定效应变换（组内变换）与最小二乘虚拟变量法（LSDV法）。

1. 固定效应变换（组内变换）

方程（8-2）是典型的个体效应模型：

$$y_{it} = x'_{it}\beta + z'_i\delta + u_i + \varepsilon_{it} \quad (i = 1,\cdots,n; t = 1,\cdots,T) \quad (8-2)$$

其中，z_i 为不随时间而变的个体特征，即 $z_{it} = z_i$，$\forall t$，比如性别；而 x_{it} 可以随个体及时间而变；不可观测的随机变量 u_i 是代表个体异质性的截距项。对于固定效应，给

定个体 i，将方程（8-2）两边取平均可得：

$$\bar{y}_i = \bar{x}_i'\beta + z_i'\delta + u_i + \bar{\varepsilon}_i \qquad (8-3)$$

将方程（8-2）减去平均后的方程（8-3），可得原模型的离差形式：

$$y_{it} - \bar{y}_i = (x_{it} - \bar{x}_i)'\beta + (\varepsilon_{it} - \bar{\varepsilon}_i) \qquad (8-4)$$

定义 $\tilde{y}_{it} \equiv y_{it} - \bar{y}_i$，$\tilde{x}_{it} \equiv x_{it} - \bar{x}_i$，$\tilde{\varepsilon}_{it} \equiv \varepsilon_{it} - \bar{\varepsilon}_i$，则：

$$\tilde{y}_{it} = \tilde{x}_{it}'\beta + \tilde{\varepsilon}_{it} \qquad (8-5)$$

由于式中已将 u_i 消去，故只要 $\tilde{\varepsilon}_{it}$ 与 $\tilde{x}_{it}$ 不相关，则可以用 OLS 方法一致地估计 β，称为固定效应估计量（fixed effects estimator），记为 $\hat{\beta}_{FE}$。由于 $\hat{\beta}_{FE}$ 主要使用了每个个体的组内离差信息，故也称为组内估计量（within estimator）。即使个体特征 u_i 与解释变量 x_{it} 相关，只要使用组内估计量，就可以得到一致估计。然而，在做离差转换的过程中，$z_i'\delta$ 也被消掉了，故无法估计 δ，也就是说，$\hat{\beta}_{FE}$ 无法估计不随时间而变的变量的影响，如性别变量。举个例子，假设有两个个体，有三个年份，个体1是男，个体2是女，男取值为1，女取值为0，那么个体1求均值后为1，个体2求均值后为0，那么个体1的取值减去均值后变成了0，个体2的取值减去均值后变成了0，此时性别虚拟变量全部都成了0，不存在个体内变化信息，无法估计。

对固定效应变换无法估计不随时间而变的变量的解决方法如下：（1）与年度虚拟变量交互起来进行分析。例如，在一个工资方程中，受教育程度不随时间变化，就可以把教育同每个年度虚拟变量交互起来，看教育回报如何演变。但无法估计基期的教育回报，只能识别每年的教育回报与基期的差别。（2）与一个随时间变化的变量交互起来进行分析。（3）改用 LSDV 法估计。

固定效应变换方法下的个体固定效应模型的 Stata 的实现命令如下：

```
xtreg y x,fe r
```

这里加入的选择项"r"为聚类到个体层面的稳健标准误。也可写为：

```
xtreg y x,fe cluster(code)
```

其中，code 即个体变量。

引入年份时间效应的双向固定效应的 Stata 的实现命令如下：

```
xtreg y x i.year,fe r
```

需要控制多个维度的固定效应（如个体、城市和年份）的 Stata 的实现命令如下（具体介绍见本讲第二节高维固定效应模型）：

```
reghdfe y x,absorb(code city year) cluster(code)
```

2. 最小二乘虚拟变量法（LSDV 法）

LSDV 法的基本思想是：（1）将不可观测的个体效应 α_i 看作待估计的参数，α_i

就是第 i 个个体的截距；（2）估计 n 个截距的方法就是引入 $n-1$ 个虚拟变量（如果省略常数项，则引入 n 个虚拟变量）。

LSDV 法下的个体固定效应模型 Stata 的实现命令为：

```
xi:reg y x i.code,r
```

引入年份时间效应的双向固定效应的 Stata 的实现命令为：

```
xi:reg y x i.code i.year,r
```

五、随机效应模型的估计

（一）随机效应

对于回归方程 $y_{it} = x'_{it}\beta + z'_i\delta + u_i + \varepsilon_{it}$，随机效应模型假设 u_i 与解释变量 x_{it}，z_i 均不相关，故 OLS 估计是一致的。由于扰动项由 $(u_i + \varepsilon_{it})$ 组成，同一个体不同时期的扰动项之间存在自相关。

$$Cov(u_i + \varepsilon_{it}, u_i + \varepsilon_s) = \begin{cases} \sigma_u^2, & t \neq s \\ \sigma_u^2 + \sigma_\varepsilon^2, & t = s \end{cases} \tag{8-6}$$

因此，OLS 估计不是最优效率的。

（二）随机效应模型的估计策略

对随机效应模型的估计方法是广义最小二乘法（FGLS）。具体来说，用 OLS 来估计以下"广义离差"模型：

$$y_{it} - \hat{\theta}\bar{y}_i = (x_{it} - \hat{\theta}\bar{x}_i)'\beta + (1 - \hat{\theta})z'_i\delta + [(1 - \hat{\theta})u_i + (\varepsilon_{it} - \hat{\theta}_i\bar{\varepsilon}_i)] \tag{8-7}$$

其中，$\hat{\theta}$ 是 $\theta = 1 - \dfrac{\sigma_\varepsilon}{(T\sigma_u^2 + \sigma_\varepsilon^2)^{1/2}}$ 的一致估计量。

六、短面板模型的基本程序

（一）模型设定与数据

以啤酒税将降低交通死亡率的假说为例，使用的面板数据集"traffic. dta"来自 Baum（2006）[①]。该面板数据集包含了美国 48 个州 1982～1988 年交通死亡率的相关变量：交通死亡率（*fatal*）、啤酒税（*beertax*）、酒精消费量（*spircons*）、失业率

（*unrate*）、人均收入（*perinck*，以千美元计）、州（*state*）、年（*year*）。

为了检验假说，构造一个双向固定效应模型：

$$fatal_{it} = \beta_0 + \beta_1 beertax_{it} + \beta_2 spircons_{it} + \beta_3 unrate_{it}$$
$$+ \beta_4 perinck_{it} + \mu_i + \gamma_t + \varepsilon_{it} \qquad (8-8)$$

其中，被解释变量 *fatal* 为交通死亡率，核心解释变量 *beertax* 为啤酒税；另外三个可观测的控制变量 *spircons*、*unrate*、*perinck* 分别为酒精的消费量、税率和人均个人收入；μ_i 为不可观测的个体效应，γ_t 为时间效应。

在 Stata 的"Do – file 编辑器"中输入以下命令：

`use "数据集路径\traffic.dta",clear //导入数据`

`xtset state year //`使用该命令告诉 Stata 软件，这是一个以截面变量 *state* 为个体，时间变量为 *year* 的省级面板数据

```
Panel variable: state (strongly balanced)
 Time variable: year, 1982 to 1988
              Delta: 1 unit
```

观察输出结果，由"strongly balanced"可知，这是一个平衡面板数据。

（二）模型选择

估计固定效应模型与随机效应模型的命令如下：

`tab year,gen(year) //`使用该命令生成年份虚拟变量

`xtreg fatal beertax spircons unrate perinck year2 - year7,fe r //`使用该命令估计固定效应模型

`est store FE //`储存固定效应估计的结果

`xtreg fatal beertax spircons unrate perinck year2 - year7,re r //`使用该命令估计随机效应模型

`est store RE //`储存随机效应估计的结果

对于固定效应模型和随机效应模型这两个模型，在实际应用中应该选择哪一个模型呢？一般来说，在学术研究中选择双向固定效应模型就可以了。但是为了严谨，还是应该对两个模型进行比较，以判断哪一个模型是匹配数据集的最合适的模型，通常使用 Hausman 检验进行比较。Hausman 检验的基本思想是：如果 $Cov(\alpha_i, X_{it}) = 0$，那么固定效应模型和随机效应模型的估计都是一致的，但是随机效应模型更加有效；如果 $Cov(\alpha_i, X_{it}) \neq 0$，固定效应模型仍然一致，但随机效应模型是有偏的。

所以，如果原假设成立，则固定效应模型与随机效应模型将共同收敛于真实的参数值；反之，两者的差距过大，则倾向于拒绝原假设，选择固定效应模型。由于常规

的"hausman"命令不适用于异方差问题，因此采用构造辅助回归的方式进行 Hausman 检验。

$$y_{it} - \hat{\theta} \cdot \bar{y}_i = (x_{it} - \hat{\theta} \cdot \bar{x}_i)'\beta + (1 - \hat{\theta})z_i'\delta + (x_{it} - \bar{x}_i)'\gamma$$
$$+ [(1 - \hat{\theta})\mu_i + (\varepsilon_{it} - \hat{\theta}\bar{\varepsilon}_i)] \tag{8-9}$$

这个辅助回归是在随机效应模型广义离差变换的基础上，加入一个解释变量的组内离差 $(x_{it} - \bar{x}_i)$。这个辅助回归的基本思想是：(1) 如果 $\gamma = 0$，这个辅助回归方程就等价于随机效应的广义离差变换模型。如果随机效应模型成立，则 OLS 估计是一致的，所以 $plim_{n\to\infty}\hat{\gamma} = \gamma = 0$。(2) 如果固定效应模型成立，由于扰动项$[(1 - \hat{\theta})\mu_i + (\varepsilon_{it} - \hat{\theta}\bar{\varepsilon}_i)]$与 $(x_{it} - \bar{x}_i)$ 相关，所以 OLS 估计是不一致的，即 $plim_{n\to\infty}\hat{\gamma} = \gamma' \neq \gamma = 0$。(3) 使用聚类稳健标准误处理异方差问题后，再检验假设 H_0：$\gamma = 0$。如果拒绝原假设，则选择固定效应；反之，则选择随机效应。

具体命令如下：

quietly xtreg fatal beertax spircons unrate perinck year2-year7, re //进行随机效应估计,"quietly"表示正常执行"xtreg"命令,但不输出估计结果

scalar theta = e(theta) //得到广义离差中参数 theta 的估计值

global yandxforhausman fatal beertax spircons unrate perinck year2-year7 //表示第一行命令中的所有变量,global 是全局宏

sort state //依据变量 state 进行排序

foreach x of varlist $yandxforhausman{

    by state:egen mean`x' = mean(`x')

    gen md`x' = `x'-mean`x'

    gen red`x' = `x'-theta*mean`x'

   } //"foreach"为循环语句,表示对变量名单上的所有 x 进行同样的操作

reg redfatal redbeertax redspircons redunrate redperinck redyear2 redyear3 redyear4 redyear5 redyear6 redyear7 mdbeertax mdspircons mdunrate mdperinck mdyear2 mdyear3 mdyear4 mdyear5 mdyear6 mdyear7,vce(cluster state) //用"reg"命令进行辅助回归,"vce(cluster state)"处理异方差

test mdbeertax mdspircons mdunrate mdperinck mdyear2 mdyear3 mdyear4 mdyear5 mdyear6 mdyear7 //使用"test"命令对所有的解释变量的组内离差进行联合显著性检验

```
( 1)  mdbeertax = 0
( 2)  mdspircons = 0
( 3)  mdunrate = 0
( 4)  mdperinck = 0
( 5)  mdyear2 = 0
( 6)  mdyear3 = 0
( 7)  mdyear4 = 0
( 8)  mdyear5 = 0
( 9)  mdyear6 = 0
(10)  mdyear7 = 0

      F( 10,    47) =   12.99
          Prob > F =    0.0000
```

由检验结果可知，F检验的p值为0，小于0.01，所以在0.01的显著性水平下拒绝原假设，采用固定效应模型。

（三）估计模型并导出结果

通过第二步模型的选择，最终确定了固定效应模型，所以报告固定效应模型的结果。可以用三种方式进行固定效应模型的估计，三种估计方法的结果相同，但推荐使用"reghdfe"命令，因为它可以自由调节需要控制的固定效应以及聚类标准误的聚类层面。

xtreg fatal beertax spircons unrate perinck i.year,fe r //使用该命令进行固定效应模型的估计

est store FE1 //储存固定效应估计的结果

xi: reg fatal beertax spircons unrate perinck i.state i.year,fe r //使用该命令进行固定效应模型的估计

est store FE2 //储存固定效应估计的结果

reghdfe fatal beertax spircons unrate perinck,a(state year) cluster(state) //使用该命令进行固定效应模型的估计

est store FE3 //储存固定效应估计的结果

esttab FE1 FE2 FE3 using 固定效应回归结果.rtf,replace compress drop(_I*) nogap b(4) se(%6.3f) scalar(r2_a r2_w N F chi2) mtitles star(*0.1 **0.05 ***0.01) obslast addnote("注:括号内为聚类稳健标准误; ***,**,*分别表示在1%,5%和10%水平上显著") //使用"esttab"命令将估计结果导出

第二节　高维固定效应模型

一、高维固定效应介绍

近年来，越来越多的国内外经济学实证文献中采用了高维固定效应模型（high-dimensional fixed effects model）。高维固定效应模型的实质与上一节中提出的普通固定效应模型并无不同，均是在当面板数据包含大量变量时，为缓解遗漏变量问题，往往加入尽可能多的固定效应。但当加入了更多的固定效应后，计算的速度和结果是否简洁就成了需要解决的问题，因此 reghdfe 命令应运而生。本节将重点介绍这一应用在众多文献中的高维固定效应模型命令。

传统二维固定效应模型（控制了个体固定效应和时间固定效应）最常用的回归命令为 xtreg，该命令得到的估计量是最纯正的组内估计量，但仍有一定缺陷。首先，在使用 xtreg 前必须先用 xtset 设定面板数据说明，定义截面（个体）维度和时间维度。但随着研究的发展，多对一、一对多或是多对多的面板数据层出不穷，此时很难用 xtset 设定唯一的截面维度和时间维度。其次，fe 只能控制个体固定效应并省略报告，如果要控制额外的固定效应，如 *year*，*cic* 等，依然要在模型中以 i. var 的形式加入，这会导致命令过于冗长，同时运行速度变慢。最后，xtreg 命令默认控制个体固定效应，但并非所有面板数据在实证时都需要固定个体效应。例如，李万利等（2023）写道："本文运用 sumhdfe 命令进行诊断发现，关键变量的变异程度主要存在于同一行业内不同企业间，即同一行业内不同企业之间的数字化转型程度和客户/供应商分布存在较大差异，而在样本区间内企业组内变异性较小。故而选择控制行业固定效应，而未控制企业固定效应。"[①] 此外，有时想要估计一些不随时间变化的特征变量，但控制了个体固定效应就会被 fe 所吸收，无法得出估计结果。

与 xtreg 采用的组内估计量不同，reghdfe 采用的是 LSDV 估计方法，也就是将个体固定效应以虚拟变量形式加入，这就有了第一个好处：不需要使用 xtset 设定截面和时间维度，对数据集的限制便减少了很多。第二个好处是，无论加入多少固定效应，reghdfe 保持一贯的简洁与高效的运行速度，仅关注研究所关注的解释变量的回归系数。这一好处看似微不足道，但在实际研究过程中却能极大地提高实证过程的效率。

---

①　李万利，刘虎春，龙志能，等. 企业数字化转型与供应链地理分布［J］. 数量经济技术经济研究，2023（8）.

二、高维固定效应模型的估计策略

实证分析中经常需要控制各个维度的固定效应，以便尽可能减少遗漏变量导致的偏误。本讲义介绍的 reghdfe 命令可以很好地达成这一目的。其语法格式为：

reghdfe depvar [indepvars] [if] [in] [weight], absorb(absvars) [options]

其中，depvar 表示被解释变量；indepvars 表示解释变量；absorb(absvars) 表示将被吸收的固定效应，absorb(..., savefe) 表示保存所有带有_hdfe 前缀的固定效果估算值；包含多维固定效应，即 absorb(var1, var2, var3, ...)；若想保存对某变量的固定效应，即 absorb(var1, var2, FE3 = var3)，其中变量 FE3 将保存对 var3 的固定效应估计结果；若要包含不同效应间的交互影响，即 absorb(var1#var2)[1]；residuals(newvar) 表示保存残差。

例如，控制个体（*code*）、年份（*year*）、行业（*cic*）固定效应，并聚类至个体固定效应：reghdfe y x, absorb(code year cic) cluster(code)。

三、高维固定效应模型的基本程序

本节采用盛丹和卜文超（2022）[2] 发表在《数量经济技术经济研究》上的题为"机器人使用与中国企业的污染排放"的文章进行高维固定效应的案例分析。这篇文章聚焦"人工智能与环境治理"这一主题展开研究，利用 2006 ~ 2013 年中国企业污染数据和工业企业数据，考察了机器人使用对我国企业污染排放的影响。实证结果表明，机器人使用显著抑制了企业污染排放。具体的文章内容与相应数据集均可在《数量经济技术经济研究》官网下载。

为检验工业机器人渗透度变化对企业污染排放强度的影响，该文章从微观视角构建以下基准回归模型：

$$SO_2inten_{it} = \alpha + \beta_1 \ln CHF_{it} + \eta X_{it} + \gamma_i + \gamma_c + \gamma_{ht} + \varepsilon_{it} \qquad (8-10)$$

其中，i 表示企业，t 表示时间，c 表示行业，h 表示城市。被解释变量 SO_2inten_{it} 表示企业 i 在 t 期的二氧化硫排放强度；本文的核心解释变量 $\ln CHF_{it}$，代表企业层面工业

---

[1] 值得注意的是，reghdfe 允许定类变量与连续性变量进行交互，即 absorb(i.var1#c.var2)。现实证中为追求控制变量的详尽，越来越多地引入了这样的交互项。

[2] 盛丹，卜文超. 机器人使用与中国企业的污染排放 [J]. 数量经济技术经济研究，2022 (9).

机器人渗透度的对数。X_{it} 代表一组控制变量。γ_i 为企业固定效应，γ_c 为行业固定效应，γ_{ht} 为城市–年份固定效应，ε_{it} 为随机扰动项。为了消除可能存在的自相关和异方差，我们关心估计系数 β_1，其经济学含义是工业机器人渗透度对企业污染排放强度的替代弹性。

具体实证过程如下：

在 Stata 的"Do–file 编辑器"中输入以下命令：

use "数据集路径\机器人使用与中国企业的污染排放.dta",clear //使用该命令将"机器人使用与中国企业的污染排放.dta"数据集导入 Stata 中

需要注意的是，与 xtreg 不同的是，reghdfe 在回归前无须用 xtset 设定数据集的维度，可直接进行回归。

reghdfe SO2inten lnchf,absorb(id year) cluster(id) //同时控制企业固定效应和年份固定效应,并聚类到企业层面进行回归

```
HDFE Linear regression                          Number of obs   =     108,543
Absorbing 2 HDFE groups                         F(   1, 23133) =       12.26
Statistics robust to heteroskedasticity         Prob > F        =      0.0005
                                                R-squared       =      0.8195
                                                Adj R-squared   =      0.7706
                                                Within R-sq.    =      0.0003
Number of clusters (id)        =     23,134     Root MSE        =      1.1026

                                  (Std. err. adjusted for 23,134 clusters in id)

                        Robust
  SO2inten | Coefficient  std. err.       t    P>|t|    [95% conf. interval]

     lnchf |  -.0375084   .0107115    -3.50    0.000   -.0585037   -.0165131
     _cons |  -.7762762   .0199724   -38.87    0.000   -.8154234   -.7371291


Absorbed degrees of freedom:

 Absorbed FE | Categories  - Redundant  = Num. Coefs

          id |     23134       23134            0    *
        year |         8           0            8

* = FE nested within cluster; treated as redundant for DoF computation
```

reghdfe SO2inten lnchf,absorb(id year cic2) cluster(id) //在上述基础上加入行业固定效应

```
HDFE Linear regression                        Number of obs   =    108,543
Absorbing 3 HDFE groups                       F(   1,  23133) =      15.21
Statistics robust to heteroskedasticity       Prob > F        =     0.0001
                                              R-squared       =     0.8196
                                              Adj R-squared   =     0.7707
                                              Within R-sq.    =     0.0005
Number of clusters (id)        =      23,134  Root MSE        =     1.1023

                            (Std. err. adjusted for 23,134 clusters in id)

                         Robust
   SO2inten | Coefficient  std. err.      t    P>|t|    [95% conf. interval]

      lnchf | -.0501752   .0128671    -3.90   0.000   -.0753955   -.0249548
      _cons | -.7526582   .0239916   -31.37   0.000   -.7996832   -.7056331


Absorbed degrees of freedom:

 Absorbed FE | Categories  - Redundant  = Num. Coefs

        year |      8           0            8
          id |  23134       23134            0    *
        cic2 |     24           1           23

* = FE nested within cluster; treated as redundant for DoF computation
```

reghdfe SO2inten lnchf,absorb(id cic2 city_year) cluster(id) //进一步加入城市—年份固定效应

```
HDFE Linear regression                        Number of obs   =    108,478
Absorbing 3 HDFE groups                       F(   1,  23125) =      20.79
Statistics robust to heteroskedasticity       Prob > F        =     0.0000
                                              R-squared       =     0.8335
                                              Adj R-squared   =     0.7829
                                              Within R-sq.    =     0.0006
Number of clusters (id)        =      23,126  Root MSE        =     1.0724

                            (Std. err. adjusted for 23,126 clusters in id)

                         Robust
   SO2inten | Coefficient  std. err.      t    P>|t|    [95% conf. interval]

      lnchf | -.0604052   .0132488    -4.56   0.000   -.0863736   -.0344367
      _cons | -.7332299   .024696    -29.69   0.000   -.7816357   -.6848242


Absorbed degrees of freedom:

 Absorbed FE | Categories  - Redundant  = Num. Coefs

          id |  23126       23126            0    *
        cic2 |     24           0           24
   city_year |   2139           1         2138

* = FE nested within cluster; treated as redundant for DoF computation
```

```
reghdfe SO2inten lnchf lp age age2 size hhi_lns,absorb(id cic2 city_
year) cluster(id) //加入企业层面控制变量,形成最后的回归结果
```

```
HDFE Linear regression                          Number of obs   =     108,437
Absorbing 3 HDFE groups                         F(   6,  23115) =       17.78
Statistics robust to heteroskedasticity         Prob > F        =      0.0000
                                                R-squared       =      0.8338
                                                Adj R-squared   =      0.7833
                                                Within R-sq.    =      0.0027
Number of clusters (id)        =       23,116   Root MSE        =      1.0714

                         (Std. err. adjusted for 23,116 clusters in id)

                           Robust
   SO2inten   Coefficient   std. err.      t    P>|t|     [95% conf. interval]

      lnchf   -.0568015    .0132916    -4.27   0.000    -.0828539   -.0307492
         lp   -.0642363    .009935     -6.47   0.000    -.0837095   -.0447631
        age    .0498903    .0580953     0.86   0.390    -.0639803    .163761
       age2   -.0127023    .0126481    -1.00   0.315    -.0374934    .0120888
       size   -.0658254    .0131055    -5.02   0.000    -.0915131   -.0401378
    hhi_lns    .7778415    .2607751     2.98   0.003     .266705    1.288978
      _cons    .3249718    .162814      2.00   0.046     .0058456    .6440981

Absorbed degrees of freedom:

 Absorbed FE | Categories  - Redundant  = Num. Coefs

          id |    23116        23116           0      *
        cic2 |       24            0          24
   city_year |     2139            1        2138

* = FE nested within cluster; treated as redundant for DoF computation
```

可以看到，上述四个回归均用 reghdfe 命令完成，不同回归间控制了不同的控制变量和固定效应。结果均显示，lnchf 的估计系数在 1% 的统计水平上显著为负，即工业机器人的应用显著降低了二氧化硫排放强度。运用 reghdfe 命令加入不同维度的固定效应，结果保持一致，初步体现了该文研究结果的稳健性。

第三节　动态面板模型

一、长面板模型的估计

短面板数据分析主要关注对不可观测的个体效应的处理，而对于误差自相关、异方差和截面相关的问题，只提供经过校正的标准误。与短面板数据不同，长面板数据

分析主要关注对误差项的处理（因为时间维度大），而将个体效应用虚拟变量来控制（因为截面维度小）。所以，对于长面板数据分析，不需要在固定效应模型、随机效应模型和混合回归模型之间进行选择，长面板数据分析先验假定长面板数据模型就是固定效应模型。

此外，需要注意的是，对于时间效应，短面板数据分析用虚拟变量来控制，而使用长面板数据分析，由于时间维度相对较长，为避免损失较多的自由度，所以一般用时间趋势项来控制。可以认为长面板数据模型是一个特殊的双向固定效应模型。在这个模型中，个体效应用虚拟变量控制，时间效应用时间趋势项控制，长面板数据模型的估计主要关注对误差项的处理。

通常有三种方法对长面板数据模型进行估计：（1）使用 OLS 估计这个特殊的双向固定效应模型，并且对误差项的自相关、异方差和截面相关的问题，只提供面板校正的标准误（使用命令 xtscc 或命令 xtpcse 实现）。这种估计方法最为稳健。（2）如果存在自相关、异方差和截面相关的问题，则使用 FGLS 估计这个特殊的双向固定效应模型。这种方法只是解决了误差项自相关的问题，而并未考虑异方差或截面相关的问题，对于误差项的异方差和截面相关的问题，仍然只是提供面板校正的标准误（使用命令 xtpcse 实现）。这种估计方法介于稳健和效率之间。（3）使用 FGLS 估计这个特殊的双向固定效应模型。对误差项的自相关、异方差和截面相关的问题，一并加以处理（使用命令 xtgls 实现）。这种估计方法最有效率。

二、长面板模型的基本程序

（一）模型设定与数据

以香烟价格可以降低人均香烟消费数量的假说为例，使用数据集"mus08cigar.dta"估计香烟需求函数。"mus08cigar.dta"数据集包括了美国 10 个州 1963～1992 年有关香烟消费量的相关变量。其中，被解释变量 lnc 为人均香烟消费量的对数，解释变量 lnp 为实际香烟价格的对数，$lnpmin$ 为相邻州最低香烟价格的对数，lny 为人均可支配收入的对数。

在 Stata 的"Do-file 编辑器"中输入以下命令：

`use"数据集路径\mus08cigar.dta"` //导入数据

`xtset state year` //使用该命令告诉 Stata 软件，这是一个以截面变量为 $state$，时间变量为 $year$ 的面板数据

```
Panel variable: state (strongly balanced)
Time variable: year, 63 to 92
              Delta: 1 unit
```

由"strongly balanced"可知，这是一个平衡面板数据。至此，可以知道，"mus08cigar.dta"数据集是一个包含10个州1963～1992年的长面板数据集且为平衡面板数据集。

（二）模型估计

tab state,gen(state) // 使用该命令生成州虚拟变量

gen t = year - 62 // 使用该命令生成时间趋势变量。因为模型的误差项往往存在自相关、异方差和截面相关的问题，所以需要对误差项的自相关、异方差和截面相关问题选择相应的估计方法进行处理，对xtpcse、xtgls和xtscc三个命令的结果分别进行报告

xtpcse lnc lnp lnpmin lny state2 - state10 t, corr (psar1) // 使用"xtpcse"命令估计

est store xtpcse // 储存估计结果

xtgls lnc lnp lnpmin lny state2 - state10 t, corr (psar1) panels (correlated) // 使用"xtgls"命令估计

est store xtgls // 储存估计结果

xtscc lnc lnp lnpmin lny state2 - state10 t // 使用"xtscc"命令估计

est store xtscc // 储存估计结果

esttab xtpcse xtgls xtscc, b (% 9.2f) p mtitle (xtpcse xtgls xtscc) obslast star (*0.1 **0.05 ***0.01) compress nogap k (lnp lnpmin lny t) // 将所有的存储结果放在一起进行比较

	(1)	(2)	(3)
	xtpcse	xtgls	xtscc
lnp	-0.30***	-0.35***	-1.03***
	(0.000)	(0.000)	(0.000)
lnpmin	0.05	0.02	0.51**
	(0.451)	(0.541)	(0.011)
lny	0.53***	0.55***	0.50**
	(0.000)	(0.000)	(0.015)
t	-0.05***	-0.05***	-0.04***
	(0.000)	(0.000)	(0.005)
N	300	300	300

p-values in parentheses
* $p<0.1$, ** $p<0.05$, *** $p<0.01$

三、面板单位根检验的基本程序

在使用长面板数据进行计量分析的时候，在拟合模型之前，首先需要对数据的平稳性进行检验，检验数据平稳性最常用的办法是单位根检验。

通常使用的对面板数据的单位根进行检验的方法有五种，分别是针对同质面板假设的 LLC 检验、Breintung 检验，以及针对异质面板假设的 IPS 检验、ADF – Fisher 检验和 PP – Fisher 检验。为使检验结果具备较强的稳健性和说服力，一般同时采用两种针对不同面板假设的检验，如 LLC 检验和 IPS 检验。如果在两种检验中均拒绝存在单位根的原假设，此序列是平稳的，反之则不平稳。本书重点介绍 LLC 检验和 IPS 检验的相关命令。

（一）LLC 检验

LLC 检验适用于长面板数据，且该面板数据为平衡面板数据。LLC 检验假设不存在截面相关，如果这个假设不成立，则 LLC 检验将存在显著性水平扭曲。为了缓解可能存在的截面相关，可以先将面板数据减去各截面单位的均值，然后再进行 LLC 检验（LLC 检验是左边单侧检验，即拒绝域仅在分布的最左边）。

LLC 检验的 Stata 命令格式为：

```
xtunitroot llc y,trend noconstant demean lags(#) lags(aic #) lags
(bic #) lags(hqic #)
```

其中，"y"表示需要进行检验的变量；选择项"trend"表示加入个体固定效应与线性时间趋势，选择项"noconstant"表示这两项都不加，默认仅加入个体固定效应；选择项"demean"表示先将面板数据减去各截面单位的均值，再进行检验；选择项"lags(#)"用于指定差分滞后项 $\Delta y_{t,t-j}$ 的滞后阶数 p（要求所有个体滞后阶数都相同）；选择项"lags(aic #)"、"lags(bic #)"与"lags(hqic #)"分别表示使用 AIC、BIC 或 HQIC 信息准则来选择 p_i 并指定其最大值#，且不同个体的滞后阶数 p_i 可以不同。

下面，以 Stata 提供的数据集"pennxrate. dta"为例进行 LLC 检验。"pennxrate"平衡面板来自"Penn World Table 6.2"[1]，包含 151 个国家 1970 ~ 2003 年的实际汇率数据。目标是检验购买力平价（Purchasing Power Parity，PPP）是否成立。PPP 假说认为，两国之间的名义汇率反映两国的物价水平，经物价调整后的实际汇率在长期内趋于均衡值，故应为平稳过程。因此，检验变量 lnrxrate（实际汇率的对数）是否为

---

① Tannenbaum R S. Computing in the Humanities and Social Sciences [M]. Computer Science Press，1988.

单位根过程；如果是，则拒绝 PPP 假说。该数据集还包括两个虚拟变量 *g7* 与 *oecd*，分别表示七国集团（G7）与经济合作与发展组织（OECD）国家。另外，由于选择美国作为参照国来考察世界各国的汇率，故美国不在此数据集中。

在 Stata 的"Do – file 编辑器"中输入以下命令：

`webuse pennxrate,clear` //该命令使得 Stata 通过网络下载使用数据集 "pennxrate"

在理论上，因为没有理由认为 *lnrxrate* 有时间趋势，所以在检验中不使用选择项"trend"，而使用默认设置，即仅加入个体固定效应。又因为 LLC 检验仅适用于长面板数据，即要求横截面维度小于时间维度，因此，为了检验的目的，仅使用 G7 中的六个国家（不含美国）进行检验。考虑到 G7 国家经济发展水平相近且联系密切，所以每个国家的扰动项可能存在截面相关，为此，在检验中使用选择项"demean"来缓解截面相关问题。

`xtunitroot llc lnrxrate if g7,lags(aic 10) demean` //使用 LLC 检验命令

```
Levin-Lin-Chu unit-root test for lnrxrate

H0: Panels contain unit roots          Number of panels  =      6
Ha: Panels are stationary              Number of periods =     34

AR parameter: Common                   Asymptotics: N/T -> 0
Panel means:  Included
Time trend:   Not included             Cross-sectional means removed

ADF regressions: 1.50 lags average (chosen by AIC)
LR variance:     Bartlett kernel, 10.00 lags average (chosen by LLC)
_____
                 Statistic      p-value
_____
 Unadjusted t     -5.5473
 Adjusted t*      -2.0813        0.0187
_____
```

LLC 检验结果显示，根据 AIC 信息准则选择的平均滞后阶数为 1.5，偏差校正统计量为 – 2.08，其对应的 p 值为 0.0187，小于 0.05，所以在 5% 的显著性水平下拒绝原假设，认为面板数据为平稳过程。检验结果支持 PPP 假设。

（二）IPS 检验

LLC 检验的局限在于，要求每个个体的自回归系数 δ 都相等，此共同根假设在实践中可能过强。比如，不同国家由于制度与文化的原因，经济规律可能不同。为了克服这一缺点，Im、Pesaran 和 Shin（2003）提出了 IPS 面板单位根检验（IPS 检验是左

边单侧检验)①。

IPS 检验的 Stata 命令格式为：

```
xtunitroot ips y,trend demean lags(#) lags(aic #) lags(bic #) lags
(hqic #)
```

其中，"y"表示需要进行检验的变量；选择项"trend"表示加入个体固定效应与线性时间趋势，默认仅加入个体固定效应；选择项"demean"表示先将面板数据减去各截面单位的均值，再进行检验；选择项"lags(#)"用于指定差分滞后项 $\Delta y_{t,t-j}$ 的滞后阶数 p（要求所有个体滞后阶数都相同）；选择项"lags(aic #)"、"lags(bic #)"与"lags(hqic #)"分别表示使用 AIC、BIC 或 HQIC 信息准则来选择 p_i 并指定其最大值#，且不同个体的滞后阶数 p_i 可以不同。

继续以数据集 pennxrate. dta 为例，检验 OECD 国家是否符合 PPP 假说。首先，假定扰动项没有自相关，但使用选择项"demean"来缓解可能存在的自相关。

```
xtunitroot ips lnrxrate if oecd,demean //使用 IPS 检验命令
```

```
Im-Pesaran-Shin unit-root test for lnrxrate

H0: All panels contain unit roots        Number of panels  =     27
Ha: Some panels are stationary           Number of periods =     34

AR parameter: Panel-specific             Asymptotics: T,N -> Infinity
Panel means:  Included                                    sequentially
Time trend:   Not included               Cross-sectional means removed

ADF regressions: No lags included

                                         Fixed-N exact critical values
                  Statistic   p-value    1%      5%      10%

t-bar             -3.1327                -1.810  -1.730  -1.680
t-tilde-bar       -2.5771
Z-t-tilde-bar     -7.3911     0.0000
```

由检验结果可知，t－bar 统计量为 －3.13，小于 1% 显著性水平的临界值 －1.81，所以拒绝面板单位根的原假设。此外，统计量 Z－t－tilde－bar 对应的 p 值为 0.000，同样拒绝原假设。

① Im K S, Pesaran M H, Shin Y. Testing for Unit Roots in Heterogeneous Panels [J]. Journal of Econometrics, 2003，115（1）.

四、动态面板模型的估计

面板数据的一个优点是，可以对个体的动态行为进行建模。有些经济理论认为，由于惯性或部分调整，个体的当前行为取决于过去的行为，比如企业当年招聘雇员会受到上一年招聘雇员的影响，企业当年的投资决策也会受到上一年投资的影响。动态面板数据（Dynamic Panel Data，DPD）是指，在面板模型中，解释变量包含了被假释变量的滞后值。在动态面板数据模型中，被解释变量和上一期变量之间存在关系，即 $y_{i,t}$ 和 $y_{i,t-1}$ 之间是有关系的，上一期的值决定着下一期的值。动态面板数据模型的设定是，在原有的静态面板数据模型的基础上引入被解释变量的滞后期，而其他的都相同。

$$y_{it} = \delta y_{i,t-1} + x'_{it}\beta + u_{it} \quad i = 1,\cdots,N; t = 1,\cdots,T \qquad (8-11)$$

其中，u_{it} 为复合误差项，$u_{it} = \mu_i + \varepsilon_{it}$ 为随机扰动项；μ_i 为不可观测的个体效应。很容易看出，模型中 $y_{i,t-1}$ 是一个内生变量，模型存在内生性问题，所以使用传统的最小二乘法进行估计，估计结果是有偏且不一致的。

对上述的动态面板数据模型进行拟合估计：首先进行一阶差分。去除原始模型中的不可观测的个体效应 μ_i，得到差分后的模型为：

$$\Delta y_{it} = \rho \Delta y_{i,t-1} + \Delta x'_{it}\beta + \Delta \varepsilon_{it} \quad i = 1,\cdots,N; t = 2,\cdots,T \qquad (8-12)$$

由于 $y_{i,t-1}$ 与 $\varepsilon_{i,t-1}$ 相关，所以 $\Delta y_{i,t-1}$ 与 $\Delta \varepsilon_{i,t-1}$ 是相关的，所以一阶差分后的动态面板数据模型仍存在内生性问题。

Anderson 和 Hsiao（1982）[1] 提出了一种为差分变量（$y_{i,t-1} - y_{i,t-2}$）寻找工具变量的方法。这个工具变量为 $y_{i,t-2}$。由于差分变量本身包含 $y_{i,t-2}$，所以工具变量和内生变量存在高度的相关性，在误差项 $\varepsilon_{i,t}$ 不存在自相关的前提下，工具变量 $y_{i,t-2}$ 与误差项的差分 $\varepsilon_{i,t} - \varepsilon_{i,t-1}$ 不相关，因此，$y_{i,t-2}$ 满足工具变量的条件。

需要注意的是，$y_{i,t-2}$ 并不是唯一可使用的工具变量，被解释变量滞后三期、四期的变量都满足工具变量的条件；同时，这种相当于两阶段最小二乘估计的结果虽然是一致的，但却并不是有效的，因为没有充分利用样本里的所有信息，于是提出了使用更多工具变量的广义矩估计方法（GMM）来进行动态面板数据模型的估计，工具变量来自更多的滞后期。[2]

---

① Anderson，T W，Hsiao，C. Formulation and Estimation of Dynamic Models Using Panel Data［J］. Journal of Econometrics，1982，18（1）.

② Arellano，M，Bond，S. Some Tests of Specification for Panel Data：Monte Carlo Evidence and An Application to Employment Equations［J］. The Review of Economic Studies，1991，58（2）.

动态面板数据模型的 GMM 估计方法又可以分为两种，即差分 GMM（DIF‑GMM）和系统 GMM（SYS‑GMM）估计方法。差分 GMM 估计方法和系统 GMM 估计方法都可以对动态面板数据进行估计。早前，差分 GMM 估计方法使用得较多，在学术界被广泛用来处理动态面板数据模型中的严重内生性问题。差分 GMM 的基本思路是：对基本模型进行一阶差分以去除固定效应的影响，然后用一组滞后的解释变量作为差分方程中相应变量的工具变量。

Blundell 和 Bond（2000）认为差分 GMM 的估计量较易受弱工具变量的影响而产生向下的大的有限样本偏差，而为了克服这一问题，提出了系统广义矩估计，即系统 GMM 估计方法。[①] 系统 GMM 估计方法是基于差分 GMM 估计方法形成的，结合了差分方程和水平方程，此外，还增加了一组滞后的差分变量作为水平方程相应的工具变量，更具有系统性。

相对来说，系统 GMM 的估计量具有更好的有限样本性质。系统 GMM 估计方法的前提假定是：工具变量的一阶差分与固定效应项不相关。然而，到目前为止，并没有方法能够对这一个假定进行检验。此外，使用系统 GMM 估计方法的条件是：（1）短面板数据；（2）线性函数关系，构造的计量模型要求是线性的；（3）方程等号左边的变量作为动态变量；（4）方程等号右边的变量并不是严格外生的；（5）控制个体固定效应；（6）默认不存在截面相关问题，并且建议采用双向固定效应（时间虚拟变量的引入可以使误差项的截面相关变得不相关，所以在模型设定中尽可能地引入时间虚拟变量以减少截面相关的可能）。

在理论层面，GMM 估计量（差分 GMM、系统 GMM）的一致性关键取决于各项假设条件是否满足，这需要进行两个假设检验：（1）通过 Hansen 过度识别约束检验对所使用的工具变量的有效性进行检验，此检验的原假设是所使用的工具变量与误差项是不相关的；（2）通过 Arellano‑Bond 的自相关检验方法对差分方程的随机误差项的二阶序列相关进行检验，其原假设是一阶差分方程的随机误差项中不存在二阶序列相关。如果不拒绝原假设，则意味着工具变量有效和模型设定正确［在自相关的检验中，误差项的一阶差分存在一阶自相关而不存在二阶自相关，所以 AR（1）的 p 值应该小于 0.1，AR（2）的 p 值应该大于 0.1，两者需要同时成立］。此外，过多的工具变量会使得估计结果失去效率，xtabond2 命令提供了选择项"collapse"可以通过限定滞后期数来控制工具变量的个数。

而 GMM 估计结果是否有效可行，一般认为取决于 GMM 结果的估计值。如果 GMM 估计值介于固定效应估计值和混合 OLS 估计值之间，则 GMM 估计是可靠有效的。这是因为被解释变量滞后一期 $y_{i,t-1}$ 与复合误差项存在正向关系，使用 OLS 估计通常会

① Blundell, R, Bond, S. GMM Estimation with Persistent Panel Data: An Application to Production Functions [J]. Econometric Reviews, 2000, 19 (3).

导致滞后项系数产生向上的偏误；而动态面板数据模型采用固定效应估计时，进行的是组内离差变换，由于 $y_{i,t}$ 与 $v_{i,t}$ 存在正相关性，所以进行离差变换后，$y_{i,t-1}$ 的组内离差与误差项的组内离差之间存在着负相关性，这会使滞后项系数产生一个严重向下的偏误。

五、动态面板模型的基本程序

（一）模型设定与数据

以探究工资水平和资本存量是否影响就业的问题为例，使用数据集"abdata. dta"估计工资水平和资本存量的影响系数，该数据集是一个包括英国 140 家企业 1976~1984 年的非平衡面板数据。其中，被解释变量为 n，是就业的对数，存在着两期滞后；重要的解释变量有当期和滞后一期的工资水平 w，当期、滞后一期和滞后两期的资本存量 k，以及当期、滞后一期和滞后两期的公司产出 ys，所有的变量都取对数形式，对所有的时间虚拟变量都加以控制来捕捉经济周期的影响。

在 Stata 的"Do – file 编辑器"中输入以下命令：

use"数据集路径\abdata.dta" //该命令将"abdata. dta"数据集导入 Stata 中。

（二）差分 GMM 和系统 GMM

1. 使用 OLS 和 FE 估计预估系数大小

xi:reg n L.n L2.n w L.w k L.k L2.k ys L.ys L2.ys i.year //使用该命令进行 OLS 估计

est store ols //储存 OLS 估计结果

Source	SS	df	MS		Number of obs	=	751
					F(16, 734)	=	8136.58
Model	1343.31797	16	83.9573732		Prob > F	=	0.0000
Residual	7.57378164	734	.010318504		R-squared	=	0.9944
					Adj R-squared	=	0.9943
Total	1350.89175	750	1.801189		Root MSE	=	.10158

n	Coefficient	Std. err.	t	P>|t|	[95% conf. interval]	
n						
L1.	1.044643	.0336647	31.03	0.000	.9785523	1.110734
L2.	-.0765426	.0328437	-2.33	0.020	-.1410214	-.0120639

由拟合结果可知，被解释变量滞后一期的系数为 1.045，因为 OLS 的估计结果会偏大，所以真实的估计系数应该小于 1.045（只关心被解释变量滞后一期的系数大

小，而不关心其显著性）。

xtreg n L.n L2.n w L.w k L.k ys L.ys L2.ys i.year,fe //使用该命令
进行 FE 估计

est store fe //储存 FE 估计结果

```
Fixed-effects (within) regression          Number of obs      =       751
Group variable: id                         Number of groups   =       140

R-squared:                                 Obs per group:
    Within  = 0.7973                                    min =         5
    Between = 0.9809                                    avg =       5.4
    Overall = 0.9758                                    max =         7

                                           F(16,595)          =    146.27
corr(u_i, Xb) = 0.5459                      Prob > F           =    0.0000
```

n	Coefficient	Std. err.	t	P>|t|	[95% conf. interval]	
n						
L1.	.7329476	.039304	18.65	0.000	.6557563	.810139
L2.	-.1394773	.040026	-3.48	0.001	-.2180867	-.0608678

由拟合结果可知，被解释变量滞后一期系数的估计结果约为 0.733。由前面的分析可知，由于被解释变量滞后一期 $y_{i,t-1}$ 的组内离差与误差项的组内离差存在负相关系，固定效应的估计结果会产生一个严重向下的偏误系数，从而低估了被解释变量滞后一期真实系数大小，所以真实值应该大于 0.733。

总之，结合普通最小二乘法的估计结果，可以初步确定被解释变量滞后一期的真实系数应该处于 0.733~1.045 区间。

2. 差分 GMM 估计

使用非官方命令 xtabond2 进行差分 GMM 估计。首次使用 xtabond2 需要通过命令 ssc install xtabond2 进行安装。xtabond2 命令较为复杂，可以在 Stata 中通过命令 help xtabond2 来查看 xtabond2 的具体使用方法。xtabond2 常用的格式为：

xtabond2 depvar varlist,gmm(varlist,lag(# #) collapse) iv(varlist)
nolevel twostep robust noconstant small or)

其中，depvar 为被解释变量，varlist 为全部的解释变量。选择项"gmm(varlist)"表示放入模型中所有的前定变量与内生变量，以"变量" + "," + "lag(# #)"的方式限定变量的滞后期作为其工具变量，必要时可以加上"collapse"，这个选择项可以极大地压缩工具变量数；选择项"iv(varlist)"表示放入模型中所有的外生解释变量；选择项"nolevel"表示进行差分 GMM 估计，默认为系统 GMM 估计；选择项"twostep"为两步 GMM 估计，默认为一步 GMM 估计；选择项"robust"表示提

供稳健的标准误；选择项"noconstant"表示不要常数项；选择项"small"在样本量特别小的时候使用，用以纠正小样本估计量；选择项"or"表示采用正交变换。

在 Stata 的"Do‑file 编辑器"中输入以下命令：

```
xi:xtabond2 n L.n L2.n w L.w k L.k L2.k ys L.ys L2.ys i.year,gmm(L.n
L.w L.k,collapse) iv(ys L.ys L2.ys i.year) nolevel robust small //使用
```

该命令进行差分 GMM 估计

```
est store dGMM // 储存差分 GMM 估计结果
```

```
Dynamic panel-data estimation, one-step difference GMM

Group variable: id                      Number of obs      =       611
Time variable : year                    Number of groups   =       140
Number of instruments = 30              Obs per group: min =         4
F(0, 140)      =      .                                avg =      4.36
Prob > F       =      .                                max =         6

                       Robust
          n | Coefficient  std. err.      t    P>|t|     [95% conf. interval]

          n
        L1. |   .986723    .1209903     8.16   0.000     .7475186    1.225927
        L2. |  -.0959388   .0530252    -1.81   0.073    -.2007724    .0088948

          w
        --. |  -.5621557   .2784015    -2.02   0.045     -1.11257   -.011741
        L1. |   .7346246   .2391579     3.07   0.003     .2617966    1.207453

          k
        --. |   .1022782   .3715667     0.28   0.784    -.6323291    .8368855
        L1. |  -.1978694   .2833915    -0.70   0.486    -.7581495    .3624108
        L2. |  -.0496672   .0687386    -0.72   0.471     -.185567    .0862326

         ys
        --. |   .6929338   .2180024     3.18   0.002     .2619314    1.123936
        L1. |  -.8475224   .3164048    -2.68   0.008    -1.473072   -.2219731
        L2. |   .3713243   .2584179     1.44   0.153    -.1395818    .8822304

_Iyear_1978 |  -.0117773   .0177587    -0.66   0.508    -.0468872    .0233326
_Iyear_1980 |   .0092563   .0216336     0.43   0.669    -.0335145    .052027
_Iyear_1981 |  -.0456812   .0411522    -1.11   0.269    -.1270413    .035679
_Iyear_1982 |  -.0781971   .0555774    -1.41   0.162    -.1880766    .0316824
_Iyear_1983 |  -.0813774   .0687197    -1.18   0.238     -.21724     .0544852
_Iyear_1984 |  -.0945457   .0777995    -1.22   0.226    -.2483594    .0592681

Instruments for first differences equation
  Standard
    D.(ys L.ys L2.ys _Iyear_1977 _Iyear_1978 _Iyear_1979 _Iyear_1980
    _Iyear_1981 _Iyear_1982 _Iyear_1983 _Iyear_1984)
  GMM-type (missing=0, separate instruments for each period unless collapsed)
    L(1/8).(L.n L.w L.k) collapsed

Arellano-Bond test for AR(1) in first differences: z =  -3.06  Pr > z =  0.002
Arellano-Bond test for AR(2) in first differences: z =  -1.13  Pr > z =  0.257

Sargan test of overid. restrictions: chi2(14)   = 40.49  Prob > chi2 =  0.000
  (Not robust, but not weakened by many instruments.)
Hansen test of overid. restrictions: chi2(14)   = 19.05  Prob > chi2 =  0.163
  (Robust, but weakened by many instruments.)

Difference-in-Hansen tests of exogeneity of instrument subsets:
  iv(ys L.ys L2.ys _Iyear_1977 _Iyear_1978 _Iyear_1979 _Iyear_1980 _Iyear_1981 _Iyear_1982
> _Iyear_1983 _Iyear_1984)
    Hansen test excluding group:      chi2(5)    =  8.02  Prob > chi2 =  0.155
    Difference (null H = exogenous): chi2(9)    = 11.03  Prob > chi2 =  0.273
```

上述 Stata 命令中，n 为被解释变量；L.n、L2.n、w、L.w、k、L.k、L2.k、ys、L2.ys 为解释变量；i.year 为控制年份虚拟变量。命令只考虑滞后一期变量（L.＊）为前定变量，其余解释变量均为外生变量；nolevel 表示进行差分 GMM 估计，默认为系统 GMM 估计；robust 表示使用稳健标准误来处理异方差和自相关问题；small 用于修正小样本估计量；估计模型中的工具变量数非常多，使用"collapse"压缩工具变量数。

由拟合结果可知，AR（1）的 p 值为 0.002，满足小于 0.1 的要求，表明存在一阶自相关，而 AR（2）的 p 值为 0.257，满足大于 0.1 的要求，表明不存在二阶自相关，因此通过了 Arellano – Bond 的自相关检验；Hansen 检验结果显示，所对应的 p 值为 0.163，满足大于 0.1 的要求，所以工具变量的有效性通过了检验。

从之前的固定效应估计和混合 OLS 估计中可知，被解释变量滞后一期的真实系数应该处于 0.733 ～ 1.045 区间。而上述差分 GMM 的估计结果为 0.987，处于上述区间范围内，且 Arellano – Bond 自相关检验与 Hansen 检验均通过。

3. 系统 GMM 估计

差分 GMM 的估计量较易受弱工具变量的影响，从而产生向下的大的有限样本偏差。为了克服这一问题，Blundell 和 Bond 提出了系统广义矩估计，即系统 GMM 估计方法。系统 GMM 估计的 Stata 命令和差分 GMM 估计相比，在选择项中删去了 nolevel。

在 Stata 的"Do – file 编辑器"中输入以下命令：

xi:xtabond2 n L.n L2.n w L.w k L.k L2.k ys L.ys L2.ys i.year,gmm(L.n L.w L.k,collapse) iv(ys L.ys L2.ys i.year) robust small //使用该命令进行系统 GMM 估计

est store sGMM //储存系统 GMM 估计结果

```
Dynamic panel-data estimation, one-step system GMM

Group variable: id                        Number of obs      =        751
Time variable : year                      Number of groups   =        140
Number of instruments = 34                Obs per group: min =          5
F(16, 139)     =     1056.51                            avg =       5.36
Prob > F       =       0.000                            max =          7

                         Robust
          n | Coefficient  std. err.      t    P>|t|     [95% conf. interval]
------------+----------------------------------------------------------------
          n |
        L1. |   .9479901   .0867425    10.93   0.000     .7764847    1.119495
        L2. |  -.1301476   .0574771    -2.26   0.025    -.2437899   -.0165052
            |
          w |
        --. |  -.9079117   .3041222    -2.99   0.003    -1.509215   -.3066081
        L1. |   .9684178   .2801146     3.46   0.001     .4145815    1.522254
            |
          k |
        --. |   .5685314   .2507529     2.27   0.025     .0727485    1.064314
        L1. |  -.4317984   .2951231    -1.46   0.146    -1.015309    .1517124
        L2. |  -.0074362   .0613899    -0.12   0.904    -.1288149    .1139425
            |
         ys |
        --. |   .5856951   .2577583     2.27   0.025     .0760611    1.095329
        L1. |  -1.294437   .3768817    -3.43   0.001    -2.039599   -.5492751
        L2. |    .713837   .2865341     2.49   0.014     .1473082    1.280366
            |
_Iyear_1978 |  -.0475654    .032182    -1.48   0.142     -.111195    .0160642
_Iyear_1979 |   -.019422   .0195849    -0.99   0.323    -.0581449    .0193009
_Iyear_1981 |   -.046846    .019285    -2.43   0.016     -.084976    -.008716
_Iyear_1982 |  -.0573252   .0225883    -2.54   0.012    -.1019864   -.0126641
_Iyear_1983 |  -.0458728   .0280862    -1.63   0.105    -.1014042    .0096586
_Iyear_1984 |  -.0409903    .033152    -1.24   0.218    -.1065377    .0245571
      _cons |    .06148   .6087243     0.10   0.920    -1.142076    1.265036

Instruments for first differences equation
  Standard
    D.(ys L.ys L2.ys _Iyear_1977 _Iyear_1978 _Iyear_1979 _Iyear_1980
    _Iyear_1981 _Iyear_1982 _Iyear_1983 _Iyear_1984)
  GMM-type (missing=0, separate instruments for each period unless collapsed)
    L(1/8).(L.n L.w L.k) collapsed
Instruments for levels equation
  Standard
    ys L.ys L2.ys _Iyear_1977 _Iyear_1978 _Iyear_1979 _Iyear_1980 _Iyear_1981
    _Iyear_1982 _Iyear_1983 _Iyear_1984
    _cons
  GMM-type (missing=0, separate instruments for each period unless collapsed)
    D.(L.n L.w L.k) collapsed

Arellano-Bond test for AR(1) in first differences: z =  -4.33  Pr > z =  0.000
Arellano-Bond test for AR(2) in first differences: z =  -0.94  Pr > z =  0.349

Sargan test of overid. restrictions: chi2(17)   =  36.93  Prob > chi2 =  0.003
  (Not robust, but not weakened by many instruments.)
Hansen test of overid. restrictions: chi2(17)   =  22.01  Prob > chi2 =  0.184
  (Robust, but weakened by many instruments.)

Difference-in-Hansen tests of exogeneity of instrument subsets:
  GMM instruments for levels
    Hansen test excluding group:      chi2(14)   =  18.61  Prob > chi2 =  0.180
    Difference (null H = exogenous): chi2(3)    =   3.40  Prob > chi2 =  0.333
  iv(ys L.ys L2.ys _Iyear_1977 _Iyear_1978 _Iyear_1979 _Iyear_1980 _Iyear_1981 _Iyear_1982
>  _Iyear_1983 _Iyear_1984)
    Hansen test excluding group:      chi2(8)    =  11.11  Prob > chi2 =  0.196
    Difference (null H = exogenous): chi2(9)    =  10.90  Prob > chi2 =  0.282
```

由拟合结果可知，AR(1) 的 p 值为 0.000，满足小于 0.1 的要求，表明存在一阶自相关，而 AR(2) 的 p 值为 0.349，满足大于 0.1 的要求，表明不存在二阶自相关，因此通过了 Arellano - Bond 的自相关检验；Hansen 检验结果显示，所对应的 p 值为 0.184，满足大于 0.1 的要求，所以工具变量的有效性通过了检验。被解释变量滞后一期的估计系数为 0.948，满足处于 0.733 ~ 1.045 区间范围内的要求。

第四节　面板向量自回归

一、面板向量自回归的特点

面板向量自回归模型（Panel Vector Autoregression，PVAR）最早是由 Holtz Eakin 等（1988）[①] 提出的，模型沿袭了向量自回归（Vector Autoregression，VAR）模型的优点，即事先无须设定变量之间的因果关系，而是将各个变量都视为内生变量，分析各个变量及其滞后变量对模型中其他变量的影响。相对于传统 VAR 模型的长时序要求，PVAR 模型具有截面大、时序短的特点。PVAR 模型利用面板数据能够有效解决个体异质性问题，充分考虑了个体效应和时间效应。鉴于 PVAR 模型个体差异捕捉特征，通过刻画个体的时间表现，从而形成各地区经济差异政策启示。

使用新的 Stata 命令 pvar、pvarsoc、pvargranger、pvarstable、pvarirf 和 pvarfevd 可以实现面板向量自回归模型的选择、估计和推理。为了便于在面板和时间序列变量之间进行切换，本命令与 Stata 内置的 var 命令的语法和输出相似。

pvar 命令估计面板向量自回归模型，通过拟合各因变量对其自身、所有其他因变量和外生变量的滞后的多元面板回归。采用广义矩法（GMM）进行估计。

pvargranger 命令对面板 VAR 模型的每个方程进行格兰杰因果检验。

pvarstable 命令通过计算估计模型各特征值的向量来检查面板 VAR 估计的稳定性条件。如果所有的伴随矩阵的向量都严格小于 1，则 VAR 模型是稳定的。稳定性为估计脉冲响应函数和预测误差方差分解提供了已知的解释。

pvarirf 命令计算并绘制脉冲响应函数（IRF）。根据蒙特卡罗仿真的面板 VAR 模型，采用高斯逼近的方法估计置信度。正交化的 IRF 基于 Cholesky 分解，累积的 IRF 也可以使用 pvarirf 计算。

① Holtz-Eakin, D, Newey, W, Rosen, H S. Estimating Vector Autoregressions with Panel Data [J]. Econometrica: Journal of the Econometric Society, 1988.

二、面板向量自回归的基本程序

使用 Stata 提供的"psidextract"数据集，该数据集包括了 1976~1982 年 528 名男性的子样本及相关变量。此处，假设对数转换后的工资率（*lwage*）和工作周（*lwks*）是每个变量的三个滞后函数。假设工资率和工作周的系数在整个样本中是普遍的，并且系统的个体异质性被个体固定效应所捕获。变量 *fem* 是一个表示被调查者性别的二元变量。

在 Stata 的"Do‑file 编辑器"中输入以下命令：

webuse psidextract,clear // 该命令使得 Stata 通过网络下载使用数据集"psidextract"

generate lwks = ln(wks) // 对工作周数取对数

pvar lwks lwage if fem == 0,lags(3) // 使用该命令估计 PVAR

```
Panel vector autoregresssion


GMM Estimation

Final GMM Criterion Q(b) =  1.11e-32
Initial weight matrix: Identity
GMM weight matrix:      Robust
                                          No. of obs    =     1584
                                          No. of panels =      528
                                          Ave. no. of T =    3.000
```

	Coefficient	Std. err.	z	P>|z|	[95% conf. interval]	
lwks						
lwks						
L1.	.0477872	.1816701	0.26	0.793	-.3082796	.4038541
L2.	-.1891446	.1002787	-1.89	0.059	-.3856872	.007398
L3.	-.0694588	.0554891	-1.25	0.211	-.1782155	.0392979
lwage						
L1.	-.0069066	.0249964	-0.28	0.782	-.0558987	.0420855
L2.	-.0206062	.0137029	-1.50	0.133	-.0474633	.0062509
L3.	-.0224254	.0141702	-1.58	0.114	-.0501985	.0053476
lwage						
lwks						
L1.	.3516101	.2541961	1.38	0.167	-.146605	.8498253
L2.	.1322435	.123261	1.07	0.283	-.1093435	.3738306
L3.	.0890408	.063914	1.39	0.164	-.0362283	.2143099
lwage						
L1.	.5894378	.0820801	7.18	0.000	.4285638	.7503119
L2.	.1818445	.0480188	3.79	0.000	.0877293	.2759597
L3.	.1337024	.0367614	3.64	0.000	.0616515	.2057533

```
Instruments : l(1/3).(lwks lwage)
```

拟合简化形式的面板 VAR 后，可能想知道一个变量的过去值，例如，x 在预测另一个变量 y 的值时是否有用，条件是过去的 y 值，也就是说，x 是否是 y 的格兰杰因[①]。这是作为单独的 Wald 检验实现的。pvargranger 命令为 Stata 的内置测试命令提供了格兰杰因果关系测试。

Pvargranger //使用该命令进行面板格兰杰因果检验

```
panel VAR-Granger causality Wald test
  Ho: Excluded variable does not Granger-cause Equation variable
  Ha: Excluded variable Granger-causes Equation variable

+----------------------------------------------------------+
| Equation \ Excluded |   chi2     df     Prob > chi2      |
|----------------------+-----------------------------------|
| lwks                 |                                    |
|               lwage  |   8.924     3        0.030         |
|                 ALL  |   8.924     3        0.030         |
|                      |                                    |
| lwage                |                                    |
|                lwks  |   2.452     3        0.484         |
|                 ALL  |   2.452     3        0.484         |
+----------------------------------------------------------+
```

上表中的第一个结果是对 *lwks* 方程中出现的 *lwage* 的三个时滞项的系数是否共同为零的检验。在90%的置信水平上拒绝 *lwage* 非 *lwks* 格兰杰因的原假设，因此 *lwage* 是 *lwks* 的格兰杰因。标记为 ALL 的第二个检验是关于所有内生变量的所有时滞系数的，除了因变量的系数共同为零之外，因为 PVAR 模型中只有两个内生变量，所以这个测试与第一个测试相同。有时滞系数的，除了因变量的系数共同为零之外，因为 PVAR 模型中只有两个内生变量，所以这个测试与第一个测试相同。

pvarstable,graph //用 pvar 命令拟合一个面板 VAR 模型后，可以使用 pvarstable 命令检查面板 VAR 估计的稳定性条件，计算基于估计参数的矩阵的模，同时可以通过添加图形选择项"graph"来生成稳定性测试的图形用于检验

---

① Granger, C W. Investigating Causal Relations by Econometric Models and Cross-spectral Methods [J]. Econometrica: Journal of the Econometric Society, 1969, 37 (3).

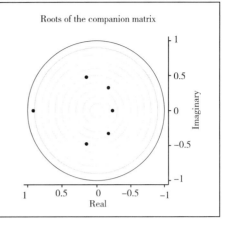

```
Eigenvalue stability condition
```

Eigenvalue		Modulus
Real	Imaginary	
.9174187	0	.9174187
.1487883	-.4773783	.500028
.1487883	.4773783	.500028
-.1725133	.3267878	.3695282
-.1725133	-.3267878	.3695282
-.2327437	0	.2327437

```
All the eigenvalues lie inside the unit circle.
pVAR satisfies stability condition.
```

结果显示，所有模都小于 1，且伴随矩阵的根都在单位圆内，因此模型是稳定的。

```
pvarirf,oirf mc(200) byoption(yrescale) porder(lwage lwks) //使用
```
该命令进行脉冲响应分析

脉冲响应分析如图 8 - 4 所示。

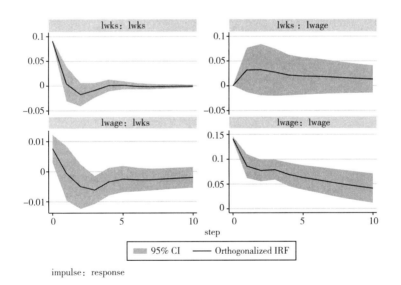

图 8 - 4　脉冲响应分析

可以看到，IRF 图中第一行的两个小图均以 *lwks*（工作周数）为脉冲变量，分别描绘 *lwks* 对 *lwks* 与 *lwage*（工资率）的动态效应。以第一行举例分析，可以看出最初的工作周数冲击会引起工作周数的增加，但这个作用很快就会消失；工作周数对于工资率几乎不起作用。对第二行可以进行相同的动态效应的分析。

```
pvarsoc lwks lwage if fem == 0,pvaropts(instlags(1/4)) //使用
```

pvarsoc 命令确定一个最优矩和模型滞后顺序

```
Selection order criteria
Sample: 5 - 6                                    No. of obs      =      1056
                                                 No. of panels   =       528
                                                 Ave. no. of T   =     2.000

  lag |    CD          J       J pvalue     MBIC        MAIC        MQIC
  ----+-----------------------------------------------------------------------
   1  | .9722131   17.13162   .1447131   -66.41531   -6.868385   -29.44043
   2  | .9830283   18.72182   .0164203   -36.97613    2.721822   -12.32621
   3  | .9875987   8.959954   .0621083   -18.88902    .9599543   -6.56406
   4  | .9851995       .          .          .           .           .
```

xtunitroot ht lwks if fem == 0 //对 *lwks* 进行面板单元根测试

```
Harris-Tzavalis unit-root test for lwks

H0: Panels contain unit roots          Number of panels  =   528
Ha: Panels are stationary              Number of periods =     7

AR parameter: Common                   Asymptotics: N -> Infinity
Panel means:  Included                               T Fixed
Time trend:   Not included
--------------------------------------------------------------------
               Statistic        z          p-value
--------------------------------------------------------------------
rho            0.0306      -36.6804        0.0000
--------------------------------------------------------------------
```

xtunitroot ht lwage if fem == 0 //对 *lwage* 进行面板单元根测试

```
Harris-Tzavalis unit-root test for lwage

H0: Panels contain unit roots          Number of panels  =   528
Ha: Panels are stationary              Number of periods =     7

AR parameter: Common                   Asymptotics: N -> Infinity
Panel means:  Included                               T Fixed
Time trend:   Not included
--------------------------------------------------------------------
               Statistic        z          p-value
--------------------------------------------------------------------
rho            0.6375       0.7721        0.7800
--------------------------------------------------------------------
```

上述结果显示，*lwage* 具有单位根，因此可能存在伪回归。

思考与练习

1. 短面板数据中利用固定效应模型和随机效应各自对应处理什么问题?

2. 利用城市面板数据比较 reghdfe 命令选择项中的 cluster(id) 与 vce(r) 的区别,并总结两个选择项的差异。

3. 部分论文中用系统 GMM 方法解决面板模型中的内生性问题,思考这样的处理是否合适。

>第9讲 因果识别<

经验研究的目的之一在于识别变量之间的因果关系，为后续的政策实施以及政策调整提供理论依据。当两个变量之间存在因果关系时，只要调整导致结果的"因"，就可以得到与之相对应的"果"。遗憾的是，在经济学等社会科学的经验研究中，很难通过随机实验获得变量之间的因果关系，而只能通过利用历史数据集合精心设计的识别策略对变量之间的因果关系进行识别。当然，现实数据的生成过程是十分复杂的，这就导致具体的经验研究可能存在很多问题，需要在经验研究中时刻保持警惕，并尽最大的努力去克服这些问题。导致模型无法有效识别变量之间因果关系的问题主要有：遗漏变量偏误、变量测量误差、变量之间存在反向因果关系、计量模型设定错误、样本选择偏误等。这一讲将重点介绍工具变量法、双重差分法以及断点回归法三种识别方法，为经验研究提供更为强大的识别工具。

第一节 工 具 变 量

一、什么是工具变量

在实际运用中，很多解释变量是不可观测且随时间变化的，对于这些变量，研究人员并不能在计量模型中加以控制。因此，通过添加控制变量或添加固定效应的方法并不能完全实现对干扰项的"清理"，而需要寻找其他方法，以得到更加干净的政策效果估计量。工具变量为我们提供了新的解决思路。工具变量是与内生变量相关但不直接影响被解释变量的变量，主要用于解决因果关系识别中的内生性问题。在详细介绍工具变量之前，先分析一下经验研究中导致内生性问题的主要原因。内生性问题主要源于三个方面：（1）遗漏变量导致的内生性问题。可能与解释变量相关的变量本来应该在计量模型中加以控制，但出于数据可得性等原因，却没有控制的变量。这些变量最后进入了误差项，从而导致误差项与解释变量相关，进而导致了内生性问题。（2）测量误差带来的内生性问题。如果我们的测量错误与其他变量相关，这种相关性可能会误导我们对变量之间因果关系的理解。测量误差可能与内生变量相关，导致我们无法区分观察到的变量之间的真实因果关系和测量误差之间的关系。（3）变量之间存在双向因果关系。两个或多个变量之间存在相互影响和相互作用的因果关系。当互为因果关系时，变量 A 的变化不仅会导致变量 B 的变化，同时变量 B 的变化也会反过来影响变量 A。当变量之间存在这种互相影响的情况时，我们可能无法确定因果关系的方向，从而产生内生性问题。

在讨论了可能导致内生性问题的原因后，这里开始介绍第一种较为常见的克服内生性问题的方法——工具变量法。需要明确的是，工具变量本质上是用来解决内生性问题的一种识别策略。下面将结合具体的例子进行详细说明。在成年劳动者的工资方程中，可能存在智商等无法观测的控制变量，从而导致内生性问题。假设可以采用如下 Mincer 方程表示个体特征对工资水平的影响：

$$lnwage = \beta_0 + \beta_1 edu + \beta_2 abil + u \tag{9-1}$$

这里存在较为严重的识别问题，即个体的能力 $abil$ 由于存在测量误差，导致其和随机干扰项 u 相关，那么使用普通最小二乘法估计方程可能会导致估计系数 β_2 有偏。在这种情况下，假如我们能为个人能力 $abil$ 找到一个合适的工具变量 z，就可以较好地解决该内生性问题导致的估计偏误。

下面以图解（见图 9-1）的方式将工具变量 z 的作用进行说明。z 变化引起 x（在这里为 $abil$）变化，进而引起 y（在这里为对数工资水平 lnwage）变化（z 和 x 相关，即 $x = \gamma_0 + \gamma_1 z + e$），这个作用纯粹是 x 对 y 的影响（z 和 y 不直接相关，因此 z 不会对 y 产生直接影响，z 对 y 的影响是通过 x 产生的），没有包含随机干扰项 u，此时便可以把 $abil$ 对工资水平影响的估计系数 β_2 无偏地估计出来。

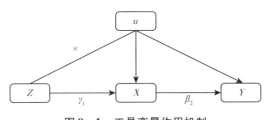

图 9-1　工具变量作用机制

此处，工具变量能够有效识别 Y 与 X 之间的因果关系，但需要同时满足三个条件。（1）相关性条件，即 $Cov(z, x) \neq 0$。工具变量必须与内生变量之间存在相关性。也就是说，工具变量与我们感兴趣的内生变量在某种程度上相关联。这个条件能够确保工具变量作为内生变量的替代品，通过其与内生变量之间的相关性来间接估计内生变量对被解释变量的影响。（2）外生性条件，即 $Cov(z, x) = 0$。工具变量的外生性条件要求工具变量与被解释变量之间不存在直接因果关系，与其他外生变量之间没有相关性，并且工具变量的值应该是随机分配或随机发生的，不受研究者的选择或控制。这些条件能确保工具变量不会通过自身的直接影响或与其他外生变量的相关性引入内生性问题，从而提高工具变量的有效性和可靠性，以帮助解决因果关系中的内生性难题。（3）排他性条件。该条件要求工具变量只通过内生变量影响 Y。排他性条件对于工具变量的有效性同样至关重要，如果该条件不能得到满足，那么对于估计结果会带来系统性的估计偏差。

既然工具变量可以有效解决内生性问题导致的估计偏误，那么如何为内生变量寻找靠谱的工具变量？显然，这并不是一项容易的工作，需要对所研究的问题有较为深刻的认识，同时需要对数据拥有较强的敏感性。与其说寻找合适的工具变量是一门技术，不如说是一门艺术。通常来说，寻找工具变量有一些一般性的原则，但面对具体的问题时，需要进行具体分析，并没有放之四海皆准的工具变量。在这里，提供一些寻找工具变量的经验准则。例如，秦范（2021）认为，常见的寻找工具变量一般思路如下：（1）气候、地理等自然因素：降雨等气象因素、地势等地理条件是高度随机的，但也会影响某些经济社会过程，从而能够满足外生性和相关性。（2）历史因素：过去的历史事件一般与当今的社会经济结果无关。（3）生理现象：生育双胞胎等现象具有较强的随机性。（4）使用更高层级的变量作为低层级变量的工具变量：比如，研究个体金融知识与创业选择时，创业概率与金融知识存在反向因果关系，因而金融知识是内生变量。为了克服内生性，可选用同一个社区其他居民的金融知识平均水平作为个体金融知识的工具变量，但从这一角度寻找工具变量往往不能完全保证外生性。（5）内生变量的滞后项。[①]

在介绍工具变量的实操之前，有几点值得特别说明一下。例如，塞奇和卡洛尔指出：首先，尽可能不要使用 IV 进行因果识别，如果非要用 IV 进行因果识别，也千万不要使用 Arellano – Bond 类动态面板方法，该方法是最差劲的。其次，在经验研究中，需要明确以下几点：第一，无论你读了什么论文和教材，识别都是在特定假设下进行的，其本身也是一个假设，你永远不可能证明你的 IV 是有效的。第二，无论你读了什么论文或者教材，Sargon 类型的检验只是为检验过度识别，而不是检验识别。你可以说你的回归通过了该检验，但它仍然不能说明获得有效识别。第三，即使通过这个检验，也并不意味着在 0.05 甚至 0.1 的水平下不能拒绝原假设。

在采用工具变量识别因果关系时，要时刻牢记以上几点准则，对估计结果始终保持谨慎的态度。但在看了以上几点说明后，可能有人会觉得 IV 识别方法似乎已经变得一无是处了，然而最近的发展使得该策略获得了新生。这些扩展主要包括随机实验

---

① "IV 在哪里？奇思妙想的工具变量"，参见 https：// www. lianxh. cn/news/946348365bb2d. htmll.

设计①、法官仁慈设计②，以及移动份额工具变量设计③等。尤其是最后一种方法，其在机器人使用、数字经济发展等领域的研究中已经得到了广泛的应用。对这些新方法感兴趣的读者可以参考相关文献，此处不再详细介绍。

二、两阶段最小二乘法

工具变量法最常用的估计方法为两阶段最小二乘法（2SLS）。顾名思义，该方法需要分两阶段进行最小二乘估计，以得到最终的参数估计值。

第一阶段，分离出内生变量的外生部分。

通过工具变量将内生变量中的外生部分进行分离，具体可以分解为两个不相关的变量，$X_i = \hat{X}_i + v_i$，其中 $\hat{X}_i = \gamma_0 + \gamma_1 Z_i$。由于 Z_i 与原估计方程的扰动项无关，所以 $\hat{X}_i$ 也与扰动项无关。分解 X_i，可以通过将内生变量 X_i 对工具变量 Z_i 回归，将内生性变量作为被解释变量，工具变量和方程中的外生变量作为解释变量，进行最小二乘估计，具体估计式如下所示：

$$X_i = \hat{X}_i + v_i = \gamma_0 + \gamma_1 Z_i + v_i \tag{9-2}$$

这一做法的原理在于：通过回归剥离潜在内生解释变量的内生性部分 v_i，通过外生变量的预测回归，得到内生变量的外生性部分。

第二阶段，使用此外生部分进行回归。

用第一阶段估计得到的内生变量的预测值 $\hat{X}_i$ 替换内生变量 X_i，再进行第二阶段的最小二乘估计。

$$
\begin{aligned}
Y_i &= \alpha + \beta_1 X + u_i \\
&= \alpha + \beta(\hat{X}_i + v_i) + u_i \\
&= \alpha + \beta_1 \hat{X}_i + \delta_i
\end{aligned}
\tag{9-3}
$$

其中，$\delta_i = \beta v_i + u_i$。

其原理在于，利用第一阶段得到外生的预测回归拟合值进行第二阶段回归，进而消除内生变量带来的估计偏误。

大多数计量经济软件包对 2SLS 都有专门的指令可供使用，所以无须手工进行分两阶段最小二乘估计。实际上，在大多数情况下，应当避免手工进行第二阶段的最小

① Amy Finkelstein, et al. The Oregon Health Insurance Experiment: Evidence from the First Year [J]. The Quarterly Journal of Economics, 2012, 127 (3).

② Frandsen, Brigham, Lars Lefgren, Emily Leslie. Judging Judge Fixed Effects [J]. American Economic Review, 2023, 113 (1).

③ Goldsmith-Pinkham, Paul, Isaac Sorkin, Henry Swift. Bartik Instruments: What, When, Why, and How [J]. American Economic Review, 2020, 110 (8).

二乘估计工作，因为这样得到的标准误和检验统计量都是不正确的，应该直接使用软件自带的两阶段最小二乘命令进行参数估计。

常用的 2SLS 的 Stata 命令为：

```
ivregreess 2sls depvar [varlist1] {varlist2 = instlist}
```

其中，depvar 为被解释变量，varlist1 为外生解释变量集合，varlist2 为内生解释变量集合，而 instlist 为工具变量的集合。若回归模型为 $y = \beta_0 + \beta_1 x_1 + \beta_2 x_2 + \mu$，其中 x_1 为外生变量，x_2 为内生变量，而工具变量为 z_1、z_2，则两阶段最小二乘的 Stata 命令可以具体表示为：

```
ivregress 2sls y x1 (x2 = z1 z2)              //使用未修正的标准误
ivregress 2sls y x1 (x2 = z1 z2),r first
```

其中，选择项"r"表示使用异方差稳健标准误，选择项"first"表示显示第一阶段的估计结果。关于该命令的更多选择项，可以参阅 Stata 软件的官方帮助文档。

以美国的一项员工医疗支出调查数据 mus06data.dta 为例，为读者展示两阶段最小二乘估计在 Stata 软件中的实现以及相应的估计结果解读。

```
use mus06data.dta,clear
summarize ldrugexp hi_empunion female marry linc totchr black age educyr
```

Variable	Obs	Mean	Std. dev.	Min	Max
ldrugexp	10,391	6.479668	1.363395	0	10.18017
hi_empunion	10,391	.3796555	.4853245	0	1
female	10,391	.5797325	.4936256	0	1
marry	10,391	.5638533	.4959299	0	1
linc	10,089	2.743275	.9131433	-6.907755	5.744476
totchr	10,391	1.860745	1.290131	0	9
black	10,391	.0997017	.2996162	0	1
age	10,391	75.04639	6.69368	65	91
educyr	10,391	11.75383	3.272046	0	17

变量 *ldrugexp* 代表员工医疗支出的对数值；变量 *hi_empunion* 代表工会是否为员工购买保险，取值为 1 表示购买了保险，取值为 0 代表没有购买保险；变量 *female* 代表女性，取值为 1 表示女性，取值为 0 表示男性；变量 *marry* 代表婚姻状态，取值为 1 表示已婚，取值为 0 表示未婚；变量 *linc* 代表收入水平的对数值；变量 *totchr* 代表患慢性病员工的数量；变量 *black* 代表员工是否为黑人；变量 *age* 代表员工的年龄；变量 *educyr* 代表员工的受教育年限。

在这里，我们关注的核心问题是工会为员工购买医疗保险是否有助于降低员工的医疗支出，核心解释变量为是否购买医疗保险（*hi_empunion*），由于选择在哪家企业工作是员工的自主选择行为，因而该研究中解释变量与被解释变量之间可能由于样本选择效应而导致较为明显的内生性问题，采用普通最小二乘估计量可能会存在偏误。对此，需要引入企业规模 *firmsz* 作为外生工具变量（企业规模与员工医疗支出不相关，但是与企业为员工购买医疗保险的倾向存在相关关系，相对于小企业，大企业更有可能为员工购买医疗保险①），并进行两阶段最小二乘估计。

```
ivregress 2sls ldrugexp female marry linc totchr black age educyr
(hi_empunion = firmsz),r first
```

```
First-stage regressions


                                           Number of obs = 10,089
                                           F(8, 10080)   =  130.09
                                           Prob > F      =  0.0000
                                           R-squared     =  0.0851
                                           Adj R-squared =  0.0844
                                           Root MSE      =  0.4650

                         Robust
hi_empunion  Coefficient  std. err.     t    P>|t|   [95% conf. interval]

     female   -.0407022    .010179    -4.00   0.000   -.0606551   -.0207492
      marry    .1215636   .0103779    11.71   0.000    .1012209    .1419063
       linc    .0677769   .0062934    10.77   0.000    .0554405    .0801133
     totchr    .0146647   .0036386     4.03   0.000    .0075323    .0217971
      black    .0296728   .0153291     1.94   0.053   -.0003752    .0597208
        age   -.0067653   .0007181    -9.42   0.000   -.0081729   -.0053576
     educyr    .0177314   .0014733    12.03   0.000    .0148433    .0206194
     firmsz    .0065308   .0018638     3.50   0.000    .0028773    .0101842
      _cons    .4188377    .062843     6.66   0.000    .2956528    .5420225


Instrumental variables 2SLS regression    Number of obs  =    10,089
                                           Wald chi2(8)   =    883.30
                                           Prob > chi2    =    0.0000
                                           R-squared      =        .
                                           Root MSE       =    1.9449

                         Robust
  ldrugexp   Coefficient  std. err.     z    P>|z|   [95% conf. interval]

hi_empunion  -3.151908   1.588841    -1.98   0.047   -6.265978   -.0378373
     female   -.0737394   .0780561    -0.94   0.345   -.2267266    .0792478
      marry    .3867458   .1972154     1.96   0.050    .0002107    .7732809
       linc    .230925    .1112315     2.08   0.038    .0129153    .4489347
     totchr    .4876726   .0276141    17.66   0.000     .43355     .5417951
      black    -.0169     .0790431    -0.21   0.831   -.1718216    .1380217
        age   -.0250299   .0113221    -2.21   0.027   -.0472208   -.0028389
     educyr    .0616145   .0287586     2.14   0.032    .0052487    .1179803
      _cons    7.123279   .7286641     9.78   0.000    5.695124    8.551435

Instrumented: hi_empunion
Instruments: female marry linc totchr black age educyr firmsz
```

① 该工具变量利用了使用更高层级的变量作为低层级变量的工具变量的原则，这里仅为展示两阶段最小二乘估计量在 Stata 软件中的实现，从严格意义上来说，利用企业规模作为工具变量可能并不满足工具变量"外生性"的假设。例如，大企业相对具有更加严格的筛选标准，只有身体素质较高的员工才能进入大企业工作等，这些样本选择效应会导致工具变量的外生性假设难以满足。同时，在美国劳动力市场的制度背景下，由于健康保险的设计原因，可能导致职位锁定（job lock）等意外后果，这就要求我们无论是采用工具变量进行因果识别，还是采用普通的回归分析，都需要对研究话题的制度背景有非常深刻的了解和认知，否则就会闹出笑话。

由上表可知，第一阶段的回归结果显示工具变量与内生解释变量之间存在较强的相关性，且第一阶段的 F 统计量高达 130，远高于经验临界值（10），可以认为该工具变量满足相关性假设。同时，一阶段的估计结果也表明，大企业相对来说更加倾向于为员工提供健康保险，较符合理论预期。第二阶段的回归结果显示，当用第一阶段得到外生的预测回归的拟合值进行回归时，估计系数仍在 5% 的置信水平下显著，表明在引入工具变量消除内生性引起的估计偏误之后，购买医疗保险对降低员工医疗支出的作用依然显著。

三、工具变量法相关假设检验

在使用工具变量识别策略时，必须对工具变量的有效性进行检验。如果工具变量不满足有效性的假设，则可能导致估计结果不一致，或两阶段最小二乘估计量的方差过大等问题。为此，在解读工具变量估计结果之前，需要对工具变量的有效性进行一系列检验，以保证估计结果的可靠性和准确性。

（一）内生性检验

使用工具变量法的前提是，研究所关心的核心解释变量存在内生性问题，所以首先需要检验解释变量是否真的是内生的。当核心解释变量外生时，两阶段最小二乘（2SLS）估计量的有效性不如普通最小二乘（OLS）估计量；虽然工具变量的参数估计量是一致的，但是其方差大于 OLS 参数估计量的方差，进而导致非常大的标准误。如果我们关注的变量并非内生变量，OLS 估计量是更好的选择。因此，检验核心解释变量的内生性是有必要的，可以以此判断是否需要使用工具变量进行两阶段最小二乘估计。

1. 豪斯曼检验

豪斯曼认为可以直接比较 OLS 和 2SLS 估计系数，判断其差异是否在统计上具有显著性。[①] 如果所有变量都是外生的，则 OLS 和 2SLS 估计量是一致的，因而两种不同估计方法得到的估计系数在统计意义上不会存在显著差异。如果 OLS 和 2SLS 在统计上具有明显差异，则有理由相信解释变量具有内生性[②]。

---

① Hausman, J A. Specification Tests in Econometrics [J]. Econometrica: Journal of the econometric society, 1978.

② 这里需要强调的是，豪斯曼检验的前提是我们在实证分析中所使用的工具变量是有效的，只有在该前提假设下，通过比较 2SLS 与 OLS 的系数，才能够确定是否解释变量存在内生性。换句话说，请回忆一下前面的特别说明中强调的第一点，即工具变量的有效性是基于理论假设，而非事实如此，并没有办法对工具变量的有效性进行严格的检验，所以说检验内生性的方法本身也是"空中楼阁"，因而很多时候我们并不会在实证分析中去报告这些检验的结果，甚至都不需要去做这些检验。

豪斯曼检验（Hausman specification test）的原假设为"H0：所有解释变量均为外生变量"。如果 H0 成立，则 OLS 与工具变量法是一致的，即在大样本情况下，$\hat{\beta}_{OLS}$ 与 $\hat{\beta}_{IV}$ 都收敛于真实的参数 β，此时（$\hat{\beta}_{IV} - \hat{\beta}_{LOS}$）依概率收敛于 0。反之，如果 H0 不成立，则两阶段最小二乘估计量一致但 OLS 估计量不一致，此时（$\hat{\beta}_{IV} - \hat{\beta}_{OLS}$）不会依概率收敛于 0。豪斯曼检验正是基于这一思想来进行的。如果（$\hat{\beta}_{IV} - \hat{\beta}_{OLS}$）在统计意义上显著异于 0，则倾向于拒绝原假设。如果拒绝原假设，则认为存在内生解释变量，应该使用工具变量法进行识别；反之，如果无法在统计意义上拒绝原假设，则可以认为不存在内生解释变量，所有变量解释变量均为外生变量，应该使用 OLS 估计量。

豪斯曼检验的 Stata 命令：

```
reg y x1 x2

estimates store ols      //储存 OLS 的结果

ivregress 2sls y x1 (x2 = z1 z2)      //假设怀疑 x2 为内生变量

estimates store iv      //储存 2SLS 的结果

hausman iv ols,constant sigmamore      //根据储存结果进行豪斯曼检验
```

其中，选择项"sigmamore"表示统一使用更有效的估计量（即 OLS）所对应的残差来计算 $\hat{\sigma}^2$，选择项"constant"表示 $\hat{\beta}_{OLS}$ 和 $\hat{\beta}_{IV}$ 中都包括常数项（默认是不包括常数项的）。

但豪斯曼检验的缺点在于，它假设在 H0 成立的情况下，OLS 是最有效率的。但如果存在异方差，OLS 并不是最有效率的。因此，豪斯曼检验并不适用于异方差的情形。

2. Durbin – Wu – Hausman 检验

豪斯曼检验的缺点在于，它假设在 H0 成立的情况下，OLS 估计量是最有效率的。但如果数据存在异方差问题，则 OLS 估计量并不是最有效率的。因此，豪斯曼检验并不适用于异方差的情形。此时，可以选择另一种内生性检验方法——Durbin – Wu – Hausman 检验（DWH 检验），该方法在异方差情况下也适用，且结果更加稳健。对于 DWH 检验，可以在 Stata 中使用命令"estat endogenous"直接进行检验。

仍使用前面的数据，针对内生性问题进行检验，以下展示了豪斯曼检验和 DWH 检验的结果。

```
hausman iv ols,constant sigmamore
```

```
Test of H0: Difference in coefficients not systematic

    chi2(1) = (b-B)'[(V_b-V_B)^(-1)](b-B)
            =    13.80
Prob > chi2 = 0.0002
(V_b-V_B is not positive definite)
```

```
estat endogenous
```

```
Tests of endogeneity
H0: Variables are exogenous

Durbin (score) chi2(1)           =   13.8123   (p = 0.0002)
Wu-Hausman F(1,10079)            =   13.8176   (p = 0.0002)
```

无论是豪斯曼检验还是 DWH 检验，内生性检验 p 值均为 0.0002，因此可以在 1% 的显著性水平上拒绝原假设，即模型存在内生性问题。所以，在进行参数估计时，使用工具变量进行两阶段最小二乘估计最为合适。

（二）有关工具变量的检验

工具变量的选择和使用是需要满足一定条件的，既要满足相关性，又要满足外生性以及排他性等假设，但在实际情况中这些要求可能难以同时满足。所以，在使用工具变量进行估计之前，还需要对工具变量的有效性进行检验。如果工具变量并不有效，那么可能导致估计结果不一致或者方差过大。

工具变量法作为一种矩估计，其成立条件需要同时满足秩条件和阶条件。所谓秩条件，即工具变量必须要与解释变量相关。阶条件存在三种情况：（1）不可识别：工具变量个数小于内生解释变量个数；（2）恰好识别：工具变量个数等于内生解释变量个数；（3）过度识别：工具变量个数大于内生解释变量个数。

1. 不可识别检验

使用工具变量的前提之一是秩条件成立，即 $rank[E(z_ix_i')] = K$（满列秩），其中 $z_i \equiv (z_{i1}, \cdots, z_iL)'$（$L$ 个工具变量），$x_i \equiv (x_{i1}, \cdots, x_{iK})'$（$K$ 个解释变量），z_i 与 x_i 可以有重叠元素，且 $L \geq K$（阶条件）。如果矩阵 $E(z_ix_i')$ 的列秩小于 K，则工具变量不可识别。

简单来说，秩条件是指工具变量的数量必须至少等于内生变量的数量。具体而言，如果有 K 个内生变量需要被工具变量代替，那么至少需要 K 个不相关的工具变量。而且这些工具变量之间应该是线性独立的，即它们的秩应该等于 K。这个条件的作用是确保工具变量能够提供足够的信息来估计内生变量的因果关系，而不会因为工具变量不足或相关性过高导致估计结果不准确性或出现偏误。

秩条件成立的直观意义是工具变量与解释变量相关。因此，针对秩条件的不可识别检验也可在一定程度上验证是否存在弱工具变量，但并不能取代对弱工具变量的检验。

不可识别检验的 Stata 命令如下：

```
ssc install ivreg2        //下载非官方命令 ivreg2
```

```
ivreg2 depvar [varlist1] {varlist2 = instlist}
```

其中，`depvar` 为被解释变量，`varlist1` 为外生解释变量，`varlist2` 为内生解释变量，而 `instlist` 为工具变量。若回归模型为 $y = \beta_0 + \beta_1 x_1 + \beta_2 x_2 + u$，其中 x_1 为外生变量，x_2 为内生变量，而工具变量为 z_1、z_2，则 Stata 命令为①：

```
ivreg2 y x1 (x2 = z1 z2)
```

2. 弱工具变量检验

工具变量需要满足相关性假设，但是仅仅满足工具变量与内生变量相关是不够的，需要保证二者的相关性足够强，否则会造成弱工具变量的问题。如果工具变量的相关性较弱，那么工具变量回归可能无法有效地纠正内生性引起的估计偏误。在这种情况下，工具变量估计结果的标准误可能会被高估，导致统计推断的低效性。此外，弱工具变量还可能导致估计结果的偏误，使得对因果关系的推断不准确。因此，对于工具变量，需要检验其与内生解释变量相关性的程度并判断其是否为弱工具变量。

如果工具变量 z 与内生解释变量 x 完全不相关，则无法使用工具变量法，因为 $\left[E(z_i x_i')\right]^{-1}$ 不存在。如果 z 与 x 仅微弱相关，则可以大致认为 $\left[E(z_i x_i')\right]^{-1}$ 很大，导致工具变量法估计量的渐近方差变得很大。此时，可以将工具变量称为弱工具变量（weak instruments）。弱工具变量的后果类似于样本容量过小，这会导致 $\hat{\beta}_{IV}$ 的小样本性质变得很差，而 $\hat{\beta}_{IV}$ 的大样本分布也离正态分布相去甚远，致使基于大样本理论的统计推断失效。

判断弱工具变量的方法大致有以下三种：

（1）第一阶段 F 统计量：如果只有一个内生解释变量，比较简单的检验方法是观察 2SLS 中第一阶段关于所有工具变量的系数同时为 0 的 F 检验。一般来说，若此检验的 F 统计量大于 10，则可以拒绝"存在弱工具变量"的原假设，这样便无须担心弱工具变量问题。如果存在多个内生解释变量，则会存在多个 F 统计量。此时，可以使用 Stock 和 Yogo（2005）提出的"最小特征值统计量"（minimum eigenvalue statistic）② 来进行判断，若该统计量高于 Stock 和 Yogo 提供的对应关键词，则不存在弱工具变量问题。

（2）Cragg – Donald Wald F 统计量：如果随机扰动项满足 iid（独立同分布）假

---

① 不可识别检验使用的统计量是 Anderson LM 统计量/Kleibergen – Paap rk LM 统计量，这些统计量在使用 ivreg 2 进行两阶段最小二乘估计时，结果会直接进行报告。这里 p 值小于 0.01，说明在 1% 水平上显著拒绝"工具变量识别不足"的原假设，也就是要求 p 值不能大于 0.1。

② D W K Andrews, J H Stock（Eds.）. Identification and Inference for Econometric Models：Essays in Honor of Thomas Rothenberg [M]. Cambridge University Press, New York, 2005.

设，则可以使用 Cragg – Donald Wald F 统计量[①]，其临界值由 Stock 和 Yogo（2005）提供。Cragg – Donald Wald F 统计量的计算步骤如下：

第一步：进行两个阶段的回归。首先，将内生变量（作为被解释变量）对自变量进行回归，得到第一阶段回归结果。其次，将内生变量的预测值作为新的被解释变量，对自变量进行回归，得到第二阶段估计结果。

第二步：在第二阶段回归中，计算残差平方和，作为 Cragg – Donald Wald F 统计量的分子。

第三步：在第一阶段回归中，计算内生变量与自变量之间的协方差，将其平方作为 Cragg – Donald Wald F 统计量的分母。

第四步：计算 Cragg – Donald Wald F 统计量，即 $F = \dfrac{RSS_2 / K_2}{RSS_1 / (n - K_1 - 1)}$。其中，$RSS_2$ 是第二阶段回归的残差平方和，K_2 是第二阶段回归的自变量数量；RSS_1 是第一阶段回归的残差平方和，K_1 是第一阶段回归的自变量数量，n 是样本容量。

判断工具变量是否属于弱工具变量时，需要将 Cragg – Donald Wald F 统计量与临界值进行比较。如果计算得到的 F 统计量大于临界值（一般根据显著性水平和自由度设定），则可以认为工具变量并非弱工具变量，可以产生一致和有效的估计结果。反之，如果 F 统计量小于临界值，则可能存在弱工具变量问题，需要进一步进行处理。

（3）Kleibergen – Paap Waldrk F 统计量：如果随机扰动项不满足 iid（独立同分布）假设，则应该使用 Kleibergen – Paap Waldrk F 统计量[②]，其临界值也由 Stock 和 Yogo（2005）提供。Kleibergen – Paap Waldrk F 统计量的计算步骤如下：

第一步：进行工具变量回归。使用工具变量回归方法，将内生变量（作为被解释变量）对自变量进行回归，得到工具变量回归的残差。

第二步：估计工具变量的协方差矩阵。在工具变量回归中，利用估计得到的残差构建工具变量的方差—协方差矩阵。

第三步：计算 Kleibergen – Paap Wald F 统计量。基于工具变量的方差—协方差矩阵，计算 Kleibergen – Paap Wald F 统计量，即 $F = (b'_{hat} \times V_{hat}^{-1} \times b_{hat}) / (K - j)$。其中，$b_{hat}$ 是工具变量回归的估计系数向量，V_{hat} 是工具变量回归得到的方差—协方差矩阵，K 是工具变量的数量，J 是内生变量的数量。

判断工具变量是否为弱工具变量时，需要将 Kleibergen – Paap Wald F 统计量与临界值进行比较。通常，如果计算得到的 F 统计量小于临界值，就表示存在弱工具变量

[①] Cragg, J G, Donald, S G. Testing Identifiability and Specification in Instrumental Variable Models [J]. Econometric Theory, 1993, 9 (2).

[②] Kleibergen, F, Paap, R. Generalized Reduced Rank Tests Using the Singular Value Decomposition [J]. Journal of Econometrics, 2006, 133 (1).

问题，工具变量的有效性不足以产生一致和有效的估计结果。反之，如果 F 统计量大于临界值，则可以认为工具变量的强度足够，可以产生一致和有效的估计结果。

Kleibergen - Paap Wald F 统计量方法考虑了工具变量回归的异方差性，并根据工具变量回归得到的方差—协方差矩阵进行了修正。这使得它在面对弱工具变量检验时提供了更准确的判断和检验。

弱工具变量检验的 Stata 命令如下：

```
estat firststage,all forcenonrobust
```

该命令将显示与弱工具变量检验有关的第一个阶段回归统计量及临界值，由此判断是否存在弱工具变量问题。选择项"all"表示显示每个内生变量的相关统计量，而不仅仅是所有内生变量综合的统计量，选择项"forcenonrobust"表示采用非异方差稳健标准误进行估计。

如果要计算 Cragg - Donald Wald F 统计量或 Kleibergen - Paap Waldrk F 统计量，可以使用非官方命令 ivreg2 进行估计，软件包会自动报告这些统计量的估计结果。此外，针对存在多维固定效应的两阶段最小二乘估计，可以采用 ivreghdfe 命令进行估计，同样会在估计结果中报告上述统计量。

针对前面选择 *firmsz* 作为工具变量，需要验证其是否为弱工具变量。

```
ivregress 2sls ldrugexp female marry linc totchr black age educyr
(hi_empunion = firmsz),r
```

```
estat firststage,all forcenonrobust
```

```
Minimum eigenvalue statistic = 9.35703

Critical Values                   # of endogenous regressors:    1
H0: Instruments are weak          # of excluded instruments:     1

                                   5%     10%     20%     30%
2SLS relative bias                       (not available)

                                   10%    15%     20%     25%
2SLS size of nominal 5% Wald test  16.38  8.96    6.66    5.53
LIML size of nominal 5% Wald test  16.38  8.96    6.66    5.53
```

由上表可知，当 Wald 统计量大于 16.38 时，可拒绝弱工具变量的原假设。在研究工会为员工购买医疗保险是否有助于降低员工的医疗支出这个问题中，其统计量（最小特征值统计量）为 9.35703，显著小于 16.38，即在 10% 的显著性水平下无法拒绝存在弱工具变量的原假设。

解决弱工具变量问题的方法包括：

（1）寻找更有效的工具变量。有效的工具变量应该与内生变量有较强的相关性，并且满足工具变量识别的相关假设。这可能需要进行进一步的研究、数据收集或借助领域知识来寻找更好的工具变量①。

（2）改进模型规范。弱工具变量问题可能是由于模型规范不合理或变量选择不当引起的。改进模型规范可以包括增加更多的控制变量、调整模型中的函数形式、考虑非线性关系等。通过改进模型规范，可以增强工具变量的有效性并提高估计结果的可靠性。

（3）如果有较多工具变量，可舍弃弱工具变量。在选择舍弃哪个工具变量时，可以进行冗余检查（redundancy test）。冗余工具变量的含义是，使用这些工具变量不会提高估计量的渐近效率（asymptotic efficiency）。命令 ivreg2 提供了一个选择项"redundant (varlist)"来进行冗余检验，该冗余检验的原假设是指定工具变量为多余的。

3. 过度识别检验

工具变量需要满足的另一个识别条件是外生性。但是，从本质上来说，我们是无法检验这个条件的，因为无法观测到真实的干扰项，也就无法检验干扰项是否与工具变量相关。但可以在理论上对外生条件进行讨论，说服审稿人和读者，使其相信你所使用的工具变量满足外生性的假设。除外生性之外，还有一个比较重要的假设是排他性，即工具变量只通过内生变量影响被解释变量。这就为检验工具变量的外生性提供了新的思路。从理论上来看，如果工具变量是外生的，则其对于被解释变量产生影响的唯一途径就是通过内生变量，除此以外，别无其他途径。由于此唯一途径（内生变量）已被包括在回归方程中，故工具变量不会再出现在被解释变量的扰动项中，或对扰动项有影响。上述条件即为"排他性约束"（exclusion restriction），因为它排除了工具变量除了通过内生变量而影响被解释变量的所有其他途径。

进行过度识别检验的前提是，该模型至少是恰好识别的，即工具变量个数至少与内生解释变量个数一样多。在此前提下，过度识别检验的原假设为"H0：所有工具变量都是外生的"。如果拒绝该原假设，则认为至少某个工具变量不是外生的，与扰动项相关，即不能满足外生性条件。

在实际运用中，可以使用 Sargan（1958）② 和 Basmann（1960）③ 的过度识别约束检验来检验工具变量是否与扰动项无关。其具体步骤如下：

① 这个方案几乎没办法做到。如果可以一开始就选择更好的工具变量，就不需要再去寻找新的工具变量，因为寻找工具变量本身极具挑战。还有一种解决方案，就是采用有限信息极大似然估计（LIML）估计量进行估计。对这种方法感兴趣的读者可以自行查阅相关资料，此处不再详细介绍。

② Sargan, J D. The Estimation of Economic Relationships Using Instrumental Variables [J]. Econometrica: Journal of the Econometric Society, 1958.

③ Basmann, R L. On Finite Sample Distributions of Generalized Classical Linear Identifiability Test Statistics [J]. Journal of the American Statistical Association, 1960, 55 (292).

第一步：用2SLS法估计结构方程，获得2SLS残差 $\hat{u}_i$。如果所有工具变量都是外生的，残差 $\hat{u}_i$ 就是干扰项 u_i 的一致估计值。

第二步：将 $\hat{u}_i$ 对所有外生变量进行 OLS 回归，获得 R^2。如果所有工具变量都是外生的，那它们与残差 $\hat{u}_i$ 是无关的，此时 R^2 较小。

第三步：进行假设检验，在原假设"H0：所有工具变量都是外生的"下，统计量 $nR^2 \sim \chi_q^2$。其中，n 是样本数，q 是自由度，等于模型之外的工具变量数目减去内生解释变量数目。如果 nR^2 大于 χ_q^2 分布的临界值（比如5%临界值），那么可以拒绝原假设，并认为并不是所有的工具变量都是外生的。

但需要注意的是，通过该检验我们知道存在部分工具变量不是外生的，但并不知道究竟哪些工具变量都不是外生的。此外，如果 nR^2 小于 χ_q^2 分布的临界值，即通过了过度识别检验，但我们仍然无法完全确定所有工具变量都是外生的，因为可能有的工具变量是内生的，造成残差 $\hat{u}_i$ 的估计是错误的，因而检验出来的结果并不一定有效。因此，该假设检验同样以有效工具变量为前提，一旦前提不满足，检验也就失去了意义。

过度识别检验的 Stata 命令如下：

```
estat overrid
```

对于上述案例，除了企业的规模（*firmsz*）外，我们还可以找到其他两个工具变量，分别是企业是否具有多处运营点（multlc）和员工的收入约束，即保险占其收入的比重（ssiratio）。由于篇幅问题，在此不一一展示其他两个工具变量的弱工具变量检验结果，感兴趣的读者可按照前面的命令自行操作进行检验。这里，我们同时考虑使用三个工具变量的情况，并进行过度识别检验。

```
ivregress 2sls ldrugexp female marry linc totchr black age educyr
(hi_empunion = firmsz multlc ssiratio),r
    estat overid
```

```
Test of overidentifying restrictions:

Score chi2(2)           =    2.67717  (p = 0.2622)
```

过度识别检验的原假设是：所有工具变量都是外生的。也就是说，如果检验的 p 值非常小，则说明在原假设下得到估计结果属于小概率事件，即可以拒绝工具变量与扰动项无关的原假设。因此，该检验中 p 值应该至少大于 0.1。如上表所示，案例中的检验结果 p 值为 0.2622，表明无法拒绝原假设，即联合工具变量是有效的，模型通过了过度识别检验。

四、Stata 命令及案例

此处以数据集"nlswork. dta"为例,详细展示工具变量识别方法的具体操作过程以及结果展示和解读。该数据集主要用于研究美国女性的工资水平的影响因素。

(一)观察数据的统计特征

```
use nlswork.dta,clear
tsset idcode year
xtdes
summarize ln_wage tenure not_smsa union south age
```

Variable	Obs	Mean	Std. dev.	Min	Max
ln_wage	28,534	1.674907	.4780935	0	5.263916
tenure	28,101	3.123836	3.751409	0	25.91667
not_smsa	28,526	.2824441	.4501961	0	1
union	19,238	.2344319	.4236542	0	1
south	28,526	.4095562	.4917605	0	1
age	28,510	29.04511	6.700584	14	46

在上表中,变量 ln_wage 为工资对数;变量 tenure 为工作经验;变量 not_smsa 为是否住在非大城市,若居住在非大城市,取值为 1,若居住在大城市,取值为 0;变量 union 表示是否参加工会,参加取值为 1,未参加取值为 0;变量 south 表示居住地是否为美国北部,是美国北部取值为 1,非美国北部取值为 0。

(二)OLS 回归

在进行 OLS 回归之前,首先考察工作经验与女性的工资之间的相关关系。

```
pwcorr ln_wage tenure,sig
```

	ln_wage	tenure
ln_wage	1.0000	
tenure	0.3706 0.0000	1.0000

结果表明，工作经验时长与女性的工资之间存在较强的相关关系（相关系数为0.3706，且在1%水平上显著异于0）。接下来，通过OLS回归，进一步考察二者之间的相关关系。显然，OLS无法在本研究中有效识别因果关系，需要采用更为合适的识别策略。

```
reg ln_wage tenure age * not_smsa union south,r
est store ols
```

```
Linear regression                          Number of obs   =       19,007
                                           F(5, 19001)     =      1188.42
                                           Prob > F        =       0.0000
                                           R-squared       =       0.2216
                                           Root MSE        =       .41215

                            Robust
   ln_wage  Coefficient  std. err.      t     P>|t|     [95% conf. interval]

    tenure    .0336069    .000793    42.38    0.000     .0320526    .0351612
       age    .0056649   .0005223    10.85    0.000     .0046411    .0066887
  not_smsa   -.2151251   .0065916   -32.64    0.000    -.2280453    -.202205
     union    .1318105   .0070319    18.74    0.000     .1180273    .1455938
     south   -.1471688    .006252   -23.54    0.000    -.1594233   -.1349144
     _cons    1.536273   .0152134   100.98    0.000     1.506454    1.566093
```

其中，*age*、*not_smsa*、*union*、*south* 均为控制变量，我们主要感兴趣的变量为女性的工作经验 *tenure*。回归结果显示，工作经验 *tenure* 的估计系数在1%的水平上显著为正，意味着工作时间越长，女性的工资水平越高。从经济意义上看，工作时间增加1倍，女性的工资水平会增加3.36%，但在解释上述结果的时候需要格外小心，因为是否在劳动力市场上提供劳动赚取工资以及在劳动力市场上停留的时间（也就是工作经验）都是女性出于自身情况做出的最优化选择，因而不可避免地存在内生性问题，OLS估计量并不能有效识别两者之间的因果关系。

（三）内生性检验

基于上一节的讨论，工作经验 *tenure* 可能是内生变量，一方面，可能存在其他不可观测因素，影响其工作时长；另一方面，工作时长与女性的工资之间可能具有潜在的双向因果问题。因此，需要进行内生性检验，以考察核心解释变量工作经验是否存在内生性问题。

```
ivregress 2sls ln_wage age not_smsa (tenure = union south),r first
est store iv
```

```
First-stage regressions
```

```
                                        Number of obs = 19,007
                                        F(4, 19002)   = 681.48
                                        Prob > F      = 0.0000
                                        R-squared     = 0.1449
                                        Adj R-squared = 0.1447
                                        Root MSE      = 3.8147
```

tenure	Coefficient	Robust std. err.	t	P>|t|	[95% conf. interval]	
age	.230155	.00472	48.76	0.000	.2209034	.2394067
not_smsa	.1078257	.0628283	1.72	0.086	-.0153234	.2309749
union	1.457033	.0708839	20.56	0.000	1.318094	1.595972
south	-.1638257	.0563527	-2.91	0.004	-.274282	-.0533695
_cons	-3.559305	.1345977	-26.44	0.000	-3.823129	-3.295482

```
Instrumental variables 2SLS regression      Number of obs  =      19,007
                                            Wald chi2(3)   =     1313.61
                                            Prob > chi2    =      0.0000
                                            R-squared      =           .
                                            Root MSE       =       .6065
```

ln_wage	Coefficient	Robust std. err.	z	P>|z|	[95% conf. interval]	
tenure	.1491291	.0073775	20.21	0.000	.1346694	.1635888
age	-.0212525	.0018154	-11.71	0.000	-.0248106	-.0176945
not_smsa	-.2491238	.0097459	-25.56	0.000	-.2682254	-.2300221
_cons	1.902138	.0315184	60.35	0.000	1.840363	1.963913

```
Instrumented: tenure
 Instruments: age not_smsa union south
```

```
estat endogenous
```

```
Tests of endogeneity
H0: Variables are exogenous

Robust score chi2(1)          =   545.481  (p = 0.0000)
Robust regression F(1,19002)  =   599.472  (p = 0.0000)
```

在这里，选择变量 *union* 和变量 *south* 作为工具变量（在此只是举例说明，向读者展示工具变量法的完整操作，所以本案例中工具变量的选择不完全合理）。从以上两个表来看，DWH 检验结果显示，内生性检验 p 值均为 0.0000，因此可以在 1% 的显著性水平上拒绝核心解释变量外生的原假设，即模型存在内生性问题。

（四）工具变量检验

首先，进行弱工具变量检验。

```
estat firststage,all forcenonrobust
```

```
First-stage regression summary statistics

                     Adjusted     Partial       Robust
   Variable    R-sq.    R-sq.      R-sq.      F(2,19002)   Prob > F

    tenure    0.1449    0.1447     0.0266       220.71      0.0000


Shea's partial R-squared

                 Shea's             Shea's
   Variable   partial R-sq.   adj. partial R-sq.

    tenure      0.0266            0.0265


Minimum eigenvalue statistic = 259.961

Critical Values          # of endogenous regressors:    1
H0: Instruments are weak  # of excluded instruments:     2

                         5%     10%    20%    30%
2SLS relative bias            (not available)

                         10%    15%    20%    25%
2SLS size of nominal 5% Wald test  19.93  11.59  8.75   7.25
LIML size of nominal 5% Wald test   8.68   5.33  4.42   3.92
```

结果显示，统计量（最小特征值统计量）为 259.961，显著大于 19.93，可在 10% 的显著性水平下拒绝弱工具变量假设。

接下来，由于工具变量个数（这里有两个工具变量）大于内生变量个数（仅一个），需要进行过度识别检验，可以在一定程度上反映工具变量的有效性。

```
Test of overidentifying restrictions:

Score chi2(1)        =  204.405  (p = 0.0000)
```

结果显示，该检验结果 p 值为 0.0000，表明可以在 1% 的显著性水平上拒绝原假设，即存在过度识别问题。

此时，可以仅使用变量 *union* 或变量 *south* 作为工具变量，分别进行上述操作。

在这里，我们不再对具体结果进行展示，感兴趣的读者可以自己尝试使用 Stata 对上述不同的模型设定进行估计，并对比使用不同工具变量得到的结果，加深对于工具变量以及两阶段最小二乘的理解。操作结果表明，变量 *union* 或变量 *south* 均可单独作为工具变量，均具有有效性。

第二节　双　重　差　分

一、认识双重差分法

双重差分法（Difference – In – Differences，DID）作为一种常见的因果识别方法，主要被用于社会学领域的政策效果评估或事件处置效应评估。2021 年，瑞典皇家科学院宣布，将一半奖金授予戴维·卡德（David Card），因为他"对劳动经济学实证研究性的贡献"，另一半联合授予乔舒亚·D. 安格里斯特（Joshua D. Angrist）和吉多·W. 因本斯（Guido W. Imbens），因为他们"对因果关系分析的方法学贡献"。在一项开创性研究中，为调查提高最低工资如何影响劳动力市场绩效（如就业），卡德和克鲁格仔细研究了美国新泽西州和宾夕法尼亚州东部的就业市场（最低工资上涨），并采用双重差分法进行识别。他们的基本思路比较直观：（1）选择处理组（这里具体指新泽西州）和控制组（这里具体指宾夕法尼亚州）：处理组是受最低工资政策影响的新泽西州的工人，控制组是不受该政策影响的宾夕法尼亚州的工人（这两个地区在地理上临近，各方面条件比较类似，使得宾夕法尼亚州成为天然的控制组）；（2）数据收集：收集处理组和控制组的就业数据，包括政策实施前后的就业情况；（3）在控制其他相关特征后，可以认为接受处理具有随机性，因而可以通过两次差分估计最低工资政策对就业水平的影响。

通过上述经典案例的分析，可以较直观地理解双重差分法进行因果识别的基本原理：基于反事实框架评估政策或事件发生和不发生两种情况，被观测因素（需要研究的被解释变量）y 的变化。如果外生政策冲击将样本一分为二——受政策冲击的处理组和未受政策冲击的控制组，且在政策冲击之前，处理组和控制组的 y 具有相同的变化趋势，那么可以将控制组在政策发生前后 y 的变化看作处理组未受政策冲击时的状况（反事实的结果）。通过比较处理组 y 的变化（D1，政策前后差异）和控制组 y 的变化（D2，政策前后差异），就可以得到政策冲击的处理效应（DD = D1 – D2）。

近年来，DID 方法快速发展和更新。例如，针对少量实验组开发出来的合成控制法，以及在合成控制法基础上发展出来的合成控制 DID，都为我们使用观测数据进行因果识别提供了新的工具。同时，也有学者针对 DID 方法固有的弱点，发展了针对渐进 DID、连续变量 DID 以及空间 DID 等新的估计方法，使其估计系数更加准确，使用场景更加广泛。

虽然双重差分的原理比较直观易懂，但要正确估计政策或事件的处理效应，还需要合理的假设和正确模型设置。接下来，我们将通过表格、数理模型以及图形三种方式来介绍和理解双重差分法如何评估具体政策带来的处理效应。

二、双重差分法的直观理解

（一）表格法

首先，分别计算处理组和控制组在政策发生前后结果变量的均值。其次，用处理组政策发生后的均值减去政策发生前的均值，得到处理组政策前后的变化。同理，对控制组进行同样的操作，从而得到控制组组在政策发生前后的变化（控制组的变化即为由于时间效应的存在对结果变量造成的影响）。最后，用处理组的变化减去控制组的变化，剔除掉时间变化带来的影响，就可以得到相对干净的政策效应，这两次相减的过程就体现了双重差分的核心思想。

在表 9 – 1 中，$E(Y_{t1})$ 表示处理组政策发生前的结果变量的均值，$E(Y_{t2})$ 表示处理组政策发生后的结果变量的均值，$E(Y_{c1})$ 表示控制组政策发生前的结果变量的均值，$E(Y_{c2})$ 表示控制组政策发生后的结果变量均值。利用上述结果变量的定义，可以通过计算得到较为干净的处理效应。ΔY_t 表示处理组政策发生前后结果变量均值的变化，ΔY_c 表示控制组政策发生前后结果变量均值的变化，$\Delta\Delta Y$ 是处理组政策发生前后结果变量均值的变化减去控制组政策发生前后结果变量均值的变化，即所需要评估的政策效应。

表 9 – 1   双重差分法的直观理解：表格法

	事前	事后	差异
处理组	$E(Y_{t1})$	$E(Y_{t2})$	$\Delta Y_t = E(Y_{t2}) - E(Y_{t1})$
控制组	$E(Y_{c1})$	$E(Y_{c2})$	$\Delta Y_c = E(Y_{c2}) - E(Y_{c1})$
差异			$\Delta\Delta Y = \Delta Y_t - \Delta Y_c$

（二）模型法

基本双重差分模型形式为：

$$Y_{it} = \beta + \beta_1 treat_i + \beta_2 After_t + \beta_3 treat_i \times After_t + \epsilon_{it} \tag{9-4}$$

其中，i 代表个体，t 代表时间，Y_{it} 是被解释变量，$treat_i$ 是组别虚拟变量：如果个体属于处理组，则 $treat_i = 1$，如果属于控制组，则 $treat_i = 0$；$After_t$ 是时间虚拟变量：政

策实施之后 $After_t = 1$，否则 $After_t = 0$。另外，政策事件需要为外生事件，起码需要满足控制相关变量后的条件分布与干扰项无关，因此模型需要满足 $E(\epsilon_{it} \mid Treat_i, After_t) = 0$ [①]。

接下来，我们逐一理解系数 β_0、β_1、β_2 和 β_3 的经济含义：

控制组在政策事件发生前 Y_{it} 的均值为：

$$E(Y_{it} \mid Treat_i = 0, After_t = 0) = \beta_0$$

控制组在政策事件发生后 Y_{it} 的均值为：

$$E(Y_{it} \mid Treat_i = 0, After_t = 1) = \beta_0 + \beta_2$$

处理组在政策事件发生前 Y_{it} 的均值为：

$$E(Y_{it} \mid Treat_i = 1, After_t = 0) = \beta_0 + \beta_1$$

处理组在政策事件发生后 Y_{it} 的均值为：

$$E(Y_{it} \mid Treat_i = 1, After_t = 1) = \beta_0 + \beta_1 + \beta_2 + \beta_3$$

处理组和控制组在政策事件发生前 Y_{it} 的均值差异为：

$$E(Y_{it} \mid Treat_i = 1, After_t = 0) - E(Y_{it} \mid Treat_i = 0, After_t = 0) = \beta_1$$

控制组政策事件发生前后 Y_{it} 的均值变化为：

$$E(Y_{it} \mid Treat_i = 0, After_t = 1) - E(Y_{it} \mid Treat_i = 0, After_t = 0) = \beta_2$$

通过上述理解，可以分析交乘项 $Treat_i \times After_t$ 的估计系数 β_3 的含义：

处理组在政策事件前后 Y_{it} 的均值变化 - 控制组在政策事件 Y_{it} 的均值变化：

$$
\begin{aligned}
\Delta\Delta Y &= \left[E(Y_{it} \mid Treat_i = 1, After_t = 1) - E(Y_{it} \mid Treat_i = 1, After_t = 0) \right.\\
&\quad \left. - E(Y_{it} \mid Treat_i = 0, After_t = 1) - E(Y_{it} \mid Treat_i = 0, After_t = 0) \right]\\
&= \left[(\beta_0 + \beta_1 + \beta_2 + \beta_3) - (\beta_0 + \beta_1) \right] - \left[(\beta_0 + \beta_2) - \beta_0 \right]\\
&= \left[\beta_2 + \beta_3 \right] - \beta_2\\
&= \beta_3
\end{aligned}
$$

β_3 即为需要估计的政策效应。

（三）图形法

还可以将对照组与控制组结果变量的均值随时间的变化绘制成时序图（见图 9 - 2），

---

① 近几年，以双重差分法为代表的因果识别研究如火如荼，甚至到了近乎滥用的地步，不时能看到一些非常奇怪的双重差分识别方法。部分研究人员认为，只要满足事先的平行趋势假说，双重差分方法就满足识别假设了。事实上，真正的平行趋势是无法检验的，我们只能检验政策冲击前的平行趋势。而双重差分法的识别需要依赖这样的假设：若没有政策冲击，实验组和对照组的结果变量具有相同的变化趋势，仍然需要满足该政策冲击对结果变量的变化值具有条件外生性，否则也无法有效识别因果关系。

这样可以直观地理解双重差分方法的主要思路，可以直观地看到双重差分法进行因果识别的核心假设，即平行趋势假设。在没有遭遇政策冲击的情况下，处理组与控制组随时间变化具有相同的趋势。换句话说，如果不存在任何政策冲击，则在第二期实验组的结果变量的均值会随着时间的变化而变成 $\beta_0 + \beta_1 + \beta_2$。该假设对于识别政策处理效应非常重要，因为在现实世界中，在政策实施后，我们是无法观测到政策未实施的情况下，事后处理组的结果变量均值，该数值事实上是"反事实"。因此，采用双重差分法进行因果识别的策略同样基于假设，需要时刻记住能够利用倍差法进行识别的前提条件。

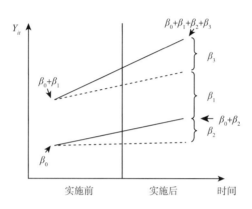

图 9 - 2　双重差分法回归系数图形显示

三、双重差分法使用的 Stata 命令

在 Stata 软件中，可用于双重差分模型估计的命令有很多，从最为普通的 reg、xtreg 到相对复杂的 reghdfe 等，还有一些专门用于 DID 估计的第三方程序，如 diff，以及针对多期 DID 开发的 tvdiff 等命令。感兴趣的读者可以自行安装相关程序，查看帮助文档来获得关于命令运行的相关参数设置，这里不展开介绍相关的命令。在这一讲，重点介绍相对较为灵活的估计命令，即采用多维固定效应模型 reghdfe 估计倍差法。

首先，需要对该命令进行安装：

```
ssc install reghdfe,replace
reghdfe y dd $X,abs(id year) cl(var1)
```

其中，y 为被解释变量（结果变量，即前面所说的 Y_{it}）；这里的核心解释变量 dd 表示政策实施变量，即处理组在进行处理后取值为 1，控制组以及处理组在接受处理前取值为 0；选择项"abs"表示多维固定效应所需要控制的固定效应变量；选择项"cl(var)"用来指定聚类稳健标准误所聚类的层次变量，如可以将标准误聚类到城市层面 cl(city) 等；$X 表示用于存放所有控制变量的暂元。

在现实中，很多政策的实施都是逐步推广的，"一刀切"的政策相对较少，为此，选择较为常见的渐进 DID 进行说明。所使用的数据集来自一篇多期 DID 模型的经典文献①。美国各州在 1960～1999 年逐渐放松对银行分支机构的管制，该文章研究了放松对银行分支机构的管制对于收入分配不平等的影响。这里选取基尼系数作为被解释变量来衡量收入分配不均衡，对于处理虚拟变量 dd，某州银行分支机构放松管制后取值为 1，否则取值为 0。

使用 Beck 等（2010）的数据集"bank. dta"进行操作演示。

```
use bank.dta,clear
global X "gsp_pc_growth prop_blacks prop_dropouts prop_female_
headed unemploymentrate"
sum log_gini dd $X
```

Variable	Obs	Mean	Std. dev.	Min	Max
log_gini	1,519	-.8439053	.0537743	-1.097911	-.630955
dd	1,519	.724819	.4467525	0	1
gsp_pc_gro~h	1,519	.0151208	.0365985	-.3094793	.2564869
prop_blacks	1,519	.1007113	.1142143	0	.7122307
prop_dropo~s	1,519	.1279162	.0660341	.0183598	.3841489
prop_femal~d	1,519	.3060282	.1055792	.0952883	.6029578
unemployme~e	1,519	5.970441	1.990025	2.3	17.4

```
reghdfe log_gini dd,ab(statefip wrkyr) cl(statefip)
```

```
HDFE Linear regression                    Number of obs   =     1,519
Absorbing 2 HDFE groups                   F(  1,    48) =        8.54
Statistics robust to heteroskedasticity   Prob > F      =      0.0053
                                          R-squared     =      0.5371
                                          Adj R-squared =      0.5114
                                          Within R-sq.  =      0.0258
Number of clusters (statefip) =      49   Root MSE      =      0.0376

                    (Std. err. adjusted for 49 clusters in statefip)
```

log_gini	Coefficient	Robust std. err.	t	P>|t|	[95% conf. interval]
dd	-.0219874	.0075254	-2.92	0.005	-.0371183 -.0068565
_cons	-.8279684	.0054546	-151.79	0.000	-.8389356 -.8170013

```
Absorbed degrees of freedom:
```

Absorbed FE	Categories	- Redundant	= Num. Coefs	
statefip	49	49	0	*
wrkyr	31	0	31	

```
* = FE nested within cluster; treated as redundant for DoF computation
```

---

① Beck, T, Levine, R, Levkov, A. Big Bad Banks? The Winners and Losers from Bank Deregulation in the United States [J]. The Journal of Finance, 2010, 65 (5).

从上表可知，处理变量 dd 的系数为 -0.02198，且在1%的水平上显著。这表明美国各州放松对银行分支机构的管制确实可以显著改善收入分配。此外，考虑到加入相关控制变量可以得到更加精确的估计结果，重新对基准回归进行估计：

```
reghdfe log_gini dd $X,ab(statefip wrkyr) cl(statefip)
```

```
HDFE Linear regression                    Number of obs   =      1,519
Absorbing 2 HDFE groups                   F(  6,    48) =      11.00
Statistics robust to heteroskedasticity   Prob > F        =     0.0000
                                          R-squared       =     0.5645
                                          Adj R-squared   =     0.5387
                                          Within R-sq.    =     0.0834
Number of clusters (statefip) =      49   Root MSE        =     0.0365

                         (Std. err. adjusted for 49 clusters in statefip)

                       Robust
   log_gini  Coefficient  std. err.      t    P>|t|     [95% conf. interval]

         dd   -.0177239    .0064033   -2.77   0.008    -.0305986   -.0048493
gsp_pc_growth  -.0288419   .0412498   -0.70   0.488    -.1117802    .0540965
 prop_blacks   -.2128497   .1584963   -1.34   0.186    -.5315277    .1058284
prop_dropouts   .1641627   .0713148    2.30   0.026     .0207748    .3075507
prop_female~d   .0190403   .056497     0.34   0.738    -.0945545    .1326352
unemploymen~e   .0063327   .0012649    5.01   0.000     .0037895    .0088759
       _cons   -.8738212   .0275234  -31.75   0.000    -.9291606   -.8184817

Absorbed degrees of freedom:

 Absorbed FE | Categories  - Redundant  = Num. Coefs

    statefip |     49           49            0      *
       wrkyr |     31            0           31

* = FE nested within cluster; treated as redundant for DoF computation
```

结果显示，在控制了一些影响收入分配的其他因素后，虽然变量 dd 的估计系数绝对值有一定程度的下降，但主效应依然稳健，放松对银行分支机构的管制对于基尼系数依然有显著的负影响，说明放松对银行分支机构的管制会减弱收入分配的不平等。

四、双重差分法假设条件检验

(一) 平行趋势检验

平行趋势检验（Parallel Trends Test）是用于验证双重差分法有效性的一个关键假设，即处理组和控制组的结果变量 y 在政策干预前存在平行趋势。该假设的成立是为了确保在政策干预后，任何因果效应的变化都可以被归因于政策干预本身，而不是其他可能导致处理组和控制组差异的因素。平行趋势检验通常通过绘制处理组和控制组在政策干预前的趋势曲线来进行，如果曲线呈现出平行的趋势，则可以认为平行趋势假设成立。

平行趋势检验是构建 DID 模型成立的前提假设。在使用 DID 模型进行实证分析之前，首先必须进行平行趋势检验，如果变量通过了平行趋势检验，那么就可以初步构建 DID 模型进行实证分析。DID 模型在顺利通过平行趋势检验后，还需要继续进行基准回归分析、安慰剂检验和稳健性检验，完成这一系列流程之后，DID 模型的"政策效应"才更加的准确、合理。因此，要想使用 DID 模型，首先就需要掌握平行趋势检验的实操方法。

接下来，继续进行平行趋势检验（见图 9 - 3）。

```
xtset statefip wrkyr
gen policy = wrkyr - branch_reform
replace policy = -5 if policy < = -5
replace policy = 10 if policy > = 10
gen policy_d = policy + 5
gen y = log_gini
xtreg y ib5.policy_d i.wrkyr,fe r                ///生成前五期系数均值
forvalues i = 0/4{
    gen b_`i' = _b[`i'.policy_d]
}
gen avg_coef = (b_0 + b_4 + b_3 + b_2 + b_1)/5
su avg_coef
coefplot,baselevels ///
    drop( * .wrkyr _cons policy_d) ///
    coeflabels(0.policy_d = "t - 5" ///
    1.policy_d = "t - 4" ///
    2.policy_d = "t - 3" ///
    3.policy_d = "t - 2" ///
    4.policy_d = "t - 1" ///
    5.policy_d = "t" ///
    6.policy_d = "t + 1" ///
    7.policy_d = "t + 2" ///
    8.policy_d = "t + 3" ///
    9.policy_d = "t + 4" ///
    10.policy_d = "t + 5" ///
    11.policy_d = "t + 6" ///
```

经济学实证论文写作讲义：方法与应用

```
12.policy_d = "t +7" ///
13.policy_d = "t +8" ///
14.policy_d = "t +9" ///
15.policy_d = "t +10") ///更改系数的 label
```
vertical ///转置图形

yline(0,lwidth(vthin) lpattern(dash) lcolor(teal)) ///加入 y = 0 这条虚线

ylabel(-0.06(0.02)0.06) ///

xline(6,lwidth(vthin) lpattern(dash) lcolor(teal)) ///

ytitle("百分比变化",size(small)) ///加入 Y 轴标题,大小 small

xtitle("分支机构放松管制相对年份",size(small)) ///加入 X 轴标题,大小 small

transform(* = @ -r(mean)) ///去除前五期的系数均值

addplot(line @ b @ at) ///增加点之间的连线

ciopts(lpattern(dash) recast(rcap) msize(medium)) ///CI 为虚线上下封口

msymbol(circle_hollow) ///plot 空心格式

scheme(s1mono)

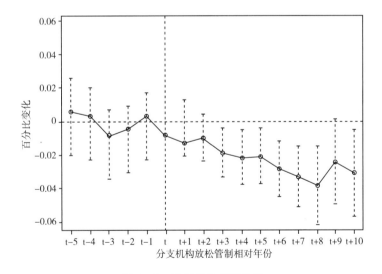

图 9 - 3 平行趋势假设检验

图 9 - 3 的结果表明,在政策实施前,实验组和控制组之间的基尼系数不存在系统性差异,而在政策实施之后,实验组的基尼系数出现了较为显著的下降,且随着政策的实施时间向后推移,其真实效果具有累积下降的趋势,这意味着研究设计符合平行趋势假设。

（二）安慰剂检验

安慰剂检验（Placebo Test）是一种用于验证双重差分法的稳健性和有效性的检验方法。它通过将政策干预应用随机抽取的处理组，对基准回归进行重新估计，若基于真实数据的估计系数在随机抽样估计系数分布中属于异常值，则表明基准回归的结构并非来自随机干扰因素，从而评估双重差分法的结果是否受到其他潜在干扰因素的影响。

1. 安慰剂检验的具体步骤

第一步：确定安慰剂组。在进行安慰剂检验时，需要选择一个不存在干预效应的组别作为安慰剂组。通常，这个组别应该与处理组具有相似的特征和背景，但没有接受实际的政策干预。

第二步：应用安慰剂干预。将相同的政策干预应用于安慰剂组，即虚构的政策干预。这个安慰剂干预应该与真实的政策干预在设计和实施上相似，但没有实际干预效果。

第三步：进行双重差分估计。使用双重差分法对处理组和安慰剂组的数据进行分析。计算处理组和安慰剂组在政策干预前后的差异，然后比较两组的因果效应估计值。

第四步：比较结果。比较处理组和安慰剂组的因果效应估计值，观察它们之间的差异。如果处理组的因果效应在基于安慰剂组的因果效应分布中属于异常值，那么可以得出双重差分法的估计结果是稳健和有效的。相反，如果真实处理组得到的估计系数在安慰剂组的因果效应系数分布中并非为异常值，则无法排除处理组的因果效应由其他潜在的干扰因素导致。

2. 安慰剂检验常用方法

（1）改变政策发生时间。改变政策发生时点具体包括政策时点提前、滞后两种情况，还包括将政策时间随机化这种更一般化的处理方式（多用于政策时点随机提前）。对于政策时点提前，若回归系数不显著，则说明是该政策的作用，反向验证了结论的稳健性；对于政策时点滞后，系数依旧显著，一般而言绝对值增大，表明政策效果明显，并且具有一定的持续性。

（2）随机生成实验组。这种方法通过从处理组和控制组的数据中随机选择样本，创建一个模拟的实验组。模拟的实验组与处理组和控制组具有相似的特征和背景，但没有接受实际的政策干预。然后，使用双重差分法对处理组和模拟的实验组进行比较，评估因果效应的差异。

3. 安慰剂检验的实现

由于美国各州最终都放松了对银行分支机构的管制，因而在进行安慰剂检验的时候，只需要考虑每个州具体的实施年份即可。具体的实现代码如下所示，结果如图 9 - 4 所示：

```
set seed 1010101
mat b = J(500,1,0)
mat se = J(500,1,0)
mat p = J(500,1,0)

forvalues i = 1/500{
    use bank,clear
    xtset statefip wrkyr
    bsample 1,strata(statefip)        //根据州分组,每组随机抽取一个年份
    keep wrkyr
    save matchyear,replace
    mkmat wrkyr,matrix(sampleyear)
    use bank,clear
    egen id = group(statefip)
    xtset statefip wrkyr
    gen DD = 0
    foreach j of numlist 1/49{
      replace DD = 1 if(id == `j'&wrkyr >= sampleyear[`j',1])
    }
    gen y = ln(gini)
    qui xtreg y DD i.wrkyr,fe r
    mat b[`i',1] = _b[DD]
    mat se[`i',1] = _se[DD]
    scalar df_r = e(N) - e(df_m) -1
     mat p[`i',1] = 2*ttail(df_r,abs(_b[DD]/_se[DD]))
    }

    svmat b,names(coef)
    svmat se,names(se)
    svmat p,names(pvalue)

    drop if pvalue1 == .
    label var pvalue1 p 值
    label var coef1 估计系数

    twoway (scatter pvalue1 coef1,xline(0 - 0.0177,lwidth(0.2) lp
(shortdash)) xlabel( -0.02(0.005)0.02,grid) xtitle(估计系数) ytitle(p
值) msymbol(hollow) mcolor(grey) legend(off)) (kdensity coef1,title
```

（Big Bad Bank 安慰剂检验））

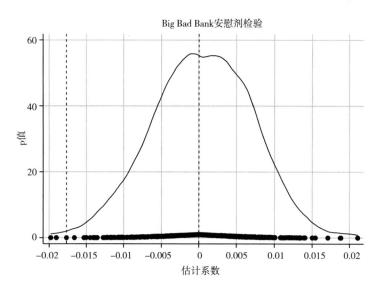

图 9 – 4　安慰剂检验

图 9 –4 的结果表明，在 500 次安慰剂实验中，仅有三次的估计系数比真实的估计系数更小，意味着如果基准回归的估计系数来自随机干扰因素，则出现估计系数等于 0.0177 的概率仅为千分之六，属于小概率事件，因而可以排除基准回归结果是由于随机干扰导致的假设，即通过了安慰剂检验。

五、Stata 命令及案例

下面以数据集"数据.dta"为例，该数据参考白俊红等（2022）关于国家创新型城市试点政策效应研究[①]。被解释变量为创新活跃度（*entre_activation*），实验组虚拟变量为 *group*（城市为国家创新型试点城市，则 *group* = 1；城市为非国家创新型试点城市，则 *group* = 0），实验期虚拟变量为 *post*（试点政策实施以后则 *post* = 1；否则 *post* = 0）。其他解释变量包括经济发展水平（*lnagdp*）、产业结构（*indust_stru*）、金融支持度（*finance*）、互联网普及率（*ainternet*）、市场化程度（*market*）。

（一）描述性统计

```
use 数据,clear
summarize entre_activation inno_policy lnagdp indust_stru finance
```

---

① 白俊红，张艺璇，卞元超. 创新驱动政策是否提升城市创业活跃度——来自国家创新型城市试点政策的经验证据 ［J］. 中国工业经济，2022 (6).

```
ainternet market
```

```
    Variable |        Obs        Mean    Std. dev.        Min         Max
-------------+---------------------------------------------------------------
entre_acti~n |      4,200    .7937529    .8673811     .023164    14.65455
  inno_policy |      4,200    .1119048    .3152868           0           1
       lnagdp |      4,200    9.531899    .7015695     7.66071     12.4062
  indust_stru |      4,200    2.244992    .1467822      1.8206      2.7969
      finance |      4,200    .8324237    .5094494     .075319     7.45017
-------------+---------------------------------------------------------------
    ainternet |      4,200    14.38817     16.3326     .078434     198.657
       market |      4,200    7.501447    3.450758     .516427     24.6997
```

（二）基准回归

global xlist "lnagdp indust_stru finance ainternet market" //生成一个全局宏变量

xtreg entre_activation inno_policy $xlist i.year,fe r

```
Fixed-effects (within) regression              Number of obs     =      4,200
Group variable: city                           Number of groups  =        280

R-squared:                                     Obs per group:
     Within  = 0.5502                                         min =         15
     Between = 0.6964                                         avg =       15.0
     Overall = 0.5519                                         max =         15

                                               F(20,279)         =     117.09
corr(u_i, Xb) = 0.3700                          Prob > F          =     0.0000

                                (Std. err. adjusted for 280 clusters in city)
-------------------------------------------------------------------------------
              |               Robust
 entre_acti~n | Coefficient  std. err.      t    P>|t|     [95% conf. interval]
--------------+----------------------------------------------------------------
  inno_policy |   .2997227   .0386663     7.75   0.000     .2236079    .3758374
       lnagdp |   .2600374   .1429803     1.82   0.070    -.0214197    .5414946
  indust_stru |  -.5706104   .1861521    -3.07   0.002    -.9370515   -.2041693
      finance |   .1088006   .0392561     2.77   0.006     .0315249    .1860763
    ainternet |    .009724   .0033391     2.91   0.004      .003151     .016297
       market |  -.0183278   .0091435    -2.00   0.046    -.0363267   -.0003288
              |
         year |
         2005 |  -.0112865   .0377084    -0.30   0.765    -.0855156    .0629425
         2006 |  -.0334902   .0271727    -1.23   0.219    -.0869798    .0199993
         2007 |   .0469425   .0327825     1.43   0.153      -.01759     .111475
         2008 |   .0373853   .0466241     0.80   0.423    -.0543944     .129165
         2009 |    .065803   .0506926     1.30   0.195    -.0339855    .1655915
         2010 |   .0054258   .0593038     0.09   0.927    -.1113139    .1221655
         2011 |  -.0166665   .0769241    -0.22   0.829    -.1680918    .1347588
         2012 |   -.025466    .081441    -0.31   0.755    -.1857828    .1348508
         2013 |   .0766878   .0969343     0.79   0.430    -.1141276    .2675032
         2014 |    .147498   .0963073     1.53   0.127    -.0420831    .3370791
         2015 |   .2956399   .0924302     3.20   0.002     .1136907    .4775891
         2016 |   .4101386   .0916581     4.47   0.000     .2297094    .5905678
         2017 |    .645151   .0950954     6.78   0.000     .4579555    .8323465
         2018 |   .6708478   .0883452     7.59   0.000       .49694    .8447555
              |
        _cons |  -.6847232   1.283341    -0.53   0.594    -3.210984    1.841538
--------------+----------------------------------------------------------------
      sigma_u |  .50951539
      sigma_e |  .35011625
          rho |  .67926359   (fraction of variance due to u_i)
-------------------------------------------------------------------------------
```

基准回归结果表明，处理效应（inno_policy）的回归系数在1%的水平下显著为正，表明国家创新型试点政策显著提升了城市创新活跃度。

（三）平行趋势检验

平行趋势检验代码及结果（见图9-5）如下：

```
gen event = year - branch_reform if group ==1
replace event = -4 if event < = -4
tab event,gen(eventt)
forvalues i = 1/15{
replace eventt`i' = 0 if eventt`i' == .
}
drop eventt1
xtreg entre_activation eventt * $xlist i.year,r fe
outreg2 using 平行趋势检验.docx,append tstat bdec(4) tdec(4) rdec(4) ctitle(entre_activation) keep(eventt2 eventt3 eventt4 eventt5 eventt6 eventt7 eventt8 eventt9 eventt10 eventt11 eventt12 eventt13) addtext(city fe,yes,year fe,yes)
```

绘制图形：

```
coefplot,///
keep(eventt2 eventt3 eventt4 eventt5 eventt6 eventt7 eventt8 eventt9 eventt10 eventt11 eventt12 eventt13) ///
coeflabels(eventt2 = "-3" eventt3 = "-2" eventt4 = "-1" eventt5 = "0" eventt6 = "1" eventt7 = "2" eventt8 = "3" eventt9 = "4" eventt10 = "5" eventt11 = "6" eventt12 = "7" eventt13 = "8") vertical yline(0) ytitle("估计系数") xtitle("政策相对实施年份") addplot(line @ b @ at) ciopts(recast(rcap))
scheme(s1mono)
graph export "article3_3.png",as(png) replace width(800) height(600)
```

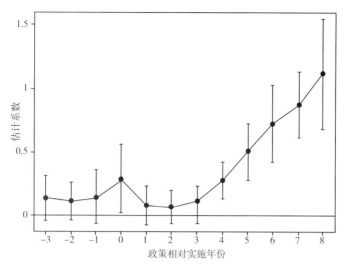

图 9 - 5　平行趋势检验

　　若点所代表的系数值的置信区间落在 0（即图中横线）之外，则代表该系数显著异于零，违反原假设（即政策系数为零），政策具有显著影响。观察图 9 - 5 可知，在政策实施前几年，系数的置信区间都包含零，表明通过平行趋势检验。

（四）安慰剂检验

安慰剂检验代码及结果（见图 9 - 6）如下：

```
set matsize 5000
mat b = J(500,1,0)
mat se = J(500,1,0)
mat p = J(500,1,0)
forvalues i =1/500{
use "数据 .dta",clear
xtset city year
keep if year ==2004          //从所有年份中随机选择一年数据保留
sample 71,count              //随机抽取 71 个样本
keep city                    //得到所抽取样本的城市 city 编号,这样就只有 71 个观测
值,且只有 city 一个变量
save "atchcity.dta",replace        //另存为新的数据
merge 1:m city using "数据 .dta"   //与原数据匹配
gen groupnew = (_merge ==3)        //生成伪处理组的虚拟变量
save "matchcity`i'.dta",replace
```

伪政策虚拟变量：

```
use "数据 .dta",clear
bsample 1,strata(city)
keep year
save "matchyear.dta",replace
mkmat year,matrix(sampleyear)
se "matchcity`i'.dta",replace
xtset city year
gen time = 0
foreach j of numlist 1/280 {
replace time = 1 if (city == `j' & year > = sampleyear[`j',1])
}
gen did = time * groupnew
global xlist "lnagdp indust_stru finance ainternet market"    //生成
一个全局宏变量
xtreg entre_activation did $xlist  i.year,fe robust    //进行 DID 实
证检验
mat b[`i',1] = _b[did]     //提取每次回归估计的系数,并赋值给系数矩阵 b
mat se[`i',1] = _se[did]     //提取每次回归估计的系数标准误,并赋值给标
准误矩阵 se
scalar df_r = e(N) - e(df_m) -1
mat p[`i',1] = 2 * ttail(df_r,abs(_b[did]/_se[did]))     //赋值 p 矩阵
}
svmat b,names(coef)     //将系统默认的系数矩阵 b 赋值给变量 coef,即生成新
的变量 coef,以便于后期制图
svmat se,names(se)     //将系统默认的标准误矩阵 se 赋值给变量 se
svmat p,names(pvalue)   //将 p 值矩阵赋值给变量 pvalue
drop if pvalue1 == .
label var pvalue1 p 值
label var coef1 估计系数
```

绘制图形：

```
twoway (scatter pvalue1 coef1,  xlabel( -0.2(0.05)0.4,grid) yline
(0.1,lp(shortdash)) xline(0.2997,lp(shortdash)) xtitle(估计系数)
ytitle(p 值) msymbol(smcircle_hollow) mcolor(grey) legend(off))
(kdensity coef1,title(安慰剂检验))
```

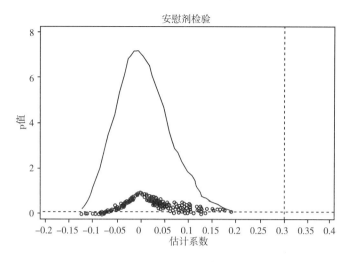

图 9 - 6　安慰剂检验

从图 9 - 6 可知，随机化后的 DID 项系数集中分布于 0 附近，绝大多数 p 值大于 0. 1，并且随机系数基本位于真实值 0. 2997 左侧，表明双重随机处理后，政策效果在显著性与作用强度方面均大幅削弱，间接证实了基准结论的稳健性，即国家创新型试点政策可以显著提升城市创新活跃度。

第三节　断点回归

一、认识断点回归

在众多准实验方法中，断点回归设计（Regression Discontinuity Design，RDD）被认为是最接近随机实验的检验方法。马歇尔（1890）曾说："自然不会跳跃。"[1] 很多时候跳跃是由于存在人为的干预，因此可以利用这种干预后的跳跃进行因果关系的识别，这也是断点回归的核心思想。学者所研究的某一变量（如处理变量，取 0 为非处理组，取 1 为处理组），其取值取决于样本数据中某一连续变量 x 是否超过某一特定的临界值 C。由于 x 在临界点两侧是连续的，因此个体针对 x 的取值落入临界点任意一侧具有一定的随机性，即不存在完全的人为操控使得个体落入某一侧，则在临界值附近构成了局部随机实验[2]。

下面介绍两个相对简单的断点回归设计的例子，以帮助读者们更好地理解断点回

---

[1]　原文为："Nature does not make jumps"。

[2]　并不需要个体在断点附近完全随机，不能存在任何的可操作性，只需要有一定的随机性即可，但是人为可操作性越低，识别效果就会越好。上述假设为：非完美可操作性假设。

归的核心思想。

示例 9 - 1：在一条河流随机设置一个水质监测点，以水质监测点 10 公里范围内的企业为样本。采用断点回归研究在水质检测点的设定对企业环境绩效的影响。因为在 10 公里范围内，可以假定企业的其他因素相似。

示例 9 - 2：在劳动经济学研究中，可以利用超一本线 5 分及以下和低于一本线 5 分及以下的样本。因为在较小分差范围内，可以假定学生的其他特征较为相似。

（一）断点回归的优势与不足

1. 优势

（1）断点回归设计（RDD）比其他方法更接近于随机实验。它能够从实验基准中还原因果效应（Recovering Experimental Benchmarks），具有更强的因果推断力，能够避免因果估计的内生性问题，反映变量之间更真实的因果关系，因而在进行因果推断和政策评估时，RDD 是最可信的准实验方法之一。

（2）断点回归设计（RDD）能够在较弱的假设下识别因果效应，且假设易于被检验；此外，还可以灵活地通过使用参数和非参数等不同估计方法、调整带宽等方式对局部平均处理效应进行估计、推断和稳健性检验，从而增强 RDD 估计结果的可信度。

2. 不足

（1）断点回归设计虽然能够在局部形成类似于随机试验的识别策略设计，但该框架仅能够估计得到局部平均处理效应（LATE），而在断点附近得到的估计结果在多大程度上能够推广到更多的样本中去还有待进一步讨论和分析，其外部一致性可能较差。此外，在设计断点的时候，应该在怎样的范围内选择和区分断点，需要研究人员在外部一致性和精确性之间进行权衡。

（2）在进行断点回归估计的时候，若使用参数方法进行估计，则面临函数形式的选择问题，可能需要采用 AIC 进行筛选，找出拟合效果最好的函数形式，而这也给了研究人员更多的操作结果的空间。若使用非参数方法进行估计，也会面临带宽的选择问题，同样给研究人员带来了一定操作结果的空间。

（二）断点回归的基本原理

假设变量 y_i 与 x_i 之间存在如下线性关系：

$$y_i = \alpha + \beta x_i + \epsilon_i \quad (i = 1, \cdots, n) \tag{9 - 5}$$

假定模型中的变量 x_i 不是连续的，且在 $x_i = c$ 处存在断点（cutoff）。在此基础上，可以引入处理变量 D_i，此时分组规则设定如下：

$$D_i = \begin{cases} 1, & x_i \geqslant c \\ 0, & x_i < c \end{cases}$$

基于此逻辑，可将此跳跃视为在 $x_i = c$ 处，D_i 对 y_i 的因果效应。因此，为了估计此跳跃，可将上述方程进一步改写为：

$$y_i = \alpha + \beta(x_i - c) + \delta D_i + \lambda(x_i - c)D_i + \epsilon_i \quad (i = 1, 2, \cdots, n) \quad (9-6)$$

式中，变量 $x_i - c$ 是为了将 x_i 进行标准化处理，使其断点为 0；引入 $\lambda(x_i - c)D_i$ 是为了允许断点两侧的拟合线斜率不同；对该方程进行 OLS 回归，所得的 $\hat{\delta}$ 就是其在 $x = c$ 处局部平均处理（LATE）的估计量。由于此方程存在一个断点，故称为断点回归（Regression Discontinuity，RD），或断点回归设计（Regression Discontinuity Design，RDD）。

$$LATE = \lim_{x \to c} E(y_1 \mid x) - \lim_{x \to c^-} E(y_0 \mid x) \quad (9-7)$$

总结来说，断点回归分析，即针对所研究的处理变量 D（取值为 0 代表非处理组，取值为 1 代表处理组），其取值取决于样本数据中某一连续变量 x 是否超过某一特定的值 C。由于处理变量 D 的取值仅与 x 相关，而连续变量 x 在断点 C 处又可以近似视为随机分布，因此，结果变量 y 在 C 的断点便可视为处理变量 D 对结果变量 y 的因果效应。图 9 – 7 为断点回归示意图。

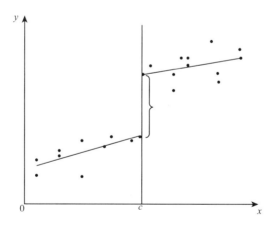

图 9 – 7 断点回归示意图

近年来，断点回归在劳动经济学、政治经济学以及区域经济学等领域的应用方兴未艾，越来越多的实证文献依赖断点回归设计进行政策效果评估。对断点回归设计感兴趣的读者可以参考梅丽莎·戴尔（Melissa Dell）的一系列研究①。

① 因为出色的因果识别研究设计，梅丽莎·戴尔获得了 2020 年的克拉克奖，同时也享有 RDD 女王的美誉。

二、精确断点回归，还是模糊断点回归

根据个体在临界点两侧接受干预概率的差异，可以将断点回归分为精确断点回归（Sharp Regression Discontinuity，SRD）和模糊断点回归（Fuzzy Regression Discontinuity，FRD）两类。前者是个体在临界点附近接受干预的概率从 0 到 1 的变化，后者是个体接受干预的概率有强度上的变化。精确断点回归的特征是，在断点 $x = c$ 处，个体得到处理的概率从 0 跳跃到 1。模糊断点回归的特征是，在断点 $x = c$ 处，个体得到处理的概率从 a 跳跃到 b，其中 $0 < a < b < 1$。例如，假设我们研究一款电子产品的销售数据，并怀疑在某个特定的时间点之后，产品的销售量发生显著变化。此时，我们可以使用清晰断点回归来确定这个时间点，并分析在断点之前和之后的销售趋势。另外，假设我们研究一家公司的销售数据，并怀疑在某个特定的销售阈值下，公司的利润率会出现显著变化。我们可以收集该公司在过去几年的销售额以及利润数据进行分析。然而，由于市场竞争、经济波动等因素的影响，确切的销售阈值并不明确，存在一定的模糊性。此时，应该应用模糊断点回归而非清晰断点回归来确定销售阈值，并分析阈值以下和阈值以上两个区域的利润率。

在开展研究前，需要根据特定的场景判断使用精确断点回归，还是模糊断点回归。一般来说，精确断点可以视为模糊断点的特殊情况。在现实研究设计中，精确断点回归的使用相对较少，主要还是以更具一般性的模糊断点回归为主。当然，这也并非绝对，需要根据具体的研究问题进行选择。

（一）精确断点回归

如果使用式（9-5）来估计精确断点回归，可能会存在两个问题：其一，如果回归包括高次项，比如二次项 $(x - c)^2$，则会导致遗漏变量偏差；其二，断点回归作为局部随机试验，在原则上只能使用断点附近的观测值，但式（9-5）却使用了整个样本的观测值。为解决这两个问题，可在式（9-5）的基础上引入高次项，并对 x 的取值范围进行限制：

$$y_i = \alpha + \beta_1(x_i - c) + \delta D_i + \lambda_1(x_i - c)D_i$$
$$\beta_2(x_i - c)^2 + \lambda_2(x_i - c)^2 D_i + \epsilon_i \quad (c - h < x < c + h) \qquad (9-8)$$

其中，$(c - h < x < c + h)$，h 为方程的宽带，我们可以通过最小均方误（MSE）来选择最优带宽。

精确断点回归的 Stata 命令如下：

```
ssc install rdrobust,replace
rdrobust y x,c(#) fuzzy(#) p(#) kernel(kernelfn) weights(weightsvar)
```

level(#) bwselect(bwmethod) all

　　其中，选择项"c(#)"表示断点，默认取值为0；选择项"fuzzy(varname)"表示设定模糊断点回归的处理变量；p(#) 表示阶数，默认为一阶拟合；选择项"kernel(kernelfn)"具体有三种形式：三角核（triangular），钟形核（epanechnikov），均匀核（uniform）；选择项"weights(weightsvar)"表示指定权重变量；选择项"bwselect(bwmethod)"表示指定带宽，默认根据 MSE 选择的最优带宽；选择项"level(#)"表示选择置信水平；选择项"all"表示汇报三种不同的结果，分别是传统 RD 估计结果、修正后 RD 估计结果但采用普通标准误，以及使用修正后的 RD 估计结果且采用稳健标准误。

　　此外，还可以使用 rdplot 命令对断点左右的情况进行绘图，具体命令格式如下：

　　rdplot y x,c(#) nbins(# #) binselect(binmethod) scale(# #) p(#) h(# #) kernel(kewnelfn) weights(weightsvar) covs(covars)

　　其中，选择项"nbins"表示确定用于断电点左侧区间（bins）数量，如果未明确，则使用 binseclect 中的方法；选择项"suppot"表示设置要用于构建区间（bins）的运行变量；选择项"covs(covars)"表示设置用于构建局部多项式的控制变量。

（二）模糊断点回归

　　所谓模糊断点回归，并不是回归中涉及的断点不清晰。事实上，模糊断点回归的断点并不模糊（断点很明确地在 $x=c$），只不过分组变量 x 跨过断点 c 的后果并非泾渭分明，只是得到处理的概率存在跳跃。在某种意义上，精确断点回归可视为模糊断点回归的特例。图 9-8 简单展示了模糊断点回归与清晰断点回归的差异。

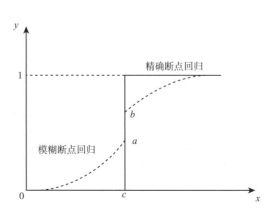

图 9-8　精确断点回归和模糊断点回归

这是因为虽然是模糊断点回归，但其断点仍然是确定的，只是对于断点左右两侧个体是否接受处理效应的结果存在概率上的不确定性。此时，分组规则可以写成：

$$P(D_i = 1 \mid x_i) = \begin{cases} g_1(x_i), & x_i \geq c \\ g_0(x_i), & x_i < c \end{cases}$$

其中，$g_1(c) \neq g_0(c)$，$i = 1, 2, \cdots, n$。该式表明，处理变量 D 在断点左右得到处理的概率不再等于 0 和 1，而是一个关于 x_i 的函数，又因为 $g_1(c) \neq g_0(c)$，所以在该断点处发生了概率上的跳跃，可以利用该跳跃的概率识别局部处理效应。

基于该理念，可以对精确断点回归的表达式进行推广，进而得到模糊断点回归的平均处理效应（LATE）（具体推导过程可参考相关文献①）。

$$LATE = E[(y_1 - y_0) \mid x = c] = \frac{\lim_{x \to c} E(y \mid x) - \lim_{x \to c^-} E(y \mid x)}{\lim_{x \to c} E(D \mid x) - \lim_{x \to c^-} E(D \mid x)} \quad (9-9)$$

其中，D 为处理变量，分母为得到处理的概率在断点 c 处的跳跃（$b-a$）。该表达式是式（9-7）的推广，在精确断点回归情况下，$b-a=1$。

模糊断点回归的 Stata 命令如下：

```
ssc install rd,repalce
rd y D x,mbw(numlist) z0(real) strineq graph kernel(rectangle)
bdep oxline covar(varlist) x(varlist)
```

其中，y 为结果变量；D 为处理变量（清晰断点回归可以省略，因为清晰断点回归默认的是断点处跳跃率从 0 到 1 变化；但模糊断点回归不能省略该变量，因为处理变量 D 跳跃不再是从 0 到 1 变化）；x 表示赋值或指派变量，用于指定区间和断点划分的分配指标。选择项"mbw(numlist)"用来指定最优带宽的倍数，默认值为 50、100、200，即根据最优带宽的 0.5 倍、1 倍、2 倍进行局部线性回归；选择项"z0(real)"用来指定断点位置，默认值为 0，即断点为原点；选择项"strineq"表示根据严格不等式来计算处理变量，大于断点，则 D 取值为 1，小于断点，则 D 取值为 0；选择项"graph"表示根据所选的每一带宽绘制出其局部线性回归图；选择项"kernel(rectangle)"表示使用矩形核（即均匀核），默认使用三角核；选择项"bdep"表示通过画图来考察断点回归估计结果对宽带的敏感性；选择项"oxline"表示在此图上将最优带宽通过直线进行显示，以便识别；选择项"covar(varlist)"用来指定加入局部线性回归的协变量；选择项"x(varlist)"表示检验这些协变量是否在断点处有跳跃（理论上应该只有结果变量是跳跃的，其余变量在断点的两侧应该连续，否则就意味着两侧的样本特征存在系统性差异，该断点回归不是好的识别设计）。

---

① 例如，陈强. 高级计量经济学及 Stata 应用：第二版 [M]. 北京：高等教育出版社，2014。

三、断点回归有效性检验

与 DID 模型一样，断点回归同样需要对其回归结果进行检验，以检验断点回归设计的有效性。本节主要介绍四种较为重要的检验：局部平滑检验、断点安慰剂检验、带宽选择敏感性检验和样本选择敏感性检验。

（一）局部平滑性检验

局部平滑性检验是 RDD 中的一种检验方法，用于评估指派变量在阈值附近是否存在局部平滑性，若较为平滑，表示在断点附近不存在干预或者人为干预较少。在 RDD 中，局部平滑性是指，在阈值附近，因果效应是否逐渐变化而不是突然跳跃。局部平滑性检验的基本思想是通过对阈值两侧的数据进行局部线性回归来估计因果效应，并检验估计的斜率是否接近于零。如果因果效应在阈值附近是连续的，那么局部线性回归的斜率应该接近于零；如果因果效应存在突变或跳跃，那么局部线性回归的斜率可能会显著偏离零。

平滑性检验或者是干预检验主要有三种方式。第一种较为简单，采用直方图画出指派变量在断点两端是否出现显著的频数变化；第二种方法也就是这里介绍的方法，由 McCrary（2006）提出，用于检验分配变量在临界值处是否连续，即样本在临界值处是否存在人为干预现象。Stata 软件中可以使用 DCdensity 命令进行检验。第三种方法相对于第二种方法，能够有效地克服由于断点处局部小样本的因素所导致的对于密度函数连续性检验的影响。通过构造 g 阶的统计量实现检验，能够在更弱的条件下渐近有效，在比其渐近有效性所需的条件更强的条件下显示出有效样本，在 Stata 软件中可以使用 rdcont 命令实现。

具体实施局部平滑性检验的步骤如下：

第一步，将样本数据根据阈值划分为两组（例如，大于阈值和小于阈值），并计算每个个体距离阈值的偏离程度（通常使用绝对值）。

第二步，对于每个个体，使用局部线性回归模型来拟合数据，并估计阈值两侧的斜率。局部线性回归模型通常采用带宽（bandwidth）或核函数来确定局部拟合的范围。

第三步，比较阈值两侧的斜率估计，检验其是否显著偏离零。常用的检验方法包括 t 检验、F 检验或 Bootstrap 方法。

如果检验结果显示阈值两侧的斜率估计显著偏离零，那么可以得出在阈值附近存在局部不平滑性的结论，即分配变量在断点附近可能存在严重的人为干预。反之，如果斜率估计不显著偏离零，那么可以认为在断点附近存在局部平滑性，即人为干预现象较少，RDD 能够较好地识别政策带来的处理效应。

（二）断点安慰剂检验

安慰剂检验是一种用于验证 RDD 有效性的方法。在 RDD 中，样本根据某个阈值（通常是连续变量）被分为两组，然后比较阈值两侧的结果。为了验证阈值的有效性，可以进行安慰剂检验。安慰剂检验的思想是，将阈值周围的一个安慰剂阈值作为虚拟的阈值，然后比较虚拟阈值两侧的结果。理论上，随机挑选的安慰剂阈值不应该估计出任何因果效应。因此，如果阈值选择是随机的，那么预期虚拟阈值两侧的结果应该没有显著差异。

具体实施安慰剂检验的步骤如下：

第一步，选择一个与研究问题无关的变量作为安慰剂变量。

第二步，重复回归不连续设计的步骤，但使用安慰剂变量作为虚拟的阈值。将样本根据虚拟阈值划分为两组。

第三步，比较安慰剂阈值两侧的结果，使用合适的统计检验方法（如 t 检验或 F 检验）检验结果是否存在显著差异。

如果安慰剂检验的结果显示虚拟阈值两侧的结果没有显著差异，那么可以得出阈值选择是随机且有效的结论。这意味着在真实阈值处观察到的差异可能是因果效应的结果。相反，如果安慰剂检验的结果显示虚拟阈值两侧的结果存在显著差异，那么可能存在阈值选择的偏倚或其他问题，需要重新评估研究设计。

（三）带宽选择敏感性检验

在 RDD 中，带宽选择敏感性检验是一种用于评估带宽选择对处理效应估计结果敏感性的方法。在 RDD 中，带宽是用来控制局部线性回归模型中的平滑程度的参数。带宽的选择可以对 RDD 分析的结果产生影响，因此，带宽选择敏感性检验用于验证研究结论是否依赖于带宽的选择。带宽选择敏感性检验的基本思想是，通过比较不同带宽下的估计结果来评估结果的稳定性。通常，会选择多个不同的带宽值，在每个带宽值下进行 RDD 分析，并比较结果之间的差异。

具体实施带宽选择敏感性检验的步骤如下：

第一步，根据研究问题和数据特点，选择一组不同的带宽值。这些带宽值应该覆盖可能的平滑程度范围，并且通常以某种间隔或步长进行选择。

第二步，对于每个带宽值，使用局部线性回归模型来拟合数据，并估计阈值两侧的斜率和因果效应。

第三步，比较不同带宽值下的估计结果，包括斜率估计、因果效应估计和相关统计检验的结果。常用的比较方法包括绘制带宽—估计结果图表、计算差异的标准差或标准误差、进行假设检验等。

通过带宽选择敏感性检验，可以评估不同带宽值下结果的变化情况，进而判断研究结论是否对带宽选择敏感。如果不同带宽值下的结果变化不大或一致，那么可以得出不太依赖于带宽选择的结论。相反，如果不同带宽值下的结果差异较大，那么需要进一步考虑带宽的选择并评估结论的可靠性。

（四）样本选择敏感性检验

样本选择敏感性检验是 RDD 中一种评估样本选择对结果的敏感性的方法。在 RDD 中，样本选择是指，根据某个阈值，将样本分为两组的过程。样本选择敏感性检验用于验证研究结论是否依赖于样本选择的方式。样本选择敏感性检验的基本思想是，通过比较不同样本选择方式下的结果来评估结果的稳定性。通常，会尝试不同的样本选择方法，并比较结果之间的差异。

具体实施样本选择敏感性检验的步骤如下：

第一步，定义不同的样本选择方法。可以使用不同的阈值或其他选择规则来划分样本。

第二步，对于每种样本选择方法，进行 RDD 分析，并估计阈值两侧的斜率和因果效应。

第三步，比较不同样本选择方法下的估计结果，包括斜率估计、因果效应估计和相关统计检验的结果。常用的比较方法包括绘制样本选择—估计结果图表、计算差异的标准差或标准误差、进行假设检验等。

通过样本选择敏感性检验，可以评估不同样本选择方法下结果的变化情况，进而判断研究结论是否对样本选择敏感。如果不同样本选择方法下的结果变化不大或一致，那么可以得出不太依赖于样本选择的结论。相反，如果不同样本选择方法下的结果差异较大，那么需要进一步考虑样本选择的方式并评估结论的可靠性。

四、Stata 命令及案例

下面以数据集 votex. dta 为例，演示断点回归的操作。该数据主要用于考察如果美国国会选区有一名民主党众议员，对该选区联邦支出的影响。一般来说，民主党倾向于大政府，如果该选区有一名民主党众议员，那么该议员可能会为该选区争取更多的联邦支出。这里，使用该民主党候选人的得票比例作为分组变量，以 0.5 作为断点（得票比例大于或等于 0.5，则当选，反之则落选），进行断点回归。该数据集主要变量的描述性统计结果包括结果变量 lne（选区联邦开支的对数），分组变量 d（民主党候选人得票比例减去 0.5，即 $d=0$），处理变量 win（民主党候选人当选），以及一系列协变量。

```
use votex.dta,clear
summarize lne d i votpop black blucllr farmer fedwrkr forborn manuf
unemplyd union urban veterans
```

Variable	Obs	Mean	Std. dev.	Min	Max
lne	349	21.32478	.4329206	19.65047	23.1144
d	349	.0502933	.1604194	-.2756163	.4696784
win	349	.6246418	.4849105	0	1
i	349	.8767908	.329149	0	1
votpop	349	.7194356	.0327845	.600723	.8613457
black	349	.1082158	.1479329	.0006693	.9206912
blucllr	349	.0779293	.0226602	.0278862	.1751115
farmer	349	.0123405	.0135161	.0007308	.0787436
fedwrkr	349	.0168571	.0141216	.004599	.126948
forborn	349	.0635305	.0708638	.0036785	.5222685
manuf	349	.0977429	.038653	.0200813	.2326727
unemplyd	349	.0304208	.0097442	.0121405	.0788614
union	349	.0000433	.0000158	.0000111	.0000756
urban	349	.7445143	.2238217	.2052794	1.000476
veterans	349	.127526	.0165685	.055215	.1666576

（一）OLS 回归

为了与断点回归的估计结果进行比较，我们先进行简单的 OLS 回归。

```
reglne win i votpop black blucllr farmer fedwrkr forborn manuf unemplyd
union urban veterans
```

Source	SS	df	MS		
Model	21.1835907	13	1.62950698	Number of obs =	349
Residual	44.0386648	335	.131458701	F(13, 335) =	12.40
				Prob > F =	0.0000
				R-squared =	0.3248
				Adj R-squared =	0.2986
Total	65.2222555	348	.187420274	Root MSE =	.36257

lne	Coefficient	Std. err.	t	P>|t|	[95% conf. interval]	
win	.0417002	.0447146	0.93	0.352	-.0462566	.129657
i	.0087295	.060656	0.14	0.886	-.1105852	.1280442
votpop	.7657785	.7660158	1.00	0.318	-.7410287	2.272586
black	.1237281	.2185986	0.57	0.572	-.3062708	.553727
blucllr	-4.639677	1.88317	-2.46	0.014	-8.344006	-.9353476
farmer	4.001597	2.088776	1.92	0.056	-.1071728	8.110368
fedwrkr	-4.617619	1.668737	-2.77	0.006	-7.900144	-1.335095
forborn	1.391259	.4649527	2.99	0.003	.4766639	2.305853
manuf	-1.681957	1.025185	-1.64	0.102	-3.698567	.3346539
unemplyd	2.372895	2.986064	0.79	0.427	-3.500903	8.246694
union	-5821.583	1809.906	-3.22	0.001	-9381.796	-2261.37
urban	-.9144764	.1568328	-5.83	0.000	-1.222978	-.6059753
veterans	1.941931	1.999632	0.97	0.332	-1.991486	5.875349
_cons	21.80585	.5792415	37.65	0.000	20.66644	22.94526

结果显示，虚拟变量 *win* 的系数是正的 0.0417，但在统计意义上并不显著。显然，这里仅使用 OLS 估计量是无法得到真实的处理效应的，需要采用更加合理的识别策略进行估计。

（二）精确断点回归

首先，使用最优宽带以及默认的三角核进行精确断点回归，并绘制图形。

```
rd lne d,z0(0) mbw(100)
```

```
Two variables specified; treatment is
assumed to jump from zero to one at Z=0.

 Assignment variable Z is d
 Treatment variable X_T unspecified
 Outcome variable y is lne

Command used for graph: lpoly; Kernel used: triangle (default)
Bandwidth: .29287776; loc Wald Estimate: -.07739553
Estimating for bandwidth .2928777592534901
```

lne	Coefficient	Std. err.	z	P>|z|	[95% conf. interval]	
lwald	-.0773955	.1056062	-0.73	0.464	-.28438	.1295889

其次，加入协变量，重复上述操作。

```
rd lne d,z0(0) mbw(100) cov(i votpop black blucllr farmer fedwrkr
forborn manuf unemplyd union urban veterans) graph
```

```
Two variables specified; treatment is
assumed to jump from zero to one at Z=0.

 Assignment variable Z is d
 Treatment variable X_T unspecified
 Outcome variable y is lne

Command used for graph: lpoly; Kernel used: triangle (default)
Bandwidth: .29287776; loc Wald Estimate: -.07739553
Estimating for bandwidth .2928777592534901
```

lne	Coefficient	Std. err.	z	P>|z|	[95% conf. interval]	
lwald	.0543733	.0921634	0.59	0.555	-.1262636	.2350102

从结果可知，不加入协变量时，lwald 值为负；加入协变量后，lward 值变为正。但无论如何，该值始终不显著，表明拥有民主党众议员的选举并不一定能带来更多的联邦政府支出。图 9-9 显示，条件期望函数在断点 d 处只存在略微向下跳跃趋势。

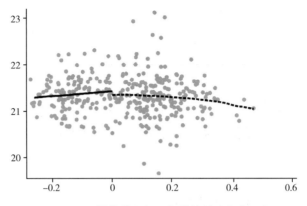

图 9 - 9　使用最优带宽与三角核的精确断点回归图

（三）前提检验

在进行断点回归之前，还需要对其进行检验，以检验是否满足前提条件。这里展示两种检验的过程：协变量连续性检验和 McCrary 检验。

协变量连续性检验，也称为伪结果检验（pseudo outcome）。以协变量作为伪结果，利用与前面相同的方法，检验相应的 RDD 估计量是否显著。如果显著，说明这些协变量不符合连续性假设，RDD 估计量可能存在问题。

```
rd lne d,z0(0) mbw(100) x(i votpop black blucllr farmer fedwrkr
forborn manuf unemplyd union urban veterans)
```

```
Two variables specified; treatment is
assumed to jump from zero to one at Z=0.

Assignment variable Z is d
Treatment variable X_T unspecified
Outcome variable y is lne

Estimating for bandwidth .2928777592534901

      lne | Coefficient  Std. err.      z    P>|z|     [95% conf. interval]
----------+-----------------------------------------------------------------
        i | -.0044941    .1208008    -0.04   0.970    -.2412592     .2322711
   votpop | -.0082128    .0062347    -1.32   0.188    -.0204326     .0040071
    black | -.0036113    .020048     -0.18   0.857    -.0429046     .0356821
  blucllr |  .0026193    .0057316     0.46   0.648    -.0086144     .013853
   farmer | -.0078737    .0037566    -2.10   0.036    -.0152366    -.0005109
  fedwrkr |  .0001617    .0037584     0.04   0.966    -.0072046     .0075281
  forborn | -.015235     .0120682    -1.26   0.207    -.0388882     .0084183
    manuf |  .0147223    .0100352     1.47   0.142    -.0049463     .0343908
 unemplyd | -.0007393    .0019069    -0.39   0.698    -.0044769     .0029982
    union | -2.25e-06    3.66e-06    -0.61   0.540    -9.43e-06     4.94e-06
    urban |  .0370978    .0559882     0.66   0.508    -.072637      .1468326
 veterans |  .0015796    .0036205     0.44   0.663    -.0055164     .0086756
    lwald | -.0773955    .1056062    -0.73   0.464    -.28438       .1295889
```

结果表明，除了变量 *farmer*（农民占人口比例）外，所有协变量的条件密度函数在断点处都是连续的。另外，我们可以在上述命令后加选择项"graph"，此时可以通过观察图形，直观地看到各协变量在断点处是否连续。

此外，我们还需要考察分组变量是否存在内生分组，即样本个体事先知道分组原则等信息，然后通过自身选择来选择是否进入处理组，这样的内生分组将导致断点回归失效。即进行断点回归之后，我们还需要对其设定进行检验。具体来说，我们需要检验指派变量（assignment variable）是否被操纵。最直接的方法是绘制配置变量的直方图，观察频数在不同 bin 中的变化。由于 bin 的宽度要尽量小，因此绘制密度函数曲线进行检验是更好的方法。McCrary（2008）为判断密度函数是否存在断点提供了正规的检验[1]。McCrary 检验可以通过 Stata 命令"DCdensity"来实现。"DCdensity"为 Stata 命令外部命令，需要下载后使用[2]。

命令 DCdensity 的基本语法如下：

DCdensity assign_var,breakpoint (#) generate (Xj Yj r0 fhat se_fhat) graphname(filename)

其中，assign_var 为分组变量，必选项"breakpoint (#)"用来指定断点位置，必选项"generate (Xj Yj r0 fhat se_fhat)"用来指定输出变量名，选择项"graphname(filename)"用来指定密度函数图的文件名。

DCdensity d,breakpoint(0) generate (Xj Yj r0 fhat se_fhat) graphname (rd.eps)

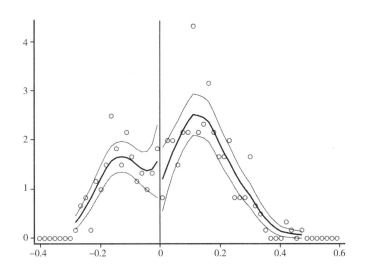

可以看出，断点两侧密度函数估计值的置信区间有很大部分重叠，故断点两侧的密度函数不存在显著差异。该检验结果表明不存在内生分组，可以继续进行断点回归分析。

① McCrary J. Manipulation of the Running Variable in the Regression Discontinuity Design：A Density Test［J］. Journal of Econometrics，2008，142（2）.

② 该第三方命令的下载地址为：https：// eml. berkeley. edu/ ~ jmccrary/DCdensity/。

（四）稳健性检验

此处介绍三种稳健性检验，分别是宽带选择敏感性检验、改变断点位置和添加其他协变量，结果分别如图 9 - 10、图 9 - 11 所示。

rd lne d,z0(0) mbw(50 100 200) graph bdep oxline　　//宽带选择敏感性检验

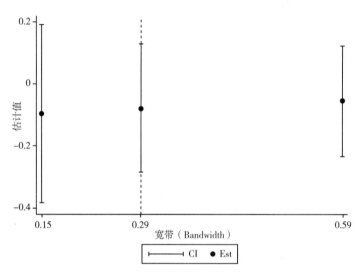

图 9 - 10　断点回归估计值对宽带的敏感性

rd lne d,z0(0.2) mbw(100) graph　　//改变断点位置

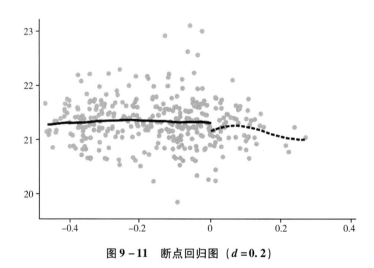

图 9 - 11　断点回归图（$d = 0.2$）

rd lne d,z0(0) mbw(100) cov(i votpop black blucllr farmer fedwrkr forborn manuf unemplyd union urban veterans)　　//添加其他协变量

```
Two variables specified; treatment is
assumed to jump from zero to one at Z=0.

 Assignment variable Z is d
 Treatment variable X_T unspecified
 Outcome variable y is lne

Estimating for bandwidth .2928777592534901
```

lne	Coefficient	Std. err.	z	P>|z|	[95% conf. interval]	
lwald	.0543733	.0921634	0.59	0.555	-.1262636	.2350102

具体来看，图 9 – 10 的结果表明估计值对于带宽的依赖性不大；改变断点位置（d 从 0 变为 0.2）后，图 9 – 11 的结果仍显示只在断点处有轻微的向下跳跃趋势，与原断点位置结果类似；添加其他协变量后，lward 的值仍不显著。上述三种稳健性检验的结果均表明，原估计结果具有一定的稳健性，结论较为可靠，即拥有民主党众议员的选区并不会为该选区带来更多的联邦政府支出。

（五）模糊断点回归

为了演示模糊断点回归，随机生成一个新的处理变量 $dwin$。变量 $dwin$ 不由分组变量 d 完全决定，但与原来的处理变量 win 高度相关（win 完全由 d 决定）。

set seed 00309 // 设立随机数种子（读者可随意设立）

gen ranwin = cond(uniform( ) < .1,1 – win,win)

使用最优宽带和默认的三角核进行模糊断点回归。

rd lne dwin d,mbw(100) graph

```
Three variables specified; jump in treatment
at Z=0 will be estimated. Local Wald Estimate
is the ratio of jump in outcome to jump in treatment.

 Assignment variable Z is d
 Treatment variable X_T is dwin
 Outcome variable y is lne

Command used for graph: lpoly; Kernel used: triangle (default)
Bandwidth: .29287776; loc Wald Estimate: -.10274412
Estimating for bandwidth .2928777592534901
```

lne	Coefficient	Std. err.	z	P>|z|	[95% conf. interval]	
numer	-.0773955	.1051192	-0.74	0.462	-.2834254	.1286343
denom	.7532843	.0852475	8.84	0.000	.5862023	.9203663
lwald	-.1027441	.1396627	-0.74	0.462	-.376478	.1709897

回归结果显示，LATE 的估计值（lward 值）为 – 0.103，且很不显著（p 值为 0.46）。对于其他检验，读者可自行按照前面的讲述进行操作，此处不再展开讨论。

思考与练习

1. 请根据本讲提供的数据和相应 Stata 代码，自行复现各节回归结果，并对估计结果的经济学含义加以解读，以加深对各节内容的理解和提高计量软件实操能力。

2. 参考本讲案例分析的步骤，选择一篇高质量的论文，并下载其数据和代码，对各回归表格进行复现，在此基础上解读回归结果的经济学含义。

3. 寻找一个感兴趣的经济学话题，设计可以识别的研究方案，然后下载合适的数据，尝试寻找关键变量之间的因果关系。

> 第 10 讲　面板空间计量 <

面板空间计量是当前面板数据分析中的一种前沿方法，该方法在传统计量方法的基础上，进一步对样本之间的空间相关性进行了约束。本讲首先阐述使用空间计量的原因，并介绍常见的四种面板空间计量模型。在此基础上，以"交通基础设施投资对区域经济增长的影响"作为具体案例，遵循"空间权重矩阵构建—空间自相关检验—模型回归与结果解读"的标准范式，详细阐述面板空间计量在 Stata 中的具体操作步骤。

第一节　为什么要用空间计量

一、从地理学第一定律讲起

空间计量最根本的理论依据在于地理学第一定律。地理学的第一定律通常指的是托里斯特定律（Tobler's First Law of Geography），也被称为近者优势定律（First Law of Geography）。该定律由地理学家沃尔夫冈·托里斯特（Wolfgang Tobler）于 1970 年提出，强调地理空间上的相关性。简而言之，它指出一切事物都与其他事物存在关联，但距离较近的事物之间关联性更强。

例如，想象一个村庄附近有几口水井。根据地理学第一定律，离村庄较近的水井更可能被村民使用，这是因为从距离近的水井获得水源更容易，村民使用的成本更低。而离村庄较远的水井可能很少或者没有人使用，因为距离的增加导致获取水源的成本也随之增加。这个例子展示了近者优势的原理。又例如，考虑一个产品供应链，其中包括原材料的采购、生产、分销和零售。根据地理学第一定律，靠近市场的生产和分销中心更有利于满足市场需求。由于距离近，物流成本更低，交付速度更快，而且更容易与市场进行沟通和互动，因此供应链的各个环节倾向于靠近市场，以便更好地满足消费者需求。此外，城市的发展也符合近者优势的原则。当一个城市逐渐形成时，人们会更倾向于在附近建立住宅区、商业中心和基础设施。这是因为离市中心较近的地区更具有便利性，交通更方便，更有吸引力。这种聚集效应会进一步吸引人们和企业来到城市，从而形成了城市的空间分布模式。

通过这些例子可以看到地理学第一定律的实际运用。无论是在水井选择、市场供应链还是城市发展中，我们都可以观察到近者优势的影响，即距离较近的事物之间的关联性和依赖性。这突出了地理位置对于各种现象和过程的重要性。

地理学的第一定律和空间计量之间存在一定的关系，因为它们都关注地理空间中的相关性和相互依赖关系。虽然它们从不同的学科角度进行研究，但在分析地理现象时可以相互补充和支持。地理学的第一定律（托里斯特定律）强调了地理空间上的相关性，即近者优势。它指出，地理位置的接近性会增加事物之间的联系和相互影响。这个定律对于解释地理现象的空间分布、区域间的交互作用以及人类活动的空间模式等非常重要。空间计量模型则是经济学中用于分析空间相关性和空间依赖性的统计模型。它结合了经济数据和地理空间信息，通过考虑地理距离、邻域效应和空间异质性等因素，定量地测量经济现象之间的空间关系。空间计量模型可以帮助识别和量化空间相关性的影响，从而更好地理解经济现象在地理空间上的分布和相互作用。因此，地理学的第一定律提供了关于地理空间相关性的基本原则，而空间计量模型则提供了一种工具和方法来量化和分析这种相关性。它们在研究地理现象和经济现象的空间特征时相互支持，并提供了更全面的认识。

二、常用的空间依赖性概念

（一）空间相关性

空间相关性（spatial correlation）是空间依赖问题中根本的性质，是指地理空间上不同地点在相同或者不同变量之间的关联程度，即某一地区的某一变量可能受到相邻地区的影响。它反映了地理位置对于各种现象和过程的影响。例如，一个地区的农田种植不同类型的作物，根据空间相关性的观点，相邻的农田往往会受到相似的气候条件的影响，如阳光照射、降雨量和温度可能在相邻的农田之间存在相似性，因为它们处于相似的地理环境中。这种空间相关性对于农作物的生长和农业管理具有重要意义，农民可以根据相邻农田的气候情况来预测和调整自己的种植策略。又如，一个城市不同街区的房价变化。根据空间相关性的原则，邻近街区的房价水平往往相似，这是因为地理位置的接近性会影响房地产市场的供需关系，如城市中心区域的房价通常较高，而离市中心较远的郊区的房价较低。这种空间相关性在房地产市场分析、投资决策和房价预测中具有重要作用。

在应用方面，空间相关性的研究对多个领域具有重要意义。在城市规划和区域发展中，了解城市和地区之间的空间相关性有助于优化资源配置、制定合理的规划政策。例如，通过分析城市之间的经济联系和人口流动模式，可以制定合适的交通规划和区域协调政策。在环境科学领域，空间依赖性可以用于研究自然资源的分布和生态系统的相互作用。通过分析地理空间上的相关性，可以了解资源的可持续利用和生态系统的保护策略。例如，研究人员可以通过分析土壤类型、地形特征和降雨模式之间的空间相关性来评估农业可行性和水资源管理。此外，空间相关性的研究还在流行病学、社会学、交通规划和犯罪学等领域得到应用。在流行病学领域，分析疾病传播的空间相关性可以帮助制定防疫措施和疾病监测系统。在社会学领域，研究人员可以分析社会网络和空间交互模式之间的相关性，以理解社会行为和社会结构的形成。

（二）空间溢出性

空间溢出性（spatial spillover）是指，在地理空间上发生的一个事件或某一变量变化的影响扩散到相邻地区或更远地区的过程。它强调了地理空间上的互动效应。例如，某地发生了一场大规模的森林火灾，当火势蔓延时，可能跨越山脉、河流或道路，扩散到附近的地区。这种空间溢出效应是负面的，因为火灾的蔓延可能导致附近的城镇、农田或野生动物栖息地遭受破坏。这种空间溢出效应揭示了自然灾害的影响不仅限于发生地点，还会影响到周边地区，可能需要紧急救援和恢复措施来应对火灾波及其带来的负面影响。再假设某个城市设有一个大型工业园区，这个工业园区吸引了许多制造业企业和供应商入驻，形成了一个经济繁荣的区域。该工业园区的成功吸引了更多的投资和企业进驻，并带动了周边地区的经济发展。周边地区可能会出现新的商业区、住宅区和服务设施，居民和企业也能享受到由工业园区带来的经济机会和就业机会。

空间溢出性通常涉及某种资源、现象或政策的扩散和传播，其影响在空间上蔓延。这种溢出效应可能是正面的，也可能是负面的。例如，经济发展和繁荣可以通过正面的空间溢出效应影响相邻地区，促进邻近地区的经济增长。而环境污染或自然灾害可能会产生负面的空间溢出效应，将不利影响传播到周围地区。再回到前面的例子，森林火灾就是一种典型的负向空间溢出效应，而兴建工业园区则是一种典型的正向空间溢出效应。

借助空间溢出性的分析，可以帮助解决现实生活中的很多问题。例如，在城市规划和区域发展中，空间溢出性的理解对于合理规划和资源配置至关重要。通过研究城市内部和城市之间的空间溢出效应，可以制定可持续发展的城市和区域规划政策。在经济学和产业研究领域，空间溢出性可以帮助解释企业间的竞争关系、供应链效应以及经济活动的空间扩散。在自然资源管理和环境保护领域，空间溢出性的概念有助于理解资源利用和环境影响的传播效应。污染物的溢出效应可能导致水体污染、大气污染和土地退化，进而影响周边地区的生态系统和人类健康。面对这种负面的空间溢出效应，需要采取跨界合作和政策措施来管理和减少环境影响。在教育领域，一所优秀学校的影响可能会通过空间溢出效应，对周边地区的其他学校产生积极影响，提高整个社区的教育水平。这种正面的溢出效应有助于推动教育公平和社会发展。

（三）空间异质性

空间异质性（spatial heterogeneity）是指，地理空间中存在不同地点之间的差异和多样性。它表明，在地理空间上，不同地点的特征、属性或行为可能会有显著的变化和不均衡。地理空间上的异质性可以涉及多个方面，包括自然环境、社会经济条件、文化特征等。例如，不同地区的气候、地形和土壤类型可能导致不同的生态系统分布和生物多样性。在社会经济层面，不同地区的人口分布、经济活动和产业结构也可能存在显著的差异。文化特征，如语言、宗教、民俗习惯等，也会在地理空间上呈现异质性。

空间异质性在许多领域都有重要应用。在市场研究和商业决策中，空间异质性的理解对于识别市场需求、制定定位策略和优化销售渠道至关重要。不同地区的消费者行为、购买力、文化偏好等方面的异质性可以影响产品定价、市场推广和产品定位策略。通过考虑地理空间上的异质性，企业可以更好地满足不同地区的消费者需求，提高市场竞争力。在城市规划、区域发展和政策制定方面，考虑空间异质性对于制定针对特定地区的政策和规划决策至关重要。在规划过程中，应将不同地区的社会经济条件、资源分布、文化特征等方面的异质性纳入考量。例如，不同地区的就业需求、交通需求、住房需求可能存在差异，需要制定适应性强的规划和政策策略。在环境科学和自然资源管理方面，空间异质性的概念对于保护生态系统和可持续利用自然资源至关重要。需要充分考虑不同地区的生态系统类型、物种多样性、土壤质量等方面的异质性。这有助于制定针对不同地区的环境保护策略、自然资源管理方案和生态修复措施。在社会科学领域，考虑空间异质性对于理解社会问题、社会差异和社会互动具有重要意义。不同地区的人口特征、社会经济状况、文化传统等方面的异质性影响着社会现象和社会结构的形成。通过研究地理空间上的异质性，可以深入了解不同地区之间的社会差异和相互作用，为社会政策制定提供参考。

总的来说，空间相关性、空间溢出性和空间异质性是描述地理空间上关系、影响和差异的概念。空间相关性强调关联程度，空间溢出性强调影响扩散，而空间异质性强调地点之间的差异和多样性。这些概念在地理学、经济学、环境科学等多个领域的应用广泛，并有助于更好地理解和解释地理现象的特征和影响机制。对于空间异质性的定量考察，我们往往不需要借助于空间计量方法，常见的做法是将样本按不同空间划分原则进行分组，遵循分组回归的思路来分析各变量的统计学意义，进而探究其空间异质性。传统的计量方法无法解决对空间相关性和空间溢出性问题的定量考察，这时就需要用到空间计量方法，具体的考察过程在后面会一一阐述。

第二节　空间计量模型设定

一、面板空间自回归模型

空间计量模型（Spatial Econometrics Model）是一种经济学的统计模型，用于分析空间相关性和空间依赖性对经济现象的影响。它结合了经济数据和地理空间信息，以考虑地理位置对经济变量之间关系的影响。这种模型广泛应用于城市经济学、区域经济学和环境经济学等领域，帮助研究人员理解经济现象在空间上的分布和相互作用。截面空间计量模型和面板空间计量模型是空间计量模型的两大分类，但是，在经济问题研究过程中，往往使用的是面板数据，因此面板空间计量模型的运用更为普遍。而在面板空间计量模型中，面板空间自回归模型（Panel Spatial Auto – Regressive Model，PSARM）、面板空间误差模型（Panel Spatial Error Model，PSEM）、面板空间自相关模型（Panel Spatial Auto – Correlation Model，PSACM）和面板空间杜宾模型（Panel Spatial Durbin Model，PSDM）最为常见。

面板空间自回归模型只包含被解释变量空间滞后项，模型具体形式如下：

$$Y_{it} = u_i + \gamma_t + \rho w_i' Y_t + X_{it}' \beta + v_{it} \tag{10 - 1}$$

其中，Y 为被解释变量，X 为解释变量，i 为地区，t 为时间，u_i 为个体效应，γ_t 为时间效应，ρ 为空间滞后项系数，w_i' 为空间权重矩阵，v_{it} 为误差项。面板空间自回归模型的经济学含义是：假设某一地区的被解释变量 Y 会通过空间相互作用对其他地区的被解释变量 Y 产生影响。

二、面板空间误差模型

面板空间误差模型只考虑误差项存在空间自相关，模型具体形式如下：

$$Y_{it} = u_i + \gamma_t + X_{it}' \beta + \varepsilon_{it}$$
$$\varepsilon_{it} = \lambda m_i' \varepsilon_t + v_{it} \tag{10 - 2}$$

其中，Y 为被解释变量，X 为解释变量，i 为地区，t 为时间，u_i 为个体效应，γ_t 为时间效应，λ 为空间滞后项系数，m_i' 为空间权重矩阵，ε_{it} 和 v_{it} 为误差项。面板空间误差模型的经济学含义是：假定要素空间溢出产生的原因是随机冲击的结果，其空间效应主要通过误差项传导。

三、面板空间自相关模型

面板空间自相关模型同时考虑了被解释变量空间滞后项和误差项空间自相关，模型具体形式如下：

$$Y_{it} = u_i + \gamma_t + \rho w_i' Y_t + X_{it}' \beta + \varepsilon_{it}$$
$$\varepsilon_{it} = \lambda m_i' \varepsilon_t + v_{it} \qquad (10-3)$$

其中，Y 为被解释变量，X 为解释变量，i 为地区，t 为时间，u_i 为个体效应，γ_t 为时间效应，ρ 和 λ 为空间滞后项系数，w_i' 和 m_i' 为空间权重矩阵，ε_{it} 和 v_{it} 为误差项。面板空间自相关模型的经济学含义是，假定要素空间溢出产生的原因不仅受要素本身影响，还是随机冲击的结果，其空间效应通过被解释变量 Y 和误差项二者共同传导。

四、面板空间杜宾模型

面板空间杜宾模型是在面板空间自回归模型基础上同时考虑解释变量的空间滞后项，常用于考察解释变量是否存在显著的空间溢出效应，模型具体形式如下：

$$Y_{it} = u_i + \gamma_t + \rho w_i' Y_t + X_{it}' \beta + d_i' X_t \delta + v_{it} \qquad (10-4)$$

其中，Y 为被解释变量，X 为解释变量，i 为地区，t 为时间，u_i 为个体效应，γ_t 为时间效应，ρ 为空间滞后项系数，δ 为空间交互项系数，w_i' 和 d_i' 为空间权重矩阵，v_{it} 为误差项。面板空间杜宾模型的经济学含义是，某一地区的被解释变量 Y 不仅受到本地区解释变量 X 的影响，还会受到其他地区被解释变量 Y 及其解释变量 X 的影响。

综上所述，可以将面板空间计量模型写成如下一般化形式：

$$Y_{it} = u_i + \gamma_t + \rho w_i' Y_t + X_{it}' \beta + d_i' X_t \delta + \varepsilon_{it}$$
$$\varepsilon_{it} = \lambda m_i' \varepsilon_t + v_{it} \qquad (10-5)$$

（1）若 $\lambda = 0$，即 $\varepsilon_{it} = v_{it}$，则有：

当 $\rho \neq 0$，$\delta = 0$ 时：

$$Y_{it} = u_i + \gamma_t + \rho w_i' Y_t + X_{it}' \beta + v_{it} \qquad (10-6)$$

当 $\rho \neq 0$，$\delta \neq 0$ 时：

$$Y_{it} = u_i + \gamma_t + \rho w_i' Y_t + X_{it}' \beta + d_i' X_t \delta + v_{it} \qquad (10-7)$$

（2）若 $\lambda \neq 0$，即 $\varepsilon_{it} = \lambda m_i' \varepsilon_t + v_{it}$，则有：

当 $\rho = 0$，$\delta = 0$ 时：

$$Y_{it} = u_i + \gamma_t + X'_{it}\beta + \varepsilon_{it} \qquad (10-8)$$

当 $\rho \neq 0$, $\delta = 0$ 时：

$$Y_{it} = u_i + \gamma_t + \rho w'_t Y_t + X'_{it}\beta + \varepsilon_{it} \qquad (10-9)$$

其中，Y 为被解释变量，X 为解释变量，i 为地区，t 为时间，u_i 为个体效应，γ_t 为时间效应，ρ 和 λ 为空间滞后项系数，δ 为空间交互项系数，w'_i、d'_i 和 m'_i 为空间权重矩阵，ε_{it} 和 v_{it} 为误差项。

观察上述一般化的表达式可以发现，当 $\lambda = 0$，$\rho = 0$，$\delta = 0$ 时：

$$Y_{it} = u_i + \gamma_t + X'_{it}\beta + v_{it} \qquad (10-10)$$

该模型也就是平常经常使用的不考虑变量存在的空间相关性的面板数据回归模型。

第三节　空间权重矩阵

空间权重矩阵用于定义空间单元之间的关系，是空间计量分析中必不可少的要素。在实践中，最常见的空间单元关系定义方式是基于地理距离或经济距离，但这并非必然，事实上，只要能够有一个合理化的解释，根据研究的实际情况构造个性化的空间权重矩阵同样可行。对于空间权重矩阵的构造，关键在于地理信息的获取，一般采用的方式是借助 ArcGIS 中的 ArcMap 程序对 shapefile 文件进行处理，在此基础上利用 Stata 中的 shp2dta 命令将 shapefile 文件转换成 Stata 可读取的 dta 文件。以这种方式获得地理信息文件不仅可以用于构造空间权重矩阵，还可以用于空间制图。还有另一种获得地理信息的方式是手动或借助 Stata 中的 cngcode 命令，但这种方式获得的地理信息只有经纬度数据，无法用于构造相邻空间权重矩阵，也无法用于空间制图。这一节主要介绍借助 ArcMap 获取地理信息并利用 Stata 构造空间权重矩阵。

一、空间权重矩阵的含义及常见类型

在构造空间权重矩阵之前，需要确定如何定义空间单元之间的关系。在现有运用中，较多的定义方式是采用是否相邻、地理距离、经济距离和经济地理嵌套矩阵。以是否相邻为例，若相邻，则意味着两个地区之间联系要强于非相邻地区。空间权重的一般形式如下：

$$W = \begin{bmatrix} w_{11} & \cdots & w_{1n} \\ \vdots & & \vdots \\ w_{n1} & \cdots & w_{nn} \end{bmatrix} \qquad (10-11)$$

其中，n 表示有几个地区；正对角线上的 w_{11}，$\cdots$，w_{nn} 表示的是各地区与其自身的关系，通常设定为 0；矩阵中的其他元素则表示的是不同地区之间的关系。以相邻权重为例，w_{1n} 表示的是地区 1 与地区 n 之间是否相邻，若相邻，取 1；反之，取 0。具体而言，相邻关系可以有三种定义方式，分别是车相邻、象相邻和后相邻。车相邻是指两个区域有共同的边，象相邻是指两个区域有共同的顶点但无共同的边，后相邻则是指两个区域有共同的边或顶点。在实践中，究竟采用何种相邻定义方式取决于具体情况。例如，中国众多省级行政区之间有着共同的边界，此时就应采用车相邻。为便于理解相邻权重矩阵的构造方式，在此以车相邻方式定义一个包含五个区域的空间权重矩阵。五个区域的关系见图 10 – 1。

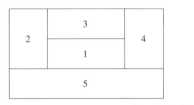

图 10 – 1　五个区域的空间关系

根据图 10 – 1，每个区域与其自身的关系均定义为 0，故矩阵对角线上的数值均为 0。矩阵第一行、第二行、第三行、第四行和第五行分别描述区域 1、区域 2、区域 3、区域 4 和区域 5 与其他区域之间的关系。以第一行为例，第一行第一列描述的是区域 1 与其自身的关系，第一行第二列描述的是区域 1 与区域 2 之间的关系，以此类推。在实践中，一般需要对权重矩阵进行行标准化，也就是将矩阵中的每个元素除以其所在行元素之和，使得每行元素之和为 1。以图 10 – 1 的权重矩阵为例，行标准化后的矩阵为：

$$
\begin{pmatrix}
0 & 1/4 & 1/4 & 1/4 & 1/4 \\
1/3 & 0 & 1/3 & 0 & 1/3 \\
1/3 & 1/3 & 0 & 1/3 & 0 \\
1/3 & 0 & 1/3 & 0 & 1/3 \\
1/3 & 1/3 & 0 & 1/3 & 0
\end{pmatrix}
$$

可以发现，在行标准化后，矩阵不再是一个对称矩阵。将标准化后的矩阵乘以包含区域 x_1、x_2、x_3、x_4 和 x_5 的列向量：

$$
\begin{pmatrix}
0 & 1/4 & 1/4 & 1/4 & 1/4 \\
1/3 & 0 & 1/3 & 0 & 1/3 \\
1/3 & 1/3 & 0 & 1/3 & 0 \\
1/3 & 0 & 1/3 & 0 & 1/3 \\
1/3 & 1/3 & 0 & 1/3 & 0
\end{pmatrix}
\begin{pmatrix}
x_1 \\ x_2 \\ x_3 \\ x_4 \\ x_5
\end{pmatrix}
=
\begin{pmatrix}
(x_2 + x_3 + x_4 + x_5)/4 \\
(x_1 + x_3 + x_5)/3 \\
(x_1 + x_2 + x_4)/3 \\
(x_1 + x_3 + x_5)/3 \\
(x_1 + x_2 + x_4)/3
\end{pmatrix}
\qquad (10 - 12)
$$

式（10 – 12）中，等号右边为对应区域邻居的平均值，在空间计量中，该式通常被称为空间滞后项。同时，根据该公式也可以发现，相邻权重矩阵也隐含了一个较强的假设，即某一区域不会受到与其非相邻区域的影响。但在现实中，很多地区之间并不是非此即彼的关系，即使是非相邻的地区，同样会相互影响。此时，可以采用地理距离来定义地区间的空间关系，距离近的地区相较于距离远的地区联系更为紧密，随着地理距离的不断增大，地区之间的联系不断减弱，呈现出距离衰减特征。为了体现这种衰减特征，构造权重矩阵时往往会对地理距离取倒数，形如：

$$W = \begin{pmatrix} 0 & 1/d_{12} & 1/d_{13} \\ 1/d_{21} & 0 & 1/d_{23} \\ 1/d_{31} & 1/d_{32} & 0 \end{pmatrix} \tag{10 – 13}$$

其中，d_{12} 表示区域 1 与区域 2 之间的地理距离，d_{13} 表示区域 1 与区域 3 之间的地理距离，以此类推。由于矩阵中的元素为地理距离的倒数，因此，通常也将其称为反地理距离空间权重矩阵。在反地理距离空间权重矩阵中，以地区之间的地理距离倒数定义地区间关系，在此基础上进一步推广，可以将地理距离拓展为其他距离。另一个较为常见的矩阵为反经济距离空间权重矩阵，通常基于人均 GDP 计算矩阵中的每一个元素，具体计算公式为：

$$w_{ij}^e = \begin{cases} \dfrac{1}{\mid PGDP_i - PGDP_j \mid} & i \neq j \\ 0 & i = j \end{cases} \tag{10 – 14}$$

其中，$PGDP_i$ 和 $PGDP_j$ 分别表示 i 地区和 j 地区的人均 GDP。在反地理距离和反经济距离权重矩阵的基础上，可以进一步构造经济地理嵌套矩阵。经济地理嵌套矩阵根据元素计算方式不同，可以分为相加型和相乘型两种。相加型的元素计算公式为：

$$w_{ij}^{ed} = \begin{cases} \alpha \times w_{ij}^e + (1 - \alpha) \times w_{ij}^d & i \neq j \\ 0 & i = j \end{cases} \tag{10 – 15}$$

其中，α 为反经济距离权重矩阵中元素的权重，$1 - \alpha$ 为反地理距离权重矩阵中元素的权重。相乘型的元素计算公式为：

$$w_{ij}^{ed} = \begin{cases} w_{ij}^e \times w_{ij}^d & i \neq j \\ 0 & i = j \end{cases} \tag{10 – 16}$$

上述空间权重矩阵在实践中较为常见，但并不意味着只有这些权重矩阵可以运用，研究者可以根据自身研究的需要构建个性化的权重矩阵。

二、空间权重矩阵的构建

构建空间权重矩阵需要借助依赖地理信息文件,这些地理信息通常来自对研究单元对象的 ESRI Shp 文件。依据层级的不同,通常用到的基于中国的 shp 文件包括省级、市级和县级等各个层面的数据,可在国家基础信息中心申请下载,或者从一些公开的网络资源获取。本节基于的案例为省级层面数据,故空间权重矩阵构造基于中国省级行政区 shp 文件进行演示。

一个完整的 shp 文件由后缀为 ".dbf" ".shp" "shx" "prj" "shx" 的五个文件组成。首先,需要在 Stata 中导入 shp 文件。shp 文件包含了各个省份的地理信息,需要进一步将这些地理信息与分析数据进行合并。此时,就需要运用 Stata 的命令 shp2dta[①]读取 shp 文件,获得能够为 Stata 所读取的 dta 格式文件。

cd C:\Users\Administrator\Desktop\空间计量操作指南编写\省级 shp\已编辑 //定位 shp 文件所在路径

shp2dta using 省级 shp, database(data_db) coordinates(data_xy) genid(weightid) gencentroids(stub) replace

其中,shp2dta 为将 shp 文件转换为 dta 文件的命令,coordinates(data_xy) 表示将 .shp 文件转换成名为 data_xy 的 dta 文件,database(data_db) 表示将 .dbf 文件转换成名为 data_db 的 dta 格式文件,genid(weightid) 中 weightid 采用的值将对应文件 coordinates.dta 中变量 *ID* 所采用的值。选择项 "gencentroids(stub)" 可以计算出地理区域的质心的坐标,存储在变量 *x_stub* 和 *y_stub* 中,并添加到文件 database.dta 中。

use data_db, clear //调入 data_db 文件

rename NAME province //将变量 NAME 改为 province,便于之后与分析数据合并

list province x_stub y_stub in 1/20 //展示三个变量前 20 行数据

save data_db, replace

---

① shp2dta 为外部命令,需要提前安装。可运行 ssc install shp2dta 进行安装。

	province	x_stub	y_stub
1.	浙江	120.0493	29.16976
2.	云南	101.4858	24.97522
3.	新疆	85.20936	41.11847
4.	四川	102.7097	30.61716
5.	陕西	108.8698	35.19131
6.	山西	112.2908	37.5742
7.	山东	118.1482	36.33932
8.	青海	95.99535	35.74498
9.	宁夏	106.1656	37.27418
10.	内蒙古	113.9484	44.0955
11.	辽宁	122.6105	41.29943
12.	江西	115.7213	27.61445
13.	吉林	126.1908	43.66631
14.	湖南	111.7088	27.60933
15.	湖北	112.2694	30.97523
16.	黑龙江	127.7642	47.86136
17.	河南	113.6129	33.8816
18.	海南	109.7437	19.19495
19.	贵州	106.8742	26.81506
20.	广西	108.7881	23.81945

获取 dta 格式的地理信息后，就可以开始构造空间权重矩阵。首先介绍如何构造相邻空间权重矩阵。

第一步，利用地理信息数据构造相邻权重矩阵并保存成 spmat 格式。

```
spmat contiguity WNEW using data_xy,id(weightid) rook replace
```

其中，contiguity 为生成邻接矩阵的选择项；WNEW 为新生成矩阵名称；data_xy 为 dta 格式的 shp 文件；id(weightid) 表示生成矩阵的行和列按照 *weightid* 变量设定的顺序排列；rook 表示设定为车相邻。

```
spmat save WNEW using WNEW.spmat,replace
```

第二步，将 spmat 文件转换成 dta 文件。

```
clear all
spmat use WNEW using WNEW.spmat,replace
spmat getmatrix WNEW W
getmata (x*) = W      //x*，即 x1 - xn,是按照原来 weightid 顺序排列的
save WAD,replace
```

通过上述代码即可获得名为 WAD 的空间权重矩阵。此处需要注意的是，海南不与所有省份接壤，使得矩阵有两行的元素全部为 0，这会使后续的空间分析无法开展，因此需要手动进行设定。按照通常的做法，将海南与广东设定为相邻，可通过以下代码实现：

```
use data_db,clear
list NAME weightid if NAME == "海南" | NAME == "广东"
```

```
use WAD,clear
replace x18  = 1 in 26
replace x26  = 1 in 18
```

此时，完成相邻空间权重矩阵的构造。但需要注意的是，为方便手动修改海南和广东的相邻关系，导入相邻空间权重矩阵并未对其进行标准化，后续在使用时需要再采用 spatwmat 对其进行标准化。

构造反地理距离空间权重矩阵：

```
clear all
use data_db,clear
spwmatrix gecon y_stub x_stub,wn(WD) wtype(inv) alpha(1) xport(Wd,
txt) replace
```

其中，y_stub 和 x_stub 分别表示纬度和经度，注意必须按照纬度在前、经度在后的顺序；wtype(inv) 用于选择需要构造的权重类型，inv 表示反地理距离矩阵；alpha(1) 中默认为1，若为2，则生成反地理距离平方矩阵；xport(Wd, txt)表示生成矩阵的同时导出成 .txt 文件。此外，若加上 row，则可生成行标准化后的矩阵。此处为与相邻权重保持一致，故未进行行标准化。

```
clear all
spmat import WD using "WD.txt",replace
spmat getmatrix WD W
getmata (x * ) = W
save WDIS,replace
```

构造反经济距离空间权重矩阵：

```
use 省级地理信息,clear
bysort weightid: egen MPERGHDP = mean(pergdp)
duplicates drop weightid,force
keep weightid MPERGHDP x_stub y_stub
sort weightid
spwmatrix gecon y_stub x_stub,wn(WE) wtype(invecon) cart econvar
(MPERGHDP) xport(WE,txt) replace
```

其中，wtype(invecon) 表示生成反经济距离空间权重矩阵；cart 表示使用笛卡尔坐标（投影的经纬度）；econvar(MPERGHDP) 是设定反经济距离权重矩阵必然要添加的选择项，括号中为经济变量，本案例数据中为人均 GDP 的年度均值，上述代码将基于两地区人均 GDP 差绝对值的倒数构造反经济距离空间权重矩阵。对于经济变量，可以根据研究的实际情况进行选择。

```
clear all
spmat import WE using "WE.txt",replace
spmat getmatrix WE W
getmata (x*)=W
save WECO,replace
```

通过上述代码，我们已经获得了相邻权重矩阵 WAD、反地理距离权重矩阵 WDIS 和反经济距离权重矩阵 WECO。接下来，基于反地理距离和经济距离权重矩阵构造经济地理嵌套空间权重矩阵。

构造相加型的经济地理嵌套空间权重矩阵：

①利用 spmatrix 命令导入前面生成的反经济距离矩阵以及反经济距离矩阵的 txt 格式文件：

```
spmatrix import WE using WE.txt,replace
spmatrix import WD using WD.txt,replace
```

②利用命令 spmatrix matafromsp 将矩阵导入 Mata 中：

```
spmatrix matafromsp W1 id = WE
spmatrix matafromsp W2 id = WD
```

③进入 Mata 环境进行矩阵运算：

```
mata
WED1 = 0.5:*W1:+ 0.5:*W2
end
```

④将 Mata 中计算好的矩阵导出到 Stata 中：

```
spmatrix spfrommata WED = WED1 id,normalize(none)
mata: mata drop WED1 WE WD   // 删掉 Mata 中暂存的矩阵
spmatrix drop   WE
spmatrix drop   WD                 // 删掉 spmatrix 中暂存的矩阵
spmatrix dir                       // 矩阵展示
spmatrix export WED1 using WED1.txt,replace
clear all
spmat import WED1 using "WED1.txt",replace
spmat getmatrix WED1 W
getmata (x*)=W
save WDE1.dta,replace
```

相乘型的经济地理嵌套空间权重矩阵则是将上述代码中的 WED1 = 0.5:*W1:+ 0.5:*W2 替换为 WED1 = W1:* W2 即可。

反经济距离、反地理距离以及经济地理嵌套矩阵的核心在于经纬度数据，上述经纬度数据是通过 ArcMap 处理获得，若没有接触过 ArcMap，则也可以采用其他方式获得经纬度数据。在空间单元个数比较少的情况下，可以通过手工收集的方式，如中国省级层面的数据可以采取这种方式（见图 10 - 2）。

id	省份	mpergdp	经度	纬度
1	安徽	38048.129	117.27	31.86
2	北京	108429.2	116.2	39.56
3	福建	71350.573	119.3	26.8
4	甘肃	24373.099	103.73	36.03
5	广东	66859.192	113.23	23.16
6	广西	32493.093	108.33	22.84
7	贵州	31711.79	106.71	26.57
8	海南	39204.58	110.35	20.02
9	河北	37412.117	114.48	38.03
10	河南	39194.915	113.65	34.76
11	黑龙江	34039.027	126.63	45.75
12	湖北	51297.298	114.31	30.52
13	湖南	42034.024	113	28.21
14	吉林	43448.054	125.35	43.88
15	江苏	88191.518	118.78	32.04
16	江西	36762.57	115.89	28.68
17	辽宁	48182.682	123.38	41.8
18	内蒙古	57654.556	111.65	40.82
19	宁夏	41756.153	106.27	38.47
20	青海	36169.282	101.74	36.56
21	山东	59830.009	117	36.65
22	山西	34739.417	112.57	37.73
23	陕西	48006.931	108.95	34.27
24	四川	37964.195	104.06	30.67

图 10 - 2　省级层面经纬度与经济数据展示

图 10 - 2 是一份通过手工收集获得的省级层面的经纬度数据，当我们仅构造反地理权重矩阵时，仅需要经度和纬度的信息即可。若要进一步构造反经济距离权重矩阵，则还需要人均 GDP 或其他能够反映经济的指标，如图中的 *mpergdp* 为事先通过计算获得的样本期内人均 GDP 的平均值，然后再合并到经纬度数据文件中。但对于空间单元个数比较多（如全国的地级市或县级市数据）情况，通过手动收集效率太低，可以考虑采用 Stata 中的 `cngcode` 命令批量获取空间单元的经纬度数据[①]。不过，通

---

① 具体步骤可以参考相关文献，例如：Xue Y, Li C. Extracting Chinese Geographic Data from Baidu Map API［J］. The Stata Journal，2020，20（4）；或者 https：// mp. weixin. qq. com/s/B4Ijm9TsFhgfv0lKwF2ZpA。

过手工收集的经纬度构造权重矩阵时，需要特别注意的一个问题是，经纬度数据中截面个体的 ID 顺序必须与分析数据保持一致，否则将会得到错误的估计结果。当空间权重矩阵转换成 dta 格式文件后，可以采用 spatwmat 检验是否存在错误：

```
spatwmat using 经济权重,name(w1) standardize
```

该命令的作用是将 dta 格式权重矩阵导入内存中，方便后续模型估计时调用。其中，经济权重为 dta 格式文件；w1 为导入内存后的名称；standardize 表示标准化，若权重矩阵已经标准化，也可以不加。若构建的权重矩阵正常，则如下所示：

```
The following matrix has been created:

1. Imported non-binary weights matrix w1 (row-standardized)
   Dimension: 29x29
```

其中，29×29 表示矩阵维度。若矩阵列和行不对应或矩阵元素中存在整行整列全为 0 的情况，运行后则会报错。此时，可以及时回过头去检查错误。

第四节　空间自相关检验

空间自相关检验是进行面板空间计量分析前所需要进行的一项检验，即考察我们关注的变量是否存在显著的空间自相关性。空间自相关检验包括全局空间自相关（global spatial autocorrelation）和局域空间自相关（local spatial autocorrelation）两类。其中，全局空间自相关检验是考察样本总体的空间自相关性，局域空间自相关则是考察样本中某一地区的空间自相关性。全局空间自相关和局域空间自相关检验最常用的做法是分别借助全局莫兰指数和莫兰散点图进行分析。

需要说明的是，空间自相关检验之于面板空间计量模型回归的作用相当于相关系数检验之于 OLS 回归的作用。也就是说，空间自相关检验只是对变量之间的空间自相关性进行初步的考察，没有任何的控制条件，如果空间自相关检验得出的结果表明变量之间不存在显著的空间自相关性，并不意味着我们就可以确定不采用空间计量方法。断定变量是否存在显著的空间自相关性及其表现为何种空间自相关性，仍需要借助面板空间计量模型回归结果中的空间滞后项系数 ρ 的数值及其显著性。

一、全局莫兰指数：全局空间自相关分析

莫兰指数（Moran's I）是一种常用的空间自相关性测度指标，用于衡量地理空间数据中的空间相关性程度。由澳大利亚统计学家帕特里克·阿尔弗雷德·皮尔斯·莫兰（Patrick Alfred Pierce Moran）于 1950 年提出。它可以帮助我们了解地理现象是否

呈现空间聚集或空间分散的模式。

（一）全局莫兰指数的定义

全局莫兰指数基于地理空间上的相邻关系和变量之间的相似性，计算变量值之间的空间相关性。例如，要检验某一变量 ρ 的全局莫兰指数，具体计算公式如下：

$$I = \frac{n \sum\limits_{i=1}^{n} \sum\limits_{j=1}^{n} w_{ij}(\rho_i - \bar{\rho})(\rho_j - \bar{\rho})}{\sum\limits_{i=1}^{n} \sum\limits_{j=1}^{n} w_{ij} \sum\limits_{i=1}^{n} (\rho_i - \bar{\rho})^2} \tag{10-17}$$

其中，ρ_i 为 i 区域变量 ρ 的值，$\bar{\rho}$ 是样本中所有地区变量 ρ 的均值，w_{ij} 为空间权重矩阵。全局莫兰指数的取值范围为 $-1 \sim 1$，具体来说：

①如果 $0 < I \leqslant 1$，即全局莫兰指数为正值，表示地理空间数据存在正的空间自相关性，数据在空间表现上为"高值与高值集聚"（H-H）和"低值与低值集聚"（L-L），即相似的值在地理空间上相互聚集。这表明附近地点的观测值倾向于相似或相近。例如，某个城市的经济活动繁荣，那么周边地区可能也会受到积极的影响，因此这些地区的经济发展水平可能较为相似。

②如果 $-1 \leqslant I < 0$，即全局莫兰指数为负值，表示地理空间数据存在负的空间自相关性，数据在空间表现上为"高值围绕低值"（L-H）和"低值围绕高值"（H-L），即相似的值在地理空间上相互分散。这表明附近地点的观测值倾向于不同或相异。我们同样可以用地区的经济发展来举例。某一地区的经济发展水平高，往往会吸引周边地区的人才前往该地区，拉动该地区就业人口的增长，但与此同时，周边地区的人才流失会非常严重，所以就业人口在该区域的空间分布就会呈现典型的高值点周围存在低值点，这也是在区域经济学中经常提到的"虹吸"效应。

③如果 $I = 0$，即全局莫兰指数为 0，表示地理空间数据不存在显著的空间自相关性，即观测值之间在地理空间上的分布是随机的。

运用 Stata 计算全局莫兰指数，需要用到的命令是 spatgsa。spatgsa 命令可以计算三种全局空间自相关统计量：Moran's I、Geary's c 和 Getis and Ord's G。对于变量清单中的每个变量，spatgsa 命令会计算并以表格形式显示统计量本身、在全局空间独立的零假设下的统计量期望值、统计量的标准差、z 值以及相应的单尾或双尾 p 值。命令形式是：

```
spatgsa varlist,weights(matrix) [ moran geary go twotail ]
```

在该命令中，"weights(matrix)"是必须定义的选择项。它指定在计算所请求的全局空间自相关统计量时要使用的空间权重矩阵的名称。该矩阵必须由 spatwmat 命令生成并定义。选择项"moran"，计算并显示 Moran's I 及其相关检验量。选择项

"geary"，计算并显示 Geary's c 及其相关检验量。选择项"go"，请求计算并显示 Getis and Ord's G 及其相关检验量。此选择项要求由选择项"weights(matrix)"指定的空间权重矩阵是一个非标准化对称二元权重矩阵。选择项"twotail"，计算并显示双尾 p 值，而不是默认的单尾 p 值。

要运行 spatgsa，至少需要指定以下选择项之一："moran"、"geary"和"go"。

（二）全局莫兰指数在 Stata 中的计算

接下来，通过具体案例来介绍如何运用 Stata 进行全局莫兰指数计算。以地区经济发展水平（ln*pergdp*）这一指标为例，考察其空间自相关性。在进行莫兰指数检验过程中，既可以将待检验的变量单独作为数据文件进行处理，也可以在全变量数据文件中进行处理。

首先，使用较为简单的、将待检验的变量单独作为数据文件的方式。这里的数据文件名称为"莫兰检验.dta"。数据文件中包含七个变量，id 是以数字定义的各省份序号，需要注意的是，这里的省份排序必须与空间权重矩阵的排序完全一致。省份则是各省的名称，y2015 – y2019 是 2015 ~ 2019 年变量 ln*pergdp* 的值。

①运用 spatwmat 命令定义所采用的空间权重矩阵。

spatwmat using 地理权重,name(w1) standardize

spatwmat using 经济权重,name(w2) standardize

```
. spatwmat using 地理权重, name(w1) standardize


The following matrix has been created:

1. Imported non-binary weights matrix w1 (row-standardized)
   Dimension: 29x29


. spatwmat using 经济权重, name(w2) standardize


The following matrix has been created:

1. Imported non-binary weights matrix w2 (row-standardized)
   Dimension: 29x29
```

这里定义了两种不同的空间权重矩阵，分别以 w1 和 w2 作为标识，两种权重矩阵的尺寸是 29×29，均进行了标准化处理。

②运用 spatgsa 命令进行全局莫兰指数测算。

use 莫兰检验,clear

spatgsa y2015 y2016 y2017 y2018 y2019,weights(w1) moran

```
Measures of global spatial autocorrelation

Weights matrix
─────────────────────────────────────────────────────────
Name: w1
Type: Imported (non-binary)
Row-standardized: Yes
─────────────────────────────────────────────────────────

Moran's I

    Variables      I      E(I)     sd(I)      z     p-value*
              ┌───────────────────────────────────────────
       y2015  │ 0.669   -0.036   0.172    4.109    0.000
       y2016  │ 0.671   -0.036   0.171    4.134    0.000
       y2017  │ 0.704   -0.036   0.170    4.342    0.000
       y2018  │ 0.706   -0.036   0.171    4.347    0.000
       y2019  │ 0.641   -0.036   0.169    3.994    0.000
─────────────────────────────────────────────────────────
*1-tail test
```

上表展示了运用地理权重矩阵进行全局莫兰指数测算的结果，所列表格中的"I"即需要得出的全局莫兰指数值，$E(I)$ 和 $sd(I)$ 分别为全局空间独立的零假设下的全局莫兰指数的期望值和标准差，z 和 $p-value$ 则是 z 值和 p 值。在所列的统计量中，需要重点关注的是全局莫兰指数值本身及其 p 值。从结果可以发现，2015~2019 年变量 lnpergdp 的全局莫兰指数均在1%的统计水平上显著为正，表明地区经济发展水平存在显著的空间正相关关系。

当然，还可以运用经济权重矩阵进行全局莫兰指数的计算：

```
spatgsa y2015 y2016 y2017 y2018 y2019,weights(w2) moran
```

```
Weights matrix
─────────────────────────────────────────────────────────
Name: w2
Type: Imported (non-binary)
Row-standardized: Yes
─────────────────────────────────────────────────────────

Moran's I

    Variables      I      E(I)     sd(I)      z     p-value*
              ┌───────────────────────────────────────────
       y2015  │ 0.101   -0.036   0.036    3.798    0.000
       y2016  │ 0.093   -0.036   0.036    3.589    0.000
       y2017  │ 0.096   -0.036   0.036    3.681    0.000
       y2018  │ 0.093   -0.036   0.036    3.611    0.000
       y2019  │ 0.074   -0.036   0.035    3.094    0.001
─────────────────────────────────────────────────────────
*1-tail test
```

从报告的结果可以发现，与地理权重矩阵计算结果类似，运用经济权重矩阵计算所得的变量 lnpergdp 的全局莫兰指数均在1%的统计水平上显著为正，从经济距离的角度看，地区经济发展水平同样存在显著的空间正相关关系。

接下来，介绍如何在全变量的面板数据文件中对某一变量的全局莫兰指数进行测算。这里用到的面板数据文件名称为"kjjl. dta"，具体代码如下：

```
use kjjl,clear
mat Moran = J(5,5,0)
local j = 1
forvalues i = 2015 / 2019 {
        preserve
        keep if year == `i'
        spatgsa lnpergdp,weights(w1) moran
        restore
        mat M = r(Moran)
        mat Moran[`j + +',1] = (M)
}
```

上述代码定义了名为 Moran 的矩阵表格，并且借助循环语句对 2015～2019 年变量 lnpergdp 的全局莫兰指数进行计算并保存相应结果。然后，可以使用如下命令将结果用表格的形式展示出来：

```
matrix rownames Moran = 2015 2016 2017 2018 2019    //定义行名
matrix colnames Moran = I E(I) sd(I) Z P - value    //定义列名
matlist Moran,format(% 4.3f) title("莫兰指数计算结果")
```

莫兰指数计算结果

	I	E(I)	sd(I)	Z	P-v~e
2015	0.669	-0.036	0.172	4.109	0.000
2016	0.671	-0.036	0.171	4.134	0.000
2017	0.704	-0.036	0.170	4.342	0.000
2018	0.706	-0.036	0.171	4.347	0.000
2019	0.641	-0.036	0.169	3.994	0.000

第一、二行命令分别定义了行名和列名，第三行命令则是将结果列出。可以发现，这一结果与前面计算出的结果完全一致。同样，我们也可以使用经济权重矩阵进行全局莫兰指数计算，只需要将上述命令中的 w1 改为 w2 即可，这里不再赘述。

二、莫兰散点图：局域空间自相关分析

除了全局莫兰指数外，还有一种局域莫兰指数，该指数可以用来反映某一地区某一变量的空间自相关性。局域莫兰指数的计算公式如下：

$$I_i = \frac{\rho_i - \bar{\rho}}{S^2} \cdot \sum_{j \neq i} w_{ij}(\rho_j - \bar{\rho}) \ , \ \text{其中} \ S^2 = \frac{\sum_i (\rho_i - \bar{\rho})^2}{n} \qquad (10-18)$$

其中，ρ_i 为 i 区域变量 ρ 的值，$\bar{\rho}$ 是样本中所有地区变量 ρ 的均值，w_{ij} 为空间权重矩阵，n 是区域个数。局域莫兰指数的取值范围与表达含义与全局莫兰指数一致。

（一）莫兰散点图的定义

局域莫兰指数只是让我们对局域空间自相关进行初步的了解，在现实的应用中，我们通常会借助莫兰散点图（Moran Scatter Plot）对局域空间自相关进行详细的分析。莫兰散点图是一种用于可视化空间自相关性的工具。在莫兰散点图中，每个点代表一个地理空间上的观测点，横轴表示每个点的观测值，纵轴表示该点的邻居点的加权平均观测值。莫兰散点图可直观地了解地理空间数据中的空间相关性，并对四个象限的分布进行解释。四个象限分别表示以下类型：

第一象限（High - High, HH）：位于第一象限的点表示高值与高值的组合。这意味着，在地理空间上，高值点周围也是高值点，即高值区域聚集。这是典型的正相关现象，表现为地理空间数据的空间正相关性。

第二象限（Low - High, LH）：位于第二象限的点表示低值与高值的组合。这意味着，在地理空间上，低值点周围存在高值点，即低值区域与高值区域相邻。这是典型的负相关现象，表现为地理空间数据的空间负相关性。

第三象限（Low - Low, LL）：位于第三象限的点表示低值与低值的组合。这意味着，在地理空间上，低值点周围也是低值点，即低值区域聚集。这同样是正相关现象，表现为地理空间数据的空间正相关性。

第四象限（High - Low, HL）：位于第四象限的点表示高值与低值的组合。这意味着，在地理空间上，高值点周围存在低值点，即高值区域与低值区域相邻。这同样是负相关现象，表现为地理空间数据的空间负相关性。

通过观察莫兰散点图中四个象限的分布，可以初步判断地理空间数据的空间自相关性类型。HH 和 LL 象限表示正相关性，而 LH 和 HL 象限表示负相关性。这种图形化展示有助于更好地理解地理现象在空间上的分布模式和相关性类型。

（二）在 Stata 中绘制莫兰散点图

莫兰散点图的绘制需要借助局域空间自相关计算命令 spatlsa。Spatlsa 命令可以计算四种局部空间自相关统计量：Moran's *I*、Geary's c、Getis and Ord's G1 和 Getis and Ord's G2。对于每个请求的统计量和每个地区对象，spatlsa 命令会计算并以表格形式显示统计量本身、在局部空间独立的零假设下的统计量期望值、统计量的标准差、z 值以及相应的单尾或双尾 p 值。此外，spatlsa 命令还可以显示莫兰散点图、莫兰散点图值的地图、G1 z 值的地图或 G2 z 值的地图。命令格式如下：

```
spatlsa varname,weights(matrix) [ moran geary go1 go2 id(varname)
twotail sort graph(moran |go1 |go1) symbol(id |n) map(filename) xcoord
(varname) ycoord(varname) savegraph(filename [,replace]) ]
```

接下来，还是以地区经济发展水平（ln*pergdp*）为例，介绍如何用此命令绘制莫兰散点图。与全局空间自相关计算类似，我们既可以将待检验的变量单独作为数据文件进行处理，也可以在全变量数据文件中进行处理。

首先，还是以较为简单的、将待检验的变量单独作为数据文件的方式。

```
use 莫兰检验,clear
spatlsa y2015,weights(w1) moran graph(moran) symbol(id) id(省份)
```

上述命令表示计算 2015 年变量 ln*pergdp* 的局域莫兰指数，采用的是地理距离矩阵（矩阵标识为 w1），绘制莫兰散点图，同时使用由省份指定的变量的值来标识位置。

在该命令运行完成后，Stata 会在结果窗口展示每一个地区的局域莫兰指数值及其相应的统计检验量。此外，还会在绘图窗口展示我们所需要的莫兰散点图。

接下来，同样可以在全变量的面板数据文件中对某一变量的局域莫兰指数进行测算并绘制莫兰散点图。具体代码如下：

```
use kjjl,clear
set scheme s2gcolor,permanently
preserve
keep if year ==2015
sort id
spatlsa lnpergdp,weights(w1) moran graph(moran) symbol(id) id(省份)
restore
```

上述命令得出的局域莫兰指数值和莫兰散点图与前面完全一致。

值得注意的是，spatlsa 命令绘制的莫兰散点图无法在 Stata 的绘图窗口进行编辑。此处介绍另外一种绘制莫兰散点图的命令 splagvar，该命令的形式如下：

```
splagvar [varlist1] [if] [in],[wname(weights_name) wfrom(Stata |
Mata) ind(varlist2) Other_options]
```

以较为简单的、将待检验的变量单独作为数据文件的方式为例，可以使用如下具体命令绘制 2015 年变量 ln*pergdp* 的莫兰散点图：

```
splagvar y2015,wname(w1) wfrom(Stata) moran(y2015) plot(y2015)
```

其中，wname(w1) 表示使用地理矩阵（矩阵标识为 w1），wform(Stata) 表示矩阵格式为 Stata 文件，moran(y2015) 表示计算该变量的全局莫兰指数，plot(y2015) 表示绘制该变量的莫兰散点图。

运用 splagvar 命令绘制得到的可编辑的莫兰散点图，其结果与 spatlsa 命令绘制的结果一致。

同样，可以运用 splagvar 命令在全变量的面板数据文件中绘制某一变量的莫兰散点图。具体代码如下：

```
use kjj1,clear
set scheme s2gcolor,permanently
preserve
keep if year == 2015
sort id
splagvar lnpergdp,wname(w1) wfrom(Stata) moran(lnpergdp)
plot(lnpergdp)
restore
```

但是，可以发现运用 splagvar 命令绘制得到的莫兰散点图并未显示各点的具体地区名称。因此，在实际运用中，我们需要将 splagvar 命令与 spatlsa 命令得到的散点图结合起来，进行综合分析。此外，在现有文献中，还可以借助 Lisa 图对样本的局域空间自相关性在地图上进行展示。Lisa 图的绘制需要借助 GeoDa 软件，感兴趣的读者可以自行查找相关资料进行学习。

第五节　模型回归与结果解读

第四节的分析验证了经济发展水平存在空间相关性的事实。此时，若仍利用传统的回归模型进行估计会得到有偏的结果，因此需要采用空间计量模型的设定。鉴于实践中大量采用面板数据开展研究，故本节主要介绍空间面板模型的估计。此外，本节中空间面板模型的估计主要基于 Stata 软件中的 xsmle 命令。该命令采用的估计方法为准极大似然估计（Quasi - maximum likelihood），这是当前空间计量运用中使用最为广泛的 Stata 命令。本节以检验交通基础设施投资对区域经济发展的影响为例，展示空间计量模型的估计过程。

一、模型的检验

在运用 xsmle 命令进行空间计量模型估计前，要先了解其语法结构。以空间杜宾模型为例，其语法结构为：

xsmle depvar [indepvars] [if] [in] [weight],wmatrix(name) model(sdm) [SDM_options]

其中，depvar 和 indepvars 分别表示被解释变量和解释变量；wmatrix(name) 表示采用何种权重矩阵；model(sdm) 表示采用 SDM 模型，其余的模型还有 SAR、SEM、SAC、GSPRE，若要运用其中的任一模型，只需要将 sdm 替换成相应的模型名称即可。除此之外，xsmle 命令还可以添加众多选择项，如加入选择项"fe"表示采用固定效应设定，加入选择项"re"则表示采用随机效应设定。关于选择项的具体含义，可以通过 Stata 的 help 文件加以了解。

对于空间面板模型，首先要做的是豪斯曼检验，以判断是加入固定效应，还是随机效应。为此，先导入数据和第三节获得的空间权重矩阵。

```
use kjjl,clear
xtset id year          //声明数据为面板数据,这一行命令是必须的
sum lnpergdp lnhighway   //两个变量的描述性统计
```

其中，被解释变量为 *lnpergdp*，表示人均 GDP 的自然对数；解释变量为 *lnhighway*，表示公路密度。为简化起见，本节演示中只包含一个解释变量。

出于演示方便，后续估计采用反地理距离空间权重矩阵。为此，需要先将权重矩阵的 dta 格式文件导入 Stata 内存中：

```
spatwmat using 地理权重,name(w1) standardize
```

分别估计带有固定效应和随机效应的 SDM 模型，利用估计后的结果进行豪斯曼检验：

```
qui xsmle lnpergdp lnhighway,fe model(sdm) wmat(w1) type(ind) nolog
est store fe
qui xsmle lnpergdp lnhighway,re model(sdm) wmat(w1) type(ind) nolog
est store re
hausman fe re
```

```
        ─── Coefficients ───
            (b)          (B)         (b-B)        sqrt(diag(V_b-V_B))
            fe           re          Difference   Std. err.
─────────────────────────────────────────────────────────────────────
lnhighway   .4254122     .0501596    .3752526     .143765
─────────────────────────────────────────────────────────────────────
                    b = Consistent under H0 and Ha; obtained from xsmle.
            B = Inconsistent under Ha, efficient under H0; obtained from xsmle.

Test of H0: Difference in coefficients not systematic

    chi2(1) = (b-B)'[(V_b-V_B)^(-1)](b-B)
            =     6.81
Prob > chi2 = 0.0090
```

其中，当指定了选择项"fe"时，将使用固定效应来拟合模型；而指定选择项"re"时，则将使用随机效应来拟合模型。wmat(w1) 表示使用名为 w1 的空间权重矩阵，type(ind) 表示采用个体固定效应。此外，type() 中还以加入 time 和 both 两项，分别表示采用时间固定效应和双固定效应（同时包含个体和时间固定效应）。nolog 表示不显示迭代过程。运行上述代码可以获得豪斯曼检验结果。

对该结果的解读与针对面板固定效应检验的结果解读方式一致，原假设是固定效应和随机效应的估计结果无系统性差异，备择假设是固定效应的估计更优。根据结果，p 值为 0.0090，故可以拒绝原假设，认为应采用固定效应的设定。

在已经确认固定效应的基础上，还可以利用 likelihood ratio(LR) 检验进一步判断应该采用个体固定、时间固定和双固定中的哪一种：

```
qui xsmle lnpergdp lnhighway,fe model(sdm) wmat(w1) type(ind) nolog
est store fe1
qui xsmle lnpergdp lnhighway,fe model(sdm) wmat(w1) type(time) nolog
est store fe2
qui xsmle lnpergdp lnhighway,fe model(sdm) wmat(w1) type(both) nolog
est store fe3
lrtest fe3 fe1,df(4)
lrtest fe3 fe2,df(4)
```

上述代码三个模型的差别体现在 type() 的设定上。另外，需要注意的是，选择项"lrtest"中自由度的选择可以通过试错的方式获得，如将 lrtest fe3 fe1，df(4) 替换为 lrtest fe3 fe1 并运行，会出现报错（见图 10 – 3）。

```
. lrtest fe3 fe1
df(unrestricted) = df(restricted) = 4
r(498);
```

图 10 – 3　LR 检验报错结果

根据图 10-3 展示的报错信息，就可以知道自由度为 4。LR 检验的运行结果如图 10-4 所示。

```
Likelihood-ratio test
Assumption: fe1 nested within fe3

 LR chi2(4) =  20.92
Prob > chi2 = 0.0003

. lrtest fe3 fe2, df(4)

Likelihood-ratio test
Assumption: fe2 nested within fe3

 LR chi2(4) = 456.17
Prob > chi2 = 0.0000
```

图 10-4　LR 检验结果（判断固定效应类型）

图 10-4 展示的两个 LR 检验的原假设可以理解为，相较双固定，个体固定更优和时间固定更优。而检验结果显示，p 值均非常小，能够达到显著水平，因而拒绝个体固定和时间固定更优的原假设，从而应该设定为双固定效应。为更为清晰地展现结果，将上述固定效应检验整理成表格（见表 10-1）。

表 10-1　　　　　　　　　　　固定效应检验结果

检验类型	统计值	p 值	结论
Hausman 检验	6.81	0.0090	拒绝
LR 检验（双固定与个体固定比较）	20.92	0.0003	拒绝
LR 检验（双固定与时间固定比较）	456.17	0.0000	拒绝

除了上述固定效应的检验外，还需要针对不同的空间面板模型（SDM、SAR、SEM 和 SAC）进行检验。根据 LeSage 和 Pace（2009）[①] 以及 Elhorst（2010）[②] 描述的策略，模型选择的检验应从 SDM 模型开始。具体而言，利用 LR 检验或 WALD 检验，在 SDM 模型、SAR 模型和 SEM 模型之间进行选择。对于 SAC 模型的适用性，则采用 Akaike's information criterion（AIC）和 Bayesian information criterion（BIC）信息准则进行检验。

利用 WALD 检验 SDM 模型能否退化为 SAR 模型和 SEM 模型：

```
qui xsmle lnpergdp lnhighway, fe model(sdm) wmat(w1) type(both)
nolog effects
```

①　LeSage J, Pace R K. Introduction to Spatial Econometrics［M］. Chapman and Hall/CRC, 2009.

②　Elhorst, J P. Applied Spatial Econometrics: Raising the Bar［J］. Spatial Economic Analysis, 2010（5）.

```
test [Wx]lnhighway = 0
testnl ([Wx]lnhighway = -[Spatial]rho * [Main]lnhighway)
```

```
. test [Wx]lnhighway=0

 ( 1)  [Wx]lnhighway = 0

              chi2(  1) =     24.51
            Prob > chi2 =    0.0000

. testnl ([Wx]lnhighway=-[Spatial]rho*[Main]lnhighway)

 (1)   [Wx]lnhighway = -[Spatial]rho*[Main]lnhighway

              chi2(1) =        27.63
            Prob > chi2 =      0.0000
```

上述代码中的 test[Wx]lnhighway = 0 用于检验 SDM 模型能否退化为 SAR 模型；testnl([Wx]lnhighway = -[Spatial]rho * [Main]lnhighway) 用于检验 SDM 模型能否退化为 SEM 模型。

结果显示，两个检验的 p 值均为 0.0000，故可以拒绝 SDM 模型能够退化为 SAR 模型和 SEM 模型的原假设。因此，应该选择 SDM 模型。此外，还可以采用 LR 检验 SDM 模型是否优于 SAR 模型和 SEM 模型：

```
qui xsmle lnpergdp lnhighway,fe model(sem) emat(w1) type(both)
nolog effects
    est store sem
qui xsmle lnpergdp lnhighway,fe model(sar) wmat(w1) type(both)
nolog effects
    est storesar
qui xsmle lnpergdp lnhighway,fe model(sdm) wmat(w1) type(both)
nolog effects
    est storesdm
    lrtest sdm sem,df(4)
    lrtest sdm sar,df(4)
```

```
Likelihood-ratio test
Assumption: sem nested within sdm

 LR chi2(4) =  26.02
Prob > chi2 = 0.0000

. lrtest sdm sar, df(4)

Likelihood-ratio test
Assumption: sar nested within sdm

 LR chi2(4) =  24.58
Prob > chi2 = 0.0001
```

上述代码中三个模型的差别在于 model() 的设定。

根据运行结果可知，p 值均小于 0.1，故可以拒绝采用 SEM 模型和 SAR 模型，支持 SDM 模型。因此，无论是 WALD 检验还是 LR 检验，均支持采用 SDM 模型。接下来，采用 AIC 和 BIC 准则，在 SDM 模型和 SAC 模型之间进行选择。

```
qui xsmle lnpergdp lnhighway,fe model(sdm) wmat(w1) type(both)
nolog
    est store sdm
    estat ic
```

```
Akaike's information criterion and Bayesian information criterion

     Model        N    ll(null)  ll(model)     df       AIC         BIC

       sdm       145         .   186.6368      4   -365.2736   -353.3666

Note: BIC uses N = number of observations. See [R] BIC note.
```

```
qui xsmle lnpergdp lnhighway,fe model(sac) emat(w1) wmat(w1) type
(both) nolog
    est store sac
    estat ic
```

```
Akaike's information criterion and Bayesian information criterion

     Model        N    ll(null)  ll(model)     df       AIC         BIC

       sac       145         .   192.5609      4   -377.1217   -365.2148

Note: BIC uses N = number of observations. See [R] BIC note.
```

对比上述两个结果展示的 SDM 和 SAC 两个模型 AIC 和 BIC 值可以发现，基于

SAC 模型得到的 AIC 和 BIC 值均小于基于 SDM 得到的值，故应选择 SAC 模型。将 SDM 模型、SAR 模型和 SEM 模型选择检验的结果整理成表格，见表 10 - 2。

表 10 - 2　　　　　　　　　　　**WALD 检验与 LR 检验结果**

检验类型	原假设	统计量值	p 值
WALD 检验	SAR 模型优于 SDM 模型	24.51	0.0000
	SEM 模型优于 SDM 模型	27.63	0.0000
LR 检验	SEM 模型优于 SDM 模型	26.02	0.0000
	SAR 模型优于 SDM 模型	24.58	0.0001

SDM 模型和 SAC 模型选择的检验结果整理成表格，见表 10 - 3。

表 10 - 3　　　　　　　　　**SDM 模型与 SAC 模型的信息准则结果**

模型	AIC	BIC
SDM	- 365.2736	- 353.3666
SAC	- 377.1217	- 365.2148

二、模型估计

经过一系列检验，最终应该采用考虑个体和时间双固定效应的 SAC 模型来检验公路密度与区域经济发展水平之间的关系。SAC 模型的估计代码如下：

```
xsmle lnpergdp lnhighway, fe model(sac) emat(w1) wmat(w1) type
(both) nolog
```

```
SAC with spatial and time fixed-effects          Number of obs    =     145

Group variable: id                               Number of groups =      29
Time variable: year                              Panel length     =       5

R-sq:    within  = 0.4836
         between = 0.2631
         overall = 0.2562

Mean of fixed-effects =  1.1641

Log-likelihood =    192.5609

    lnpergdp │ Coefficient  Std. err.      z    P>|z|     [95% conf. interval]
─────────────┼────────────────────────────────────────────────────────────────
Main         │
   lnhighway │  .2582604   .1281712     2.01   0.044     .0070496    .5094713
─────────────┼────────────────────────────────────────────────────────────────
Spatial      │
         rho │  .7358131   .0535359    13.74   0.000     .6308846    .8407416
      lambda │ -.6503474   .0769696    -8.45   0.000    -.801205   -.4994898
─────────────┼────────────────────────────────────────────────────────────────
Variance     │
    sigma2_e │  .0031249   .0003943     7.92   0.000     .0023521    .0038978
```

如上表所示，利用xsmle命令获得的SAC模型估计结果显示，核心解释变量lnhighway的估计系数约为0.258且其p值为0.044，rho为空间自回归系数，在论文中通常会用ρ表示，在估计结果中，ρ约为0.736，p值为0.000，因此在统计上显著，表明地区间的经济发展水平存在正向的空间相关关系。lambda为空间误差项中的系数，即在第二节空间误差模型设定中的λ。根据估计结果，λ的系数为负且统计上显著，表明误差项在地区间也存在空间相关关系，只不过是一种负的空间关系。

在非空间面板数据模型中，变量的估计系数可以解释为该变量对被解释变量的边际影响。然而，在空间面板模型中，估计得到的系数不能直接解释为边际影响，这主要是因为在空间面板模型中，解释变量对被解释变量的影响存在空间溢出效应。在我们的例子中，省份i的公路密度变动不仅对该省的经济发展水平，还会对其他省份的经济发展水平有溢出效应，又由于ρ的存在，这种溢出效应最终又会反过来影响省份i的经济发展水平，从而产生一种反馈效应。因此，刚刚看到的SAC模型的估计系数并不能直接解释变量公路密度对经济发展水平的边际效应。

为了解决这一问题，LeSage和Pace（2009）提出了直接效应（direct effects）、间接效应（indirect effects）和总效应（total effects）的概念。结合我们的例子，直接效应指的是某一省份公路密度对该省经济发展水平的影响，其中不止包括该省份公路密度对其自身经济发展水平的直接影响，还包括进一步引起的反馈效应。从数值关系上来看，直接效应等于前面估计得到公路密度的系数与反馈效应之和。间接效应则是通常所讲的空间溢出效应，衡量的是本省份公路密度对"邻近"省份经济发展水平的影响或"邻近"省份公路密度对本省份经济发展水平的影响。而总效应则是直接效应和间接效应之和，即某一省份的公路密度变动对所有省份经济发展水平的平均影响。

利用xsmle命令能够很容易地获得公路密度对经济发展水平直接效应、间接效应和总效应的分解结果。相关代码如下：

```
xsmle lnpergdp lnhighway,fe model(sac) emat(w1) wmat(w1) type
(both) nolog effects
```

与上一条SAC估计命令相比，该代码中仅增加了选择项"effects"。

```
SAC with spatial and time fixed-effects          Number of obs  =       145

Group variable: id                               Number of groups =        29
Time variable: year                                Panel length =         5

R-sq:     within  = 0.4836
          between = 0.2631
          overall = 0.2562

Mean of fixed-effects =   1.1641

Log-likelihood =    192.5609

      lnpergdp │ Coefficient  Std. err.      z    P>|z|     [95% conf. interval]
─────────────────┼──────────────────────────────────────────────────────────────
Main             │
     lnhighway │   .2582604   .1281712     2.01   0.044     .0070496    .5094713
─────────────────┼──────────────────────────────────────────────────────────────
Spatial          │
           rho │   .7358131   .0535359    13.74   0.000     .6308846    .8407416
        lambda │  -.6503474   .0769696    -8.45   0.000     -.801205   -.4994898
─────────────────┼──────────────────────────────────────────────────────────────
Variance         │
       sigma2_e │   .0031249   .0003943     7.92   0.000     .0023521    .0038978
─────────────────┼──────────────────────────────────────────────────────────────
LR_Direct        │
     lnhighway │   .3739536   .1815702     2.06   0.039     .0180826    .7298245
─────────────────┼──────────────────────────────────────────────────────────────
LR_Indirect      │
     lnhighway │   .6141913   .3167935     1.94   0.053    -.0067126    1.235095
─────────────────┼──────────────────────────────────────────────────────────────
LR_Total         │
     lnhighway │   .9881449   .4881559     2.02   0.043      .031377    1.944913
```

从上表可以发现，与未加选择项"effects"相比，结果里多了 LR – Direct、LR_Indirect 和 LR_Total 的估计结果，分别对应公路密度对经济发展水平的直接效应、间接效应和总效应。根据估计结果可以发现，直接效应、间接效应和总效应均为正且 p 值均小于 0.1，表明本省份公路密度提高不仅可以促进本省份经济发展水平的提高，还可以促进"邻近"省份经济发展水平的提高。该结果也符合一般经验，发达的公路网能够降低地区之间物流成本，同时也能够更好地促进要素流动。

作为对比，我们对非空间面板固定效应模型、SDM 模型、SAR 和 SEM 模型进行估计，并放置在一个表中：

```
reghdfe lnpergdp lnhighway,absorb(id year)
est store FE
xsmle lnpergdp lnhighway, fe model(sdm) wmat(w1) type(both)
nolog effects
est store SDM
xsmle lnpergdp lnhighway, fe model(sar) wmat(w1) type(both)
nolog effects
est store SAR
xsmle lnpergdp lnhighway, fe model(sem) emat(w1) type(both)
```

```
nolog effects
    est store SEM
    xsmle lnpergdp lnhighway,fe model(sac) emat(w1) wmat(w1) type
(both) nolog effects
    est store SAC
    esttab FE SDM SAR SEM SAC using myresult.rtf,replace compress nogap
b(% 6.3f) se(% 6.3f) scalar(N r2 _w) star( * 0.1 ** 0.05 *** 0.01)
noomit nobase
```

通过 esttab 命令，可以将各模型的结果呈现在表中，见表 10 - 4。

表 10 - 4 各模型估计结果

	(1) FE	(2) SDM	(3) SAR	(4) SEM	(5) SAC
ρ		0.195 ** (0.077)	0.260 *** (0.073)		0.736 *** (0.054)
λ				0.254 *** (0.076)	- 0.650 *** (0.077)
ln*highway*	0.418 * (0.215)	0.340 * (0.176)	0.328 * (0.180)	0.248 (0.183)	0.258 ** (0.128)
W × ln*highway*		0.859 *** (0.298)			
LR_Direct ln*highway*		0.424 ** (0.184)	0.344 * (0.190)		0.374 ** (0.182)
LR_Indirect ln*highway*		1.072 *** (0.324)	0.105 (0.067)		0.614 * (0.317)
LR_Total ln*highway*		1.496 *** (0.406)	0.449 * (0.247)		0.988 ** (0.488)
N	145	145	145	145	145
组内 R 平方		0.470	0.362	0.286	0.484

注：括号内为标准误，$*p<0.1$，$**p<0.05$，$***p<0.01$。

根据模型结果可以看到，各个模型之间存在较大的差异。对比 SDM 模型、SAR 模型、SAC 模型结果可以发现，非空间面板固定效应模型估计结果中的 ln*highway* 的边际效应 0.418 要明显小于 SDM 模型的总效应 1.496、SAR 模型的总效应 0.449 和 SAC 模型的总效应 0.988，即不考虑空间效应会低估公路密度经济发展水平的正向影响。从 SDM、SAR、SAC 三个模型估计结果可以发现，在空间自回归系数 ρ、间接效应和总效应的估计结果上也存在较大的差异。

在上述 SAC 模型估计中，我们都是基于未经过修正的标准误进行统计推断，然而，采用未经过修正的标准误得到的结果往往并不可靠。在 xsmle 命令的选择项里支持采用通常的聚类标准误以及 Driscoll – Kraay 标准误。聚类稳健标准误放宽了误差项的同方差和组内无自相关的假设，而 Driscoll – Kraay 标准误则不仅放宽了误差项同方差和无自相关的假设，还放宽了组间无相关关系（或者无空间相关关系）的假设。采用聚类稳健标准误的代码如下：

xsmle lnpergdp lnhighway，fe model（sac）emat（w1）wmat（w1）type（both）nolog effects vce(cluster id)

```
SAC with spatial and time fixed-effects          Number of obs =        145

Group variable: id                             Number of groups =         29
Time variable: year                              Panel length =          5

R-sq:    within  = 0.4836
         between = 0.2631
         overall = 0.2562

Mean of fixed-effects =   1.1641

Log-pseudolikelihood =    192.5609
                                  (Std. err. adjusted for 29 clusters in id)
```

lnpergdp	Coefficient	Robust std. err.	z	P>|z|	[95% conf. interval]	
Main						
lnhighway	.2582604	.2215593	1.17	0.244	-.1759878	.6925087
Spatial						
rho	.7358131	.0885795	8.31	0.000	.5622005	.9094257
lambda	-.6503474	.1755295	-3.71	0.000	-.9943789	-.3063159
Variance						
sigma2_e	.0031249	.000859	3.64	0.000	.0014412	.0048086
LR_Direct						
lnhighway	.406264	.3920435	1.04	0.300	-.3621272	1.174655
LR_Indirect						
lnhighway	.8420238	2.071555	0.41	0.684	-3.21815	4.902197
LR_Total						
lnhighway	1.248288	2.372802	0.53	0.599	-3.402318	5.898893

只需要加入 vce（cluster id），即可使用聚类稳健标准误进行统计推断，其中，id 为面板数据的个体标示变量。更准确地讲，基于该命令获得的是聚类在省级层面的异方差稳健标准误。可以发现，在采用聚类稳健标准误后，直接效应、间接效应和总效应都变得不显著了。这是因为聚类稳健标准误相对于普通标准误而言，其值往往更大，导致统计值相应缩小，从而显著性下降。在实践中，聚类稳健标准误已经成为实证研究中的标配。通常而言，聚类的层级越高，标准误越大，显著性越差。例如，在一份地级市层面数据中，聚类在省级层面得到的标准误会大于聚类在地级市层面的标

准误。在研究中，具体聚类在哪个层级并没有统一的标准，取决于研究者的自行判断。

而采用 Driscoll – Kraay 标准误的代码和结果如下：

```
xsmle lnpergdp lnhighway, fe model（sac）emat（w1）wmat（w1）type
（both）nolog effects vce（dkraay 2）
```

```
SAC with spatial and time fixed-effects              Number of obs  =        145

Group variable: id                                 Number of groups =         29
Time variable: year                                    Panel length =          5

R-sq:    within  = 0.4836
         between = 0.2631
         overall = 0.2562

Mean of fixed-effects =  1.1641

Log-pseudolikelihood =   192.5609
```

lnpergdp	Coefficient	Robust std. err.	z	P>|z|	[95% conf. interval]	
Main						
lnhighway	.2582604	.0930409	2.78	0.006	.0759036	.4406172
Spatial						
rho	.7358131	.0383844	19.17	0.000	.660581	.8110453
lambda	-.6503474	.0557984	-11.66	0.000	-.7597104	-.5409845
Variance						
sigma2_e	.0031249	.0005636	5.54	0.000	.0020203	.0042295
LR_Direct						
lnhighway	.3812931	.1526986	2.50	0.013	.0820094	.6805769
LR_Indirect						
lnhighway	.6583681	.330639	1.99	0.046	.0103276	1.306409
LR_Total						
lnhighway	1.039661	.4801691	2.17	0.030	.0985471	1.980775

其中，`vce（dkraay 2）`中的 2 表示假设存在组内二阶自相关。关于自相关阶数，可以根据自己的研究实际进行调整。这里假设存在二阶自相关。

上表展示了采用 Driscoll – Kraay 标准误的结果。可以发现，公路密度的直接效应、间接效应和总效应的 p 值比采用普通标准误时的 p 值还小，即拥有更高的统计显著性。后续将采用 Driscoll – Kraay 标准误进行统计推断。

通过去均值的方法消除固定效应将导致误差项自相关，从而使得误差项方差矩阵奇异以及方差估计量不一致，采用 Lee 和 Yu（2010）提出的经过正交转换后的准极大似然估计方法[1]可以解决这一问题，从而得到无偏的估计结果。因此，进一步采用

---

① Lee, L, Yu, J. Some Recent Developments in Spatial Panel Data Models［J］. Regional Science and Urban Economics，2010，40（5）.

这一方法进行估计。代码只需要在上述代码基础上对 type(both) 做一些调整即可：

```
xsmle lnpergdp lnhighway, fe model(sac) emat(w1) wmat(w1) type
(both,leeyu) nolog effects
```

```
Lee and Yu (2010) spatial fixed-effects transformation will be applied
Computing marginal effects standard errors using MC simulation...

SAC with spatial fixed-effects                    Number of obs =        116

Group variable: id                              Number of groups =         29
Time variable: year                                Panel length =          4

R-sq:    within  = 0.4912
         between = 0.2698
         overall = 0.2629

Mean of fixed-effects = -0.0829

Log-likelihood =    188.3716
```

lnpergdp	Coefficient	Std. err.	z	P>|z|	[95% conf. interval]	
Main						
lnhighway	.3789249	.1071697	3.54	0.000	.1688761	.5889736
Spatial						
rho	.7775743	.0475686	16.35	0.000	.6843416	.870807
lambda	-.6816267	.0765614	-8.90	0.000	-.8316842	-.5315691
Variance						
sigma2_e	.0029976	.0005133	5.84	0.000	.0019917	.0040036
LR_Direct						
lnhighway	.5843932	.1346255	4.34	0.000	.3205321	.8482543
LR_Indirect						
lnhighway	1.117808	.2453944	4.56	0.000	.6368442	1.598773
LR_Total						
lnhighway	1.702202	.346524	4.91	0.000	1.023027	2.381376

如上表所示，在估计结果的上方显示采用了 Lee 和 Yu（2010）方法处理固定效应。根据结果可以发现，相较于不进行调整的情况，显著性大幅度提高。事实上，即使是在对标准误进行聚类校正的情况下，经过调整后的结果仍然非常显著。除显著性的变化外，与未采用 Lee 和 Yu（2010）方法调整相比，公路密度的估计结果也表现出较大的差异，主要体现在直接效应、间接效应和总效应的估计结果上，采用 Lee 和 Yu（2010）方法调整后，三种效应值明显增大。

与面板数据模型中存在静态和动态模型类似，空间面板模型中同样存在静态和动态之分，但要注意，xsmle 命令中动态的设定只能是 SDM 模型和 SAR 模型，同时，在动态设定情况下，Lee 和 Yu（2010）方法也无法被采用。因此，后续动态面板的估计我们以 SDM 模型为例，同时不考虑 Lee 和 Yu（2010）方法调整。在非空间的动态面板模型中，所谓的动态，指的是模型自变量中包含被解释变量的时间滞后项，而在空间面板模型中，动态涉及被解释变量的时间滞后或空间滞后，或是两种情况都存在。仅考虑时间滞后的命令为：

```
xsmle lnpergdp lnhighway, fe model ( sdm ) emat ( w1 ) wmat ( w1 ) type
( both ) dlag ( 1 ) nolog effects vce ( dkraay 2 )
```

与之前的代码相比，新增的选择项为"dlag(1)"，加入该选择项意味着在模型自变量中加入了滞后一阶的经济发展水平。

```
Dynamic SDM with spatial and time fixed-effects       Number of obs  =      116

Group variable: id                                    Number of groups =       29
Time variable: year                                   Panel length   =        4

R-sq:    within  = 0.5338
         between = 0.8927
         overall = 0.8746

Mean of fixed-effects = -16.6966

Log-pseudolikelihood =   -42.3322
```

lnpergdp	Coefficient	Robust std. err.	z	P>|z|	[95% conf. interval]	
Main						
lnpergdp						
L1.	2.302133	.2175447	10.58	0.000	1.875753	2.728513
lnhighway	.2833914	.0594699	4.77	0.000	.1668326	.3999503
Wx						
lnhighway	.4380039	.0407963	10.74	0.000	.3580447	.5179632
Spatial						
rho	.1893525	.0369099	5.13	0.000	.1170104	.2616945
Variance						
sigma2_e	.0032717	.0006568	4.98	0.000	.0019844	.004559
SR_Direct						
lnhighway	.2539238	.0652384	3.89	0.000	.1260589	.3817887
SR_Indirect						
lnhighway	.3524632	.0413333	8.53	0.000	.2714514	.433475
SR_Total						
lnhighway	.606387	.0373184	16.25	0.000	.5332443	.6795297
LR_Direct						
lnhighway	-.2414553	.0436229	-5.54	0.000	-.3269546	-.155956
LR_Indirect						
lnhighway	-.4111181	.0413843	-9.93	0.000	-.4922298	-.3300064
LR_Total						
lnhighway	-.6525734	.0425961	-15.32	0.000	-.7360603	-.5690865

根据估计结果可知，与之前的估计相比，区别在于新增了一阶滞后的经济发展水平，以及在直接效应和间接效应中区分了短期和长期。滞后一阶的经济发展水平显著为正，意味着当期经济发展水平会受到上一期经济发展水平的影响。SR_Direct、SR_Indirect 和 SR_Total 分别表示短期的直接效应、间接效应和总效应。LR_Direct、LR_Indirect 和 LR_Total 分别表示长期的直接效应、间接效应和总效应。

考虑空间滞后的命令为：

xsmle lnpergdp lnhighway, fe model（sdm）emat（w1）wmat（w1）type（both）dlag（2）nolog effects vce（dkraay 2）

考虑空间滞后时仅需将 dlag（1）改为 dlag（2）即可。

```
Dynamic SDM with spatial and time fixed-effects      Number of obs    =      116

Group variable: id                                   Number of groups =       29
Time variable: year                                  Panel length     =        4

R-sq:    within  = 0.4424
         between = 0.3703
         overall = 0.3637

Mean of fixed-effects = -5.8384

Log-pseudolikelihood =   151.0817
```

lnpergdp	Coefficient	Robust std. err.	z	P>|z|	[95% conf. interval]	
Main						
Wlnpergdp						
L1.	.6463237	.1136919	5.68	0.000	.4234918	.8691557
lnhighway	.4672057	.068111	6.86	0.000	.3337106	.6007009
Wx						
lnhighway	1.042182	.0540064	19.30	0.000	.9363318	1.148033
Spatial						
rho	.0334447	.0406021	0.82	0.410	-.0461339	.1130234
Variance						
sigma2_e	.0043393	.0011066	3.92	0.000	.0021704	.0065081
SR_Direct						
lnhighway	.4518739	.06933	6.52	0.000	.3159897	.5877581
SR_Indirect						
lnhighway	1.010151	.0689111	14.66	0.000	.8750873	1.145214
SR_Total						
lnhighway	1.462024	.1319776	11.08	0.000	1.203353	1.720696
LR_Direct						
lnhighway	.9757724	.1333719	7.32	0.000	.7143683	1.237177
LR_Indirect						
lnhighway	2.966524	.4410185	6.73	0.000	2.102144	3.830904
LR_Total						
lnhighway	3.942296	.5665359	6.96	0.000	2.831906	5.052686

根据估计结果可知，空间滞后的估计系数约为 0.646 且 p 值为 0.000，意味着"邻近"省份上一年的经济发展水平会对本省份今年的经济发展水平产生影响。另外，可以看到，其他变量的估计结果也有所变化。

同时考虑时间和空间滞后的命令为：

xsmle lnpergdp lnhighway, fe model（sdm）emat（w1）wmat（w1）type（both）dlag（3）nolog effects vce（dkraay 2）

同时考虑时间和空间滞后仅需将 dlag（2）改为 dlag（3）即可。

```
Dynamic SDM with spatial and time fixed-effects        Number of obs =        116

Group variable: id                                     Number of groups =       29
Time variable: year                                    Panel length =            4

R-sq:     within  = 0.4943
          between = 0.6306
          overall = 0.6237

Mean of fixed-effects = -57.5816

Log-pseudolikelihood = -2547.0146
```

lnpergdp	Coefficient	Robust std. err.	z	P>|z|	[95% conf. interval]	
Main						
lnpergdp						
L1.	3.561631	.219124	16.25	0.000	3.132156	3.991106
Wlnpergdp						
L1.	4.391517	.0858987	51.12	0.000	4.223159	4.559875
lnhighway	-.1499438	.0562247	-2.67	0.008	-.2601422	-.0397453
Wx						
lnhighway	-1.417669	.034893	-40.63	0.000	-1.486058	-1.34928
Spatial						
rho	.5798279	.0579462	10.01	0.000	.4662554	.6934003
Variance						
sigma2_e	.0031234	.0006401	4.88	0.000	.0018688	.004378
SR_Direct						
lnhighway	.2444767	.0997373	2.45	0.014	.0489952	.4399581
SR_Indirect						
lnhighway	-1.237535	.0659084	-18.78	0.000	-1.366713	-1.108357
SR_Total						
lnhighway	-.9930586	.0498541	-19.92	0.000	-1.090771	-.8953463
LR_Direct						
lnhighway	16.48457	375.2166	0.04	0.965	-718.9265	751.8957
LR_Indirect						
lnhighway	-16.23907	375.2161	-0.04	0.965	-751.6491	719.171
LR_Total						
lnhighway	.2454976	.0061049	40.21	0.000	.2335322	.257463

根据估计结果可知，在同时加入时间和空间滞后的情况下，两项的系数仍为正且同时显著。此时，公路密度的短期直接效应显著性有所降低，长期直接效应和短期效应均变得不显著。此外，采用 xsmle 命令估计模型有时会出现 3200 conformability error 的错误信息，这类错误常见的原因包括空间权重矩阵维数和数据维数不一致、数据存在缺失值、空间权重矩阵未标准化。

在拟合计量经济模型时，缺失的数据有可能会对结果造成影响，因为缺失的值可能并不完全随机。利用 xsmle 命令估计空间面板模型时，要求数据是平衡面板数据，而在大多数情况下，我们收集到的数据往往是非平衡面板数据。在不依赖更复杂的计量经济学方法的情况下，解决这一问题的方法是对缺失数据进行多重插补①，从而将其变为平衡面板数据。

作为入门，本章仅介绍了常见的空间计量模型。在实践中，大量研究将空间计量引入传统计量模型，发展出了大量基于空间计量的模型，如空间联立方程模型、空间分位数模型、空间双重差分模型、空间面板门槛模型等。

思考与练习

1. 空间相关性、空间溢出性和空间异质性有何区别？在实证过程中可以通过哪些计量策略进行考察？

2. 收集 2000～2022 年中国各省份人均 GDP 数据，选择对应的空间权重矩阵，计算每年人均 GDP 的全局莫兰指数，并判断其空间相关性。

3. 收集并整理相关数据，在空间相关约束下，用面板空间计量模型分析地区经济发展对碳排放的影响。

---

① 关于多重插补的含义，可参见：https://mp.weixin.qq.com/s/HMzwpVIkY_Thc6yViYoihw。

> 第 11 讲　全要素生产率估计 <

　　诺贝尔经济学奖得主保罗·克鲁格曼曾说过："生产率不是一切，但长期来看生产率几乎意味着一切。"由此可见，全要素生产率对于经济学研究有着十分重要的意义。本讲将重点讨论全要素生产率的内涵与估计方法，根据前提假设和估计方法的不同，可以将估计全要素生产率的方法归纳为参数法、半参数法以及非参数法三大类，在介绍这些估计方法的基础上，比较不同方法的差异和优缺点。最后，结合具体案例，展示不同全要素生产率估计方法在 Stata 软件中的具体实现方式。

第一节　全要素生产率

　　在介绍全要素生产率的概念之前，需要先介绍生产函数。生产函数表示将投入要素转化为产出的能力，这种能力也是实体的核心竞争力。企业的全要素生产率是企业在市场上取得成功的核心影响因素，国家的生产率是国家实力最为明显的体现。更有甚者，有学者将生产率的提升作为人类文明程度的唯一衡量指标。这种说法可能有些过激，但也反映出全要素生产率的重要性。为解释什么是生产函数，这里以最为常见的柯布—道格拉斯生产函数为例，生产函数可以采用如下形式：

$$Y_{it}^* = A_{it} K_{it}^\alpha L_{it}^{1-\alpha} \tag{11-1}$$

其中，Y^* 是以增加值形式表示的潜在产出①，A、L、K 分别表示全要素生产率、劳动力投入以及资本投入。为了方便估计，可以对式（11-1）两边取自然对数，得到如下形式的生产函数表达式，其中所有的小写字母均为大写字母对应 Y、K、L 的对数值：

---

　　① 当我们无法获得增加值的相关数据时，有两个备选方案可以解决数据缺失问题：第一，采用会计等式关系结合总产出数据估算增加值数据，然后使用增加值生产函数进行估计；第二，将生产函数表示为总产值的函数，该方法需要将中间投入纳入生产函数的估计当中，以估计总产值表示的生产函数。通常的 Stata 命令在进行生产率估计时都允许选择生产函数的具体形式，但一定要相对应，如果包含中间投入，则要选择总产出，若不包含中间投入，则使用增加值进行估计。

$$y_{it}^* = \omega_{it} + \alpha k_{it} + (1 - \alpha)l_{it} \tag{11-2}$$

其中，$\omega_{it} = \ln A_{it}$ 表示对数全要素生产率。该公式的一个显著特征为，给定资本、劳动以及全要素生产率的条件下，产出是确定的，这就意味着生产活动中不存在任何的不确定性。该假设过于偏离现实情况，事实上企业的生产活动时刻面临着各种类型的风险，如突然停电、机器设备损坏等，都会对企业的产出带来负向影响。因此，为了与现实数据更好地匹配，在生产函数中引入随机干扰项，以刻画随机因素对产出的影响，进而导致实际产出 y 偏离潜在产出 y^*，具体可以表示为：

$$y_{it}^* = \omega_{it} + \alpha k_{it} + (1 - \alpha)l_{it} + \varepsilon_{it} \tag{11-3}$$

在上述设定下，需要考虑这样一个问题：应该使用 ω 作为企业全要素生产率的衡量指标，还是使用 $\omega + \varepsilon$ 作为企业全要素生产率的衡量指标？显然，ε 对于企业来说只是一种"运气"，企业在进行要素雇佣或者是研发决策等行为时，并不能确切地知道即将到来的"运气"如何，换句话说，企业并未将过去的 ε 作为将来决策的依据。为此，不应该把这种运气成分计入企业的全要素生产率之中①。在后续的分析中，参考该标准，将企业并不作为决策依据的运气成分从其全要素生产率当中进行剔除，以得到更加合理的全要素生产率估计结果。

第二节　全要素生产率的估计方法

一、索洛残值法

全要素生产率反映的是，剔除生产要素的贡献之后，因技术进步、制度变化等因素带来的生产率水平，常通过普通最小二乘方法对柯布—道格拉斯生产函数的产出弹性进行估计，最终得到的残差就是全要素生产率。虽然对生产函数的估计已经有了很长的历史，但时至今日，有关该方法的一些假定以及计量方面的难题仍然没有得到完美的解决，关于生产函数合理估计的讨论和研究一直在继续。为了方便理解，先介绍采用索洛残值估计全要素生产率的方法。事实上，估计全要素生产率不过是估计生产函数的副产品，只要正确估计生产函数的产出弹性，自然就能够得到全要素生产率。对于产出弹性的估计，当生产函数是劳动和资本投入的一次齐次函数或满足规模报酬不变的条件时，可以使用要素报酬占比衡量要素产出弹性，具体可以表示为：

---

① 对于良好定义全要素生产率的相关标准讨论，可参见："对微观企业 TFP 测算的一点看法"，https://mp. weixin. qq. com/s/D6n-5Okd0Ckg7VoJkjG_uQ。更为严格的讨论，可参见 Heckman，Learner. Handbook of Econometrics [M]. Elseuier，2007。

$$s_L = \frac{\omega L}{Y}, \ s_K = \frac{rK}{Y} \qquad\qquad (11-4)$$

在此基础上，可以利用工资信息并结合劳动力雇佣数量计算得到 s_L，而后根据规模报酬不变的假设，可以通过 $s_K = 1 - s_L$ 计算得到资本产出弹性的估计值。在得到产出弹性的估计值之后，可以通过以下公式计算全要素生产率[①]：

$$\omega_{it} + \varepsilon_{it} = y_{it} - s_K k_{it} - s_L l_{it} \qquad\qquad (11-5)$$

为方便理解，这里同样采用了上一节的符号体系。该结果可以带来以下启示：首先，索洛残值法估计得到的全要素生产率包含了"运气"成分 ε_{it}，因而并不属于上一节定义的合理的生产率估计值；其次，该方法属于核算法，对于数据的测量误差将会十分敏感，导致估计结构稳健性相对较差，同时该方法的估计需要利用要素价格信息，如工资或者是利率，当这些信息不可获得或者信息质量较差的时候，估计结果可能会不准确[②]；最后，也是最重要的，中国作为转型经济体，生产要素市场的发展水平远落后于商品市场的发展水平，因而要素价格在很大程度上面临着严重的扭曲，因此在采用索洛残值法进行估计的时候，对于结果的解读需要更加谨慎。

基于上述原因，在估计生产函数的产出弹性时，可能采用核算的方式并不是好的选择，为缓解数据质量导致的估计偏误问题，使用计量的方式估计产出弹性。具体估计方程可以设定为如下形式：

$$y_{it} = \alpha + \beta_L l_{it} + \beta_K k_{it} + u_{it} \qquad\qquad (11-6)$$

采用普通最小二乘方法进行估计之后，可以利用如下公式计算得到全要素生产率水平：

$$\omega_{it} + \varepsilon_{it} = y_{it} - \hat{\beta}_L l_{it} - \hat{\beta}_K k_{it} \qquad\qquad (11-7)$$

该结果同样可以带来以下启示：首先，基于普通最小二乘法得到的索洛残值（全要素生产率）同样包含了"运气"成分 ε_{it}，因而也不属于合理的生产率估计值。其次，在估计方法的选择上，最突出的问题是通过普通最小二乘法对 C—D 生产函数的直接估计会因为内生性以及选择性偏误问题而导致估计结果不准确，也就难以获得产出弹性的一致估计，进而导致基于产出弹性计算的全要素生产率产生偏差。内生性

---

① 在估计方法的假定方面，传统的索洛残值法假设劳动力是同质的，技术进步是外生且希克斯中性的，规模报酬不变。在现实中，劳动力投入可能不是同质的，技术中性与规模报酬不变也与现实情况不相符，因此在后续的分析中会逐步放开上述假设，以得到更为准确的估计结果。

② 举个简单的例子，通常想要获取企业层面的利率数据非常困难，而获得工资水平相关数据相对较为容易。在这种情况下，研究人员可能会先估计劳动力的产出弹性，进而根据规模报酬不变的假设推算出资本的产出弹性。遗憾的是，在中国的微观企业数据中，企业的工资性支出数据质量较为粗糙，很多津贴和社保等并未计入微观企业所报告的工资，直接导致利用微观数据估计的劳动力产出弹性（约为 0.3）远小于基于宏观数据估计得到的劳动力产出弹性（约为 0.5）。

问题的产生主要是因为生产率 ω_{it} 作为决定要素投入量的关键因素，虽然可以被企业观察到，但研究人员可能没办法观察到，如果可观测的投入要素的选择是生产率的函数，那么就会因为遗漏核心变量而产生内生性问题[1]。例如，当企业观察到自身生产率水平出现上升时，会同步增加资本和劳动等要素的投入，从而导致作为干扰项的全要素生产率与核心解释变量资本和劳动存在相关性。如果不考虑这种不可观测的生产率，产出弹性的 OLS 估计量将是有偏的。[2] 最后，另外一个导致普通最小二乘估计量出现偏误的重要原因来自选择性偏误。该问题的产生主要源于生产率与企业退出市场的概率之间存在较强的关系。如果企业的盈利能力与企业拥有的资本存量正相关（事实上也是如此），那么高资本存量企业更有可能留在市场上，尽管该企业的生产率水平可能比那些低资本存量企业的生产率水平更低。因此，对于某个给定的生产率水平，若不考虑这种情况，资本存量与退出市场概率之间的负相关性就会导致资本变量的系数估计值下偏。[3]

二、半参数法

既然普通最小二乘估计量在估计产出弹性时，会由于不可观测的全要素生产率进入随机扰动项，造成与投入要素相关，导致估计结果出现偏差，就需要想办法修正上述问题。为此，半参数估计方法应运而生，并在过去的二十多年中取得了快速的发展，逐步成为估计微观企业全要素生产率的主流方法。值得注意的是，估计全要素生产率背后有一个更为基本的任务，就是对生产函数的估计。对生产函数的合理估计不仅能得到全要素生产率等"副产品"，还可以得到企业成本加成率、企业产能利用率等许多与生产函数息息相关的指标。半参数方法（OP 方法）最早由 Olley 和 Pakes（1996），而后 Levinsohn 和 Petrin（2003）进行了修改和完善（LP 方法）。[4] 后续又发展出许多新的半参数估计方法，如 Martin（2004）、Ackerberg et al.（2006）、Wooldridge（2009）对 OP 和 LP 方法进行了修正和完善[5]。

过去半个多世纪里，解决生产函数估计偏误问题的方法主要有两类：一是工具变

① Ackerberg, D, Caves, K, Frazer, G. Structural Identification of Production Functions [R]. MPRA Working Paper, No. 38349, 2006.

② Yasar, F, Ellialtioglu, S, Yildiz, K. Effect of Salt Stress on Antioxidant Defense Systems, Lipid Peroxidation, and Chlorophyll Content in Green Bean [J]. Russian Journal of Plant Physiology, 2008 (55).

③ Olley, S, Pakes, A. The Dynamics of Productivity in the Telecommunications Equipment Industry [R]. NBER Working Paper, No. 3977, 1996.

④ Levinsohn, J, Petrin, A. Estimating Production Functions Using Inputs to Control for Unobservables [J]. The Review of Economic Studies, 2003, 70 (2).

⑤ Martín-Marcos, A, Jaumandreu, J. Entry, Exit and Productivity Growth: Spanish Manufacturing During the Eighties [J]. Spanish Economic Review, 2004 (6); Imbens, G W, Wooldridge, J M. Recent Developments in the Econometrics of Program Evaluation [J]. Journal of Economic Literature, 2009, 47 (1).

量法（Ⅳ），二是固定效应模型估计。[1] 采用工具变量法，需要找到一个与可观察的投入变量相关，但与不可观察的决定因素之间无关的变量。采用固定效应估计，则需要假设企业特定的决定产出的不可观测因素生产率不会随着时间的变化而变化。[2][3] 但是，因为某些原因，上述两种方法均无法有效地解决内生性问题。因此，为了识别生产函数的参数，需要寻找更为可靠的估计方法。

过去二十多年来，学者们探索了一些识别生产函数的新方法，代表性的方法有两类：一是利用动态面板数据进行估计；[4] 二是以 Olley 和 Pakes（1996）、Levinsohn 和 Petrin（2003）为代表的学者用可观察的投入决策控制不可观察的影响因素（生产率）与投入变量之间的相关性带来的内生性问题。[5][6] 近年来，第二类方法得到了广泛的应用，代表性的研究包括 Pavcnik（2002）、Sivadasan（2004）、Ozler 和 Yilmaz（2001）、Criscuola 和 Martin（2004）、Blalock 和 Gertler（2004）以及 Alvarez 和 Lopez（2005）等。[7]

Olley 和 Pakes（1996）用投资作为对研究人员来说不可观测生产率的代理变量，其核心思想在于投资相对来说较为容易调整，企业能够根据自身生产率水平调整投资水平，因而可以使用投资的多项式作为生产率的代理变量，以解决不控制生产率而带来的内生性问题。从理论上看，OP 方法很好地解决了遗漏变量带来的内生性问题，但现实中大量的企业投资为 0，因为在估计的时候并不出现任何的变化。针对上述问题，Levinsohn 和 Petrin（2003）提出使用中间投入而不是投资来控制投入变量与不可观测的生产率之间的相关性，该方法可以避免大量零投资样本所带来的估计问题。

---

① Mundlak，Y. Aggregation Over Time in Distributed Lag Models［J］. International Economic Review，1961，2（2）.

② 关于工具变量法和固定效应模型的缺陷，Ackerberg et al.（2005）进行了较为全面的讨论。

③ Ackerberg，D，Caves，K，Frazer，G. Structural Identification of Production Functions［R］. MPRA Working Paper，No. 38349，2006.

④ Chamberlain，G. Multivariate Regression Models for Panel Data［J］. Journal of Econometrics，1982，18（1）；Arellano，M，Bover，O. Another look at the Instrumental Variable Estimation of Error-components Models［J］. Journal of Econometrics，1995，68（1）；Blundell，R，Bond，S. GMM Estimation with Persistent Panel Data：An Application to Production Functions［J］. Econometric Reviews，2000，19（3）.

⑤ 后文中用 OP 方法表示。

⑥ 后文中用 LP 方法表示。Levinsohn J，Petrin A. Estimating Production Functions Using Inputs to Control for Unobservables［J］. The Review of Economic Studies，2003，70（2）.

⑦ Pavcnik，N. Trade liberalization，Exit，and Productivity Improvements：Evidence from Chilean Plants［J］. The Review of Economic Studies，2002，69（1）；Sivadasan，J. Barriers to Entry and Productivity：Micro-evidence from Indian Manufacuring Sector Reforms［D］. University of Chicago，Graduate School of Business，2004；Ozler，S，Yilmaz，K. Does Trade Liberalization Improve Productivity？Plant Level Evidence from Turkish Manufacturing Industry［R］. Working Paper，University of California，Los Angeles，2001；Criscuolo，C，Martin，R. Multinationals and US Productivity Leadership［R］. STI Working Paper，2004－5；Blalock，G，Gertler，P J. Learning from Exporting Revisited in A Less Developed Setting［J］. Journal of Development Economics，2004，75（2）；Alvarez，R，López，R A. Exporting and Performance：Evidence from Chilean Plants［J］. Canadian Journal of Economics/Revue Canadienne d'Économique，2005，38（4）.

Petrin 等（2004）在 Levinsohn 和 Petrin（2003）方法的基础上对该内生性问题进行了处理，但是他们的方法并没有解决选择偏误问题。[①] 由于上述方法均涉及非参数方程，通常需要三步才能对相关变量的系数进行估计，因此得出合适的标准误是一项浩大的工程。对于标准误的估计，Levinsohn 和 Petrin（2003）、Yasar 等（2008）提出采用聚类 bootstrap 方法加以解决，并将同一企业的所有观测值看作一类；Wooldridge（2009）则基于 GMM 方法对前两步进行同时估计以得到标准误，从而可以大大提高估计效率。Ackerberg 等（2006）（ACF 方法）认为，上述方法，尤其是 LP 方法在第一阶段的估计过程中可能存在严重的共线性问题，进而导致估计结果不可靠。共线性问题产生的原因在于，劳动投入与中间品投入均是关于生产率和资本存量这两个状态变量的函数。在中间投入函数严格单调递增的情况下，生产率可以用中间投入函数的反函数表示，进而可以将劳动投入改写为关于中间品投入与资本存量的函数。如此，劳动投入函数与非参数部分均是关于同样变量的函数，劳动投入的系数也就无法被确定。因此，ACF 方法在 LP 模型的基础上，将劳动投入也作为影响企业中间投入决策的重要因素。在实际生产过程中，劳动投入决策通常要先于中间投入决策，而且劳动投入的可调整性也可能要弱于中间投入品的可调整性，从而企业的中间投入决策不仅依赖于资本投入、生产率等，也依赖于劳动投入。因此，ACF 方法在第二阶段才估计劳动投入的系数，而非第一阶段。

选择性偏误问题的产生主要源于生产率与企业退出市场的概率之间存在密切联系。如果企业的盈利能力与企业拥有的资本存量正相关，那么拥有高资本存量的企业更有可能留在市场上，尽管该企业的生产率可能比那些低资本存量企业的生产率更低。因此，对于某个给定的生产率水平，如果不考虑这种情况，资本存量与退出市场的概率之间的负相关性就会导致资本变量的系数估计值下偏（Olley and Pakes，1996；Yasar et al.，2008）。Olley 和 Pakes（1996）、Yasar 等（2008）通过 Probit 模型对企业退出市场的概率进行了估计，以修正选择性偏误对产出弹性估计值的影响。

（一）OP 模型

Olley 和 Pakes（1996）认为，可以用半参数法来解决生产函数的 OLS 估计过程中可能存在的内生性和选择偏误问题。具体而言，Olley 和 Pakes（1996）用投资作为不可观测的且随时间变化的生产率水平（ω）的代理变量来解决内生性问题，并用生存概率来解决选择偏误问题。Yasar 等（2008）基于 OP 模型编写了 Stata 程序命令，使得该方法较容易被实现。

Olley 和 Pakes（1996）认为，在位企业在期初首先要决定是退出市场还是继续留

---

① Petrin, A, Poi, B P, Levinsohn, J. Production Function Estimation in Stata Using Inputs to Control for Unobservables [J]. The Stata Journal, 2004, 4 (2).

在市场。若决定退出市场，企业清算后可以获得 Φ 单位的一次性补偿，并且不再进入该市场；若决定继续留在市场，该企业将进行可变要素（如劳动力、原材料、能源等）的投入决策以及投资决策（i_{it}）。而企业的可变要素投入决策与投资决策又依赖于其利润最大化目标。

Olley 和 Pakes（1996）假定企业的盈利水平取决于初始的状态变量，包括生产率水平 ω_{it}、资本存量 k_{it} 以及企业年龄 a_{it}。同时，假设未来生产率是当前生产率和资本存量的函数，具体可以表示为 $E[\omega_{i,t+1} \mid \omega_{it}, k_{it}]$。企业 i 的决策目标是最大化其当前及未来期望利润的贴现值，根据利润最大化的 Bellman 方程，可以得到如下动态变化方程：

$$V_{it}(k_{it}, a_{it}, \omega_{it}) = \max\left[\Phi, \sup\left[\prod_{it}(k_{it}, a_{it}, \omega_{it}) - C(i_{it})\right.\right.$$
$$\left.\left. + \rho E[V_{i,t+1}(k_{it+1}, a_{it+1}, \omega_{it+1}) \mid J_{it}]\right]\right] \tag{11-8}$$

其中，$\prod$ 利润函数，是关于状态变量的函数，C 是当前投资 i_{it} 所对应的投资成本函数，ρ 为贴现因子，J 是时期 t 可获取的相关信息集合。该 Bellman 方程意味着，如果企业的一次性补偿收入 Φ 大于现期贴现收益的期望值，那么企业就会退出市场；反之，企业将继续留在市场并选择一个大于 0 的最优投资水平进行生产。通过解 Bellman 方程可以得到一个马尔科夫完美纳什均衡策略。该策略定义了企业的退出与投资决策规则（Olley and Pakes，1996），企业会通过临界值的比较决定是否增加投资以及是否退出市场。

1. 企业的退出决策

如果企业生产率水平大于某个门槛值 $\underline{\omega}_{it}(k_{it}, a_{it})$，将会留在市场上继续生产，反之将会退出市场。该门槛值受当前资本存量和企业年龄的影响，这意味着如果资本存量与企业利润正相关，那么资本存量高的企业不需要有太高的生产率就可以留在市场上。因此，该门槛值随着资本存量的增加而下降。

退出决策可以用如下指示函数表示：

$$\chi_{it} = \begin{cases} 1 & \text{若 } \omega_{it} \geqslant \underline{\omega}_{it}(k_{it}, a_{it}) \\ 0 & \text{其他} \end{cases} \tag{11-9}$$

其中，状态变量 ω_{it} 外生地满足一阶马尔夫过程[①]，即：

$$p(\omega_{i,t+1} \mid J_{it}) = p(\omega_{i,t+1} \mid \omega_{it}) \tag{11-10}$$

其中，J_{it} 为企业 i 在时期 t 的信息集。当前与过去已实现的生产率 ω，即（$\omega_{it}, \cdots, \omega_{i0}$），是 J_{it} 的一部分，这意味着企业未来的期望生产率 $\omega_{i,t+1}$ 仅取决于 ω_{it}。

---

① Ericson-Pakes（1995）假定 $\omega_{i,t+1}$ 依赖于过去的研发（R&D）投资数量以及 ω_{it}。

2. 投资决策

OP 方法假设劳动是非动态投入要素，即企业在时期 t 的劳动投入选择对未来的利润没有影响。相反，资本是动态投入要素，取决于过去的投资过程。换句话说，某个阶段的投资水平会影响下一阶段的资本存量，即：$k_{it} = \kappa(k_{i,t-1}, i_{i,t-1})$。具体而言，假设：

$$k_{it} = (1 - \delta)k_{i,t-1} + i_{i,t-1} \tag{11-11}$$

这意味着，企业 i 在时期 t 的资本存量实际上在第 $t-1$ 期就被决定了。这包含一个隐含的假定：资本的购买、运送、安装需要一个完整的时期来完成。这一假定可以用来解决与资本存量有关的内生性问题。由于 k_{it} 在第 $t-1$ 期就被决定了，而第 $t-1$ 期的信息属于 $J_{i,t-1}$，这意味着其决定与第 t 期的效率 ω_{it} 不相关（Ackerberg et al.，2006），只与以上一期信息集为条件的 ω_{it-1} 分布以及过去 ω 的条件期望有关（Olley and Pakes，1996）。

根据 Bellman 方程得到的马尔科夫完美纳什均衡策略决定了企业的投资 i_{it} 取决于状态变量 ω_{it}、k_{it} 和 a_{it}，即投资决策依赖于生产率、资本存量和企业年龄①，因此企业的投资决策规则表示如下：

$$i_{it} = i(\omega_{it}, k_{it}, a_{it}) \tag{11-12}$$

如果 $i_{it} > 0$，那么对于任意 k_{it} 和 a_{it}，投资函数是关于当前生产率的严格递增函数。因为未来生产率是当前生产率的增函数，从而，上述假定意味着在第 t 期有较高生产率的企业在第 $t+1$ 将会有更大的投资额。

企业年龄的累积方程给定如下：

$$a_{it} = a_{i,t+1} + 1 \tag{11-13}$$

劳动投入 l_{it} 在时期 t 而不是时期 $t-1$ 被决定，因此，其决策可能受当前 ω_{it} 的影响。

3. 生产函数与估计过程

基于以上退出与投资决策规则，Olley 和 Pakes（1996）假定生产技术为柯布—道格拉斯生产函数②，即：

$$y_{it} = \beta_0 + \beta_a a_{it} + \beta_k k_{it} + \beta_l l_{it} + \omega_{it} + \varepsilon_{it} \tag{11-14}$$

其中，y_{it}、l_{it}、k_{it} 和 a_{it} 分别表示企业产出（增加值）、劳动（可以是工时，也可以是劳动支出）、资本等要素投入的对数以及企业年龄，其中 l_{it} 为唯一的可变要素，k_{it} 和

---

① 由于劳动是非动态投入变量，所以不是状态变量。

② 也可以扩展到超越对数函数。

a_{it} 为状态变量。ω_{it} 为时期 t 决策者 i 在决策前可以观察到或者可以预测到但研究人员无法知晓的生产率水平，如企业的管理能力、机械故障导致的平均停工状况、生产过程中的平均不合格率、农场可以预见到的降雨量等。ε_{it} 为决策者和研究人员在决策之前均无法观测或预期到的生产率冲击以及测量误差，可以理解为是对可预期的企业管理能力、机械故障、不合格率、降雨量的偏离。因此，真实反映企业实力的全要素生产率 ω_{it} 会影响企业的决策过程，而 ε_{it} 对企业的决策过程没有影响。如果对式（11 – 14）直接进行 OLS 估计，就会因为内生性和选择偏误而得到有偏的、不一致的估计。内生性的产生源于各投入决策与可预测生产率冲击的相关性，如果不考虑内生性问题，估计结果将会上偏；选择偏误问题将导致资本项系数的估计结果下偏。因此，需要对内生性与选择偏误对估计结果的影响进行控制。

首先利用投资决策规则，即式（11 – 12）来控制内生性问题。如前所述，对于任意 k_{it} 和 a_{it}，在时期 t 观察到正生产率冲击效应（通常理解为"创新"）的企业将在该时期增加投资。若投资 i_{it} 严格为正，根据式（11 – 12）的反函数，就可以得到不可观测的生产率冲击 ω_{it} 的函数：

$$\omega_{it} = i^{-1}(i_{it}, k_{it}, a_{it}) = h(i_{it}, k_{it}, a_{it}) \qquad (11 – 15)$$

式（11 – 15）是关于 i_{it} 的严格递增函数。这样，研究人员无法观测到的生产率水平就可以表示为投资、资本存量、企业年龄等可观测变量的函数，进而可以利用该函数来解决内生性问题。

将式（11 – 15）代入式（11 – 14）便可得到：

$$y_{it} = \beta_0 + \beta_a a_{it} + \beta_k k_{it} + \beta_l l_{it} + h(i_{it}, k_{it}, a_{it}) + \varepsilon_{it} \qquad (11 – 16)$$

式（11 – 16）可以进一步改写为：

$$y_{it} = \beta_l l_{it} + \varphi(i_{it}, k_{it}, a_{it}) + \varepsilon_{it} \qquad (11 – 17)$$

其中，$\varphi(i_{it}, k_{it}, a_{it}) = \beta_0 + \beta_a a_{it} + \beta_k k_{it} + h(i_{it}, k_{it}, a_{it})$。

采用 OP 模型的步骤如下。

第一步，对式（11 – 16）进行估计。由于式（11 – 15）是一个一般非参数方程，因此式（11 – 16）是一个半参数模型。通过多项式逼近法①对式（11 – 16）进行直接估计虽然可以得到系数 β_l 的估计 $\hat{\beta}_l$ 以及复合项 $\varphi(i_{it}, k_{it}, a_{it}) = \beta_0 + \beta_a a_{it} + \beta_k k_{it} + h(i_{it}, k_{it}, a_{it})$ 的估计 $\hat{\varphi}$，但是无法确定系数 β_k 和 β_a。其原因在于，k_{it} 与非参数函数的逼近项是共线性的，或者说无法分离出资本存量和企业年龄对投资决策的影响及其对产出的影响。

---

① 参见 Olley 和 Pakes（1996）的说明，该函数也可以用核密度进行估计（Robinson，1988）。

对于未知函数 $\varphi(\cdot)$ 中的系数，可以用 J 阶多项式序列进行逼近[1]。式（11-17）中的线性部分可以用 OLS 进行估计。由于 $\varphi(\cdot)$ 控制了不可观测的生产率，误差项不再与投入相关，因此可变投入—劳动的系数估计是一致的。

得到 $\hat{\beta}_l$ 和 $\hat{\varphi}$ 后，为了分离出资本存量与企业年龄对投资决策的影响以及对产出的影响，还需要进行第二步估计。在第二步中，需要对生存概率进行估计，进而对选择偏误进行控制。由于生产率的门槛值 $\underline{\omega}_{it}(k_{it},\ a_{it})$ 是关于 k_{it} 和 a_{it} 的函数，因此企业在时期 t 的生存概率取决于 $\omega_{i,t-1}$ 和 $\underline{\omega}_{i,t-1}$，进而取决于第 $t-1$ 期的企业年龄、资本以及投资。Olley 和 Pakes（1996）以及 Yasar 等（2008）通过 χ_{it} 关于投资、资本、企业年龄的 J 阶多项式逼近法，建立 Probit 模型进行估计[2]。

第三步，根据前述步骤估计得到的 $\hat{\beta}$ 和 $\hat{\varphi}$，通过非线性最小二乘法估计 β_k 和 β_a，估计方法依然采用 J 次多项式逼近法。

$$y_{it} - \hat{\beta}_l l_{it} = \beta_k k_{it} + \beta_a a_{it} + g(\hat{\varphi}_{t-1} - \beta_k k_{i,t-1} - \beta_a a_{i,t-1}, \hat{P}_{it}) + \xi_{it} + \varepsilon_{it}$$

其中，函数 $g(\cdot)$ 未知，需要对其进行估计。常见的估计方法有两种：一是可以通过高阶多项式进行逼近并用非线性最小二乘法得到系数的估计值（Olley and Pakes，1996；Yasar et al.，2008；Ackerberg et al.，2006）；二是利用网格搜索法搜索系数值，使得估计方程的残差平方和最小，该值即为最优估计值。

对于高阶多项式逼近法，由式（11-14）以及根据式（11-16）估计得到的 $\hat{\beta}_l$ 和 $\hat{\varphi}$ 有：

$$y_{it} - \hat{\beta}_l l_{it} = \beta_k k_{it} + \beta_a a_{it} + \sum_{j=0}^{J-m} \sum_{m=0}^{J} \beta_{mj} \hat{h}_{t-1}^m \hat{P}_{t-1}^J + \xi_{it} + \varepsilon_{it} \qquad (11-18)$$

其中，$\hat{h}_{i,t-1} = \hat{\omega}_{i,t-1} = \hat{\varphi}_{i,t-1} - \beta_a^* a_{i,t-1} - \beta_k^* k_{i,t-1}$，$\hat{\varphi}_t$ 和 $\hat{\beta}_l$ 可以从式（11-17）的估计中得到，$\hat{P}_t^i$ 可在第二步中估计得到。由于此时多项式里没有 k 与 a，因此可以得到二者的系数估计。

对于标准误，Wooldridge（2005）建议用 GMM 估计得出，而 Yasar 等（2008）则通过聚类 bootstrap 法获取，并将同一企业的所有观测值作为一个类别。

OP 方法的优点在于：第一，在不借助任何工具变量的情况下，较为有效地解决了资本投入与生产率之间的相关性可能带来的内生性问题；第二，可以解决企业退出决策可能带来的选择性偏误问题。

prodest 命令使得估计生产率变得非常便捷，具体可以使用如下命令，采用 OP

---

① 参见 Yasar 等（2008）。Olley 和 Pakes（1996）用四阶多项式进行逼近，而 Ackerberg 等（2006）用的是三阶多项式逼近。但 Olley 和 Pakes（1996）通过比较发现，三阶多项式逼近与四阶多项式逼近对结果的影响不大。同时，他们认为投资函数会受不同市场结构的影响，因此，他们对四个不同时期进行了估计。

② Olley 和 Pakes（1996）为了消除市场结构及其变化的影响，首先对不同管制阶段分别进行了估计。

方法得到全要素生产率估计值①：

```
prodest depvar [if] [in],free(varlist) proxy(varlist) state(varlist)
method(op)
    predict tfp1,res        //这里得到的是 ωᵢₜ + εᵢₜ
    predict tfp2,omega      //这里得到的是 ωᵢₜ
```

显然，根据本章对良好全要素生产率的定义，应该使用 tfp2 作为后续分析的全要素生产率度量，而 tfp1 没有剔除"运气"成分，不能真实反映企业的真实实力，因此这里建议采用 tfp2。

（二）LP 模型

Levinsohn 和 Petrin（2003）提出了类似 OP 的估计方法。LP 模型与 OP 模型最主要的区别在于，LP 模型用中间投入而非投资作为企业生产率水平的代理变量。其原因是，一方面，投资的调整是有成本的，不能完全反映生产率的变化；另一方面，有些企业的投资是非连续性的，在某些年份投资了，在某些年份可能并没有投资，因此大量的缺失值或者零投资将产生严重的样本截断问题。与投资相比，中间投入常常不为 0，可以避免数据截断问题，同时中间投入的调整成本相对更低，即中间投入可以以更低成本对生产率的冲击做出及时反应。基于上述理由，中间投入是更好的代理变量。但是，Levinsohn 和 Petrin（2003）以及 Petrin 等（2004）控制了内生性可能带来的估计偏误，却没有考虑选择偏误问题。

对数形式的柯布—道格拉斯生产函数可以表示为②：

$$y_{it} = \beta_0 + \beta_m m_{it} + \beta_k k_{it} + \beta_l l_{it} + \omega_{it} + \varepsilon_{it} \qquad (11-19)$$

其中，y_{it} 为总收入，l_{it} 为劳动投入，m_{it} 为中间投入，其规模取决于企业的状态变量资本 k_{it} 和生产率冲击 ω_{it}，即：

$$m_{it} = m_{it}(\omega_{it}, k_{it}) \qquad (11-20)$$

对于任意给定的资本存量，m_{it} 关于 ω_{it} 严格单调，从而通过求式（11-20）的反函数，可以得到生产率的表达式：

---

① 该命令为 Stata 第三方命令，需要先使用 ssc install prodest, replace 进行安装。该估计命令提供了 OP、LP、ACF 以及伍德里奇等多种估计方法，为估计企业层面全要素生产率打开了大门，只需要简单的设定就可以完成非常复杂的参数估计。需要说明的是，虽然该命令为研究者提供了十分方便的估计程序，使得对于全要素生产率的估计门槛大幅度降低，但还是希望读者能花时间学会不同方法的理论基础，有条件的可以尝试手动构建矩条件进行估计，以加深对不同方法的理解，同时有效避免使用简单命令而带来的黑箱问题。此外，关于上述估计命令更为详细的说明和具体的案例可以在 Stata 窗口中运行 help prodest 进行查看。

② Levinsohn 和 Petrin（2003）将劳动分为熟练劳动 l^s 和 l^u 两类，而将中间投入分为原材料、燃料和电力三种类型。根据数据的可获得性，我们不对劳动力以及中间投入进行细分。

$$\omega_{it} = m_{it}^{-1}(m_{it}, k_{it}) = h(m_{it}, k_{it}) \tag{11-21}$$

将式（11-21）代入式（11-19）得到：

$$y_{it} = \beta_0 + \beta_m m_{it} + \beta_k k_{it} + \beta_l l_{it} + h(m_{it}, k_{it}) + \varepsilon_{it} \tag{11-22}$$

式（11-22）可以改写为：

$$y_{it} = \beta_l l_{it} + \varphi(m_{it}, k_{it}) + \varepsilon_{it} \tag{11-23}$$

其中，

$$\varphi(m_{it}, k_{it}) = \beta_0 + \beta_m m_{it} + \beta_k k_{it} + h(m_{it}, k_{it}) \tag{11-24}$$

然后，Levinsohn 和 Petrin（2003）采用局部加权二次最小二乘逼近法对式（11-22）进行估计。但同时他们也发现，采用三阶多项式逼近法也可以得到相关参数极为相似的估计结果。Petrin 等（2004）采用三阶多项式逼近法对生产函数的相关参数进行了估计，即 $\varphi_{it} = \delta_0 + \sum_{j=0}^{3} \sum_{m=0}^{3-j} \beta_{mj} k_{it}^m m_{it}^j + \eta_{it}$，据此可得 $\hat{\varphi}_{it} = \hat{y}_{it} - \hat{\beta}_l l_{it} = \hat{\delta}_0 + \sum_{j=0}^{3} \sum_{m=0}^{3-j} \beta_{mj} k_{it}^m m_{it}^j$，利用式（11-24）可以得到 ω_{it} 的估计，即 $\hat{\omega}_{it} = \hat{\varphi}_t - \beta_k^* k_{it} - \beta_m^* m_{it}$。

由于生产率变化服从一阶马尔科夫过程，即 $p(\omega_{i,t+1} \mid J_{it}) = p(\omega_{i,t+1} \mid \omega_{it})$。因此，生产率的变化可以表示为：

$$\omega_{it} = E[\omega_{it} \mid J_{i,t-1}] + \xi_{it} = E[\omega_{it} \mid \omega_{i,t-1}] + \xi_{it} = g(\omega_{i,t-1}) + \xi_{it} \tag{11-25}$$

这就将 ω_{it} 分解为时期 $t-1$ 的条件期望 $E[\omega_{it} \mid J_{i,t-1}]$ 以及该期望的离差 ξ_{it} 两部分。通常，将 ξ_{it} 称为生产率的"创新"部分，这部分在企业进行决策时并不为企业所知，可以将其视为随机漂移项。将式（11-25）代入式（11-23）并整理，可以得到：

$$y_{it} - \beta_l l_{it} = \beta_0 + \beta_m m_{it} + \beta_k k_{it} + g(\varphi_{i,t-1} - \beta_k k_{i,t-1} - \beta_m m_{i,t-1}) + \xi_{it} + \varepsilon_{it}$$
$$\tag{11-26}$$

对于函数 g，可基于非线性最小二乘法，利用三阶多项式对其进行逼近。Levinsohn 和 Petrin（2003）认为，对于固定资本（$k_{i,t-1}$）和中间投入（$m_{i,t-1}$）的产出份额 β_k^* 和 β_m^* 的任意可能值，可以构造如下方程以估计全要素生产率 ω_{it}：

$$\hat{\omega}_{i,t-1} = \hat{\varphi}_{i,t-1} - \beta_k^* k_{i,t-1} - \beta_m^* m_{i,t-1}$$

然后，利用一阶马尔科夫过程，得到如下估计：

$$\hat{\omega}_{it} = \hat{E}(\omega_{it} \mid \omega_{i,t-1}) = \gamma_0 + \gamma_1 \omega_{i,t-1} + \gamma_2 \omega_{i,t-1}^2 + \gamma_3 m_{i,t-1}^3 + \xi_{it}$$

进而有：

$$\hat{\xi}_{it} + \hat{\varepsilon}_{it} = y_{it} - \hat{\beta}_l l_{it} - \beta_m^* m_{it} - \beta_k^* k_{it} - \hat{E}(\omega_{it} \mid \omega_{i,t-1})$$

通过对上述残差平方和最小化，就可以求得 β_m^* 和 β_k^* 的估计值。但为了得到一致性估计，还需要利用另外两个矩条件。首先，如果当期的固定资本存量取决于上一期的固定资本投资，那么当期固定资本存量与当期生产率水平不相关，即有：$\hat{E}(\eta_{it} + \varepsilon_{it} \mid k_{it}) = 0$

另外，还要满足另一个矩条件以估计 β_m^*，即：$\hat{E}(\eta_{it} + \varepsilon_{it} \mid m_{i,t-1}) = 0$

根据条件期望的性质，随机漂移项 ξ_{it} 满足如下条件：$E[\xi_{it} \mid J_{i,t-1}] = 0$

由于 k_{it} 在第 $t-1$ 期已被决定，这意味着：$E[\xi_{it} \mid k_{it}] = 0$

这种相互独立性进一步意味着 ξ_{it} 与 k_{it} 是不相关的，也就是说，无法利用企业资本存量的信息去预测企业生产率的漂移，即：$E[\xi_{it} k_{it}] = 0$

LP 方法利用上述矩条件来确定资本项的系数 β_k，然后通过求反函数得到 ε_{it}，即：

$$\omega_{it}(\beta_k) = \hat{\varphi}_{it} - \beta_k k_{it}$$

进而，通过 $\omega_{it}(\beta_k)$ 关于 $\omega_{i,t-1}(\beta_k)$ 进行非参数回归，便可以计算得到 ξ_{it} 的估计值，即：

$$\xi_{it}(\beta_k) = \omega_{it}(\beta_k) - \hat{\psi}(\omega_{i,t-1}(\beta_k))$$

其中，$\hat{\psi}(\omega_{i,t-1}(\beta_k))$ 为上述非参数回归的预测值。

prodest 命令使得生产率估计变得非常便捷，具体可以使用如下命令，采用 LP 方法得到全要素生产率估计值[①]：

```
prodest depvar [if] [in],free(varlist) proxy(varlist) state(varlist)
method(lp)
predict tfp1,res          //这里得到的是 ω_it + ε_it
predict tfp2,omega        //这里得到的是 ω_it
```

显然，根据本章对良好全要素生产率的定义，应该使用 tfp2 作为后续分析的全要素生产率度量，而 tfp1 没有剔除"运气"成分，不能真实反映企业的真实实力，因此这里建议采用 tfp2。

（三）ACF 修正

OP 方法与 LP 方法依然解决了 OLS 估计量在估计全要素生产率时面临的遗漏变量和样本选择偏误问题，使得对于微观企业全要素生产率的估计得到了快速发展，但上述半参数方法也带来了新的问题，即可能存在共线性问题。Ackerberg 等（2006）在 OP 方法和 LP 方法的基础上提出了一种新的估计方法（简称为 ACF）以解决共线

---

① 这里只需要将 method() 的参数设置为 lp，即可采用 LP 方法对全要素生产率进行估计。

性问题。这里同样假设生产技术满足如下 CD 型生产函数：

$$y_{it} = \beta_k k_{it} + \beta_l l_{it} + \omega_{it} + \varepsilon_{it} \qquad (11-27)$$

与 OP 模型和 LP 模型相比，ACF 模型并不试图在第一步就估计可变生产要素 L 的产出弹性 β_l，但需要在第一步将 ω_{it} 从 ε_{it} 中分离出来，为后续构建矩条件奠定基础。之所以可以在第一步放弃估计 β_l，是因为假设劳动投入决策是在原材料投入决策之前进行，这意味着劳动也不是通常意义上的完全可变生产要素，至少相对于中间投入来说，具有一定的调整成本。具体而言，假设 k_{it} 投入决策在第 $t-1$ 期或先于第 $t-1$ 期作出，l_{it} 决策在 k_{it} 决策作出之后的第 $t-b (0 < b < 1)$ 期作出（即 k_{it} 决策作出之后不久就决定 l_{it} 的投入），但是 l_{it} 的投入决策要先于 m_{it} 的投入决策，m_{it} 表示 m 在第 t 期作出①。假设生产率 ω_{it} 服从一阶马尔科夫过程②，即：

$$p(\omega_{it} \mid J_{it-b}) = p(\omega_{it} \mid \omega_{it-b})$$
$$p(\omega_{it-b} \mid J_{it-1}) = p(\omega_{it-b} \mid \omega_{it-1})$$

基于以上假设，企业在时期 t 的原材料（可以理解为中间投入）投入需求将取决于先前的劳动投入，即：

$$m_{it} = f_t(\omega_{it}, k_{it}, l_{it}) \qquad (11-28)$$

在 k_{it} 和 l_{it} 给定的情况下，求式（11-28）关于 ω_{it} 的反函数可得到 ω_{it}，即 $\omega_{it} = f_t^{-1}(m_{it}, k_{it}, l_{it})$，并将其代入第一步的生产函数，即式（11-27），可得：

$$y_{it} = \beta_k k_{it} + \beta_l l_{it} + f_t^{-1}(m_{it}, k_{it}, l_{it}) + \varepsilon_{it} \qquad (11-29)$$

显然，在第一步无法确定 β_l。但是，在第一步可以通过高阶多项式逼近法得到复合项的估计值 $\hat{\varphi}$。复合项可以表示为：

$$\varphi_t(m_{it}, k_{it}, l_{it}) = \beta_k k_{it} + \beta_l l_{it} + f_t^{-1}(m_{it}, k_{it}, l_{it}) \qquad (11-30)$$

复合项为产出与企业未观察到的生产率冲击效应（或测量误差）之间的差额。以企业的原材料投入为条件，这一过程可以分离并剔除由残差项（即未观察到的生产率冲击，如未预料到的天气变化、瑕疵率、设备故障等）决定的产出部分。

由于在第一步没有获得系数的估计值，因此，需要确定 β_k 和 β_l 的经验估计量。此时，需要利用第二阶段确定的两个独立矩条件。在生产率服从一阶马尔科夫过程的

①　这一假设表明，企业最先进行资本投入决策，然后雇用劳动力，最后根据资本量以及所雇用的劳动力数量决定投入多少原材料。这主要是因为，如果资本和劳动没有确定下来，事先确定好原材料投入有可能会导致资源闲置和浪费。或者，反过来可以这样理解，因为需要花时间对员工进行培训，或者在解雇之前需要提前一段时间让员工知晓等，所以劳动投入的柔性程度没有原材料那么大。

②　该假设对于从随机干扰项中分离出能够代表企业真实技术水平的全要素生产率 ω 来说较为重要。当然，在实际操作中，也可以假设生产率的变化有更加复杂的动态函数关系。

假设下，可以得到如下关系：

$$\omega_{it} = E[\omega_{it} \mid J_{i,t-1}] + \xi_{it} = E[\omega_{it} \mid \omega_{i,t-1}] + \xi_{it} \qquad (11-31)$$

ξ_{it} 独立于第 $t-1$ 期所有的信息。由于资本存量由上一期，即第 $t-1$ 期决定，因此可以得到第二步的矩条件，即：

$$E[\xi_{it} \mid k_{it}] = 0 \qquad (11-32)$$

这里需要特别说明的是，因为 ξ_{it} 与第 $t-1$ 期所有的信息相互独立，而 k_{it} 又取决于第 $t-1$ 期的资本存量 $k_{i,t-1}$，从而 ξ_{it} 与 k_{it} 相互独立。

由于劳动在第 $t-b$ 期决定，因此劳动 l_{it} 至少部分与 ξ_{it} 相关。此外，由于滞后一期的劳动投入 $l_{i,t-1}$ 是在第 $t-1-b$ 期进行决策的，因此，其隶属于第 $t-1$ 期的信息集 $J_{i,t-1}$，从而与 ξ_{it} 无关。上述假定意味着如下矩条件成立，即：

$$E\left[\xi_{it} \,\middle|\, \begin{matrix} k_{it} \\ l_{i,t-1} \end{matrix}\right] = 0 \qquad (11-33)$$

这也意味着，生产率的随机漂移项 ξ_{it} 与资本投入 k_{it} 以及上一期劳动力投入 l_{it-1} 正交，这两个条件是在估计 β_k 和 β_l 的过程中需要用到的两个矩条件。此外，对于参数 (β_k, β_l) 的任意取值，可以重新得到隐含的 ξ_{it}，如此一来，便可以通过以下流程得到产出弹性的一致估计。

首先，对于 (β_k, β_l) 的某个给定取值，可以根据式（11-34）求得任意时期 t 的生产率 $\omega_{it}(\beta_k, \beta_l)$：

$$\omega_{it}(\beta_k, \beta_l) = \hat{\varphi}_{it} - \beta_k k_{it} - \beta_l l_{it} \qquad (11-34)$$

然后，通过 $\omega_{it}(\beta_k, \beta_l)$ 对 $\omega_{i,t-1}(\beta_k, \beta_l)$ 进行非参数回归（包含常数项），如：

$$\hat{\omega}_{it} = \hat{E}(\omega_{it} \mid \omega_{i,t-1}) = \gamma_0 + \gamma_1 \omega_{i,t-1} + \gamma_2 \omega_{i,t-1}^2 + \gamma_3 \omega_{i,t-1}^3 + \xi_{it} \qquad (11-35)$$

该回归的残差项即为隐含的 $\xi_{it}(\beta_k, \beta_l)$。给定这些隐含的 $\xi_{it}(\beta_k, \beta_l)$，可以构造一个类似于前面给出的样本矩条件，即：

$$\frac{1}{T} \frac{1}{N} \sum_t \sum_i \xi_{it}(\beta_k, \beta_l) \begin{pmatrix} k_{it} \\ l_{it-1} \end{pmatrix} \qquad (11-36)$$

通过最小化该样本矩，就可以估计得到生产函数的相关参数 (β_k, β_l)。

从严格意义上来说，ACF 方法并不属于新的全要素生产率估计方法，其核心思想相对于 OP、LP 方法并没有本质的区别，只是针对 OP、LP 方法可能存在的共线性问题进行相应的修正。因而，在使用 Stata 软件进行估计的时候，只需要明确对 OP 或者是 LP 估计量进行 ACF 修正，即可得到相应的估计结果，具体的 Stata 估计命令如下所示：

```
prodest depvar [if] [in],free(varlist) proxy(varlist) state(varlist)
method(op) acf
```

predict tfp_op_acf,omega　　　//这里得到的是基于 ACF 修正的 OP 方法所得到的 ω_{it}

```
prodest depvar [if] [in],free(varlist) proxy(varlist) state(varlist)
method(lp) acf
```

predict tfp_lp_acf,omega　　　//这里得到的是基于 ACF 修正的 LP 方法所得到的 ω_{it}

（四）全要素生产率的其他估计方法

1. 数据包络法（DEA）

除前述经典的估计方法以外，文献中较为常见的方法还有基于非参数的数据包络分析方法（DEA）以及随机前沿生产函数方法（SFA 法）。对于 SFA 法的讨论，此处不再详细展开，感兴趣的读者可以参考相关文献，如张天华和张少华（2016）的文章详细讨论了不同方法的差异和估计效果①。

数据包络法（DEA）是一种非参数估计方法，由 Charnes 等（1978）② 最早提出。基于 DEA 方法的 Malmquist 指数、Luenberger 指数等生产率指数常被用来衡量全要素生产率及其分解项。相对于之前讨论的经典估计方法来说，采用 DEA 方法的好处在于：第一，DEA 方法采用的是非参数型确切性前沿生产函数，不需要对投入产出的生产函数结构进行先验性假定，无须对残差分布进行解释，投入产出变量的权重由模型根据数据产生而不会受到研究人员主观因素的影响，不需要对生产行为进行特别限制，允许非效率行为的存在，可以考察多投入、多产出的生产问题；第二，Malmquist 指数法不需要有关投入产出方面的价格信息；第三，Malmquist 指数法将生产率变化指数分解为相对技术效率变化和技术进步。

但该方法也有其局限性：第一，该模型容易受到随机因素的影响，而随机因素直接影响确定性前沿的构造，进而影响由该方法得出的技术进步和技术效率。第二，DEA 方法所得到的确定性前沿仅仅由"最高"样本的线性组合得到，因此"最高"样本的水平直接影响确定性前沿。第三，DEA 方法在拥有大量的样本的情况下，计算全要素生产率的速度会非常慢，以最为常见的 Malmquist 指数为例，对于任何一个观测点，都需要计算两个同期距离函数和两个跨期距离函数，如果类似于工业企业数据库拥有几百万样本，则求解速度将非常慢，并且解的可行性也会相对下降。

---

① 张天华，张少华. 偏向性政策、资源配置与国有企业效率 [J]. 经济研究，2016（51）.

② Charnes, A, Cooper, W W, Rhodes, E. Measuring the Efficiency of Decision Making Units [J]. European Journal of Operational Research, 1978, 2 (6).

基于 Malmquist 指数的 Stata 估计命令如下所示①:

```
malmq2 inputvars = outputvars [if] [in],[options]
```

2. 随机前沿生产函数法（SFA）

该方法由 Aigner 等（1977）在随机前沿生产函数理论上取得了突破性的进展。该理论认为总生产函数由两部分组成：前沿生产函数部分和非效率部分，具体模型可以表示为：

$$Y_t = F(X_t, \beta) e^{v-u} \qquad\qquad (11-37)$$

其中，Y_t 为产出，F 为生产函数，X_t 为投入要素矩阵，β 是一组待估计参数，v 表示随机误差，服从均值为 0、方差不变的正态分布，而 u 服从半正态分布、截尾正态分布或者指数分布等。应用 SFA 法测度全要素生产率，一般首先估计随机前沿生产函数中的参数，然后根据 Kumbhakar（2000）② 的方法，将全要素生产率变化分解为技术进步和技术效率，进而计算出全要素生产率。

随机前沿生产函数法在计算全要素生产率时具有以下优势：第一，和确定性前沿生产函数相比，随机前沿生产函数在一定程度上消除了随机因素对前沿生产函数的影响；第二，随机前沿生产模型最大的贡献是允许技术无效率的存在，并将全要素生产率变化分解为技术进步和技术效率变化，这比传统的索洛余值法更加接近生产和经济的实际情况。

然而，这种方法也存在以下缺陷：第一，许多研究只是简单地假设 u 服从非负断尾正态分布，但其真正分布形式却无法识别，这会直接影响技术效率的结果；第二，这种方法只适用于单投入单产出或多投入单产出的情形，不能处理多投入多产出的情形；第三，这种方法只适用于大型样本数据，对小样本数据，估计出的结果误差较大；第四，同索洛余值法一样，SFA 法同样面临着生产函数具体形式的选择问题。

Stata 中的 xtfrontier 命令可以用于估计面板随机前沿模型，以下命令可估计非时变模型：

```
xtfrontier depvar [indepvars] [if] [in] [weight],ti [ti_options]
```

以下命令可估计时变模型：

```
xtfrontier depvar [indepvars] [if] [in] [weight],tvd [tvd_options]
```

① 该命令同样为第三方命令，需要通过 ssc install malmq2, replace 进行安装。

② Kumbhakar, S C, Denny, M, Fuss, M. Estimation and Decomposition of Productivity Change When Production is Not Efficient: A Paneldata Approach [J]. Econometric Reviews, 2000, 19 (4).

第三节 Stata 案例以及实现命令

接下来，将使用 prodest 命令的展示数据演示不同估计方法在 Stata 软件中具体如何实现。首先，需要设置当前工作路径到保存数据的文件夹，以方便后续读取数据以及保存结果。其次，将保存在电脑上的数据（prodest. csv）读取到内存当中，以便后续分析使用。

将当前工作路径设置为数据所在目录：

```
cd " ~ \生产率估计\prodest"
```

将 csv 格式的数据读取到内存当中，指定第一行数据为变量名称 varn（1）：

```
import delim using prodest.csv,clear varn(1)
```

设置成面板数据，并制定为年度数据：

```
xtset id year,y
```

采用 OP 方法进行估计。

```
prodest log_y,free(log_lab1 log_lab2) state(log_k) proxy(log_
investment) va met(op) poly(4) reps(40) id(id) t(year)
```

```
op productivity estimator                        Cobb-Douglas PF

Dependent variable: value added         Number of obs      =      2544
Group variable (id): id                 Number of groups   =       497
Time variable (t): year
                                        Obs per group: min =         1
                                                       avg =       5.1
                                                       max =        11

     log_y │ Coefficient  Std. err.      z    P>|z|    [95% conf. interval]
───────────┼──────────────────────────────────────────────────────────────
  log_lab1 │  .3135685   .0304809    10.29   0.000    .2538269     .37331
  log_lab2 │  .2496038   .0233405    10.69   0.000    .2038572    .2953503
     log_k │  .1558824   .0720381     2.16   0.030    .0146903    .2970745

Wald test on Constant returns to scale: Chi2 = 11.45
                                           p = (0.00)
```

采用 ACF 修正，同时使用 OP 方法进行估计。

```
prodest log_y,free(log_lab1 log_lab2) state(log_k) proxy(log_
investment) va met(op) acf opt(nm) reps(50) id(id) t(year) fsresiduals
(fs_acf_op)
```

```
op productivity estimator                    Cobb-Douglas PF
ACF corrected
Dependent variable: value added      Number of obs      =      2544
Group variable (id): id              Number of groups   =       497
Time variable (t): year

                                     Obs per group: min =         1
                                                    avg =       5.1
                                                    max =        11

     log_y │ Coefficient  Std. err.       z    P>|z|     [95% conf. interval]

   log_lab1 │  .4452921   .1235227      3.60   0.000     .2031921    .687392
   log_lab2 │  .3526488   .1932331      1.82   0.068    -.0260811   .7313787
      log_k │  .3079968   .1191949      2.58   0.010     .0743792   .5416145

Wald test on Constant returns to scale: Chi2 = 0.69
                                          p = (0.41)
```

采用 LP 方法进行估计。

prodest log_y, free(log_lab1 log_lab2) state(log_k) proxy(log_materials) va met(lp) opt(dfp) reps(50) id(id) t(year) fsresiduals(fs_lp)

```
lp productivity estimator                    Cobb-Douglas PF

Dependent variable: value added      Number of obs      =      2544
Group variable (id): id              Number of groups   =       497
Time variable (t): year

                                     Obs per group: min =         1
                                                    avg =       5.1
                                                    max =        11

     log_y │ Coefficient  Std. err.       z    P>|z|     [95% conf. interval]

   log_lab1 │  .2011151   .0248672      8.09   0.000     .1523763    .249854
   log_lab2 │  .1696222   .0200757      8.45   0.000     .1302746   .2089698
      log_k │  .1200642   .0393299      3.05   0.002     .0429789   .1971494

Wald test on Constant returns to scale: Chi2 = 119.57
                                          p = (0.00)
```

采用 ACF 修正，同时使用 LP 模型进行估计。

prodest log_y, free(log_lab1 log_lab2) state(log_k) proxy(log_materials) va met(lp) acf reps(50) id(id) t(year)

```
lp productivity estimator                    Cobb-Douglas PF
ACF corrected
Dependent variable: value added        Number of obs      =      2544
Group variable (id): id                Number of groups   =       497
Time variable (t): year
                                       Obs per group: min =         1
                                                      avg =       5.1
                                                      max =        11

      log_y │ Coefficient  Std. err.      z    P>|z|     [95% conf. interval]
────────────┼──────────────────────────────────────────────────────────────
    log_lab1 │  .4520811   .2560832     1.77   0.078    -.0498328    .953995
    log_lab2 │  .3594678   .2952134     1.22   0.223    -.2191399   .9380755
       log_k │  .3147958   .1490615     2.11   0.035     .0226407    .606951

Wald test on Constant returns to scale: Chi2 = 0.57
                                         p = (0.45)
```

使用 DEA 方法估计生产率[①]。

```
malmq2 log_lab1 log_lab2 log_k = log_y,dmu(id) sav(tfp_malmq,
replace)
```

Row	id	Pdwise	TFPCH	TECH	TECCH
1	2	10007	1999~2000	0.9997	1.0000	0.9997
2	3	10007	2000~2001	0.6146	1.0000	0.6146
3	4	10007	2001~2002	.	0.7748	.
4	5	10007	2002~2003	1.0749	0.9871	1.0889
5	7	10016	1996~1997	1.0011	0.9969	1.0043
6	8	10016	1997~1998	1.0099	1.0154	0.9946
7	9	10016	1998~1999	1.0170	0.9625	1.0566
8	10	10016	1999~2000	1.0370	1.0367	1.0002
9	11	10016	2000~2001	0.9998	1.8464	0.5415
10	12	10016	2001~2002	1.0006	1.0776	0.9285
11	13	10016	2002~2003	0.9977	0.9709	1.0276
12	15	10044	1996~1997	0.9830	0.9858	0.9972
13	16	10044	1997~1998	0.9525	0.9519	1.0005
14	17	10044	1998~2000	1.0104	1.0103	1.0001
15	18	10044	2000~2001	1.0680	1.7739	0.6021

使用 SFA 方法估计生产率，并且假设非效率项不随时间的变化而变化。

```
xtfrontier log_y log_lab1 log_k,ti
```

---

① 限于篇幅，这里仅展示部分结果。

```
Time-invariant inefficiency model                    Number of obs    =   2,544
Group variable: id                                   Number of groups =     497

                                                     Obs per group:
                                                                  min =       1
                                                                  avg =     5.1
                                                                  max =      11

                                                     Wald chi2(3)     =  355.70
Log likelihood = -1506.3831                          Prob > chi2      =  0.0000

       log_y | Coefficient  Std. err.      z    P>|z|     [95% conf. interval]
-------------+----------------------------------------------------------------
    log_lab1 |   .1242558   .0112117    11.08   0.000    .1022812    .1462304
    log_lab2 |   .1071577   .0090317    11.86   0.000    .0894559    .1248595
       log_k |   .1034696   .0079222    13.06   0.000    .0879424    .1189967
       _cons |   15.37406   .4509763    34.09   0.000    14.49016    16.25796
-------------+----------------------------------------------------------------
         /mu |   4.019348   .4335761     9.27   0.000    3.169555    4.869142
    /lnsigma2 |   .338404   .0664952     5.09   0.000    .2080759    .4687322
    /lgtgamma |  2.726595   .0802947    33.96   0.000     2.56922     2.88397
-------------+----------------------------------------------------------------
      sigma2 |   1.402707   .0932733                     1.231307    1.597967
       gamma |   .9385778   .0046289                     .9288542    .9470483
     sigma_u2 |  1.31655   .0934695                     1.133353    1.499747
     sigma_v2 |  .0861573   .0027478                     .0807718    .0915429
```

使用 SFA 方法估计生产率，并且假设非效率项可以随时间的变化而变化。

```
xtfrontier log_y log_lab1 log_k,tvd①
```

```
Time-varying decay inefficiency model                Number of obs    =   2,544
Group variable: id                                   Number of groups =     497

Time variable: year                                  Obs per group:
                                                                  min =       1
                                                                  avg =     5.1
                                                                  max =      11

                                                     Wald chi2(3)     =  318.45
Log likelihood = -1486.4975                          Prob > chi2      =  0.0000

       log_y | Coefficient  Std. err.      z    P>|z|     [95% conf. interval]
-------------+----------------------------------------------------------------
    log_lab1 |   .1220707   .0110661    11.03   0.000    .1003816    .1437597
    log_lab2 |   .1093609   .0089248    12.25   0.000    .0918686    .1268531
       log_k |   .0909189   .0080382    11.31   0.000    .0751644    .1066735
       _cons |   1409.295       .         .      .          .           .
-------------+----------------------------------------------------------------
         /mu |   1397.761   .1112143 12568.17   0.000    1397.543    1397.979
        /eta |   .0000107   1.68e-06    6.38   0.000    7.42e-06     .000014
    /lnsigma2 |  .3675793   .0659751     5.57   0.000    .2382705    .4968881
    /lgtgamma |  2.787198   .0795282    35.05   0.000    2.631326     2.94307
-------------+----------------------------------------------------------------
      sigma2 |   1.444234   .0952835                     1.269052    1.643599
       gamma |   .9419801   .0043465                     .9328506    .9499349
     sigma_u2 |  1.36044   .0954747                     1.173313    1.547567
     sigma_v2 |  .0837944   .0026723                     .0785568    .0890319
```

---

① 在我们的例子中，该结果并未实现收敛，因而不具有可比性，这里仅供学习参考。

本讲主要分析了全要素生产率的不同估计方法。总体来说，估计全要素生产率的方法已经日趋成熟，并且各统计软件都能够有现成的命令可以快速获得估计结果。进入门槛的大幅度降低并不意味着学习理论知识变得不再重要，相反，只有在充分掌握相关理论的前提下，才能对估计结果的解释和不同方法之间的差异有更加清晰的认识。由于本书主要侧重于方法实现方面的讲解，理论部分的内容有所压缩，对生产率估计感兴趣的读者可以参考相关文献①。

思考与练习

1. 选择部分本书提供的估计全要素生产率的参考文献进行精读，了解有关全要素生产率的基本内容和估算原理。

2. 请尝试整理各类估算全要素生产率的方法，并通过表格比较各种方法的异同，重点分析不同方法的优缺点。

3. 根据本讲提供的数据和代码，请自行尝试运用三种不同的估计方法对我国上市公司的全要素生产率进行估计，并对估计结果差异进行分析。

---

① 例如，张宁，杜克锐. 效率与生产率分析教程——理论、应用与编程［M］. 济南：山东大学出版社，2022.

> 第 12 讲　论文的结论与展望 <

论文的结论与展望需要直接且简要地回应绪论或引言部分提出的问题、理论假说部分提出的假说以及需要进一步研究的若干问题。本讲首先阐明结果的表格表达、图形表达和文字表达，进而指出结论的系统性和整体性要求；其次，在区分政策启示和对策建议的基础上，探讨学术论文中的政策启示和智库研究中的对策建议范例；最后，就研究不足和研究展望的思路进行阐述。

第一节　结果和结论的不同表达

结果和结论是两类不同的研究内容。结果一般出现在实证研究或经验研究部分，不会大篇幅地出现在结论与展望部分。结果可以是基于数据、方法或案例分析的表达，包括计算结果、回归结果或统计结果等，也可以是基于各类结果的比较表达，包括比较结果或结果综合等。结论是基于结果对研究问题和研究假设的回应，更加理论、更为综合。例如，《心肺血管病杂志》编辑部每年都会给出《统计学分析结果和结论陈述的表达》，全文内容如下：[①]

论文在表达统计分析结果时，一般只给出"$P > 0.05$""$P < 0.05$"或"$P < 0.01$"，应给出统计量的计算结果，并尽可能给出具体的"p 值"，如，$t = 4.78$，$df = 8$，$P = 0.0014$，$\chi^2 = 10.360$，$df = 3$，$P = 0.157$。

在表达定性和定量资料的结果时，还应给出总体平均值或总体率的 95% 可信区间。

论文在陈述结论时常说：试验组与对照组比较，差别非常显著。这样下结论是不可取的！正确的陈述方法如下：试验组与对照组总体平均值之间的差别具有统计学意义，因实验组的平均值大于对照组的平均值，说明试验药物使该指标的取值有所升高。在研究某种疾病患者（分为溶栓、未溶栓）是否出现心功能不全时，得到了 $P < 0.05$ 的正确计算结果，但结论却是这样写的：溶栓与心功能不全之间的联系具有统

---

① 本刊编辑部. 统计学分析结果和结论陈述的表达 [J]. 心肺血管病杂志, 2021 (10).

计学差异。这样的结论是很不完全的，应该阐明这个结论说明了什么？正确的结论应当是什么？

《心肺血管病杂志》编辑部的这三段表达言简意赅地对结果和结论进行了区分。

首先，结果不仅仅指统计结果（原文中称为"统计分析结果"），而且还可以是计算结果（原文中是指统计量的计算结果）。换言之，报告结果需要报告统计量和统计值。

其次，在没有大数据（原文中是指定性和定量资料）的分析结果中，也应尽可能地运用均值或比率（原文中给出的是总体率）来刻画相应的研究结果。

最后，结论的表达明确且清晰。例如，文中的结论一"试验组与对照组比较，差别非常显著"和结论二"溶栓与心功能不全之间的联系具有统计学差异"。[①] 虽然这两结论不一定正确，但却是结论的真实表达。结论一正确的表达为："试验组与对照组总体平均值之间的差别具有统计学意义，因试验组的平均值大于对照组的平均值，说明试验药物使该指标的取值有所升高"。具体而言，结果的表达有以下三种方式，包括表格表达、图形表达和文字表达。

一、结果的表格表达

表格表达是结果表达最常用的方式之一。张军等（2004）的《中国省际物质资本存量估算：1952—2000》是一篇经典的经济学实证论文，论文的最后一部分便是"估计结果及其比较"。该部分较好地给出了关于结果的表达：[②]

表2给出了用上文讨论后确定的各个指标和方法而计算的中国省际资本存量，以及全国的资本存量总量。总的来说，按照全国固定资本存量形成总额和固定资产投资价格指数计算得到的全国数值和把各省数值加总后得到的全国数值差异不大，即2000年中国的物质资本存量以1952年不变价格衡量在5万亿以上。

和已有几个主要研究比较可以发现，本文估计的资本存量在数值上相对较低。主要原因是……

就分省的估算结果来看，各省区市的资本存量有很大差异……

表2　　　　　　　　代表性年份中国省际物质资本存量估计　　　　（单位：亿元）

年份	1952	1960	1970	1978	1985	1990	1995	1998	2000a	2000b
北京	18	72	83	148	443	1296	2522	3884	4924	7041
天津	13	36	45	147	324	494	812	1161	1414	3846

---

① 此处，"试验组"同因果分析中的"实验组"，保留"试验组"是为了与原刊内容保持一致。

② 张军，吴桂英，张吉鹏. 中国省际物质资本存量估算：1952—2000 [J]. 经济研究，2004（10）.

年份	1952	1960	1970	1978	1985	1990	1995	1998	2000a	2000b
……										
合计	748	2035	2409	4527	8905	15252	28152	41963	53209	189318
全国	807	2091	3159	6267	11088	17224	29680	46223	51056	181658

注：本表中给出的资本存量为各年末数据。前面 9 列数据均指以 1952 年不变价格计算的资本存量，最后一列 2000b 指以当前价格计算的资本存量。"合计"指把各省各年资本存量数值加总后得到的全国数值；"全国"指按照全国固定资本形成总额和固定资产投资价格指数计算得到的全国数值。为保持数据一致性，1996 年后重庆的数据并入四川。个别省份少数年份数值缺失，采用相关指标前后年份的数值滑动平均代替。

在陈斌开和赵扶扬（2023）、赖烽辉和李善民（2023）等文献中，结果的表格表达备受青睐。[①] 陈斌开和赵扶扬（2023）的文章共有三张表，赖烽辉和李善民（2023）的文章共有八张表。陈斌开和赵扶扬（2023）在执行了两组反事实模拟，分别令全国贸易成本降低 10% 和 20%，见该论文中的表 2。该表展示了两组模拟中四个时间点的实际 GDP 和总福利相对于基准模拟的变化，四个时间点分别为 2020 年、2035 年、2050 年，以及影响最大的年份。

表 2　　　　　　　　　　降低国内贸易成本对 GDP 和福利的影响（%）

			2020 年	2035 年	2050 年	最大影响
（1）	贸易成本降低 10%	GDP 影响	2.0285	3.1146	3.2157	3.2305
		福利影响	0.2962	0.8598	0.8990	0.9152
（2）	贸易成本降低 20%	GDP 影响	4.9441	7.7627	8.1493	8.1560
		福利影响	0.7216	2.1530	2.3449	2.3534

作者从以下几个方面对结果进行了解读。首先，降低国内贸易成本的影响均明确是正向的；其次，随着时间的推移，影响在扩大；最后，减排成本翻倍后，GDP 和总福利的影响增加超过一倍。由此可见，结果的展示一般都是比较直观的且能从表中相对容易读取到的。

赖烽辉和李善民（2023）的文章中的八张表分别是描述性统计表、基准回归表、共同股东网络促进创新溢出的量级表、技术相似度和地理距离的调节作用表，以及知识吸收能力分组、出口导向程度分组、民营企业引用国有企业专利情况、民营企业的创新质量等稳健性检验的回归结果表。[②] 大部分回归结果的表格表达样式一致，如该论文中的表 8 所示。

---

① 陈斌开，赵扶扬. 外需冲击、经济再平衡与全国统一大市场构建——基于动态量化空间均衡的研究 [J]. 经济研究，2023（6）；赖烽辉，李善民. 共同股东网络与国有企业创新知识溢出——基于国有企业考核制度变迁的实证研究 [J]. 经济研究，2023（6）.

② 赖烽辉，李善民. 共同股东网络与国有企业创新知识溢出——基于国有企业考核制度变迁的实证研究 [J]. 经济研究，2023（6）.

表 8　　　　　　　　　　　　　　　　民营企业的创新质量

变量	OLS	OLS	probit	logit	Poisson
	ln(*citednum*)	ln(*citednum*)	*Iscited*	*Iscited*	*citednum*
ln*noshock*	0.452	2.513 ***	1.382 **	2.383 **	4.230 ***
	(0.669)	(0.722)	(0.576)	(1.0173)	(1.555)
控制变量	是	是	是	是	是
Year	是	是	是	是	是
Industry	否	是	是	是	是
Firm	是	否	否	否	否
Province	是	是	是	是	是
观测值	16296	16743	16709	16709	16711
R^2	0.697	0.394			
pseudo R^2			0.275	0.276	0.808

在该表中，OLS、probit、logit 和 Poisson 是四种回归方法，分别对应普通最小二乘法、probit 模型、logit 模型和泊松模型。*Citednum* 和 *Iscited* 是两类被解释变量，分别表示民营企业专利被其他企业或自然人引用的次数和民营企业专利被其他企业（不含共同股东网络内的国有企业）或自然人等引用的概率。其中，ln(*citednum*) 表示取 *citednum* 的对数，ln*noshock* 是核心解释变量，是由国有企业创新冲击引发并经共同股东网络作用的创新溢出。根据不同模型设定，固定效应包括企业固定效应（*Frim*）、年份固定效应（*Year*）、行业固定效应（*Industry*）及公司所处地区固定效应（*Province*），分别控制公司个体层面不随时间变化的因素、不同年份受到的宏观经济冲击、行业技术特征以及地区经济发展因素对企业创新产生的影响。R^2 和 pseudo R^2 是可决系数。

二、结果的图形表达

图形是另一类重要的结果表达方式。第 4 讲的数据可视化本质上就是在尝试通过图形的形式展示研究结果。此处给出的若干图形表达旨在明确如何通过图形来展示结果。图形的类型有很多，同一数据也可以通过不同的图形加以展示，而论文所选的图形一定是最能表达作者想要表达的结果。

在张军等（2004）的文章的最后，作者给出了结果比较图，见该论文中的图 2。作者制作该图的最直接原因是为了展示所估算的固定资本存量与王小鲁等（2000）、贺菊煌（1992）、Chow（1993）、张军和章元（2003）所估结果的差别，进而服务于解释张军等（2004）估计的资本存量在数值上相对较低的原因。[①]

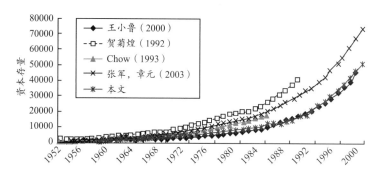

图 2　与其他关于固定资本存量已有研究结果的比较

在陈斌开和赵扶扬（2023）的文章中，图形的表达丰富得多，包括中国经济增长与结构变化的主要事实、模型的拟合能力、外需冲击影响经济结构的机制检验、外需萎缩在不同国内市场分割程度下对 GDP 和福利的负面影响、推动产品贸易与劳动要素全国统一市场建设对经济结构的影响等五幅图。[②] 以该论文中的图 2 为例，作者使用了两条曲线（一条实线和一条虚线）对比了实际 GDP 增速、可贸易部门资本回报率、可贸易部门占比、不可贸易部门占比、劳动收入份额、投资率和居民消费率的模拟值和真实值。作者认为：

除了图 2（a）中的 GDP 数据以外，图 2（b）至图 2（g）中用于对比的其他现实数据完全没有在模型的校准过程中使用过，在这样的情况下，基准模型内生输出的模拟结果仍然能与现实数据形成较好的拟合，更加印证了模型的解释力。

三、结果的文字表达

在经济学实证论文中，文字表达是表格表达和图形表达的必要补充和有机组成。如果没有文字表达，表格表达和图形表达很多时候无法传递正确的论文结果。在表格表达和图形表达的例子中，作者们都使用了文字表达来对表格表达和图形表达进行解释说明。值得指出的是，实证经济学研究越来越依赖于表格和图形表达，现在的图表制作技术和可视化技术已经十分娴熟，相应方法和应用，详见第 4 讲。

———

①　王小鲁，等. 中国经济增长的可持续性——跨世纪的回顾与展望 ［M］. 北京：经济科学出版社，2000；贺菊煌. 我国资产的估算 ［J］. 数量经济与技术经济研究，1992（8）；Chow G C. Capital Formation and Economic Growth in China ［J］. Quaterly Journal of Economics，1993（114）；张军，章元. 对中国资本存量 K 的再估计 ［J］. 经济研究，2003（7）.

②　陈斌开，赵扶扬. 外需冲击、经济再平衡与全国统一大市场构建——基于动态量化空间均衡的研究 ［J］. 经济研究，2023（6）.

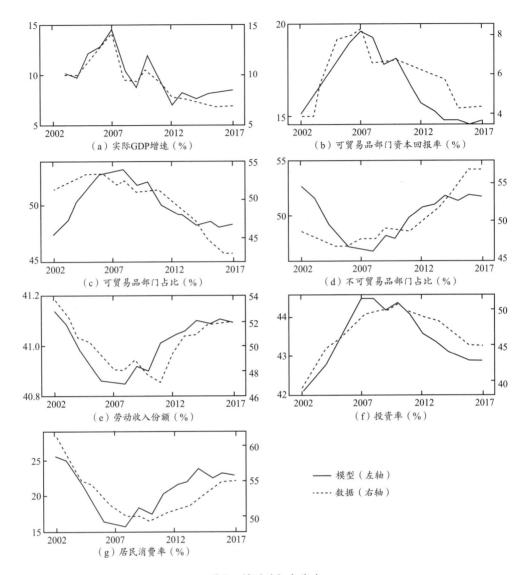

图 2　模型的拟合能力

林毅夫和李永军（2001）的文章没有太多的模型推导，有的只是简单的数据统计分析和对中小企业融资困难原因及办法的探讨。① 然而，作者也给出了一系列结果，例如在第二部分，作者指出：

当然，这并不是说中小企业完全不可能进行直接融资。信息不透明的程度越高，资金提供者在让渡资金时所要求的风险补偿就越高。这样，在直接融资中，中小企业必须支付远远高于大企业的资金成本。这种高成本只有那些高收益（同时往往也是高风险）的中小企业才能支付。一般来说，这种高风险、高收益企业是高科技企业。

① 林毅夫，李永军. 中小金融机构发展与中小企业融资 [J]. 经济研究，2001（1）.

按照上文的分析，我国的要素禀赋特点已经决定了我国的中小企业主要集中在一些技术和市场都比较成熟的劳动密集型行业。这样，融资的高成本必然将我国多数中小企业排除在直接融资市场之外。

作者没有给出太多关于结果的佐证，因为这些结果更多的是一种经验式的总结，是所见所闻、所感所悟、所思所想，但它能真真切切地反映一些观测结果和运行规律。在第三部分，作者指出：

从数量上说，我国目前已经拥有一批中小金融机构，但中小企业的融资仍然很困难。这说明我国的中小金融机构并没有很好地为中小企业服务。究其原因可能有如下几个方面：

其一，由于国家长期不重视中小金融机构的发展，并且多数时候不允许其存在，这就很难形成一个健全的中小金融机构监督机制。

其二，中小金融机构还没有实现经营机制的转换。

其三，贷款市场的高度垄断。

总之，在抽象的文字表达中，结果和结论会相对容易混淆。但可以看出：一方面，结果偏重于过程，可以很具体、很复杂，而结论偏向于对结果的总结和提炼，应该简约、明确；另一方面，结果偏重于摆事实讲道理，而结论强调的是对科学问题的系统回应和对研究假说的整体把握。

第二节　政策启示与对策建议的考察

经济学家在提政策时往往是比较谨慎严谨的。例如，史晋川（2020）指出不太主张政策太猛太快、马上见效，反垄断政策要避免简单的"一刀切"[1]；张军（2020）指出，应把更大规模的救助政策放在家庭[2]。很多时候学者们建议，提政策时应慎之又慎，甚至可以不提对策建议，相应研究有一定的政策启示意义就很有价值。

一、政策分类及直观印象

政策有经济政策、教育政策、军事政策、宗教政策、民族政策、外交政策等。宏观经济政策有财政政策和货币政策之分，中观经济政策一般是指产业政策，微观经济政策如个人所得税调整等。不同的政策还可以叠加，如区域政策和经济政策的叠加，

---

① 史晋川. 我不太主张政策太猛太快、马上见效 [N]. 第一财经，2020 - 06 - 01；史晋川. 反垄断政策要避免简单的"一刀切" [N]. 浙江日报，2022 - 12 - 24.

② 张军. 应把更大规模的救助政策放在家庭 [N]. 经济观察报，2020 - 09 - 11.

环境政策和经济政策的叠加等。那么，我国政府都出台了哪些政策？国务院政策文件库给出了关于政策的一系列直观印象。

这些政策围绕"十四五""减税降费""营商环境""乡村振兴""政务服务""就业"等关键词展开。以"十四五"为例，截至2023年8月，国务院政策文件库里共包含356个文件，其中，国务院文件31个，国务院部门文件168个，解读157个，如《国务院办公厅关于印发"十四五"现代物流发展规划的通知》《国务院关于"十四五"新型城镇化实施方案的批复》《国务院办公厅关于印发"十四五"国民健康规划的通知》等。我国政府实时公布最新政策，如《国务院关于〈宁夏回族自治区国土空间规划（2021—2035年）〉的批复》（2023年8月28日发布）、《中共中央办公厅　国务院办公厅印发〈关于进一步加强青年科技人才培养和使用的若干措施〉》（2023年8月27日发布）等。

二、政策启示和对策建议

政策启示是指基于研究结果和结论对政策实践所可能具有的启示意义。这种启示可能是宏观的，也可能是中观的，还可能是微观的。在学术论文中，对政策内涵与外延的理解多种多样，研究成果也十分丰硕。干春晖等（2011）在文章的最后给出的政策建议具有启示意义：

第一，产业结构合理化应当放到更为重要的位置之上。自从中央提出发展战略性新兴产业和大力发展服务业之后，各地政府纷纷出台了相应的政策予以响应，但是我国各地区经济发展水平差异巨大，并非所有地区都已进入到一个相当高的发展阶段。一些落后地区的政策措施无疑是将产业结构高级化摆在了更为重要的位置上，这对经济发展反而是不利的。因此，地方政府应当因地制宜根据自身的情况制定适当的产业调整政策促进本地产业结构的合理化。

第二，产业结构政策的重点是产业结构合理化，而合理化的内涵主要是要素投入结构和产出结构的耦合。当前中国高端产业人才短缺而劳动密集制造业亟待升级，劳动力结构和产业结构匹配度较低。因此，政府一方面要提高教育质量、鼓励专业培训的发展，提高劳动力素质，另一方面要大力发展劳动密集型服务业。吸纳低端劳动力就业，不仅可以增进劳动与产出的耦合，促进产业结构合理化，而且发展服务业也有利于产业结构的高级化。

林毅夫和李永军（2001）在文章中给出了一些对策建议，如"大力发展中小金融机构"的具体措施包括：

（1）对非国有金融机构开放市场，以增加金融体系中竞争的程度。（2）完善中小金融机构的监管法规、制度和监督体系，对中小金融机构加强监管，督促它们改善自己的经营。（3）对现有中小金融机构进行经营机制转换，其目的在于消除政府干预，促使金融机构实现真正的商业化经营。

由此可见，政策启示主要针对的是政府的行动准则，对策则是解决办法。对策研究一般是针对明确的问题所提出的解决办法，进而明确其结果与影响。对策建议是由特定主体向他人提出，由他人实施或者自身协助他人实施的对策。

学术论文中的对策建议往往比较理论和抽象。陈创练等（2019）的《时变乘数效应与改革开放以来中国财政政策效果测定》一文在政策启示中提出了增强财政政策效果的对策建议：①

第一，改革开放以来，中国政府投资乘数总体上呈减弱趋势，政府消费乘数亦呈小幅下降态势……因此，目前政策当局依然可以通过增加消费性支出来促进经济增长，而不必担心政府消费乘数下滑。但却需要管控政府投资规模，不宜过度透支政府投资对经济增长的带动作用，因为随着政府投资产出弹性下降和规模扩大，政府投资乘数急速下滑势必削弱财政政策效果。

第二，政府税收乘数的政策效果显著为负且较为稳定，但同时由于税收乘数相对较小，并未引发大规模挤占效应，因此目前税收格局和政策相对合理。特别是，鉴于税收规模与税收乘数呈弱负相关关系，故此政策当局也不宜过分扩大税负规模，因这势必加剧税负对产出的抑制效应。此外，虽然中国长期债务发行的平均累积乘数依然为正，但从时变角度看，自2006年起已转正为负，表明债务发行对经济增长具有明显抑制效应，因此政策当局仍需重点盯住和管控债务规模。

第三，政府投资乘数和政府消费乘数显著为正，表明中国政府可在经济有萧条迹象时采取扩张性财政政策，这有助于遏制经济衰退。而提升政府投资产出弹性以及政府消费与居民消费的互补关系亦能够有效增强财政支出乘数，这意味着政策当局可酌情考虑调整支出结构，提供诸如更具生产性的政府投资支出或更多与居民消费密切相关的公共物品（如科教文卫和教育医疗等）。特别是，补足居民流动性约束还能进一步增强政府消费乘数，并有效削弱政府税收和债务发行对产出的抑制效应。

胡增玺和马述忠（2023）的《市场一体化对企业数字创新的影响——兼论数字创新衡量方法》一文则是在政策建议中明确了丰富的政策启示②。

当前中美博弈日趋复杂，美国对华科技封锁日益激烈，本文为如何建设全国统一大市场，完善技术创新市场导向机制，从而突破数字创新"卡脖子"困境提供了重要的理论和实证依据，政策启示非常丰富：

---

① 陈创练，郑挺国，姚树洁. 时变乘数效应与改革开放以来中国财政政策效果测定［J］. 经济研究，2019（12）.

② 胡增玺，马述忠. 市场一体化对企业数字创新的影响——兼论数字创新衡量方法［J］. 经济研究，2023（6）.

（1）坚持技术创新市场导向机制，加快国内大循环和全国统一大市场的建设，发挥超大规模市场优势，强化市场竞争的基础地位，以市场为导向提高企业数字创新基础研发能力，从而实现数字创新的"提质增量"，实现经济高质量发展。

此外，还包括（2）在推动全国统一大市场建设过程中，不仅要把重点放在需求端的市场规模，更要把重点放在供给端的市场竞争。（3）需要关注数字创新的地区不平等及其原因。（4）大力推动中小企业数字创新。（5）助力民营企业数字创新。

学术论文最后给出政策启示是常规做法。林毅夫等（2020）在《中国政府消费券政策的经济效应》一文中也给出了一些建议[1]。

另外，在发放过程中，需要多策并举，利用大数据技术精准定位需要扶持的行业与人群，确保消费券发放透明、公正、高效。一是精准定位要保护的家庭。在有条件的地区，可以结合现有大数据精准扶贫云系统，解决低收入人群不易准确识别、难以触达等问题。二是精准定位要保护的企业，利用数据技术实时掌握各地消费券定向行业和企业的经营状况。三是利用数字技术提高政府发放效率。四是预备数字设备和网络。由于现有消费券以电子券为主，可通过为低收入人群提供低价甚至免费的数字设备和移动网络的方法降低使用消费券的技术和设备门槛。

总之，实证论文中的对策建议一般放在最后一部分"政策启示"中，也有些直接以"建议"或"政策建议"入题。不管是政策启示，还是对策建议，大部分学术论文的作者都比较倾向于论述启示，甚少直接对"他人"提建议。这是学术论文中的对策建议或政策建议与决策咨询或内参报告中的对策建议的显著差别。

三、智库研究视角的对策建议

2013年11月，党的十八届三中全会提出加强中国特色新型智库建设，建立健全决策咨询制度，智库研究对内参报告的撰写提出了越来越规范和越来越高的要求。不论是决策咨询稿还是内参报告，对策建议都是其中的核心内容，也是各级机构和部门领导关注的重点。如何创新性地提出解决办法并形成对策建议稿，逐渐成为调查研究和学术研究的重要组成部分。

2015年1月20日，中共中央办公厅、国务院办公厅印发《关于加强中国特色新型智库建设的意见》，明确中国特色新型智库是以战略问题和公共政策为主要研究对象、以服务党和政府科学民主依法决策为宗旨的非营利性研究咨询机构。公共政策包括党的政策、人大决策和行政决策，强调的是政策的公共性。就咨询报告和内参要报

① 林毅夫，沈艳，孙昂. 中国政府消费券政策的经济效应［J］. 经济研究，2020（7）.

的对策建议撰写而言，需要关注三方面内容：一是实践中存在哪些问题？二是已有政策解决到哪一步了？三是下一步的对策建议是什么？以《浙江社科要报》上刊登的咨询报告为例：

2022年《浙江社科要报》第167期刊登的《现阶段数字地缘竞争格局及数字浙江建设应对举措》是浙江大学区域协调发展研究中心张旭亮、浙江大学史晋川、南京师范大学胡晓辉、浙江大学区域协调发展研究中心刘培林的研究成果。该文基于美国主导的新数字地缘政治格局分析，提出了数字浙江建设的相关对策建议，主要观点有：一是大力支持网易、每日互动等数字企业，推出一批"绿灯"投资创新项目，支持数字平台健康发展。二是主动与国家互联网信息办公室等国家部委合作开展数据安全国家标准研究，科学看待数字安全发展。三是加快在电子支付、人工智能等领域与欧盟开展深度合作，在数字市场与技术上继续突破。四是争创国家服务贸易创新发展示范区，加快浙江数字贸易体系建设，着力创新数字贸易制度机制。①

对策是解决办法，既可以包括政府需要怎么做，也包括企业应该怎么做。《现阶段数字地缘竞争格局及数字浙江建设应对举措》一文既有针对数字企业的举措，又有针对国家部委的举措，这些举措也都是由"他人"实施的。

2023年《浙江社科要报》第71期《提信心、拼经济、强保障，再创民营经济新春天的十三条建议》是浙江大学经济学院宋学印、浙江大学区域协调发展研究中心张旭亮、浙江大学长三角智慧绿洲未来区域发展实验室方建春、浙江大学黄先海、杭州师范大学经济与管理学院傅昌銮、浙江大学区域协调发展研究中心刘培林的研究成果。该文剖析了"三信"问题及其原因，提出了相关对策建议，主要观点有：一是建立召开高规格民营企业座谈会的年度会议机制，研究设立国家级民营企业社会贡献奖和社会责任奖，及时解读国家和省里新出台的惠企政策。二是进一步降低民营企业极为关注的"三个成本"，进一步放宽市场准入负面清单的企业属性限制与门槛，提高惠企政策的速度与精度。三是加快出台民营经济发展促进法，夯实安全感，构建创新容错与合规激励机制，构建省域公平竞争先行试验区。②

《提信心、拼经济、强保障，再创民营经济新春天的十三条建议》一文针对"三信"问题（"信号失真""信心不稳""信念难以扎根"）提出了"建立召开高规格民营企业座谈会的年度会议机制""研究设立国家级民营企业社会贡献奖和社会责任奖""构建省域公平竞争先行试验区"等举措。

---

① 张旭亮，等. 现阶段数字地缘竞争格局及数字浙江建设应对举措 [J]. 浙江社科要报，2022（167）.
② 宋学印，等. 提信心、拼经济、强保障，再创民营经济新春天的十三条建议 [J]. 浙江社科要报，2023（71）.

第三节　研究不足与论文展望的思路

研究不足和展望是学位论文的必要组成部分。在陈宏辉（2003）的博士论文《企业的利益相关者理论与实证研究》中，作者明确了研究的不足之处：

> 基于利益相关者理论对公司治理问题进行研究，是一项极富挑战性的工作。这一方面是因为利益相关者理论作为一个非主流的企业理论，本身的理论体系还处于发展和完善之中；另一方面是因为国内文献中对利益相关者理论全貌的介绍还很少，文献收集工作中遇到了相当的困难。通过两年多的研究工作，笔者自信已经解决了利益相关者管理中的部分问题。但笔者同时也深信，这些研究只是起点，而绝非终点。①

作者使用了"极富挑战性""发展和完善之中""介绍还很少""相当的困难""解决了……部分问题"等表述来阐释博士论文可能存在的不足。紧接着，作者给出了今后研究工作中需要进一步深入探讨的五个方面的问题：

> （1）利益相关者理论的理论体系本身还需要从多个方面进行完善。（2）作为企业理论的一个分支，利益相关者理论同样需要回答该领域的一个基本问题：企业的边界在哪里？（3）对各类利益相关者利益要求的内容、实现方式还需要进行深入探讨。（4）对不同类型的企业公司治理结构的安排的差异及其原因需要深入研究。（5）对本文所揭示的有效公司治理安排的平衡原理还可以进行相当深入的探讨。②

陈宏辉（2003）在研究展望部分给出了理论本身可以进一步研究的一些问题，以及他本人所关注的"利益相关者"等关键问题可以进一步深入研究的地方。这些问题往往是作者没有涉及但很重要的，或者作者涉及了但还需要进一步深入的。没有涉及可能是因为理论体系庞大，一篇博士论文无法面面俱到，也可能是因为研究难度太高而没有选择。涉及但还需要进一步深入可能是因为作者只是从一个角度给出了问题的答案，可能可以有更多更丰富的视角，或者是限于方法和技术等原因，作者当时未深入研究分析。由此可见，研究展望是对研究不足的具体化或深化。

在学术论文中，研究不足和研究展望往往合二为一，但可以在"文献综述"和"结论与政策启示"两部分出现。黄群慧（2022）在《国有企业分类改革论》一文中明确给出了一系列有待进一步深化、论证或推进的问题。

> 从"抓大放小"到"分类改革"，基于功能定位对国有企业进行分类改革和分类治理，这是在新时代全面深化国企改革的一个重大进展，是探索国有企业与市场经济有机结合的不断创新。但是，无论是理论层面还是实践层面，"分类改革"有待进一步深化。一方面，从理论上看，如何将三类企业对应到相应的功能定位和国家使命，

---

①②　陈宏辉. 企业的利益相关者理论与实证研究 [D]. 杭州：浙江大学，2003.

如能否将公益性企业、商业一类、商业二类企业分别对应到市场经济国家弥补市场缺陷、转轨经济国家培育市场主体和社会主义公有制经济的主体地位等功能，还有待进一步论证（黄群慧和戚聿东，2019）。另一方面，从实践上看，分类改革的透明度、分类改革后进行分类治理等有待进一步推进。而且分类改革是一个前提框架，未来需要在深化分类改革框架下，系统协调推进分类改革、国有经济战略性调整、混合所有制改革深化、以管资本为主的资产监管体制构建、公司治理结构规范和中国特色现代企业制度建设。①

黄群慧（2022）述评中的研究展望是文献综述的重要组成，述评式的展望更多的是引出作者所要研究的主要问题，或采用的主要方法，或基于的基本框架等。与文献综述中的研究不足或展望不同，"结论与政策启示"部分的不足与展望有一些是作者无法完成的工作，有一些是作者在有限篇幅内无法解释清楚的工作，有一些是审稿人认为重要但作者认为需要另文解释的工作，往往是说明性的。周沂等（2022）在《区域潜在比较优势与出口升级》一文中明确了若干研究不足和有待进一步研究的问题：

当然，本文的研究还较为初步，后续还有诸多有待完善的地方。第一，规模扩张与产品质量升级是本文关心的出口升级的关键变量，是否全面还有待进一步研究；第二，全球价值链时代，任何一个企业、任何一个城市乃至任何一个国家都只是产业链的一环，而本文只聚焦于最终产品的规模扩张与质量升级，这显然是不够完整的；第三，地区潜在比较优势如何通过产业关联的信息共享机制降低企业搜寻成本和试错成本，这是潜在比较优势发挥作用的关键。本文虽然对此进行了探讨，但由于没法获得企业的交易网络数据，还没办法做更为细致的检验。②

研究不足和有待进一步研究的问题一方面体现了作者的严谨，如周沂等（2022）的研究碰到了变量是否全面、机制是否完整、检验是否到位等问题；另一方面也体现了作者的自谦，因为这些问题如果能够较好地得到解决，那将是另外一篇或几篇高水平的学术论文选题。

宋弘等（2021）在《社保缴费率下降对企业社保缴费与劳动力雇佣的影响》一文的不同部分也分别给出了一些有待进一步的研究和思考。

劳动力成本下降使得企业使用更多的低技能劳动力替代资本。这在一定程度上也意味着，该阶段下的缴费率降低带来的就业利好可能大多集中于低技能劳动力。这种变化在短期内或许是应对经济下行的有效措施，但是在人口老龄化、人口红利逐渐减小的经济发展新阶段下，使用低技能劳动替代资本与研发的空间及其经济社会影响却有待进一步的研究和思考。当然，这其中的更多事实、机制和政策含义还有待于进一

---

① 黄群慧. 国有企业分类改革论［J］. 经济研究，2022（4）.
② 周沂，贺灿飞，杨汝岱. 区域潜在比较优势与出口升级［J］. 经济研究，2022（2）.

步更全面和细致的探索。

……

值得指出的是，进一步研究发现缴费率下降对于企业总薪酬支出并没有显著的影响，却显著降低了平均职工工资。这意味着该阶段下的缴费率降低带来的就业利好可能大多集中于低技能劳动力，这种变化在短期内或许是应对经济下行的有效措施，但是在人口老龄化、人口红利逐渐减小的背景下，使用低技能劳动替代资本与研发的空间及其经济社会影响却有待进一步的研究和思考。①

总之，准确提出有待进一步研究的科学问题能充分体现出作者的研究水平。只有对相应领域有深入研究的学者，才可能提出或挖掘出有价值的、有待进一步研究的问题。对于广大的经济学类研究生和青年学者而言，学会区分结果和结论，尝试给出合理的政策启示，明确具有进一步深入研究价值的科学问题是经济学实证论文写作训练所应达到的目标和规范。

思考与练习

1. 研究结果和研究结论有哪些差别？请自选一篇经济学实证论文，给出论文的研究结果和研究结论，并就两者关系进行学理性剖析。

2. 经济政策的评价研究是因果推断的重要内容，请选择一类经济政策并阐述该政策出台的背景及其内容，回答以下问题：

（1）从学术研究视角给出该政策评价因果推断的设计；

（2）从智库研究视角给出该政策出台后可能面临的问题及对策。

3. 试比较"文献综述"部分和"结论和政策启示"部分"有待进一步研究"问题的异同。

---

① 宋弘，封进，杨婉彧. 社保缴费率下降对企业社保缴费与劳动力雇佣的影响［J］. 经济研究，2021（1）.

后 记

我国论文生产规模和生产质量都有了长足的进步。根据《2022 年中国科技论文统计报告》，我国热点论文数量世界排名升至全球第一位，高被引论文数量继续保持世界第二位；我国发表在国际顶尖期刊论文数量的世界排名继续保持在第二位，高水平国际期刊论文数量排名保持在第一位；2021 年，我国发表高水平国际期刊论文数为 80521 篇，美国为 41168 篇，排在第三的英国为 9372 篇；我国的论文数量和质量都有了明显的提升。就社会科学而言，我国高水平国际期刊论文数为 360 篇，占国际期刊论文的 17.96%，在全球排第二。

然而，不管是科技论文，还是哲学社会科学论文，能真正讲好中国故事的论文却还是很不够的，各个领域的"卡脖子"技术依然不少，老百姓"急难愁盼"问题亟须良方。教会研究生如何规范地撰写一篇论文，如何撰写出一篇"好"论文，以及如何通过撰写论文来讲好中国故事是从事研究生教育工作者的责任和义务。通过培养研究生的论文写作能力，与优秀的研究生一起讲好中国的经济学故事或许是提高新商科人才培养质量的更为基础的一招。

因此，我组织了一支年轻的队伍，按照"引言—文献综述—理论假说—模型设定—实证结果—结论和启示"的写作逻辑推进了《经济学实证论文写作讲义》的编写工作。在给出的建议提纲基础上，我逐一征求执笔人意见并进一步优化了写作提纲。鉴于每一位老师都是相应领域的持续耕耘者，给研究生们撰写讲义的过程非常顺利，经过半年左右的时间，大家都交出了一份初稿。蒋伟杰副教授对书稿进行了整合，我们在整合稿件的基础上进行了基础性审校。在两轮细致审校和多次研讨后，最终形成了共 12 讲的章节体例，每一章的执笔分工如下：

第 1 讲：谢慧明（宁波大学商学院）；第 2 讲：朋文欢（宁波大学商学院）；第 3 讲：周彬（宁波大学中法联合学院）、谢慧明；第 4 讲：金杭琳（宁波大学商学院）、谢慧明；第 5 讲：陈琦（宁波大学商学院）、徐琪（宁波大学商学院）；第 6 讲：戴佳颖（宁波大学商学院）、蒋伟杰（宁波大学商学院）；第 7 讲：靳来群（宁波大学商学院）；第 8 讲：徐晨光（宁波大学商学院）、靳来群；第 9 讲：蒋伟杰；第 10 讲：余璇（宁波大学商学院）；第 11 讲：蒋伟杰；第 12 讲：谢慧明。

该讲义有如下几个特色：

第一，聚焦经济学研究。区别于市面上已有的论文写作教材，本书主要关注的是经济学论文。书中所选取的案例都出自经济学大家之手，或者是发表在中文权威期刊或外文顶级期刊上的文章。因为编者们认为，写作这门手艺与学科背景有关，林毅夫先生所指出的"本体"与"无常"也会因学科而异。

第二，聚焦方法与应用。行文追求方法论的故事性，对读者相对友好。在扼要介绍理论基础之上明确操作步骤，例如，首先阐释清楚不可或缺步骤的学理逻辑，提供数据和代码；其次，相应步骤中若有截屏，保留了截屏的高清图片；最后是结果展示和结果解释，包括参数和系数的经济学和统计学含义。各章节 Stata 或 R 代码详见 https：//gitee. com/jjxszlwxzjy/data_all。

第三，聚焦互动与反馈。编者们面向经济管理类研究生开设了"论文写作指导与学术规范教育"课程。"闻道有先后，术业有专攻"，编者们也吸纳了优秀的高年级本科生和硕士生参与了编写、互动与反馈，希望能够给高年级同学们的学术之路提供便利和支持。

最后，感谢宁波大学东海研究院和长三角生态文明研究中心的出版资助，感谢宁波大学商学院研究生程琴琴、吉浩然、熊忠义等在课程学习过程中高质量地完成了本书 2023 年 9 月版书稿的审校工作。若有不完善的地方，尽情批评指正。若有修改意见，请反馈至邮箱：xiehuiming@ nbu. edu. cn。

谢慧明

2023 年 12 月